南宁统计年鉴

NANNING STATISTICAL YEARBOOK

2015

南宁市统计局　编

中国统计出版社
China Statistics Press

图书在版编目 (CIP) 数据

南宁统计年鉴 . 2015 / 南宁市统计局编 .
-- 北京 : 中国统计出版社 , 2015.10
ISBN 978-7-5037-7627-4

Ⅰ . ①南…
Ⅱ . ①南…
Ⅲ . ①统计资料 - 南宁市 - 2015 - 年鉴
Ⅳ . ① C832.671-54

中国版本图书馆 CIP 数据核字 (2015) 第 214899 号

南宁统计年鉴 -2015

作　　者 / 南宁市统计局
责任编辑 / 陈越月
执行编辑 / 李鸿宽　林　洁　钟毓海　廖雅欣　张　佺
出版发行 / 中国统计出版社
地　　址 / 北京市丰台区西三环南路甲 6 号　邮政编码 /100073
电　　话 / 邮购（010）63376909　书店（010）68783171
网　　址 / http://csp.stats.gov.cn
印　　刷 / 广西汇工印业有限公司
经　　销 / 新华书店
开　　本 / 890mm × 1240mm　1/16
字　　数 / 1200 千字
印　　张 / 28
版　　别 / 2015 年 10 月第 1 版
版　　次 / 2015 年 10 月第 1 次印刷
定　　价 / 300 元

本书附同版本 CD-ROM 一张，光盘内容以书面文字为准。
如有印装差错，由本社发行部调换。

《南宁统计年鉴——2015》编辑委员会及编辑人员

GDP总量（亿元）

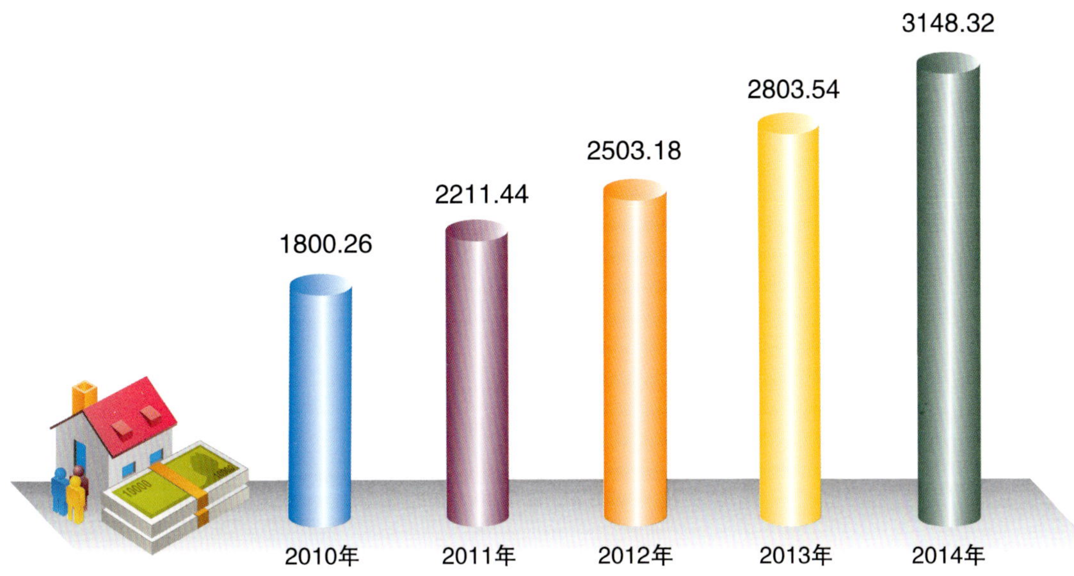

GDP指数（%）

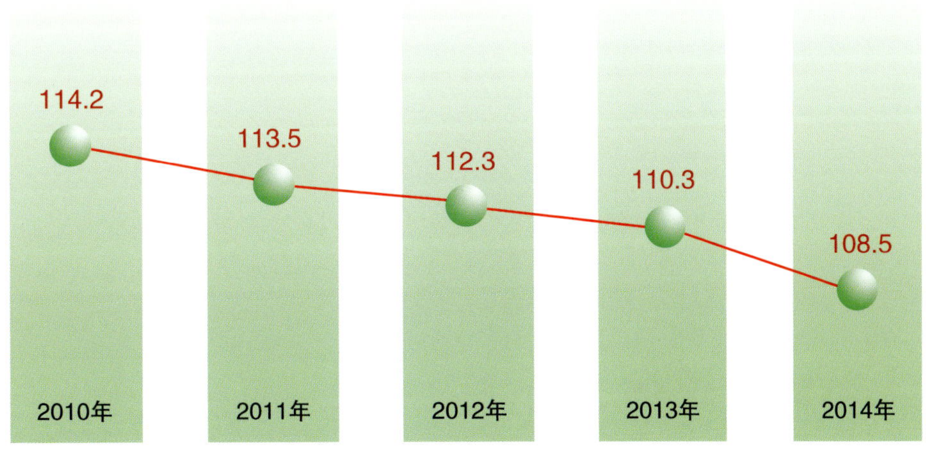

三次产业增速（%）

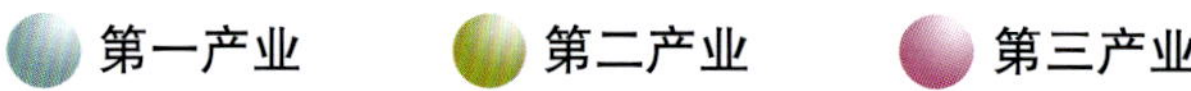

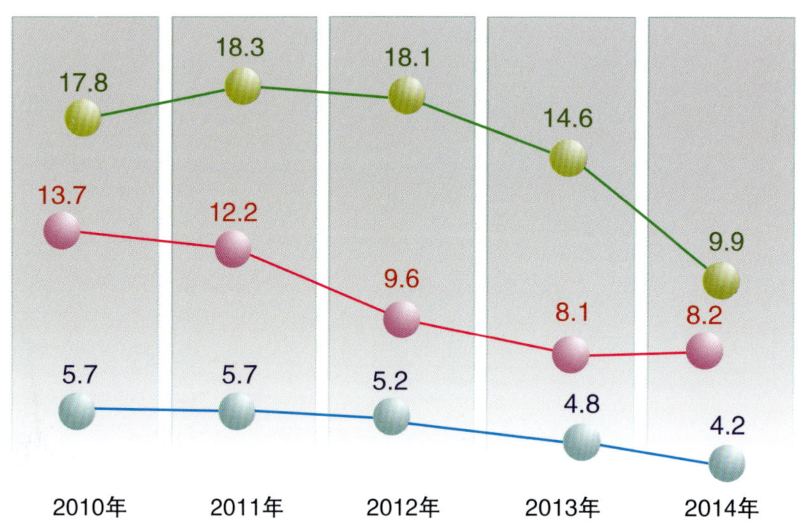

三次产业结构（%）

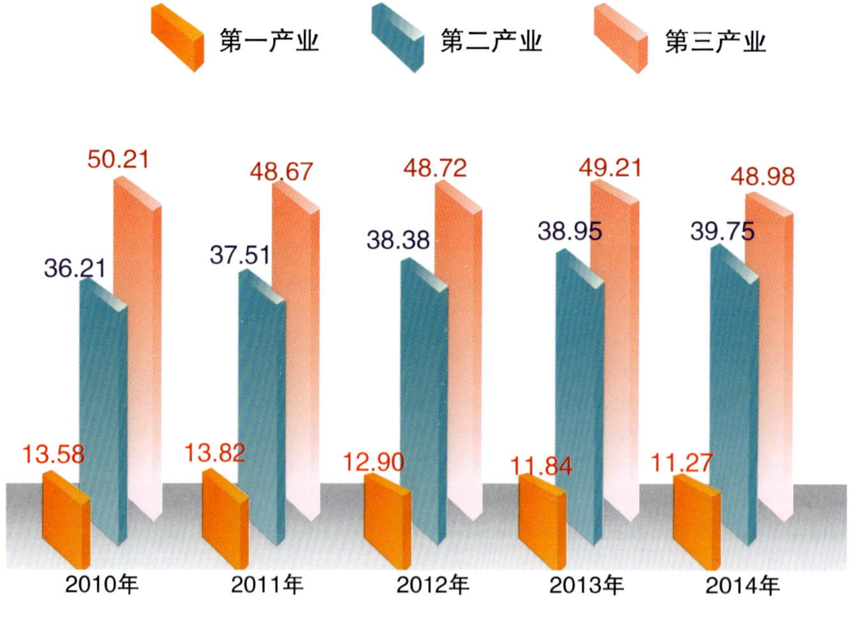

财政收入（亿元）

金融机构贷款余额（亿元）

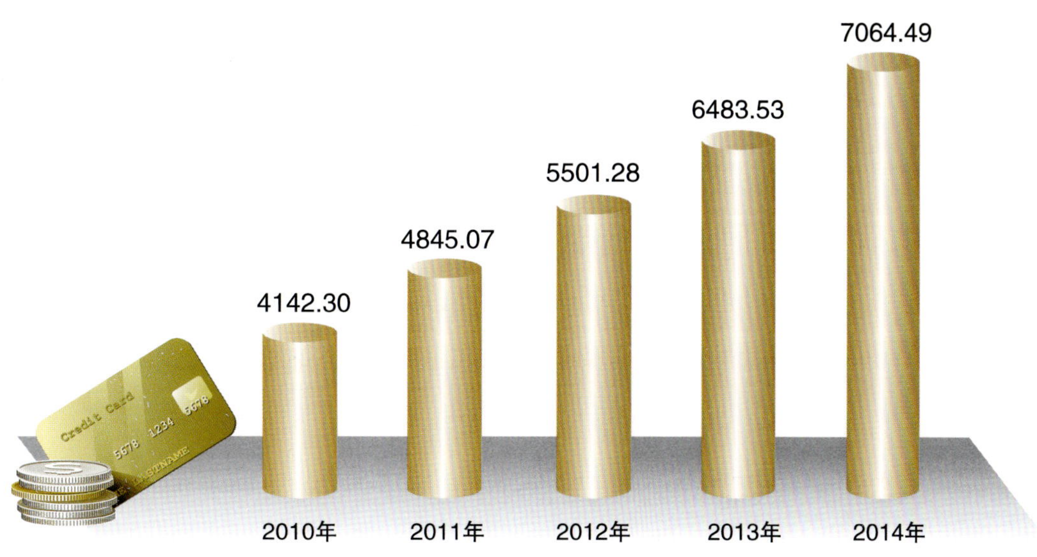

城乡居民储蓄存款余额（亿元）

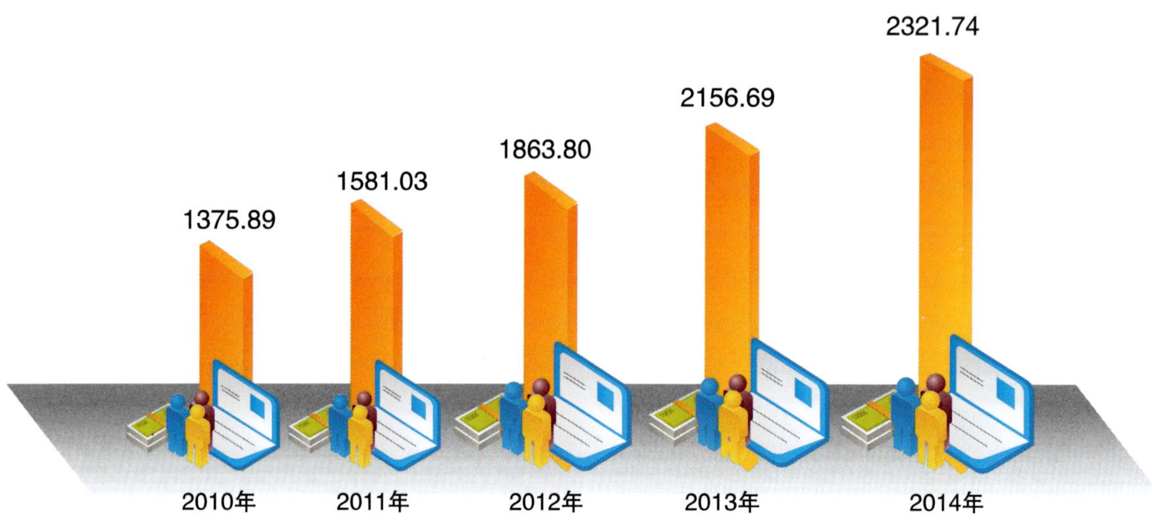

农林牧渔业总产值（亿元）

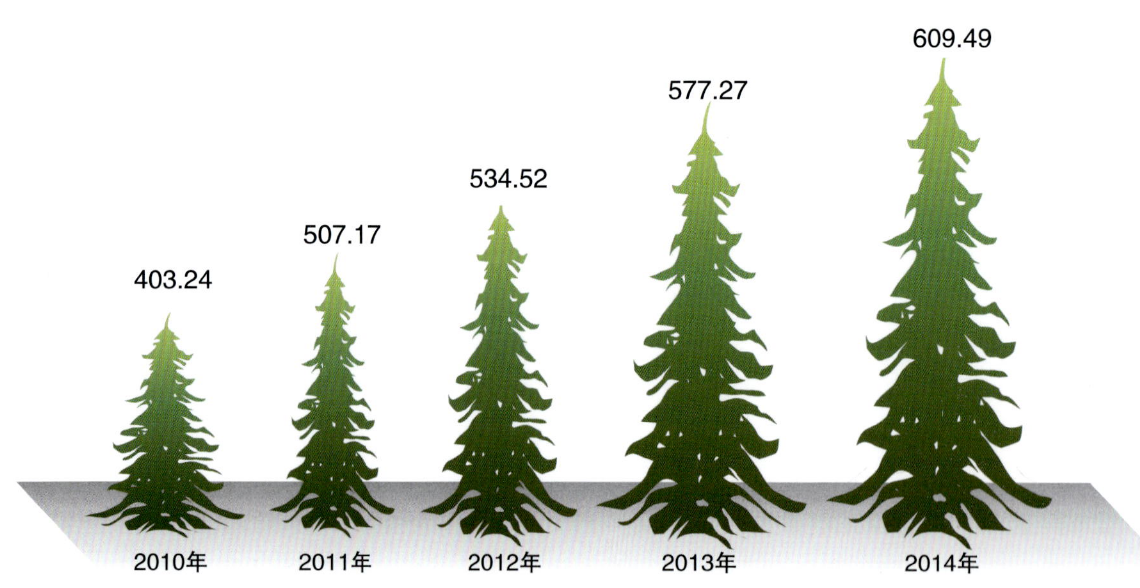

农林牧渔业总产值构成（%）

农业　林业　牧业　渔业　农林牧渔服务业

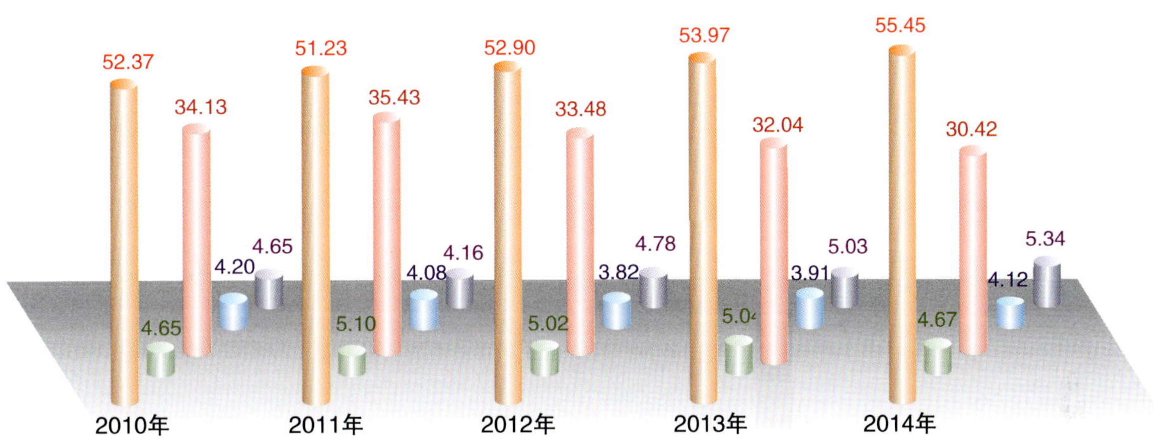

全部工业增加值（亿元）

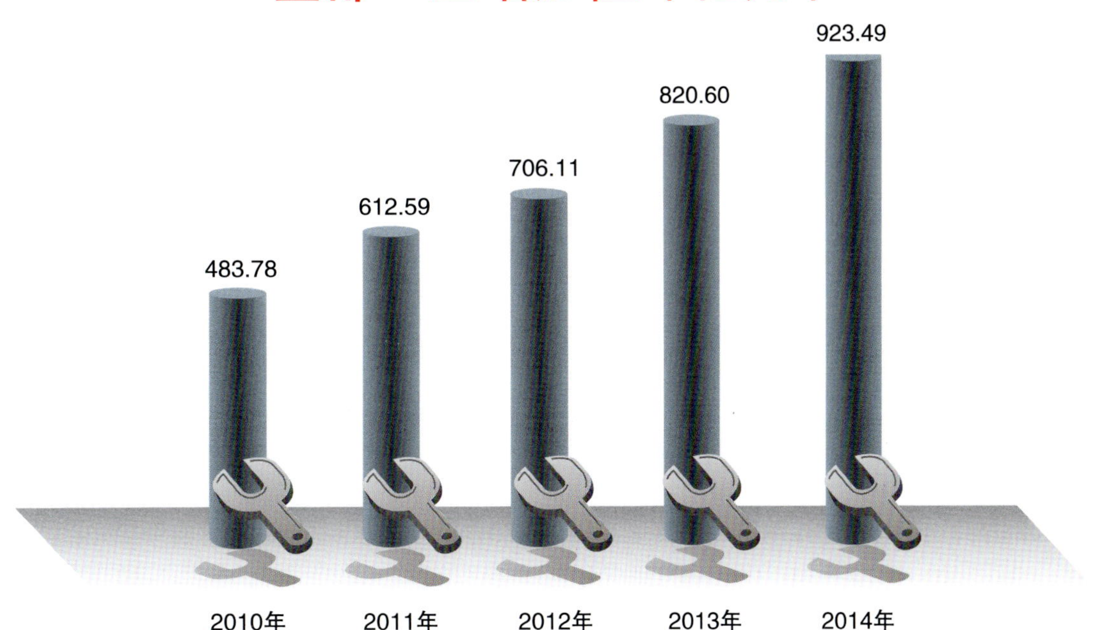

全部工业增加值指数（%）

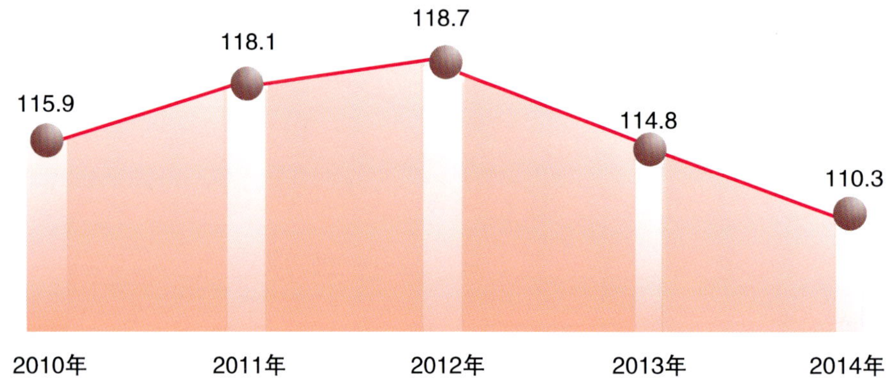

全社会固定资产投资总额（亿元）

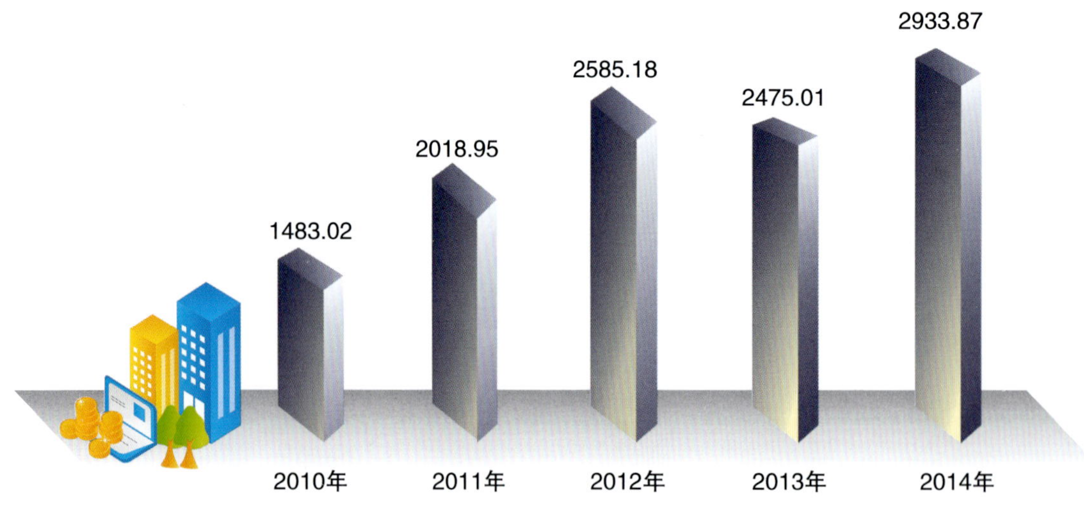

全社会固定资产投资增速（%）

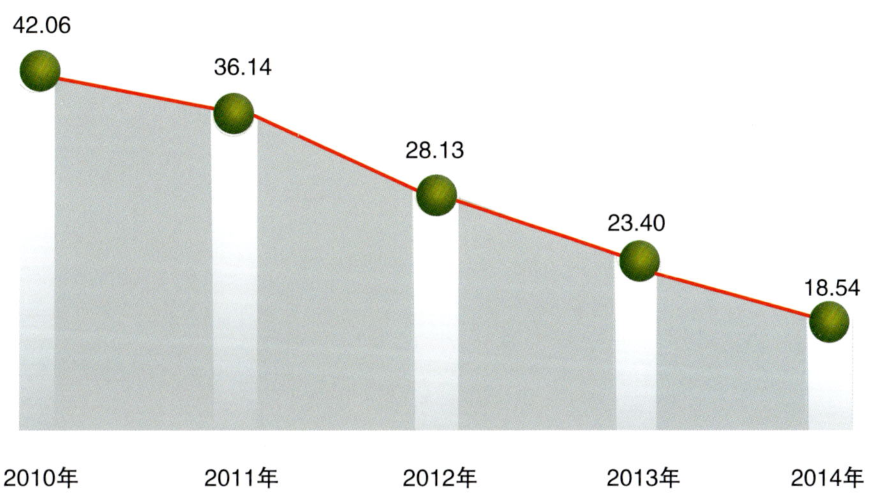

社会消费品零售总额（亿元）

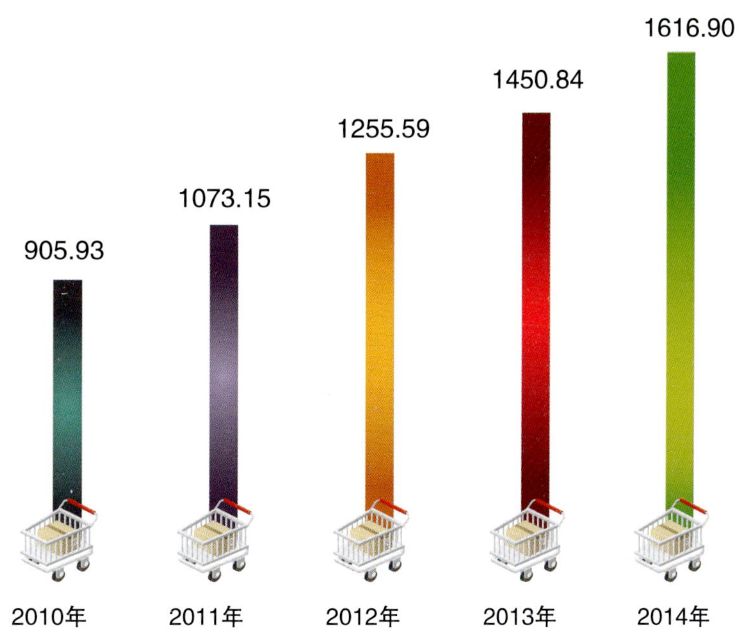

进出口总值（万美元）

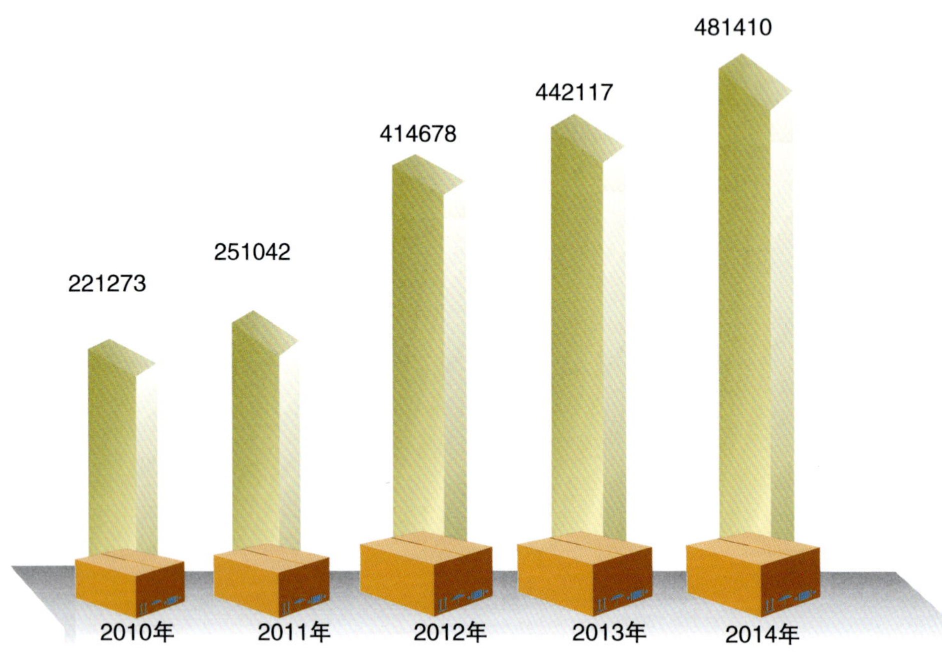

外商直接投资(万美元)

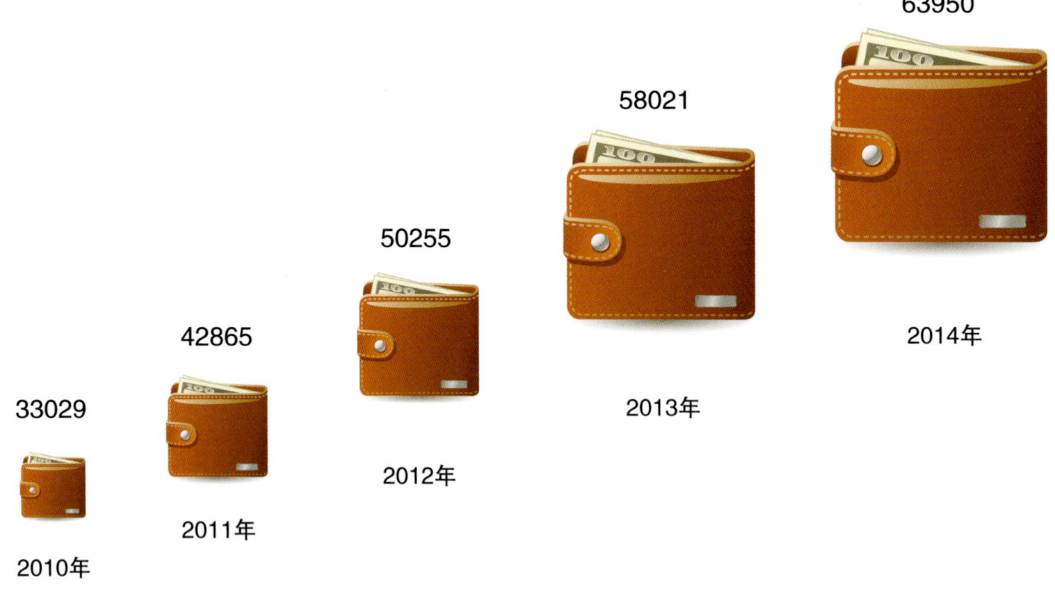

旅游人数(万人次)

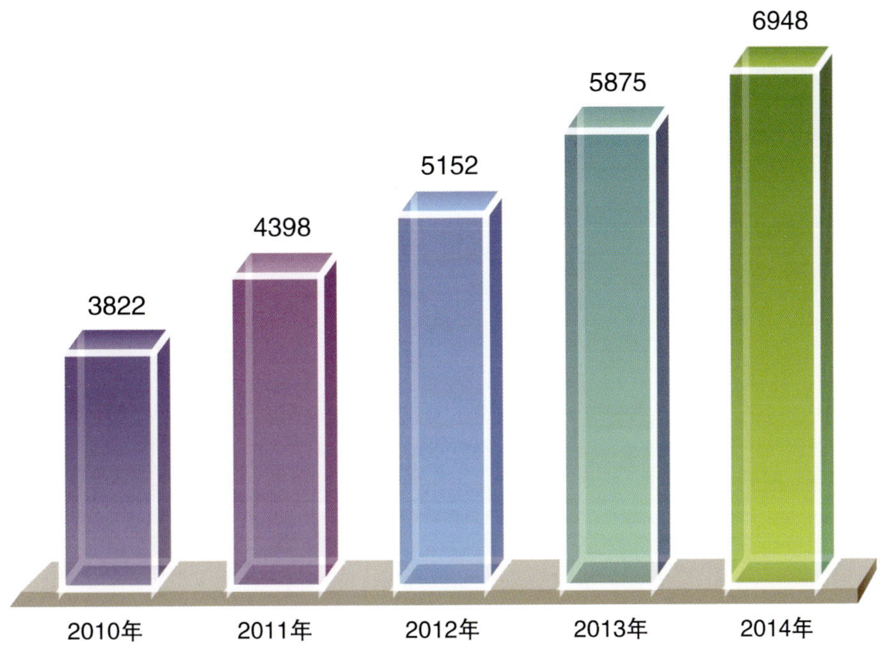

入境旅游人数(万人次)

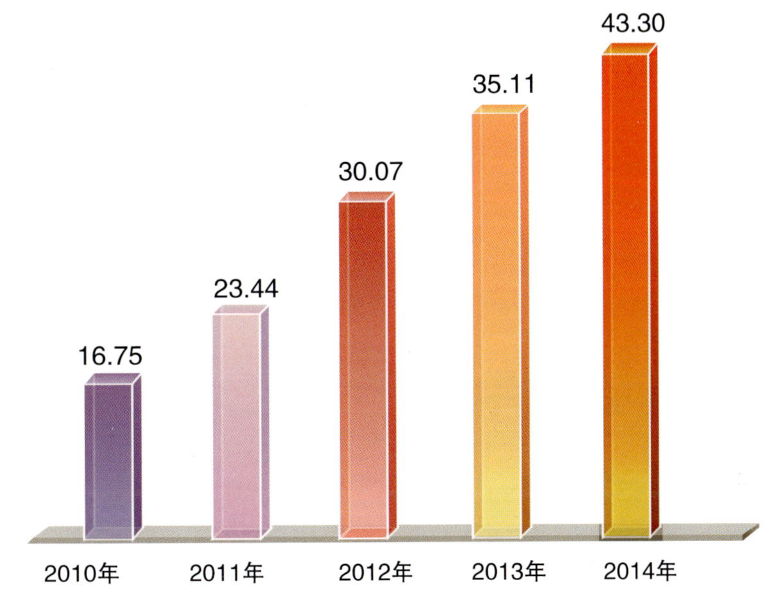

旅游收入（万元）

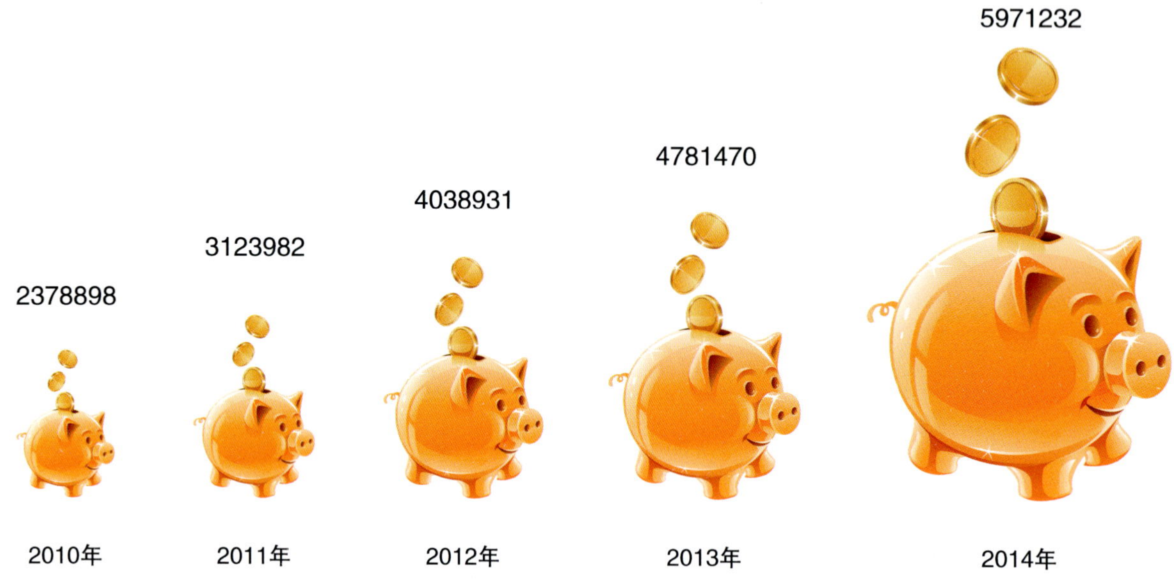

国际旅游收入（万元）

113796

85067

67629

53450

37858

2010年 2011年 2012年 2013年 2014年

年末户籍人口(万人)

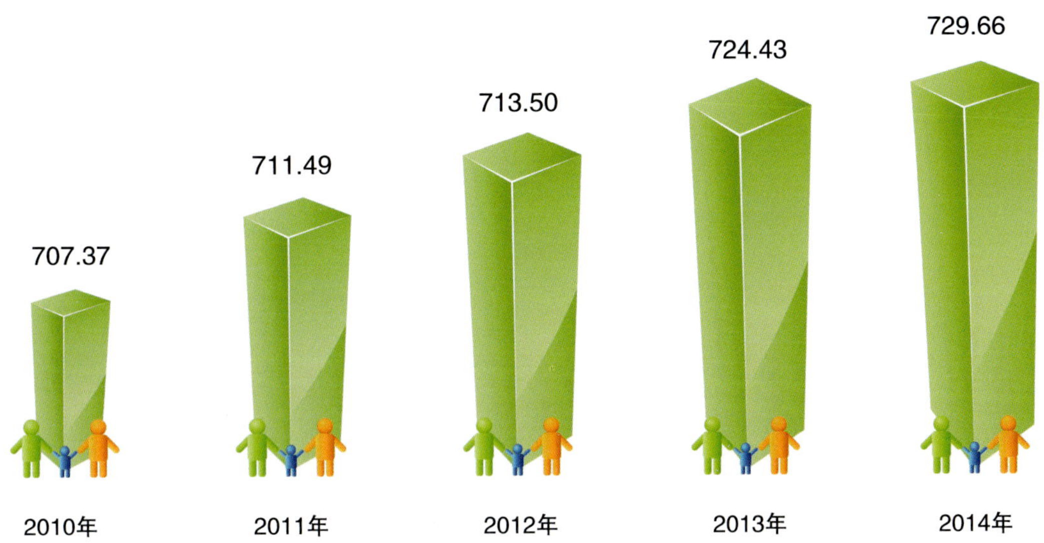

居民消费价格总指数(%)

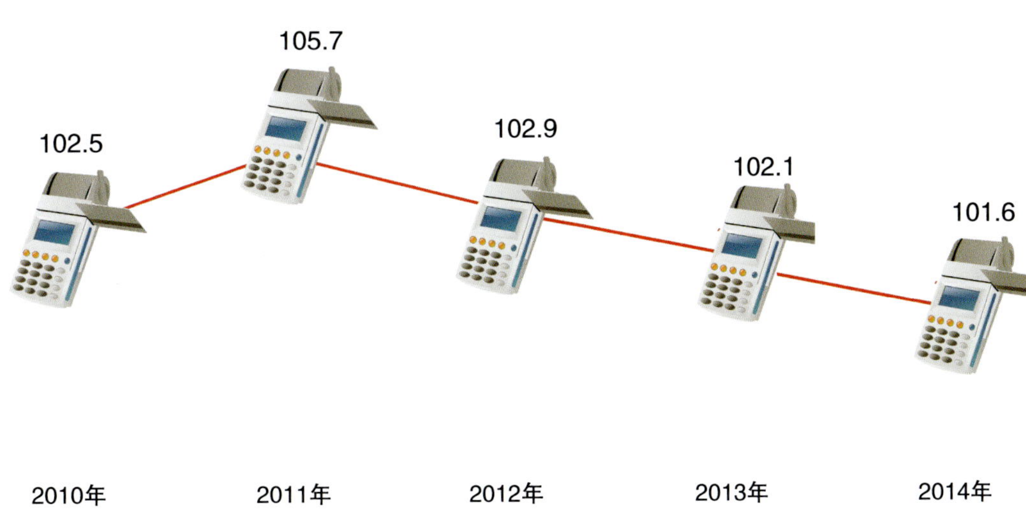

粮食总产量（万吨）

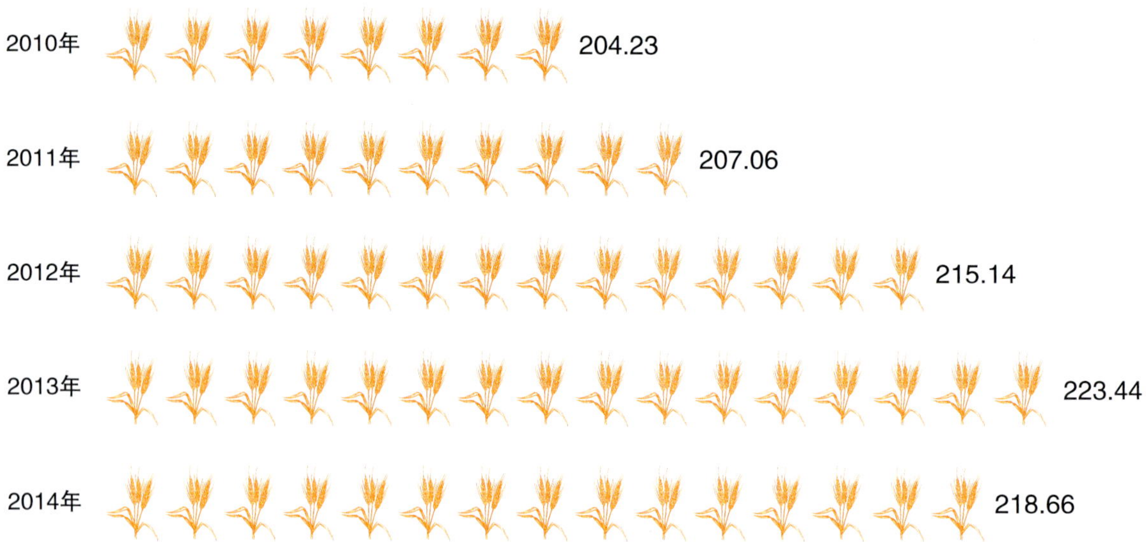

甘蔗产量（万吨）

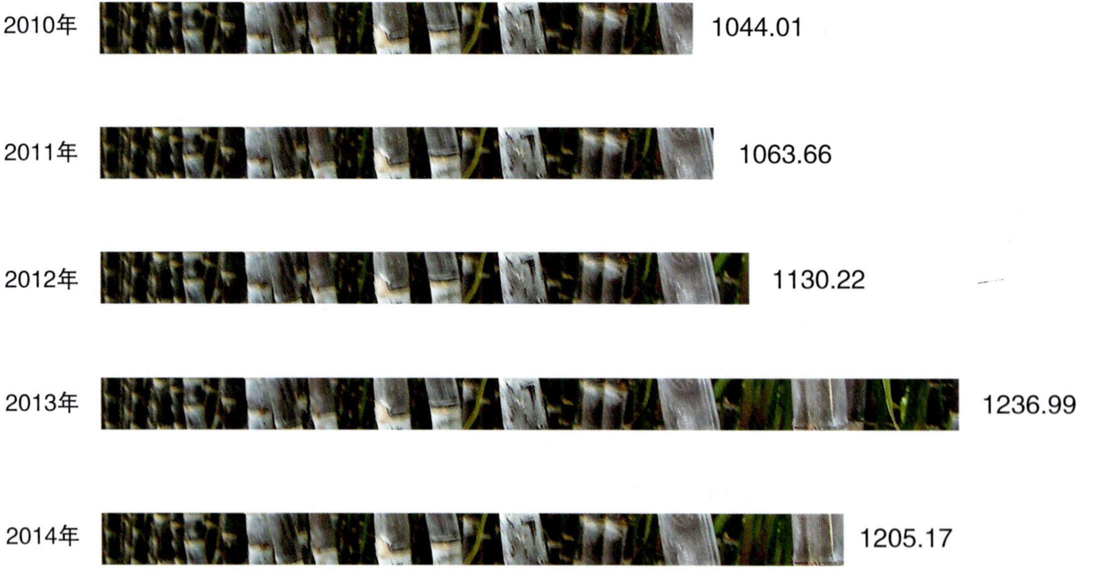

水果产量（万吨）

蔬菜产量（万吨）

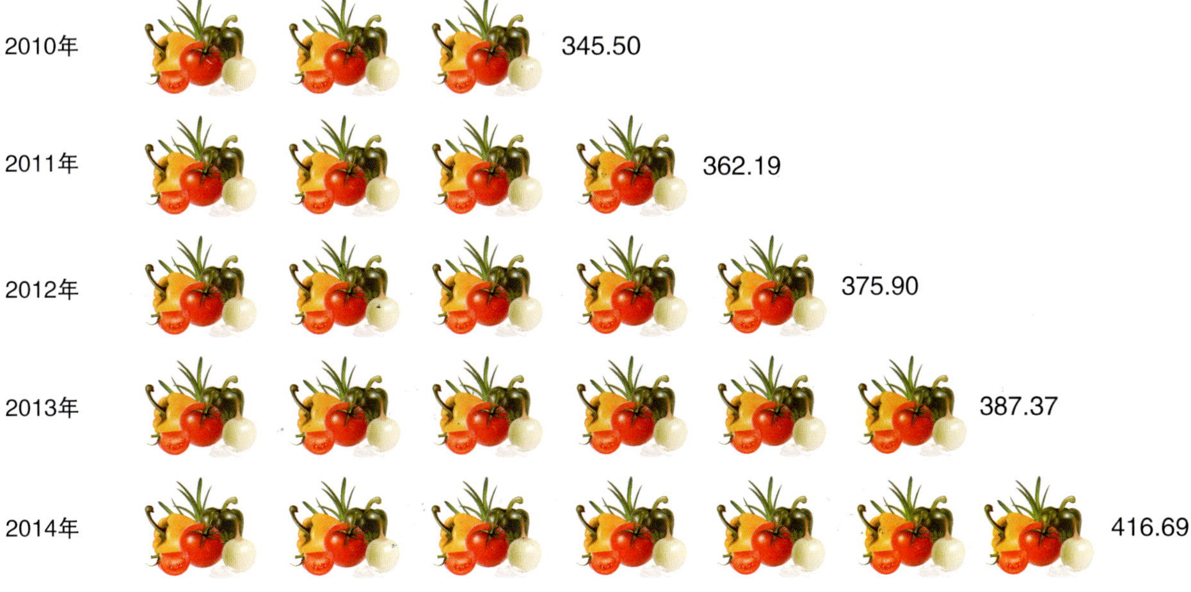

肉类总产量（万吨）

2010年	2011年	2012年	2013年	2014年
60.76	61.96	64.51	65.53	65.96

水产品产量（万吨）

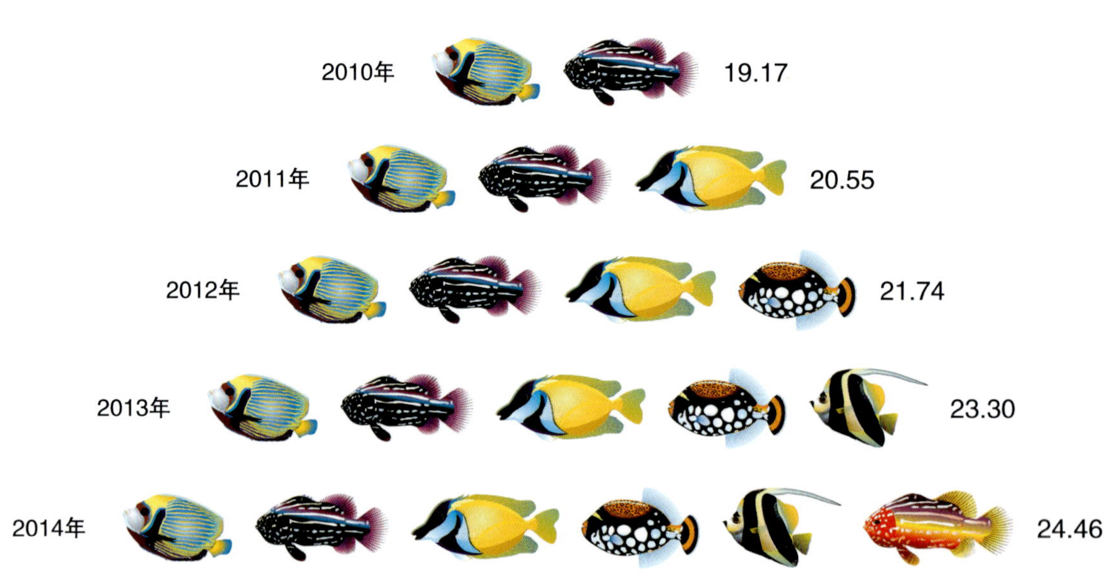

发电量（万千瓦时）

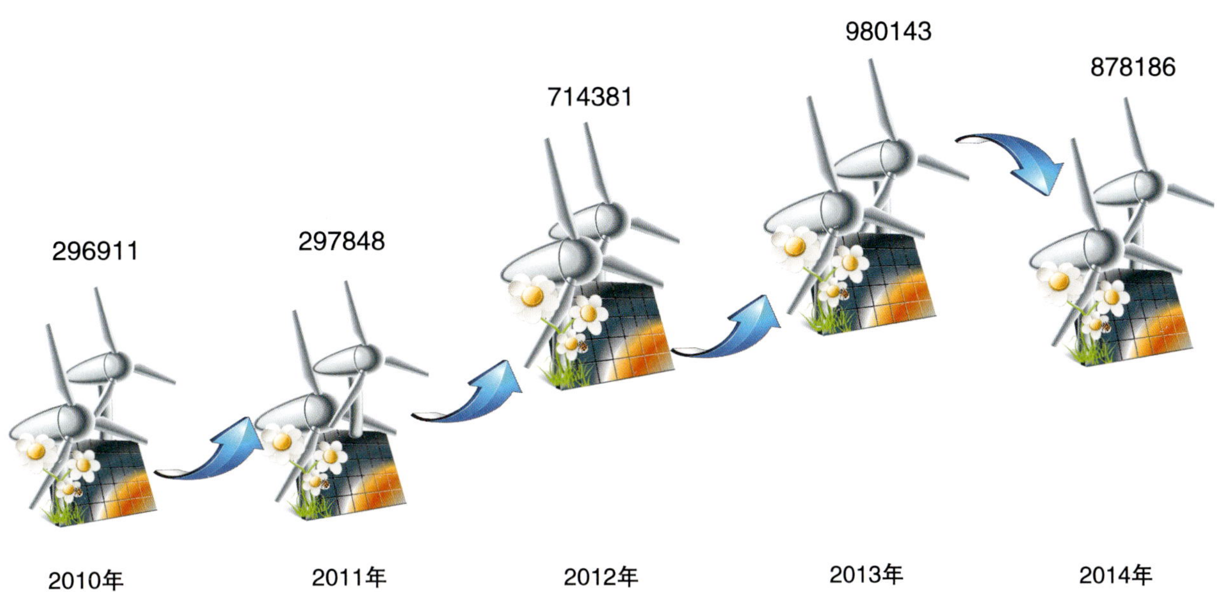

成品糖（万吨）

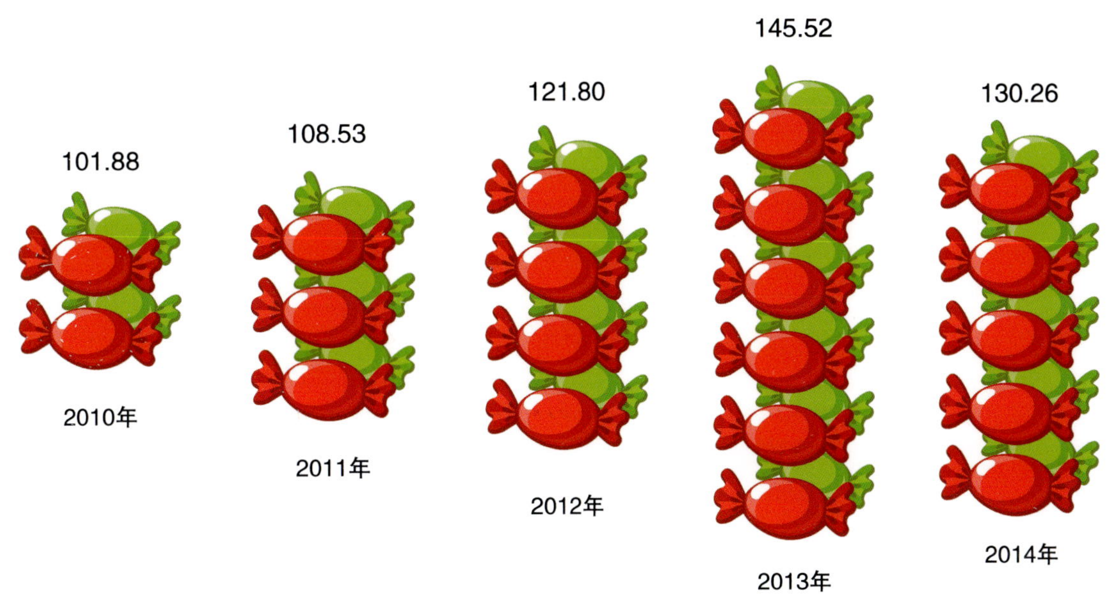

人均GDP（元）

人均GDP指数（%）

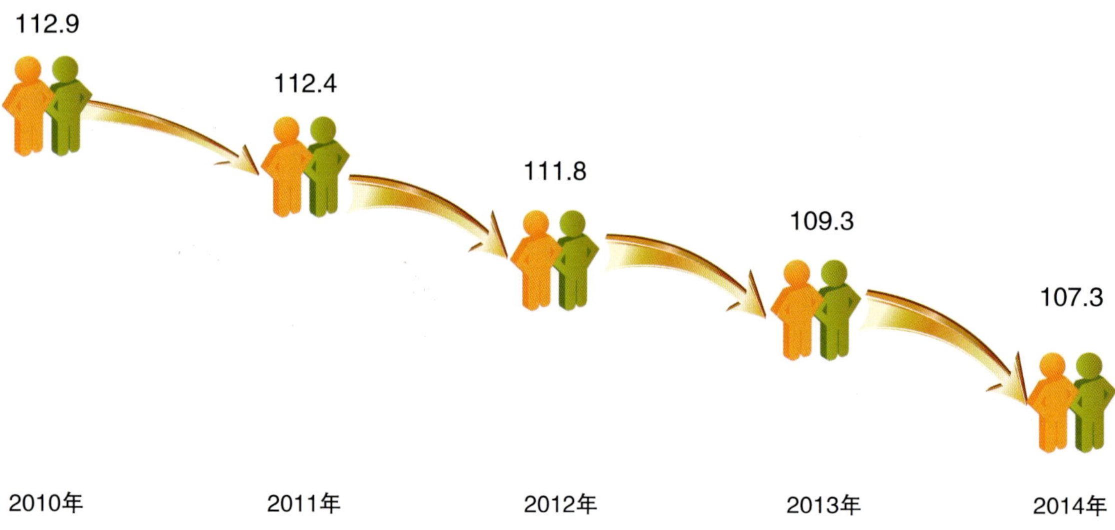

人均财政收入（元）

在岗职工年平均工资(元)

城镇居民人均可支配收入(元)

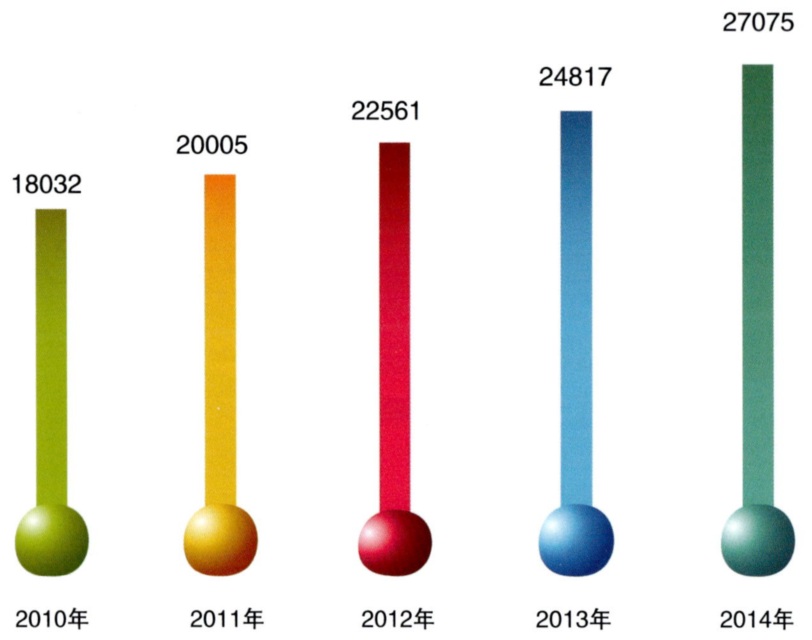

农民人均纯收入(元)

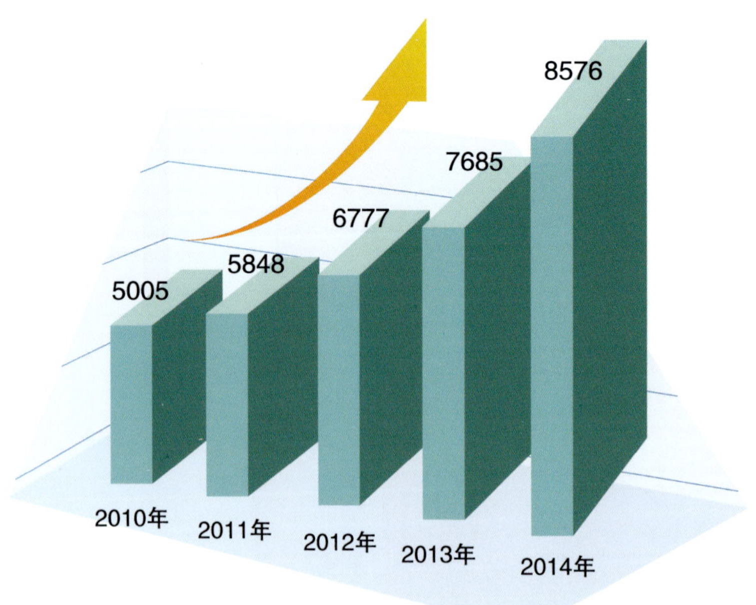

编 者 说 明

一、《南宁统计年鉴－2015》是一本经济信息资料性年刊。本书全面系统地汇集了2014年南宁经济数据，以及历史重要年份的主要统计数据，是党政领导和各部门了解市情，进行定性定量分析、预警预测、宏观规划、宏观调控、科学决策的重要依据；是研究机构和各企业事业单位了解社会经济基本情况、进行微观策划的重要依据；也是社会各界了解南宁经济状况的指南。

二、本年鉴内容分两大部分。（一）特辑：包括政府工作报告、统计公报；（二）统计资料：内容分为11个篇目，1. 综合；2. 国民经济核算；3. 人口、劳动力和职工工资；4. 农业；5. 工业；6. 运输、邮电；7. 固定资产投资；8. 能源购进、消费与库存；9. 商业、旅游、物价；10. 财政、金融、保险；11. 广西及省会城市主要统计指标。为方便读者使用资料，附有主要统计指标解释。因政府工作报告、统计公报为年初发布，故使用的是初步统计的快报数，如有冲突，以第二部分统计资料的数据为准。

三、本年鉴所采用的广西及各省会城市数据均为年快报数。

四、本年鉴历年全市口径数据中，2000年以后均为现行行政区划的数据，其余年份数据统计口径请注意各页的注脚。

五、本年鉴中符号使用说明：表内“空格”表示该项指标无数据；“…”表示该数据极小，不足计量单位；“#”表示其中的主要项。

六、本年鉴中由于小数位四舍五入，某些指标分项合计数与总计数尾数略有出入。

七、《南宁统计年鉴》公开出版以来，得到广大读者的关心和支持，对此我们深表谢意。限于我们的水平，年鉴中的错误和不足之处，恳请广大读者给予批评指正，同时竭诚欢迎对本年鉴的结构、指标体系提出宝贵意见。

目　录
Contents

第一部分　特　辑
Part I Special Issue

政府工作报告 ……………………………………………………………………………………………（3）
The Government's Work Report Of Nanning

2014年南宁市国民经济发展统计公报 ……………………………………………………………（15）
Statistical Communique Of Nanning National Economy Development In 2014

第二部分　统计资料
Part II Statistical Data

一、综　合
Chapter 1 General Survey

1-1　行政区划 ……………………………………………………………………………………（24）
Administrative Divisions

1-2　乡（镇）、街道办事处一览表……………………………………………………………（25）
List Of Counties (Towns) And Subdistrict Offices

1-3　南宁市国民经济主要指标占全区比重 …………………………………………………（26）
Main Indicators Of Nanning's National Economy As Percentage In Guangxi

1-4　全市国民经济和社会发展结构指标………………………………………………………（27）
Structural Indicators Of National Economy And Social Development

1-5　全市各时期主要经济指标平均增长率 ……………………………………………………（32）
Average Growth Rate Of Main Economic Indicators In Each Period

1-6　全市历年主要指标 …………………………………………………………………………（33）
Main Indicators Of Nanning City Over The Years

1-7　全市历年人均主要指标 ……………………………………………………………………（37）
Per Capita Main Indicators Of Nanning City Over The Years

1-8　全市社会经济主要指标 ……………………………………………………………………（39）
Main Social Economic Indicators Of Nanning City

1-9　全市人均主要社会经济指标 ………………………………………………………………（45）
Per Capita Main Indicators Of Social Economy

1-10　市区社会经济主要指标……………………………………………………………………（46）
Main Social Economic Indicators Of Urban Districts

1-11　市区人均主要社会经济指标………………………………………………………………（49）
Per Capita Main Indicators Of Social Economy Of Urban Districts

1-12　各县区社会经济主要指标…………………………………………………………………（50）
Main Social Economic Indicators By County

二、国民经济核算
Chapter 2 National Accounts

2-1 全市主要年份生产总值 ……(70)
Gross Domestic Product Of Nanning City In Main Years
2-2 全市主要年份生产总值构成 ……(71)
Composition Of Gross Domestic Product Of Nanning City In Main Years
2-3 全市主要年份生产总值指数 ……(72)
Indices Of Gross Domestic Product Of Nanning City In Main Years
2-4 全市主要年份人均生产总值 ……(73)
Per Capita Gross Domestic Product Of Nanning City In Main Years
2-5 全市各时期生产总值平均指数 ……(74)
Average Annual Development Indices Of Nanning' s Gross Domestic Product In Each Period
2-6 全市财政收入相当于地区生产总值的比例 ……(75)
Government Revenue As Percentage Of Gross Domestic Product
2-7 全市生产总值及指数 ……(76)
Gross Domestic Product And Development Spee
2-8 全市生产总值构成 ……(77)
Composition Of Gross Domestic Product
2-9 武鸣县主要年份生产总值 ……(78)
Gross Domestic Product Of Wuming County In Main Years
2-10 武鸣县主要年份生产总值构成 ……(79)
Composition Of Gross Domestic Product Of Wuming County In Main Years
2-11 武鸣县主要年份生产总值指数 ……(80)
Indices Of Gross Domestic Product Of Wuming County In Main Years
2-12 武鸣县各时期生产总值平均指数 ……(81)
Average Annual Development Indice Of Gross Domestic Product Of
Wuming County In Each Period
2-13 隆安县主要年份生产总值 ……(82)
Gross Domestic Product Of Long'an County In Main Years
2-14 隆安县主要年份生产总值构成 ……(83)
Composition Of Gross Domestic Product Of Long'an County In Main Years
2-15 隆安县主要年份生产总值指数 ……(84)
Indices Of Gross Domestic Product Of Long'an County In Main Years
2-16 隆安县各时期生产总值平均指数 ……(85)
Average Annual Development Indice Of Gross Domestic Product Of Long'an County In Each Period
2-17 马山县主要年份生产总值 ……(86)
Gross Domestic Product Of Mashan County In Main Years
2-18 马山县主要年份生产总值构成 ……(87)
Composition Of Gross Domestic Product Of Mashan County In Main Years
2-19 马山县主要年份生产总值指数 ……(88)
Indices Of Gross Domestic Product Of Mashan County In Main Years
2-20 马山县各时期生产总值平均指数 ……(89)
Average Annual Development Indice Of Gross Domestic Product Of Mashan County In Each Period
2-21 上林县主要年份生产总值 ……(90)
Gross Domestic Product Of Shanglin County In Main Years

2-22 上林县主要年份生产总值构成 ……………………………………………………………………………………(91)

Composition Of Gross Domestic Product Of Shanglin County In Main Years

2-23 上林县主要年份生产总值指数 ……………………………………………………………………………………(92)

Indices Of Gross Domestic Product Of Shanglin County In Main Years

2-24 上林县各时期生产总值平均指数 …………………………………………………………………………………(93)

Average Annual Development Indice Of Gross Domestic Product Of
Shanglin County In Each Period

2-25 宾阳县主要年份生产总值 …………………………………………………………………………………………(94)

Gross Domestic Product Of Binyang County In Main Years

2-26 宾阳县主要年份生产总值构成 ……………………………………………………………………………………(95)

Composition Of Gross Domestic Product Of Binyang County In Main Years

2-27 宾阳县主要年份生产总值指数 ……………………………………………………………………………………(96)

Indices Of Gross Domestic Product Of Binyang County In Main Years

2-28 宾阳县各时期生产总值平均指数 …………………………………………………………………………………(97)

Average Annual Development Indice Of Gross Domestic Product Of Binyang County In Each Period

2-29 横县主要年份生产总值 ……………………………………………………………………………………………(98)

Gross Domestic Product Of Hengxian County In Main Years

2-30 横县主要年份生产总值构成 ………………………………………………………………………………………(99)

Composition Of Gross Domestic Product Of Hengxian County In Main Years

2-31 横县主要年份生产总值指数 ………………………………………………………………………………………(100)

Indices Of Gross Domestic Product Of Hengxian County In Main Years

2-32 横县各时期生产总值平均指数 ……………………………………………………………………………………(101)

Average Annual Development Indice Of Gross Domestic Product Of
Hengxian County In Each Period

2-33 各县主要年份人均生产总值 ………………………………………………………………………………………(102)

Per Capita Gross Domestic Product In Main Years By County

2-34 各县生产总值 ………………………………………………………………………………………………………(103)

Gross Domestic Product By County

2-35 各县生产总值指数 …………………………………………………………………………………………………(104)

Indices Of Gross Domestic Product By County

2-36 各县财政收入相当于地区生产总值的比例 ………………………………………………………………………(105)

Government Revenue As Percentage Of Gross Domestic Product By Country

三、人口、劳动力和职工工资
Chapter 3 Population, Labor Force And Worker's Salary

3-1 全市主要年份人口 ……………………………………………………………………………………………………(108)

Population In Main Years

3-2 全市人口数 ……(109)

Total Population Amount

3-3 全市户籍人口分地区统计 …………………………………………………………………………………………(110)

Registered Population Statistics By Region

3-4 全市户籍人口分年龄统计 …………………………………………………………………………………………(111)

Registered Population Statistics By Age

3-5 全市人口变动情况 …………………………………………………………………………………………………(112)

Statistics On Population Changes

3-6 市区人口数 ………（113）
Population Amount Of Urban Districts
3-7 市区人口分办事处、乡镇统计 ………………………………………………………………………………………（114）
Population Amount Of Urban Districts By Street Office,Village And Town
3-8 市区人口变动情况 ……………………………………………………………………………………………………（116）
Statistics On Population Changes In Urban Districts
3-9 各县人口数 ………（118）
Population Amount By County
3-10 各县人口分乡镇统计 …………………………………………………………………………………………………（119）
Population Statistics Of Counties By Village And Town
3-11 全市城乡劳动力资源分配平衡表 ……………………………………………………………………………………（122）
Balance Sheet Of Urban Labor Force Resource Allocation
3-12 主要年份全市在岗职工人数及构成 …………………………………………………………………………………（124）
Number And Composition Of Staff And Workers On The Job In Main Years
3-13 主要年份全市在岗职工工资总额及平均工资 ………………………………………………………………………（125）
Total Wages And Average Wage Of Staff And Workers On The Job In Main Years
3-14 全市单位从业人员人数 ………………………………………………………………………………………………（126）
Number Of Employed Persons Of Nanning City
3-15 全市单位从业人员工资总额 …………………………………………………………………………………………（132）
Total Wages Of Employed Persons Of Nanning City
3-16 全市离休、退休人数及保险福利费用构成情况 ………………………………………………………………………（138）
Number Of Retirees And Composition Of Insurance, Composition Of Welfare Of Retirees
3-17 市区离休、退休人数及保险福利费用构成情况 ………………………………………………………………………（138）
Number Of Retirees And Composition Of Insurance, Composition
Of Retirees In Urban Districts
3-18 各县城镇单位年末从业人员 …………………………………………………………………………………………（139）
Number Of Employed Persons In Town By County At The Year-end
3-19 各县城镇单位在岗职工年末人数 ……………………………………………………………………………………（140）
Number Of Staffs And Workers On The Job In Town By County At The Year-end
3-20 各县城镇单位从业人员劳动报酬 ……………………………………………………………………………………（141）
Wages Of Employed Persons In Town By County
3-21 各县城镇单位在岗职工劳动报酬 ……………………………………………………………………………………（142）
Wages Of Staffs And Workers On The Job In Town By County
3-22 各县城镇单位在岗职工年平均工资 …………………………………………………………………………………（143）
Average Annual Wages Of Staffs And Workers On The Job In Town By County

四、农 业
Chapter 4 Agriculture

4-1 全市主要年份农林牧渔业总产值 ……………………………………………………………………………………（146）
Gross Output Value Of Agriculture、Forestry、Animal Husbandry And Fishery In Main Years
4-2 全市主要年份农林牧渔业总产值发展速度 …………………………………………………………………………（147）
Development Speed Of Gross Output Value Of Agricultural、Forestry、Animal Husbandry
And Fishery In Main Years
4-3 全市主要年份农民人均纯收入及主要农产品产量 ……………………………………………………………………（148）
Per Capita Net Income Of Peasants And Yield Of Major Farm Crops In Main Years

4-4 农村基本情况及从业人员构成……（149）
Basic Conditions And Composition Of Persons Employed Of Countryside
4-5 全市农林牧渔业总产值……（150）
Gross Output Value Of Farming, Forestry, Animal Husbandry And Fishery
4-6 市区农林牧渔业总产值……（151）
Gross Output Value Of Farming, Forestry, Animal Husbandry And Fishery In Urban Districts
4-7 农业林牧渔业总产值及构成……（152）
Composition And Gross Output Value Of Farming, Forestry, Animal Husbandry And Fishery
4-8 全市农作物播种面积和产量……（153）
Total Sown Areas And Output Of Farm Crops
4-9 市区农作物播种面积和产量……（154）
Total Sown Areas And Output Of Farm Crops In Urban Districts
4-10 茶叶、桑蚕及水果生产情况……（155）
Statistics On Production Of Tea、Silkworm And Fruit
4-11 林业生产情况……（156）
Statistics On Forestry Production
4-12 畜牧生产情况……（157）
Statistics On Livestocks Production
4-13 渔业生产情况……（158）
Statistics On Fishery Production
4-14 农业机械化情况……（159）
Mechanization Level Of Agriculture
4-15 农村水电、化肥用量及灌溉情况……（160）
Sitruation Of Rural Water,Electricity,Chemical Fertilizer And Irrigation
4-16 各县农村基本情况及从业人员构成……（161）
Basic Conditions And Composition Of Persons Employed Of Countryside By County
4-17 各县农林牧渔业总产值……（162）
Gross Output Value Of Farming, Forestry, Animal Husbandry And Fishery By County
4-18 各县农作物播种面积和产量……（164）
Total Sown Areas And Output Of Farm Crops By County
4-19 各县茶叶、桑蚕及水果生产情况……（166）
Statistics On Production Of Tea、Silkworm And Fruit By County
4-20 各县林业生产情况……（167）
Statistics On Forestry Production By County
4-21 各县主要牲畜年末存栏情况……（168）
Year-End Amount Of Main Livestocks In Stock By County
4-22 各县渔业主要产品产量……（169）
Output Of Major Fishery Products By County
4-23 各县农业机械化情况……（170）
Mechanization Level Of Agriculture By County
4-24 各县农村水电、化肥用量及灌溉情况……（171）
Sitruation Of Rural Water,Electricity,Chemical Fertilizer And Irrigation By County

五、工 业
Chapter 5 Industry

5-1 全市主要年份工业总产值 ……………………………………………………………………………………………(174)
Gross Industrial Output Value Of Nanning City In Main Years
5-2 全市主要年份工业总产值发展速度 ……………………………………………………………………………(175)
Development Speed Of Gross Industrial Output Value Of Nanning City In Main Years
5-3 全市规模以上工业企业单位数、工业总产值 ……………………………………………………………(176)
Number Of All Industrial Enterprises And Total Gross Industrial Output Value
Above Designated Size In Nanning City
5-4 全市规模以上主要工业产品产量 ………………………………………………………………………………(177)
Output Of Major Industrial Products Above Designated Size In Nanning City
5-5 全市规模以上工业企业主要财务状况 ………………………………………………………………………(178)
Main Financial Status Of Industrial Enterprises Above Designated Size In Nanning City
5-6 全市规模以上工业主要经济效益指标 ………………………………………………………………………(194)
Main Economic Results Indicators Of Industrial Enterprises Above Designated Size In Nanning City
5-7 市区规模以上工业企业单位数、工业总产值 ……………………………………………………………(195)
Number Of Industrial Enterprises And Total Gross Industrial Output Value Above Designated Size In Urban Districts
5-8 市区规模以上工业企业主要工业产品产量 …………………………………………………………………(196)
Output Of Major Industrial Products Of Industrial Enterprises Above Designated Size In Urban Districts
5-9 市区规模以上工业企业主要财务状况 ………………………………………………………………………(197)
Main Financial Status Of Industrial Enterprises Above Designated Size In Urban Districts
5-10 各县规模以上工业企业单位数 …………………………………………………………………………………(213)
Number Of Industrial Enterprises Above Designated Size By County
5-11 各县规模以上工业总产值 ………………………………………………………………………………………(214)
Gross Industrial Output Value Above Designated Size By County
5-12 各县规模以上工业企业主要工业产品产量 …………………………………………………………………(215)
Output Of Main Industrial Products Above Designated Size By County
5-13 各县规模以上工业企业主要财务状况 ………………………………………………………………………(216)
Main Financial Status Of Industrial Enterprises Above Designated Size By County
5-14 规模以上工业企业技术开发机构、人员情况 ………………………………………………………………(218)
Technology Development Organizations And The Staff Of Industrial Enterprises Above Designated Size
5-15 规模以上工业企业技术开发经费支出情况 …………………………………………………………………(219)
Expenditure Of Developing Technical Of Industrial Enterprises Above Designated Size
5-16 规模以上工业企业科技项目及成果情况 ……………………………………………………………………(220)
Technology Items And Achievements Of Industrial Enterprises Above Designated Size

六、运输、邮电
Chapter 6 Transport, Postal And Telecommunication

6-1 全市主要年份交通邮电情况 ………………………………………………………………………………………(222)
Statistics On Traffic, Post And Telecommunication Services In Main Years
6-2 全市民用车辆拥有量 ……………………………………………………………………………………………(223)
Number Of Civil Private-Owned Vehicles In Nanning City
6-3 全市民用运输船舶拥有量 ………………………………………………………………………………………(224)
Number Of Civil Transport Vessels In Nannig City

6-4 全市全社会客货运输量 …………………………………………………………………………………………（224）
Volume Of Passenger And Freight Traffic In Nanning City
6-5 全市交通运输企业主要财务状况 ……………………………………………………………………………（225）
Main Financial Status Of Transportation Enterprises In Nanning City
6-6 全市邮政、电信业务基本情况 ……………………………………………………………………………（226）
Main Financial Status Of Telecommunication Enterprises In Nanning City

七、固定资产投资
Chapter 7 Investment In Fixed Assets

7-1 全市主要年份固定资产投资情况 ……………………………………………………………………………（228）
Investment In Fixed Assets In Main Years
7-2 全市全社会固定资产投资 …………………………………………………………………………………（229）
Total Investment In Fixed Assets
7-3 全市按行业、注册类型、隶属关系和建设性质分固定资产投资 …………………………………………（230）
Investment In Fixed Assets By Sector、Registration Status、Jurisdiction of Management
And Type Of Construction
7-4 全市固定资产投资完成情况 ………………………………………………………………………………（231）
Total Accomplished Investment In Fixed Assets
7-5 全市农村非农户固定资产投资 ……………………………………………………………………………（232）
Investment In Fixed Assets Of Non-agricultural Households In Rural Areas Of Nanning City
7-6 全市全年新增生产能力 ……………………………………………………………………………………（233）
Newly Increased Production Capacity
7-7 全市及各县城乡私人建房情况 ……………………………………………………………………………（234）
Buildings Constructed By Individuals
7-8 全市按国民经济行业分新增固定资产 ……………………………………………………………………（235）
Newly Increased Investment In Fixed Assets By Industry Of National Economy
7-9 房地产开发投资 ……………………………………………………………………………………………（236）
Real Estate Investment
7-10 房地产开发投资完成情况 …………………………………………………………………………………（237）
Completed Investment In Real Estate
7-11 房地产开发经营情况 ………………………………………………………………………………………（238）
Real Estate Development And Management
7-12 全市总承包和专业承包建筑业企业生产情况 ……………………………………………………………（239）
Statistics On Construction Enterprises Of Nanning City
7-13 全市总承包和专业承包建筑业企业财务状况 ……………………………………………………………（240）
Main Financial Indicators On Construction Enterprises Of Nanning City
7-14 市区全社会固定资产投资 …………………………………………………………………………………（243）
Total Investment In Fixed Assets In Urban Districts
7-15 市区按行业、注册类型、隶属关系和建设性质分区固定资产投资 ………………………………………（244）
Investment In Fixed Assets By Sector、Registration Status、Jurisdiction of Management And Type Of
Construction In Urban Districts
7-16 市区固定资产投资完成情况 ………………………………………………………………………………（245）
Total Accomplished Investment In Fixed Assets In Urban Districts
7-17 市区按国民经济行业分新增固定资产 ……………………………………………………………………（246）
Newly Increased Investment In Fixed Assets By Industry Of National Economy In Urban Districts

7-18 各县全社会固定资产投资完成情况 ……（247）
Total Accomplished Investment In Fixed Assets By County
7-19 各县按行业、注册类型、隶属关系和建设性质分固定资产投资 ……（248）
Investment In Fixed Assets By Sector、Registration Status、Jurisdiction of Management And Type Of Construction By County
7-20 各县房地产开发投资完成情况 ……（250）
Completed Investment In Real Estate By County

八、能源购进、消费与库存
Chapter 8 Purchase, Consumption And Stock Of Energy

8-1 全市规模以上工业企业主要能源购进、消费与库存 ……（252）
Purchase, Consumption And Stock Of Main Energy Of Industrial Enterprises Above Designated Size
8-2 全市规模以上工业企业主要能源按行业消费量 ……（253）
Consumption Of Main Energy Of Industrial Enterprises Above Designated Size In Nanning City By Sector
8-3 市区规模以上工业企业主要能源按行业消费量 ……（255）
Consumption Of Main Energy Of Industrial Enterprises Above Designated Size In Urban Districts By Sector
8-4 各县规模以上工业企业主要能源购进、消费与库存 ……（257）
Purchase, Consumption And Stock Of Main Energy Of Industrial Enterprises Above Designated Size By County
8-5 规模以上工业企业综合能耗 ……（258）
Synthetic Energy Consumption Of Industrial Enterprises Above Designated Size
8-6 规模以上工业企业产值能耗 ……（259）
Energy Consumption Of Production value By Industrial Enterprises Above Designated Size
8-7 全社会用电量 ……（260）
Total Electric Power Consumption

九、商业、旅游、物价
Chapter 9 Business, Travel, Price

9-1 全市主要年份商品销售总额和社会消费品零售总额 ……（262）
Gross Sales Of The Goods And Total Retail Sales Of Social Consumer Goods In Main Years
9-2 社会消费品零售总额 ……（263）
Total Retail Sales Of Social Consumer Goods
9-3 全市限额以上批发业购销存总额 ……（264）
Total Purchases, Sales and Stock Of Enterprises Above Designated Size In Wholesale Trade
9-4 全市限额以上零售业商品购销存总额 ……（266）
Total Purchases, Sales and Stock Of Enterprises Above Designated Size In Retail Trade
9-5 全市限额以上批发和零售业商品销售类值 ……（268）
Total Sales Of Enterprises Above Designated Size In Wholesale And Retail Trades By Category Of Commodities
9-6 全市限额以上批发和零售贸易业商品购销存数量 ……（269）
Total Quantity Of Purchases, Sales and Stock Of Enterprises Above Designated Size In Wholesale And Retail Trades
9-7 全市限额以上批发业法人企业财务状况 ……（270）
Financial Indicators Of Enterprises Above Designated Size In Wholesale Trade
9-8 全市限额以上零售业法人企业财务状况 ……（277）
Financial Indicators Of Enterprises Above Designated Size In Retail Trade

9-9 全市限额以上住宿业经营情况 ……………………………………………………………………………………（284）
Management of Enterprises Above Designated Size Of Hotels
9-10 全市限额以上餐饮业经营情况… ………………………………………………………………………………（286）
Management Of Enterprises Above Designated Size Of Catering Services
9-11 全市限额以上住宿业法人企业财务状况 ……………………………………………………………………（288）
Financial Indicators Of Enterprises Above Desighated Size Of Hotels
9-12 全市限额以上餐饮业法人企业财务状况……………………………………………………………………（295）
Financial Indicators Of Enterprises Above Designated Size Of Catering Services
9-13 全市亿元以上商品交易市场基本情况 ………………………………………………………………………（302）
Basic Statistics On Commodity Exchange Markets Of Transaction Value Over 100 Million Yuan
9-14 各县区限额以上批发和零售业商品购销存总额 ……………………………………………………………（303）
Purchases, Sales and Stock Of Enterprises Above Designated Size In Wholesale And Retail Trades By County
9-15 各县区限额以上批发和零售业商品销售类值 ………………………………………………………………（315）
Sales Of Enterprises Above Designated Size In Wholesale And Retail Trades By Category Of Commodities By County
9-16 各县区限额以上批发和零售贸易业商品销售数量 …………………………………………………………（317）
Quantity Of Purchases, Sales and Stock Of Enterprises Above Designated Size In Wholesale And Retail Trades By County
9-17 各县区限额以上批发和零售业法人企业财务状况…………………………………………………………（321）
Financial Indicators Of Enterprises Above Designated Size In Wholesale Trade By County
9-18 各县区限额以上住宿和餐饮业经营情况……………………………………………………………………（323）
Financial Indicators Of Enterprises Above Designated Size In Retail Trade By County
9-19 各县区限额以上住宿和餐饮业法人企业财务状况…………………………………………………………（325）
Management of Enterprises Above Designated Size Of Hotels By County
9-20 外国和港澳台地区在华直接投资 ……………………………………………………………………………（327）
Direct Investments From Foreign Countries And Hong Kong,Macao And Taiwan Areas
9-21 国际旅游收入 …………………………………………………………………………………………………（329）
Earnings Of International Tourism
9-22 接待过夜国际旅游人数 ………………………………………………………………………………………（329）
Numbers Of Tourists Staying Overnight In Nanning City
9-23 星级宾馆酒店接待能力…………………………………………………………………………………………（330）
Reception Capacity In Star Hotels
9-24 旅行社基本情况 ………………………………………………………………………………………………（330）
Basic Statistics On Travel Agency
9-25 居民消费价格总指数 …………………………………………………………………………………………（331）
Consumer Price Index
9-26 个体工商业基本情况 …………………………………………………………………………………………（332）
Basic Indicators Of Self-Employment Business
9-27 私营企业基本情况………………………………………………………………………………………………（333）
Basic Indicators Of Private Enterprises

十、财政、金融、保险
Chapter 10 Government Finance, Banking And Insurance

10-1 全市主要年份财政、金融……………………………………………………………………………………（336）
Government Finance And Banking In Main Years
10-2 全市财政收入……………………………………………………………………………………………………（337）
Government Revenue

10-3 全市财政支出……（337）
Government Expenditure
10-4 市区财政收入……（338）
Government Revenue Of Urban Districts
10-5 市区财政支出……（338）
Government Expenditure Of Urban Districts
10-6 各县区财政收入……（339）
Government Revenue By County
10-7 各县区财政支出……（341）
Government Expenditure By County
10-8 全社会金融机构存款余额……（343）
Deposits Balance Of Financial Institution At The Year-End
10-9 全社会金融机构贷款余额……（343）
Loans Balance Of Financial Institution At The Year-End
10-10 市区金融机构存款余额……（344）
Deposits Balance Of Financial Institution In Urban Districts At The Year-End
10-11 市区金融机构贷款余额……（344）
Loans Balance Of Financial Institution In Urban Districts At The Year-End
10-12 各县金融机构存款余额……（345）
Deposits Balance Of Financial Institution By County At The Year-End
10-13 各县金融机构贷款余额……（346）
Loans Balance Of Financial Institution By County At The Year-End
10-14 保险业务情况……（347）
Insurance Business
10-15 各县保险业务情况……（348）
Insurance Business By County

十一、广西及省会城市主要统计指标
Chapter 11 Main Indicators of Guangxi And Provincial Capital Cities

11-1 广西主要年份国民经济主要统计指标……（350）
Main Indicators Of National Economy Of Guangxi in Main Years
11-2 各省会城市行政区划和土地面积……（351）
Administrative Division And Land Area Of Provincial Capital Cities
11-3 各省会城市建城区面积和人口密度……（352）
Urban Building Area And Population Density Of Provincial Capital Cities
11-4 各省会城市年末总人口……（353）
Total Population Of Provincial Capital Cities At The Year-End
11-5 各省会城市地区生产总值……（354）
Gross Domestic Product Of Provincial Capital Cities
11-6 各省会城市第一产业增加值……（355）
Value-Added Of Primary Industry Of Provincial Capital Cities
11-7 各省会城市第二产业增加值……（356）
Value-Added Of Secondary Industry Of Provincial Capital Cities
11-8 各省会城市第三产业增加值……（357）
Value-Added Of Tertiary Industry Of Provincial Capital Cities

11-9 各省会城市人均地区生产总值 ……（358）
Per Capita Gross Domestic Product Of Provincial Capital Cities

11-10 各省会城市农林牧渔业总产值 ……（359）
Gross Output Value Of Farming, Forestry, Animal Husbandry And Fishery Of Provincial Capital Cities

11-11 各省会城市规模以上工业总产值 ……（360）
Gross Industrial Output Value Above Designated Size Of Provincial Capital Cities

11-12 各省会城市固定资产投资 ……（361）
Investment In Fixed Assets Of Provincial Capital Cities

11-13 各省会城市社会消费品零售总额 ……（362）
Total Retail Sales Of Consumer Goods Of Provincial Capital Cities

11-14 各省会城市海关进出口贸易总额 ……（363）
Total Value Of Imports And Exports Of Provincial Capital Cities

11-15 各省会城市海关出口贸易总额 ……（364）
Total Value Of Exports Of Provincial Capital Cities

11-16 各省会城市外商直接投资 ……（365）
Direct Investment Of Provincial Capital Cities By Foreign Merchant

11-17 各省会城市国际旅游者人数 ……（366）
Numbers Of Foreign Tourists Of Provincial Capital Cities

11-18 各省会城市国际旅游收入 ……（367）
Foreign Exchange Earnings Of Provincial Capital Cities

11-19 各省会城市财政收入 ……（368）
Government Revenue Of Provincial Capital Cities

11-20 各省会城市地方财政公共财政预算收入 ……（369）
Final Statement Of Government Revenue Of Provincial Capital Cities

11-21 各省会城市地方财政支出 ……（370）
Final Statement Of Government Expenditures Of Provincial Capital Cities

11-22 各省会城市金融机构存款余额 ……（371）
Deposits Of Financial Institutions In Provincial Capital Cities At The Year-End

11-23 各省会城市金融机构贷款余额 ……（372）
Loans Of Financial Institutions In Provincial Capital Cities At The Year-End

11-24 各省会城市居民消费价格总指数 ……（373）
Consumer Price Indices Of Provincial Capital Cities

11-25 各省会城市居民人均可支配收入 ……（374）
Per Capita Disposable Income Of Urban Households In Provincial Capital Cities

11-26 各省会城市农民人均纯收入 ……（375）
Per Capita Net Income Of Rural Households In Provincial Capital Cities

11-27 各省会城市普通高等学校在校学生人数 ……（376）
Students Enrolled In Institutions Of Ordinary High Education In Provincial Capital Cities

11-28 各省会城市年末电话用户数 ……（377）
Number Of Telephone Subscribers In Provincial Capital Cities At The Year-End

指标解释 ……（379）
Explanatory Notes On Statistical Indicators

第一部分　特辑

PART Ⅰ　SPECIAL ISSUE

政府工作报告

——2015年2月4日在南宁市第十三届
人民代表大会第六次会议上

市长 周红波

一、2014年工作回顾

过去的一年，面对经济下行压力持续加大的严峻形势和艰巨繁重的改革发展稳定任务，我们在自治区党委、政府和市委的坚强领导下，牢牢把握稳中求进工作总基调，紧紧围绕市十三届人大五次会议确定的目标任务，主动适应经济发展新常态，积极进取，综合施策，克难攻坚，奋力拼搏，统筹做好稳增长、促改革、调结构、惠民生、防风险各项工作，在困难超出预期、压力超乎想象的情况下，保持了经济社会平稳发展，实现了稳中提质、稳中增效、稳中有进。

——地区生产总值3148.3亿元，同比增长8.5%，与全区持平。其中，一产增长4.3%，二产增长9.9%，三产增长8.2%。

——财政收入526.6亿元，增长11.2 %，比全区高3.1个百分点；总量占全区的24.4%，同比提高0.7个百分点；非税收入占一般公共预算收入的25.5%，低于全区5.7个百分点。

——规模以上工业总产值2872.85亿元，增长12.2%。规模以上工业增加值881.17亿元，增长10.8%，比全区高0.1个百分点。

——固定资产投资2886.68亿元，增长18.7 %，比全区高2个百分点。其中，更新改造投资853.48亿元、增长17.2%。

——社会消费品零售总额1616.9亿元，增长12.1%。

——城镇居民人均可支配收入27075元，增长9.1%；农村居民人均纯收入8576元，增长11.6%。居民消费价格上涨1.6%。城镇新增就业8.58万人，城镇登记失业率2.95%。

——万元生产总值能耗下降8.5%，超额完成自治区下达年度目标。化学需氧量、二氧化硫提前完成“十二五”减排任务。提前完成自治区下达的57个淘汰落后产能项目任务。成功申报国家节能减排财政政策综合示范城市。全年环境空气质量（AQI指数）优良率达80%，比上年提升5个百分点。

——保障性住房新开工17016套、基本建成20896套，棚户区改造完成12450套，投入财政资金建成拆迁安置房3283套。

——举全市之力举办了“热烈、精彩、难忘、成功”的第四十五届世界体操锦标赛，赢得了国际国内社会各界的广泛赞誉，进一步提升了南宁的国际形象。

——新农村建设取得新成效。创建良庆坛板、西乡塘美丽南方、隆安金穗等6个自治区级现代特色农业（核心）示范区并通过验收。良庆区坛板坡、隆安县定典屯等12个各具特色的综合示范村建成。全市97%的行政村通水泥路。“美丽南宁·清洁乡村”活动深入开展，农村环境综合整治取得明显成效。

——城市重大基础设施实现新突破。南宁吴圩机场新航站楼建成启用，南广高铁开通运营，南宁火车东站同步启用，南宁外环高速公路、机场高速公路延长线建成通车。

——法治政府建设迈出新步伐。《中国法治政府评估报告（2014）》综合评价各直辖市、省会城市及其它地级市共100个城市政府法治建设水平，我市名列第8。

一年来，我们主要做了以下工作：

（一）调优结构强产业，质量效益有了新提高。

工业支撑作用增强。深入实施“工业强市”战略，推进六大重点产业发展、强优企业培育、产业园区成长三大行动计划，以中恒、海王、柳药等为代表的生物医药产业群初步形成，预计达产后年产值超400亿元，年利税约37亿元；以富士康、研祥、斐讯、禾田信息港等为代表的电子信息产业初步聚集，预计达产后年产值达700亿元，年利税约40亿元。六大重点产业平均增长14.1%，其中，电子信息增长33.5%。产值超亿元企业592家、新增44家，完成产值占全市的94%，对全市规模以上工业增长的贡献率达123.8%。富士康南宁公司产值突破200亿元，中烟南宁公司产值首次超过100亿元。企业效益提升，规模以上工业主营业务收入增长10.8%，利润增长8.5%。三大开发区规模以上工业总产值占全市的52.1%，比上年同期提高4.2个百分点。标准厂房完成主体工程206万平方米。现代服务业水平提升。金融业增加值307.61亿元、增长13.2%，对服务业、经济增长的贡献率分别达30.7%、14.2%。全市银行、证券、保险、融资性担保公司等金融机构超260家。现代商贸业加快发展，青秀万达广场、中国—东盟商品交易中心建成开业。国家电子商务示范城市建设加快，中国—东盟电子商务产业园落户五象新区，全市开设网店的企业突破2100家，占全区45%。重点企业电商交易额1300亿元，增长28%。超万平方米规模展会增长23%。全年旅游接待总人数6948.5万人次、总收入597亿元，分别增长18.3 %、24.9 %，新增国家4A级旅游景区5家，青秀山荣膺国家5A级旅游景区。农业结构优化升级。粮食总产量225万吨。新增"双高"糖料蔗示范基地47个、"菜篮子"基地44个、农产品标准化示范基地9个。自治区级林下经济示范项目9个、现代林业产业龙头企业16家。市级以上农业产业化重点龙头企业新增21家，农民专业合作社新增403家，家庭农场新增226家。农业综合机械化水平达46.6%。

（二）千方百计抓项目，投资结构实现新优化。

全年新开工项目6739个，其中亿元以上项目170个、增长45.3%。工业投资852.1亿元，增长17%，富士康科技园（沙井）二期、南车铝材精密加工、南南铝冷轧中心、双汇、百威啤酒等一批重大工业项目建成投产。城建项目完成投资297.2亿元，增长34.5%，完成率达80%，创历史新高。轨道交通1、2号线提速建设，第二轮轨道交通规划正式获国务院批准，3号线庆歌路试验站开工；南昆铁路南宁至百色段增建二线、黎湛铁路电气化改造项目开工；南宁港牛湾作业区、六景转运站、八联作业区试运行，新增泊位21个、年吞吐能力766万吨。"三旧"改造完成投资62亿元，完成率124%。房地产开发投资551.82亿元，增长32.5%。降低民间资本市场准入门槛，民间投资1801.27亿元，增长21.2 %。

（三）借助赛事优环境，城市品质提升新水平。

高标准推进五象新区建设，全年完成投资276亿元，增长79.7%。"两基地一中心一商圈"建设加快，引进重点项目52个、新开工项目166个，分别增长23%、54.8%；新引进世界500强企业8家、国内500强企业15家、金融保险项目10个、境外上市公司11家；总部基地金融街、文化产业片区、玉洞东片区、龙岗片区和蟠龙片区项目建设加快推进，万达茂、广西艺术中心、三中五象校区等重大项目开工建设；玉洞大道二期等15条市政道路完成建设，"三横三纵"骨干路网和区域路网初步形成；启动五象岭森林公园规划建设。深入实施城市功能提升等"七大工程"，实施项目394个，完成投资107.1亿元。打通枫林路等10条"断头路"，完成机场路和168条城市道路"白改黑"，改造提升78条人行道，五象大桥、英华大桥及五象—壮锦立交等8座城市立交建成使用。继续推进"中国水城"建设，实施项目43个，完成投资37.4亿元。市中心城区6个码头全部关闭，邕江精品示范段基本建成，老口航运枢纽船闸通航，石埠堤12.5公里防洪堤全线贯通，民歌湖等环城水系进一步提升。深入推进"中国绿城"提升工程三年行动计划，实施项目85个，完成投资10.68亿元。17条市政主干道绿化景观提升工程完工，新种乔木15万株、灌木180万株，新建绿道48.5公里，建成区新增绿地面积411.3公顷，改造提升绿地458公顷；完成山上造林28.2万亩、村屯绿化190个，"千万珍贵树种送农家"活动赠送珍贵树种72.2万株。深入开展"整洁畅通有序大行动"，严管重罚，查处"五乱"行为90.9万起；组织开展青秀山风景区等集中大规模拆迁拆违行动，全年共完成拆迁1119.4万平方米，其中拆违643.5万平方米，清理违法占地997.45万平方米；拆除烟囱907根、无证照燃煤锅炉462台、违章高杆广告411杆；生活垃圾无害化处理率达100%，路灯亮灯率达99%，市政设施完好率达86%以上；新增路面机动车停车位2万多个，非机动车停车位2.6万多个，实现了"让来过南宁的人耳目一新，没来过南宁的人大吃一惊"的目标。

（四）深化改革破难题，体制机制释放新红利。

完成市、县（区）政府机构改革工作。全面实施行政审批提速提效"六大工程"，对市本级自行设置的12项行政审批和54项非行政审批事项进行清理和甄别，决定保留行政许可1项、取消10项、调整1项，取消非行政许可审批事项32项，调整或转为告知性备案22项。下放县区92项行政审批事项，委托或授权国家级开发区实施245项行政审批事项；617项行政审批事项进驻市级政务中心办理，进驻率达96%，群众满意度评议率达99%，企业对我市投资环境总体评价整体满意度居全区首位。启动经开区行政审批制度改革试点工作，挂牌成立全区首个行政审批局。在全区率先启动企业"三证合一"登记制度，新登记公司制企业和注册资本分别增长102.2%和157.8%。沿边金融综合改革成效显著，东亚银行南宁分行正式落户，南宁金融资产交易中心挂牌交易，南宁股权交易中心获批筹建，设立了创业投资引导基金和北部湾经济区产业基础设施投资（南宁）基金。农村改革稳步推进，以整镇推进为试点的农村土地承包经营权确权登记颁证工作确权 8.89 万亩、颁证 1.01 万本。农村土地流转面积新增 13.7 万亩，“小块并大块”耕地整治完成 3.8 万亩。城市长效管理机制、社会信用体系建设、农村规划建设等 119 项改革事项扎实推进。

（五）扩大开放增动力，内外合作拓展新空间。

充分发挥“南宁渠道”作用，积极谋划参与 21 世纪海上丝绸之路、泛北部湾合作和南宁—新加坡经济走廊、珠江—西江经济带建设，优质服务了第十一届中国—东盟博览会和商务与投资峰会，中国—东盟技术转移中心落户高新区。推动北部湾经济区通信、金融、社保、户籍同城化。促进投资贸易便利化，中国—东盟信息港建设上升为国家战略，获批国家跨境贸易电子商务服务试点。市四家班子领导带头招大商引强企，纽斯凯荷兰、修正、源正、世茂等一批世界、国内 500 强和知名企业落户南宁。全年新签约内资项目 568 个，实际到位内资 856.5 亿元，直接利用外资（广西全口径）6.4 亿美元、增长 10.2%。全市外贸进出口总额 48.1 亿美元，增长 9%。

（六）创新治理保民生，社会和谐增添新亮点。

公共财政支出更多地向基层和民生倾斜，全市涉民生支出 338.9 亿元，占一般公共预算支出的 72.7%。优先发展教育事业。加大教育基础设施建设，促进城乡义务教育均衡发展，建成邕宁高中新校区等 10 所市区中小学校、7 所幼儿园，加快三中国际校区、阳光特殊教育学校等一批重点项目建设；全面完成第一期学前教育三年行动计划，新建、改扩建 686 个幼儿园；年内学前三年毛入园率达 92.8%、九年义务教育巩固率达 93.8%、高中阶段教育毛入学率达 93.4 %；接收进城务工人员随迁子女 13.2 万人，占全区 33.6%；全力推进职业教育改革发展，建成 2 所高等职业教育区域名校，引进桂港职教中心落户南宁职业技术学院，南宁学院成为首批国家应用技术大学建设试点高校。完善社会保障体系。企业退休人员基本养老金“十连升”，实施城乡居民大病保险试点，新农合参合率达 99.4%；发放城乡低保、五保供养补助资金 3.5 亿元，受益 115.5 万户次、237.2 万人次；城乡医疗救助支出 6729.5 万元、救助 20 万人次；实施精准扶贫，减少贫困人口 11.9 万人。加大卫生计生工作力度。县级公立医院改革稳步推进，国家基本药物制度实现全市乡镇卫生院全覆盖、村卫生室覆盖率达 99%，落实乡村医生补偿政策；有效预防和控制登革热等重大传染病疫情，加强“两会一节一赛”重大活动卫生保障，公共卫生应急能力进一步增强；超额完成国家免费孕前优生健康检查项目，稳妥有序实施单独二孩政策，持续稳定保持低生育水平，出生人口性别比得到有效遏制，人口素质不断提高。发展文化体育事业。南宁文化艺术创作基地投入使用，南宁博物馆主体工程竣工，建成 136 个村级公共服务中心，《壮族三月三》等入选第四批国家级非物质文化遗产代表性项目名录，《骆越先歌》斩获第九届中国舞蹈“荷花奖”银奖，成功举办大地飞歌 •2014 南宁国际民歌艺术节；以南宁重大革命历史题材为背景制作了 35 集大型电视连续剧《兵变 1929》，在北京等地热播。群众体育、竞技体育、体育产业协调发展，全市经常参加体育锻炼人口达46%。创新社会治理。深入推进社会主义核心价值体系建设，陈美杏等 9 名先进典型荣登“中国好人”榜；深入开展全国文明城市创建活动，完成 387 个志愿服务站建设，营造文明有序城市风尚；建立和落实“党政同责、一岗双责、齐抓共管”责任体系，安全生产形势持续好转；狠抓食品生产、餐饮等环节五大专项整治，保障人民群众食品药品安全；创建全国民族团结进步示范市试点工作全面推进，民族宗教工作取得新成效；深入推进“平安南宁”建设，严厉打击“两抢一盗”，日均发案下降到 6 起以下，全区社会公众安全感调查我市单项安全感比上年提高 4.63 个百分点，提升幅度全区第一；完成村（社区）“两委”换届选举，市本级财政投入 1.3 亿元加强村（社区）阵地建设及 2064 万元加强乡镇庭院、周转房等基础设施建设；积极开展信访工作，接听“市长公开电话”有效来电 5.22 万个、受理“人民网市长信箱”留言 688 条，妥善处理群众来信 7344 件、来访 4467 批、2.4 万人次，各类矛盾纠纷调结率达 96.7%。全面完成为民办实事工程。投入为民办实事资金 79.6 亿元，全面完成自治区 10 项、市级 10 项为民办实事工程共 81 个子项。

（七）务实为民转作风，政府建设呈现新气象。

扎实开展第二批党的群众路线教育实践活动，严格落实党中央八项规定精神和国务院“约法三章”，全面清理整治“吃空饷”、多占办公用房等，切实解决“四风”问题。南府发或南府办印发的文件数量压缩 42.5%，南府办名义通知的会议数量下降 24.6%，政府性评比项目压缩50%。完善政务服务、政务公开、政府信息公开“三位一体”的管理体系，主动公开政府信息19万条，信息公开量继续保持全区首位。举办了14期《向人民承诺—电视问政》电视直播节目，所曝光的107个问题基本整改落实。加强政府廉政建设，完善对政府投资项目、重大政策执行等审计监督。加强政府立法，完善道路交通安全、养犬管理、餐厨垃圾管理等重点领域制度建设。严格按程序起草、审议、发布文件，提请市人大常委会审议地方性法规草案5件，出台政府规章9件，出台规范性文件30件。集中开展法规规章清理，废止规章2件、修改10件，废止规范性文件118件，确认继续有效的规范性文件323件，提请市人大常委会修改地方性法规9件。坚定不移推进依法行政，市和各县区依法行政的组织领导、科学决策、行政执法能力和水平大幅提升。认真执行市人大及其常委会的决议、决定，自觉接受市人大及其常委会法律监督和工作监督，主动接受人民政协的民主监督和社会舆论监督，共办理自治区和市级人大代表议案、建议214件，政协提案353件，办结率100%。进一步密切与各民主党派、工商联、无党派、人民团体和社会各界人士的联系。

一年来，我市外事、侨务、司法、统计、人防、保密、口岸、水库移民、地震、供销、机关事务管理、地方志、档案、消防、海关、海事、检验检疫、税务、工商、质监、通信、邮政、供电、测绘、气象、水文、参事、文史、哲学和社会科学等工作取得新进展，妇女儿童、残疾人、老龄等事业取得新进步。国防教育和后备力量建设深入开展，双拥共建工作取得新成绩，少数民族聚居区繁荣发展。

各位代表，过去的一年，在复杂严峻的经济形势下，我们破解了各种难题，经受住了严峻考验，取得了来之不易的成绩。这是自治区党委、政府坚强领导的结果，是市委总揽全局、科学决策的结果，是市人大及其常委会依法监督和人民政协民主监督的结果，也是全市各族人民共同奋斗的结果。在此，我代表市人民政府，向辛勤工作在各条战线的工人、农民、知识分子、干部和社会各界人士，向驻邕人民解放军、武警部队官兵，向各民主党派、工商联、无党派人士、人民团体，向关心支持南宁发展建设的港澳台同胞、海外侨胞及海内外朋友们，表示崇高的敬意和衷心的感谢！

我们也清醒地看到，发展中还存在不少困难和问题，经济下行压力不断加大，投资增长乏力，稳增长的基础不牢；市场需求持续低迷，企业特别是中小微企业融资难、融资贵；新的增长点不多，提升发展质量和效益的支撑不足；县域经济的质量和水平有待提高；社会治理仍需进一步加强；政府职能转变亟待加大力度等。对这些困难和问题，我们一定高度重视，切实加以解决，决不辜负全市各族人民的期望！

二、2015年工作安排

今年是全面深化改革的关键之年，是全面推进法治南宁建设的开局之年，也是完成“十二五”规划的收官之年。适应经济发展新常态，对我市来说，既要解决提质增效问题，又要解决速度规模问题。我们要清醒认识和准确把握这一根本性特征，始终坚持发展第一要务不动摇，在加快发展、科学发展、率先发展上不分心、不走神，奋力保持经济社会发展的良好势头。

今年政府工作的总体要求是：深入贯彻党的十八大、十八届三中、四中全会和习近平总书记系列重要讲话精神，以邓小平理论、“三个代表”重要思想、科学发展观为指导，深入贯彻落实市委十一届十三次全会精神，坚持稳中求进工作总基调，坚持以提高经济发展质量和效益为中心，深入实施“工业强市、产业旺市”战略，增强投资和消费双拉动，主动适应经济发展新常态，把转方式调结构放到更加重要位置，突出创新驱动，全面深化改革，扩大开放合作，切实保障和改善民生，加快建设法治政府，促进经济平稳健康发展和社会和谐稳定，奋力提升首府南宁在广西经济社会发展中的首位度。

按照上述总体要求，今年经济和社会发展主要预期目标为：地区生产总值增长8%以上，财政收入增长8%以上，固定资产投资增长14%，工业增加值增长10.2%（规模以上工业增加值增长10.7%），建筑业增加值增长10.5%，高技术产业增加值增长16.5%，社会消费品零售总额增长12%，进出口总额增长10%（出口额增长10%），万元生产总值能耗下降4%以上，居民消费价格涨幅控制在3.5%以内，城镇居民人均可支配收入增长8.5%，农村居民人均纯收入增长10%，城镇化率58.5%，城镇登记失业率控制在4%以内，城镇新增就业7.5万人，人口自然增长率11‰以内，城镇保障性住房覆盖率20%以上。

提出上述目标，主要从适应经济发展新常态的大背景、国际国内因素带来经济下行压力加大的大环境、资源环境条件支撑的综合因素下考虑的。实际工作中，我们一定朝着更高的目标去攻坚、去拼搏，努力实现一个高于全国、全区发展水平的速度。为此，重点抓好以下工作：

（一）着力转方式调结构，提高经济发展质量和效益。

大力推进现代工业扩量提质。筹措30亿元以上重大产业发展资金支持重大工业项目建设，继续安排16.7亿元工业发展资金支持工业发展，力争全部工业增加值占全市地区生产总值30%以上，占全区规模以上工业增加值15%以上。一是继续实施六大重点产业发展行动计划。全力推进全铝车身新能源汽车、南车轨道装备等项目年底投产，推动富士康科技园（沙井）二期工程、南南铝合金新材料项目等尽快达产，力争六大重点产业产值突破2000亿元；引导传统产业升级改造，注重新技术、新能源、新材料在重点产业中的应用；推动现代中药和民族医药等领域申报国家战略性新兴产业集聚发展专项。二是继续实施强优企业培育行动计划。深入开展“抓大壮小扶微”工程，大力扶持一批税收1000万元以上企业成为工业的中坚力量；力争富士康南宁公司产值突破300亿元、南南铝突破50亿元，产值超5亿元工业企业120家以上，亿元工业企业新增40家以上；支持工业品牌建设，力争培育广西名牌产品（著名商标）20个以上，争创中国驰名商标；支持中小工业企业发展，“两台一会”帮助中小企业融资30亿元以上。三是继续实施产业园区成长行动计划。高新区重点推动电子信息产业、高新技术企业孵化基地、总部基地发展，经开区着力推进生物医药、空港产业基地建设，广西—东盟经开区做大做强轻工食品产业基地，江南工业园重点加快电子信息产业和铝合金新材料发展，新兴产业园区重点加快先进装备制造业发展，力争三大国家级开发区规模以上工业总产值占全市57%以上；鼓励社会资金参与标准厂房建设，力争竣工面积突破200万平方米；严格按照产业园区发展定位，加大标准厂房招商引资力度，落实标准厂房管理销售政策；加快园区基础设施建设，完善综合配套，促进开发区产城融合。四是继续推进技术创新及“两化”融合。整合科技创新政策支持重大产业项目开发，力争完成技术创新及“两化”融合项目300项、投资10亿元。推进以智能制造、工业大数据集成为重点的“两化”融合项目建设，新建重点示范项目15个，软件和信息服务业主营业务收入突破100亿元，认定南宁市工业新产品100个以上。

加快推进现代服务业高端发展。力争服务业增加值增长8%以上。一是加快建设区域性金融中心。深入推进沿边金融综合改革，完善以银行、证券、期货、保险等为主体的多层次金融市场体系，五象新区总部基地金融街建设实现新突破，力争中国进出口银行等金融机构落户南宁，加快推进消费金融公司和金融租赁公司组建工作，大力支持和积极发展互联网金融等新型金融业态。加大企业上市培育工作，力争新增5家以上企业实现IPO上市或新三板挂牌。年内金融业增加值增长10%以上。二是加快提升商贸业水平。借力轨道交通建设，完善商业中心地上、地下空间规划，提升朝阳、琅东—凤岭商业中心，打造五象商业中心，建设沙井、安吉等商业中心，壮大华润万象城、万达广场、南宁百货、梦之岛等一批知名品牌流通服务产业集群；优化大型专业交易市场结构，加快建设南宁农产品交易中心、南宁钢材交易中心及海吉星冷链仓储、配送中心。加快建设茧丝、食糖、铝、松香等大宗商品及矿产资源和有色金属电子交易市场。加快国家广告产业园试点建设。支持推动一批商贸主体“个转企”“小上限”，新增优质限额以上商贸企业50家。培育年交易额超50亿元市场2家，超10亿元市场5家。三是加快发展现代物流业。重点建设南宁空港物流园、江南综合物流园、金桥综合物流园，加快建设牛湾临港物流园、黎塘高铁物流园和六景水铁联运物流园，力争建成大型仓储物流配送中心2个，培育引进5家4A级以上物流企业。四是壮大发展会展业。加快建设国际会展中心扩建二期工程，大力推进会展商务区建设；继续发挥中国—东盟博览会的品牌效应，引进和培育专业化会展企业集团，努力申办第32届亚洲邮展，办好更多高层次知名展会。五是加快发展旅游业。持续打造“壮乡歌海、中国绿城、东盟风情、养生之都”四大旅游品牌，重点推进南宁东盟文化博览园等30个重大旅游项目建设，规划建设西津国家湿地公园，提升青秀山、大明山等30个重点景区景点，开工建设南宁国际旅游中心。以举办世界反法西斯战争胜利暨中国人民抗日战争胜利70周年纪念活动为契机，加大昆仑关风景区保护开发建设力度。创建全国养生休闲旅游示范城市，力争把上林、马山创建成为广西特色旅游名县，每个县区创建1个以上特色旅游名镇（乡）。坚持农旅融合，大力推广现代特色农业（核心）示范区和生态综合示范村休闲游。抢抓高铁时代旅游发展新机遇，推进泛珠三角区域联动发展，加强与东盟国家知名旅游目的地合作，打造中国国际养生休闲特色旅游目的地。办好“月月旅游节”，力争旅游总收入突破700亿元。六是积极发展总部、楼宇经济。加快建设五象新区总部基地、高新区南宁—东盟企业总部基地、经开区北部湾总部基地，积极推动知名企业在南宁设立生产基地、研发中心、运营中心等。扶持南南铝、南宁百货等本土优质企业以南宁为总部向外扩张发展。研究出台楼宇经济发展计划及相关扶持政策，实施专业化招商、产业链招商，重点将青秀区打造成我市楼宇经济示范区。

积极推进农业转型升级。一是引导土地经营权有序流转。推进所有权、承包权和经营权三权分置，争取部分县成为国家“三权”抵押担保试点；抓好农村土地承包经营权确权登记颁证，完成登记颁证385万亩；探索创建农村土地股份合作社，引导农户依法流转土地承包经营权，新增流转面积5万亩以上；组建农村产权交易中心，搭建农村资源要素流转市场；扎实推进永久基本农田调整划定工作。二是稳步推进适度规模经营。积极培育专业大户、农民合作社、家庭农场等新型经营主体，新增市级以上农业产业化龙头企业10家、农民专业合作社100家、家庭农场150家。三是以基地建设为载体调整农业结构。抓好“米袋子工程”，以粮食增产增效行动为重点，创建全国粮食高产示范区12万亩、示范基地18个，确保粮食产量稳定在219万吨以上（新口径）。抓好“菜篮子”工程，稳固270万亩蔬菜、140万亩水果产业规模，开展特色农业产业“品种品质品牌”提升行动，新建“两高”糖料蔗基地128个、“菜篮子”基地45个。全面实施“桉退果进”、“桉退桑进”、“桉退药进”工程，大力发展水果、桑蚕、药材等优势特色农业。新增“三品一标”认证15个。四是抓好现代特色农业（核心）示范区和生态综合示范村建设。突出企业主体作用，调动农民积极性，整合财政资金，高标准新建12个“产村互动、农旅融合”的现代特色农业（核心）示范区、13个生态综合示范村。五是提升农业服务水平。加快农业良种、良法推广和农业机械应用步伐，扶持提升龙头企业技术创新中心10家；探索成立农产品市场销售联盟，推进农产品网上交易。六是抓好农产品质量安全。创建农产品质量安全示范县，健全农产品质量安全监管体系，确保果蔬、水产畜牧产品质量合格率分别达96%、98%以上。

（二）增强投资和消费双拉动，提高内需对稳增长的贡献力。

多管齐下扩大有效投资。统筹推进区市层面重大项目建设，力争完成投资800亿元。一是加大产业项目比重。重点加快中恒、研祥、斐讯、海王、神冠、禾田信息港等项目建设，大力推进华润怡宝广西生产基地、统一食品二期等重大项目开工。二是全力推进重大交通基础设施建设。民航方面，开工建设伶俐通用机场，推进南宁吴圩机场第二跑道项目前期工作，力争年内旅客吞吐量突破1000万人次；铁路方面，加快推进云桂铁路沿线坛洛站、隆安东站建设，确保云桂铁路（南宁至百色段）年底前开通运营。加快南昆铁路南宁至百色段增建二线、黎湛铁路电气化改造项目建设，湘桂铁路柳南段电气化改造竣工投产；高速公路方面，推进吴圩至大塘、贵港至隆安和桂林经柳州至南宁、南宁经钦州至防城港段改扩建等项目建设，推动马山至平果、来宾至马山高速公路主体建成，力争完成南宁吴圩机场第二高速公路建设；综合交通运输方面，重点推进凤岭综合客运枢纽站、玉洞交通物流中心等客货运枢纽建设，争创国家综合运输服务示范城市；城市公共交通方面，开工建设火车站至火车东站首条快速公交（BRT）线路，加快建设地铁1、2号线，力促3号线全面开工，4号线年内开工；城市桥梁方面，罗文大桥、良庆大桥和青山—英华等一批城市立交桥年内实现通车，开工建设青坪大桥，加快建设青山大桥；城市道路方面，完成青环路扩建，加快建设东西向快速路，完善火车东站及凤岭片区路网，打通一批断头路。三是加快建筑业发展。扶持本地建筑业企业发展，吸引资质等级高、综合实力强的建筑业企业落户南宁，提高我市建筑业的规模和效益。四是建立“十三五”重大项目库并筛选一批重大项目，力争列入国家、自治区“十三五”规划。

多措并举促进消费增长。全力稳定传统消费市场，重点培育住房、信息、养老健康家政、绿色、旅游休闲等新的消费热点。一是实施《南宁市三旧改造攻坚计划（2015—2018）》，启动“老南宁·三街两巷”、南糖片区、良庆镇区等10个旧改及棚户区改造重点项目，力争完成投资100亿元以上。进一步加大房地产重大项目前期工作服务力度。二是加快国家信息消费试点城市建设，推进4G网络等信息消费基础设施升级，加快推动宽带进小区，带动信息消费。三是加快养老综合改革试点城市建设，继续推行“公办民营”、“民办公助”养老模式，大力引进社会资金特别是保险资金投资健康养老产业；重点扶持和培育一批居家养老服务组织，打造医养结合的养老服务品牌。四是大力发展电子商务。加快建设国家电子商务示范城市和高新区电子商务示范基地，重点推进中国联通电子商务产业基地、中国—东盟电子商务产业园等一批重大项目；大力支持美丽湾等本土电商企业做大做强，积极引进阿里巴巴等大型电商在南宁设分支机构；鼓励百盛、华南城、电科广场等有条件的大型商贸企业自建电子商务平台或与成熟的电子商务平台开展线上业务；结合“电商广西、电商东盟”工程，重点推进“电商进社区”、“电商进农村”，在知名电子商务平台开设南宁特产馆，每个县区培育1个以上电商专业社区（村），进一步扩大城乡消费。

千方百计培育外贸新优势。一是继续实施加工贸易三年倍增计划，力争2016年加工贸易进出口额突破40亿美元。二是创新企业“走出去”模式。以跨国园区和境外广西商会为载体，加强与东盟国家的经济合作，鼓励优势农业企业和技术输出，重点推进中国—文莱农业产业园项目。三是积极培育南宁出口品牌。依托“南宁渠道”，积极打造“平台经济”，探索建设服务国内、面向东盟的电子信息、机械装备、中医药等总部信息平台，发展面向东盟的农机等机械装备输出基地、制药业区域性总部基地；拓宽东盟市场，促进农机、机电、金属及制品、轨道交通产品出口，支持外贸企业培育自主品牌，支持企业加快国际商标注册、认证及境外营销网络建设。

（三）以五象新区、珠江—西江经济带建设为重点，谋划和培育新的增长点。

举全市之力加快五象新区建设。全面加速产业招商，以总部基地金融街、国际物流基地等为重点，加快邮储银行、中国人保等项目落地，促进金融业进一步集聚。全力提速项目建设，安排重点项目182个，计划投资205亿元。加快重点片区产业项目建设，总部基地金融街50%以上项目完成地下工程建设，地下空间综合利用工程开工并取得实质性进展，五象湖周边、蟠龙至龙岗片区沿江地带建设初具规模。加快基础设施建设，五象—平乐等立交、玉洞大道拓宽工程等一批重大路桥项目竣工，文化旅游组团等片区路网基本完工。加快推进市政配套设施建设，核心片区污水管网、污水泵站全面完工，五象污水处理厂建成使用，一批垃圾中转站、公厕、邻里中心建成；完成平乐大道等核心片区电力管线迁改工程，实现综合管廊建设零突破。加快公共服务设施建设，全面完成十四中、四中及三美学校五象校区等项目前期工作，三中五象校区主体工程基本完工，良庆区医院、邕宁区医院、广西医科大学口腔医院、五象湖小学等一批项目加快推进。强化征地拆迁安置保障工作，年内新开工2万人安置房建设。

积极参与珠江—西江经济带建设。落实粤桂共同行动计划，围绕交通、产业、生态、城镇化、开放合作、公共服务六大建设，深化与泛珠三角区域城市特别是省会城市合作，主动承接珠三角产业转移。重点推进南宁港二期牛湾作业区、邕江旅游码头、通用机场水上跑道、六景港区及南宁—广州高等级航道扩能等港口及航道建设，开工建设西津枢纽二线船闸。

挖掘经济增长潜力。深入实施北部湾同城化战略，加强北部湾旅游联盟城市合作，在全区率先实施社保“一卡通”。加快空港经济区规划建设，逐步形成“一核、四组团”的重点产业空间布局。充分发挥火车东站的龙头作用，启动火车东站商务区建设，按照现代、生态、城市田园的要求，推进三塘片区规划建设，加快昆仑片区与东站片区路网建设。发挥轨道交通辐射效应，提前谋划轨道交通相关产业，提升和完善轨道交通沿线商业业态。

（四）做大做强县域经济，推进新型城镇化建设。

坚持差异化发展。落实《南宁市主体功能区规划》，完善差异化考评制度。武鸣、横县、宾阳探索采取合资开发、企业运作等模式让企业参与园区基础设施建设；实施“腾笼换鸟”，保障重点项目土地供给，以工业园区为平台加快工业发展。武鸣、横县、宾阳、隆安要用发展工业的理念发展农业，推进特色农产品种植上规模、加工提水平，创建国家级香蕉产业研发中心。上林、马山重点加快“三湖一寨”、环弄拉旅游等项目建设，开发健康长寿产品，大力发展露营、骑行、攀岩、徒步等一批对生态环境影响较小的休闲养生旅游业。马山、隆安要抢抓国家实施左右江革命老区振兴规划历史机遇，争取更多基础设施、产业升级、民生改善项目列入国家、自治区的“大盘子”。

加强农村基础设施建设。实施小型农田水利设施建设100项、田间工程及灌区末级渠系建设120公里、“五小”水利工程100项、高效节水灌溉项目1万亩、小型病险水库除险加固80座，解决33万农村人口饮水安全问题。推进邕宁防洪工程、仙葫半岛堤、龟山堤、宾阳清水河提水工程和上林、隆安、横县县城防洪堤建设，抓好市区邕江沿岸防洪设施维护，力争完成堤防和护岸

41.9公里。全面完成江南、邕宁整县（区）推进高标准基本农田土地整治项目。加快行政村通畅工程建设，确保年内实现“村村通”水泥（柏油）路目标。建设非贫困村通屯水泥路250公里。继续推进水库移民新村建设。加大大王滩库区综合整治力度，加快第二水源建设。

深入开展“美丽南宁·生态乡村”活动。积极开展村屯绿化、饮水净化、道路硬化专项活动和农村住宅推荐户型建设管理、“三清洁”巩固提升行动，建设355个自治区级绿化示范村屯、15个饮水净化示范项目和一批道路硬化示范点。开展农村垃圾处理、生活污水集中处理、农业生产废弃物回收处理设施建设“三大会战”，抓好村史陈列室和民俗民居示范村屯“两个建设”。

扎实推进精准扶贫。加大贫困村屯级道路建设力度，年内完成贫困村屯级道路升级硬化250公里以上。发展百香果、中药材、种桑养蚕及桑菇配套、园林苗木4大特色产业3万亩。实施金融扶贫“百千万”工程，推进隆安等县金融扶贫和生态移民搬迁试点工作。继续做好马山、隆安、邕宁、良庆、青秀和经开区异地安置场“二次搬迁”工作。推进“雨露计划”，保证贫困家庭“两后生”学历教育做到应补尽补。支持民族乡建设发展。年内减少贫困人口6万人以上。

加快新型城镇化发展。实施大县城战略，坚持扩容提质和凸显特色并重，提升基础设施公共服务水平。修编各县县城总体规划，围绕重点产业，加快推进“产城融合、以产兴城、以城聚产”的新型城镇化进程。以新区、产城互动试点园区为主战场，建立行业性研发、设计、检测、营销、采购、物流、信息等公共服务平台，完善商业综合体、公寓、学校、医院等服务配套，加强园区基础设施建设，为产业集群发展提供社会化、专业化、规范化服务。

（五）强化生态环境保护和治理，提升城市建设管理水平。

全力抓好节能减排降碳工作。建设国家节能减排财政政策综合示范城市。推进经开区、广西—东盟经开区循环化改造，推动横县造纸、武鸣淀粉节能环保技改和宾阳烟花炮竹行业转产，促进高新区创建国家低碳工业试点园区，加快创建国家环保模范城市。加快平里静脉产业园建设，确保垃圾焚烧发电厂年底前投入使用。推广使用清洁能源和新能源公交车、出租汽车，推进煤改气及畜禽养殖污染治理、机动车污染减排以及自备电厂锅炉的脱硝改造工作。推行环境污染第三方治理。实行环境保护“一岗双责”，加强环境监管执法，完善环境监管和惩戒机制。加大黄标车及老旧车淘汰力度，严格控制新上“两高一剩”项目，支持“两高”企业改造升级，全面完成“十二五”节能减排降碳任务。全年环境空气质量优良率80%左右。

全面完成“中国绿城”提升工程。安排建设项目55个，计划投资34.4亿元，全年种植乔木15万株、灌木200万株。强化城市园林绿化规划设计、建设验收、养护管理，重点打造生态式五象新区和森林式火车东站。以“花样南宁”为主基调，重点推进“多彩花城”提升工程等九大工程建设，大力实施精品线路、屋顶阳台立体绿化美化工程。以“高品质城市森林公园”为目标，推进五象岭森林公园规划建设。加强湿地保护，建设自然保护小区20个。继续实施绿化造林工程，完成山上造林20万亩，其中营造乡土树种和珍贵树种1万亩。积极申办第十二届中国国际园林博览会，争创国家生态园林城市。

继续推进“中国水城”建设。安排建设项目37个，计划投资28.18亿元。深入推进全国水生态文明城市建设试点工作。积极争取国家“海绵城市”建设试点，探索“海绵城市”建设模式和实现路径。完成邕江两岸综合整治工程区党校至三岸大桥段建设，推进邕宁水利枢纽、江北引水干渠工程建设，力争年底前老口航运枢纽工程竣工。加快南湖—竹排江等三大水系提升。继续落实最严格水资源管理制度，确立水资源开发利用控制、用水效率控制、水功能区限制纳污“三条红线”。继续推进老旧城区居民排水雨、污分流改造，开展雨水收集利用建设试点。加快6县污水管网改造，建设13个重点镇污水处理设施，三塘等污水处理厂建成运行，全面完成《南宁市截污治污三年攻坚计划》目标任务。

强化城市规划管理。修改完善《南宁市土地利用总体规划（2006—2020）》，积极推动国民经济和社会发展规划、城市总体规划、土地利用总体规划“三规合一”，加快编制《南宁空间发展战略规划》、《南宁市市域综合交通规划》等综合规划，让城市发展更好地体现地域特征、民族特色和时代风貌。加强“智慧城市”建设，构建城市规划、建设、管理和服务的智慧体系，实现城市化与信息化高度融合的城市形态。加强城市地下管网普查、建设改造和治理，申报国家城市综合管廊建设综合试点。深入推进“美丽南宁·整洁畅通有序大行动”，全力实施“六大提升工程”，推行公交优先、绿色出行，缓解中心城区交通压力，加快推进城市治理“长效化、法治化、精细化、信息化、社会化”建设。推进“城中村”治理、农贸市场管理、志愿者服务等重点领域专项试点工作。推进城镇垃圾分类收集处理。研究制定城市综合管理相关办法，制定道路清洗规范化、精细化操作及考核标准。出台相应奖励政策和曝光机制，通过信息化、智能化手段实现垃圾密闭运输，解决泥头车洒漏问题。出台广告设置规划和广告设置导则，强化城市广告整治。建立“桥长制”、“档案制”、“巡查制”，加强桥梁安全管理。

（六）以问题为导向全面深化改革，充分激发市场和社会新活力。

深化行政审批制度改革。削减前置审批，完善行政审批事项目录管理，进一步做好 “接、放、管”工作。完善重大项目并联审批、代办服务等方式，推行重大项目“绿色通道”制度。深入推进行政审批“三集中”工作，努力实现审批不出政务服务中心目标。加快建立网上审批平台，推动全市政务服务中心和政务系统“一张网”建设。切实推进涉行政审批中介机构改革，探索推行行政审批与技术审查相分离的办法，构建涉行政审批中介机构诚信和奖惩体系。开展工业、服务业、建筑工程项目三大领域行政审批流程再造工作。深入推进“三证合一”登记制度改革试点、经开区深化行政审批制度改革试点工作。

强化金融改革创新。整合金融资源，适时组建南宁市金融集团，增强地方金融服务能力。整合财政、金融、产业政策，支持产业发展。引导金融创新，提升金融资产交易中心和股权交易中心运营水平，加快跨境人民币业务发展，推动沿边金融综合改革试验区金融业务同城化。全面深化农村金融改革，支持村镇银行混合制改造和农信社改制，开展农村产权抵押贷款试点。

深化投融资体制改革。加快简政放权步伐，最大限度缩小核准范围，下放核准权限，建立上下联动、部门之间协同配套的投资项目审批监管体系。创新投融资模式，规范政府投资，构建多渠道融资新常态，争取地方政府债券发行额度政策倾斜。鼓励社会投资，扩大民间资本市场准入范围，降低准入门槛，优化投融资环境，完善政府和社会资本合作（PPP 模式）政策体系，建立 PPP 项目库，大力引导社会资本以合资、独资、特许经营权等方式参与公益性项目建设和运营。

深化财税管理改革。贯彻落实新《预算法》，依法加强收入征管，提高财政收入质量。贯彻中央各项税制改革，落实“营改增”扩面工作。完善市与城区、开发区事权与财权相匹配的财政管理体制。深化预算管理制度改革，完善全口径政府预算体系，加大政府性基金、国有资本经营预算与一般公共预算统筹力度。强化预算法治性和约束力，整合财政专项资金，盘活财政存量资金。全面推进预算绩效管理改革，加强绩效评价结果反馈和应用，提高财政资金使用效益。积极推进财政预决算公开，扩大公开范围，细化公开内容。改进年度预算控制方式，建立跨年度预算平衡机制，探索实施中期财政规划。大力推广政府购买服务，优化公共资源配置。进一步规范地方政府债务管理，防范财政风险。

强化土地利用和供给管理。按照“有保有压、保障重点”的原则，统筹安排各类建设用地，优先保障区市统筹推进重大项目、重大民生项目和产业项目，确保自治区下达我市年度新增建设用地指标的 40% 用于工业项目及工业园区基础设施建设。积极支持设施农业发展用地。抓好县区城镇配套设施建设，今年拿出一定比例新增建设用地指标用于县区教育和卫生基础设施建设。提高建设用地批、征、供率，强化公用设施项目建设用地供地审批和供后监管。积极开展存量建设用地调查以及集约节约用地评价工作，建立存量土地数据库。建立建设用地计划指标执行动态管理机制，将县区（开发区）已批准用地的供地率与安排新增建设用地指标挂钩，盘活存量用地，切实解决供地率偏低问题。争创全国国土资源节约集约示范市。

此外，积极推进国资国企、教育、文化、医药卫生等领域改革。

（七）提升开放水平，拓展经济发展新空间。

深化开放合作。积极参与“一带一路”、中国—东盟自贸区升级版建设，继续服务好中国—东盟博览会和商务与投资峰会，办好泛北部湾论坛和中国 500 强企业高峰论坛。积极争取亚洲基础设施投资银行和丝路基金等投资，推动南宁—新加坡走廊铁路、公路等交通基础设施互联互通。继续深化区域合作，推动南广、贵广高铁经济带规划建设。

提升贸易便利化水平。全面推行通关作业无纸化和关检合作“三合一”通关模式改革，力争年内实现进出口货物在北部湾经济区自由流转。加快推进跨境贸易电子商务服务试点建设，力争 6 月底完成跨境贸易电子商务综合服务平台建设并投入使用。加快南宁口岸服务体系、服务设施建设，积极推进大通关及电子口岸建设，大力引进外贸综合服务企业。积极发展保税物流，加快推动南宁保税物流中心升级为综合保税区。

加大产业招商引资力度。围绕六大重点产业和标准厂房开展专题招商，对内瞄准珠三角、长三角地区，积极承接产业转移；对外开展外资企业在华总部招商，全面深化面向东盟、拓展欧美日韩的合作。积极推动通用航空、生物医药、铝合金新材料等产业招商。力争全年实际到位内资925亿元，增长8%；直接利用外资6.9亿美元，增长8%。

（八）强化创新驱动和人才建设，增强经济发展动力。

充分发挥企业主体作用。加快建设以企业为主体、市场为导向、产学研用紧密结合的技术创新体系，引导科技资源向企业集聚。充分发挥驻邕科研院所和高校集中的优势，引导有条件的企业和科研院所、高校合作建设产业创新研究院、工程技术研究中心、企业技术中心等创新平台，支持南南铝、富士康、田园生化、百洋集团、博世科等企业争创国家级研发机构或技术中心。力争新增市级以上企业技术中心6家、高新技术企业20家、广西创新型试点企业5家。

完善科技创新体制机制。推动建立由市场决定技术创新项目和经费分配、评价成果机制。加快建设中国—东盟技术转移中心，推动与东盟各国技术、标准、检验检测等互认与合作。加快建设国家科技成果转化服务（南宁）示范基地，争取更多的国家科技成果在南宁转化及产业化。继续推进国家创新型试点城市和国家知识产权试点城市建设，力争申请发明专利6500件，每万人口发明专利拥有量增长40%，建成科技企业孵化器13家、创新创业公共服务平台3个。

夯实科技发展人才基础。支持开发区创新型企业与区内外高校、科研院所合作共建人才培养基地，加强院士工作站、博士后工作站、研究生工作站建设。大力引进金融业、电子信息、生物医药、航空航天、新能源及节能环保、先进装备制造等领域紧缺人才。举办南宁海内外高层次人才与项目对接会，力争引进一批海内外创业创新领军人才（团队）。实施“百名工科博士硕士入邕企”计划，开通“绿城联合引智”直通车。

（九）更加注重民生改善和社会建设，构建幸福和谐家园。

大力推进教育现代化。加快实施“双百”战略，以城市新区和新建小区配套学校、幼儿园建设为重点，强化教育基础设施建设，规划建设南宁东盟文教集中区，年内基本建成8所市区中小学校。积极推动县域教育布局调整，加大县城中小学校建设力度。实施第二期学前教育三年行动计划，加大多元普惠性幼儿园扶持力度，新建公办幼儿园36所，改扩建34所。促进义务教育均衡发展，力争青秀、兴宁通过国家级评估验收，武鸣通过自治区级评估验收。九年义务教育巩固率达96%，学前三年教育毛入园率达93%，高中阶段教育毛入学率达93%。继续在各县实施义务教育学生营养改善计划，膳食补助标准上调为每人每日4元。探索进城务工人员随迁子女凭积分入读义务教育公办学校办法。做大优质教育资源，年内创建市级现代化示范普通高中8所、特色普通高中4所。推进县级中等职业学校综合改革，建设2所国家中等职业教育改革发展示范学校，构建现代职业教育体系，搭建中职、高职到本科职业教育“立交桥”，推进中高职衔接、职教普教融通，实现南宁市五年一贯制中高职一体化人才培养模式。探索校企合作、联合办学等模式，按照现代企业制度要求推进职业教育集团化办学。全面加强教师队伍建设，实施“666”人才培养计划，新增一批农村中小学、中等职业学校特岗教师。实施“民族地区教育信息化示范工程”，建设义务教育阶段学校“宽带网络校校通”150所。鼓励、支持、规范社会力量和民间资本兴办教育，促进教育事业健康协调发展。

大力推进就业创业。继续实施“就业优先”战略和更加积极的就业政策，全面铺开“创建充分就业县区”活动。启动“绿城南宁产业工人培训三年行动计划”，每年提升培训1万人以上，保障重点劳动密集型企业用工需求。完善创业扶持政策，推进示范性大学生创业孵化基地、人才一站式服务中心建设，研究出台《南宁市进城务工人员小额担保贷款实施管理办法》，推动以大学生、返乡人员等中青年群体为重点的全民创业，努力形成大众创业、全民就业的新局面。

抓好社会保障工作。加快“金保工程”信息化建设。启动实施全民参保登记计划，力争年内城镇“五险”参保420万人（次），城乡居民基本养老保险参保210万人（次），新农合和城镇居民医保标准从320元提高到380元。继续做好城乡居民大病保险工作，建立健全医疗救助与基本医疗保险、大病保险相衔接的医疗费用结算机制。创新保障性住房建设模式，开工建设保障性住房、棚户区改造住房32526套，加强保障性住房分配运营管理。整治改造100个以上无人管理的低收入群体较集中的老旧居住区。完善残疾人社会保障体系和服务体系建设。建立健全社会救助体系，切实保障困难群众基本生活权益。加快养老服务体系建设，加快推进市第二社会福利院建设。按照国家统一部署，落实机关事业单位养老保险制度改革措施，同步完善工资制度，政策向低职务人员倾斜，向条件艰苦的偏远乡镇和长期在乡镇工作的人员倾斜，实行乡镇工作补贴，在县以下机关建立公务员职务与职级并行制度。进一步提高村干部待遇。

发展卫生计生事业。继续推进以公立医院改革为主的医药卫生体制改革。以我市被列为国家鼓励社会办医试点城市为契机，大力支持社会资本举办医疗机构，加大民办医疗机构的管理、协调、服务力度。推进卫生医疗重大项目建设，重点加快新建市儿童医院等一批项目建设，做到城市建设发展与医疗卫生资源配置同步。实施好单独二孩政策，加快计划生育服务管理和计划生育服务证办理制度改革，推进诚信计生。整合市、县、乡卫生和计生业务用房及设备，改善基层卫生计生工作条件。加强县、乡、村三级医疗卫生机构基础设施建设，重点改善乡镇卫生院医疗条件。制定人才培养、引进优惠政策，解决乡镇卫生院人才缺乏问题。加强乡村医生培养，提高乡村医生养老待遇。支持中医药和民族医药发展。抓好疾病防控和艾滋病防治攻坚工程。做好迎接"国家卫生城市"年度复查工作。

加快发展文化体育事业。加强公共文化基础设施建设，推进村级公共服务中心建设，大力实施文化惠民工程，提升公共文化服务质量。制定文化产业发展专项规划，实施文化产业精品项目工程，大力发展文化创意、演艺娱乐、文化旅游等新型文化业态，促进文化与科技、旅游、体育等多种业态融合发展，提升文化产业发展水平。加快"大地飞歌"品牌产业化经营。深入挖掘骆越文化、那文化等民族文化，保护非物质文化遗产。办好第三届中国—东盟（南宁）戏剧周，深化对外文化交流。完善全民健身场地设施，推进市体校新校区建设，发展体育产业。

加强食品药品安全监管。深入推进食品药品监管体制改革，加强食品药品安全技术支持和执法监督体系建设。加大专项整治力度，狠抓餐桌污染治理，完善企业主体责任体系、食品安全信用体系和社会共治体系建设。全力创建食品安全城市，确保食品安全综合治理能力全面提升，提高人民群众的食品安全满意度。

加强和创新社会治理。加强精神文明建设，深化全国文明城市创建工作。进一步推进诚信体系建设制度化，落实诚信"红黑榜"发布制度。深入开展平安创建活动，完善立体化社会治安防控体系，严密防范和依法严厉打击各类违法犯罪活动。健全社会稳定风险评估机制、突发事件应急处置机制，有效预防和化解各类社会矛盾。落实政府法律援助制度。推进安全隐患排查治理分类分级监管，坚决遏制重特大事故发生。创建"全国综合减灾示范社区"。实施社区建设提升工程，加强社区网格化管理。培育发展社会组织，支持村（居）委会、业主委员会、社会组织参与社会管理，推进多层次多领域依法治理。

实施为民办实事工程。全力完成自治区为民办实事重点项目和我市教育、食安、健康、文化、就业、敬老、强基、市政、畅通、平安10项共39个子项为民办实事工程。

三、深入推进依法行政，加快建设法治政府

推进依法行政，建设"职能科学、权责法定、执法严明、公开公正、廉洁高效、守法诚信"的法治政府，保证人民赋予的权力始终为人民谋利益。

依法全面履行政府职能。坚持法定职责必须为、法无授权不可为，坚决纠正不作为、乱作为，坚决惩处失职、渎职行为。制定并公布权力清单、责任清单、负面清单和财政专项资金管理清单，市本级全面推行政府部门权力清单制度，在高新区、经开区、广西—东盟经开区探索实行负面清单管理。推进政府事权规范化、法律化，强化市县政府执行职责，建设服务型政府。强化事中事后监管，严厉惩处假冒伪劣、蓄意污染环境等行为，建立科学的抽查制度、责任追溯制度、经营异常名录和黑名单制度。培育和规范中介组织。

强化行政依法决策。研究制定我市国民经济和社会发展"十三五"总体规划和各专项规划。加强政府立法工作，提请市人大常委会审议五象岭保护条例等6项地方性法规草案，制定出台速生桉管理办法等7项政府规章。建立健全重大行政决策公众参与、专家论证、决策咨询、风险评估、合法性审查、集体讨论决定和执行效果评估等制度，加强新型智库建设，探索实行重大决策听证制度，多听民意、集中民智，确保决策制度科学、程序正当、过程公开、责任明确。各级政府和县级以上政府工作部门建立政府法律顾问制度并组织开展工作。加强政府法制机构建设，提高依法行政组织协调能力和

作用。

严格规范公正文明执法。加强行政执法体制创新，推进综合执法，整合行政执法资源；减少执法层级，减少市、县区（开发区）两级行政执法队伍种类。加强县区一级执法队伍建设，将更多执法权下放基层。加大综合执法力度，扩大跨部门、跨行业综合执法范围。严格执行重大执法决定法制审核制度。完善行政执法程序，建立执法全过程记录制度。加快网上行政执法和电子监察系统建设。

加强行政权力制约和监督。加强政府内部权力制约，规范权力运行程序，对直接分配财政资金、直接接触工程建设、直接面向群众服务的重点领域和关键环节实现流程规范控制全覆盖；对公共资金、国有资产、国有资源情况实行审计全覆盖，建立规范合理的政府债务管理及风险预警机制。强化执法监督，建立和落实执法责任制和执法过错追究制，支持群众对行政执法实施监督，建立健全行政执法监督员制度、投诉举报制度。自觉接受人大及其常委会的法律监督和工作监督，政府重大行政决策向人大常委会报告。主动接受人民政协的民主监督。高质高效办理人大代表议案、建议和政协委员提案。高度重视人民群众监督和新闻舆论监督。强化效能监督，深化“两重两问”、电视问政、政风行风热线等有效监督方式，完善纠错问责机制。

全面推进政务公开。坚持“以公开为常态、不公开为例外”原则，向社会全面公开政府职能、法律依据、实施主体、职责权限、管理流程、监督方式等事项。着力推进行政审批、财政预决算和“三公”经费、保障性住房、食品药品安全、环境保护、价格和收费、征地拆迁、招投标等重点领域的政府信息公开，以及以教育、医疗为重点的公共企事业单位办事公开。推行行政执法公示制度。加强政务信息服务平台建设，强化政府网站信息发布工作。建立健全各级政务服务体系，推动政务服务向基层延伸，打通联系服务群众“最后一公里”。

加强廉洁政府建设。强化主体责任，坚持“一岗双责”，持续推进政府系统党风廉政建设和反腐败工作，健全惩治和预防腐败体系，严厉查处违纪违法案件。严格公共资金、公共资源、国有资产监管。坚决贯彻落实中央“八项规定”精神和国务院“约法三章”等各项规定，持之以恒纠正“四风”，严格控制“三公”经费，严肃财经纪律，推进全市行政机关和参公单位公务用车改革。

同时，加强和改进新形势下的民族工作，力争建成全国民族团结进步示范市。加强国防动员和后备力量建设，支持国防和军队改革，广泛开展双拥共建活动。依法保障公民特别是妇女、未成年人和残疾人的合法权益。充分发挥工会、共青团、妇联等群团组织作用。继续做好外事、侨务、宗教、统计等各项工作。

各位代表，做好今年经济社会发展各项工作，任务艰巨、使命光荣、责任重大。让我们紧密团结在以习近平同志为总书记的党中央周围，在自治区党委、政府和市委的正确领导下，齐心协力，开拓创新，勤勉工作，克难攻坚，为完成今年和“十二五”规划目标任务，奋力提升首府南宁在广西经济社会发展中的首位度而努力奋斗！

2014年南宁市国民经济发展统计公报

南宁市统计局

2015年4月9日

2014年，面对复杂严峻的宏观经济环境和经济下行压力，全市各族人民在南宁市委、市政府的坚强领导下，以抓改革、促发展、惠民生为主基调，统筹做好全面深化改革、产业转型升级、新型城镇化建设、保障和改善民生各项工作，新常态下全市经济社会发展总体平稳，主要经济指标增幅保持在合理区间，结构调整实现新进展，发展质量持续向好，民生保障持续改善，为“十二五”规划完成奠定了坚实的基础。

一、综合

经济增长：初步核算，全年地区生产总值3148.30亿元，按可比价格计算，比上年增长8.5%。按户籍人口计算，全市人均地区生产总值43303元，按平均汇率折算为7049美元。三次产业中，第一产业增加值355.09亿元，增长4.3%；第二产业增加值1251.54亿元，增长9.9%；第三产业增加值1541.67亿元，增长8.2%。

图1　2010年-2014年全市生产总值及增长速度

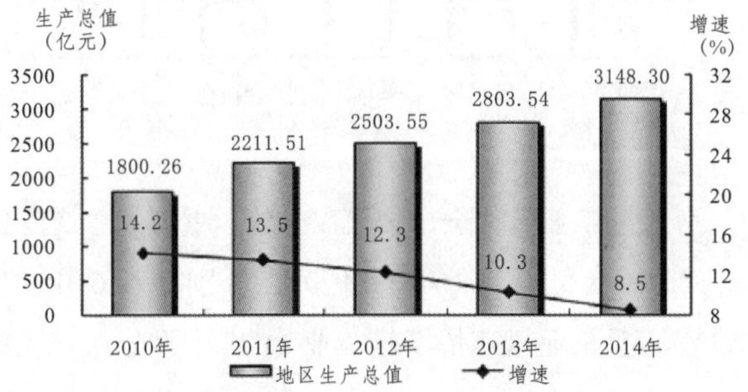

生产总值（亿元）　增速（%）

	2010年	2011年	2012年	2013年	2014年
地区生产总值	1800.26	2211.51	2503.55	2803.54	3148.30
增速	14.2	13.5	12.3	10.3	8.5

三次产业的比重为11.28 ∶ 39.75 ∶ 48.97。与2013年比较，第一产业比重回落1.2个百分点，第二产业比重上升0.13个百分点，第三产业比重上升1.07个百分点。

图2 2014年全市生产总值及第三产业增加值构成

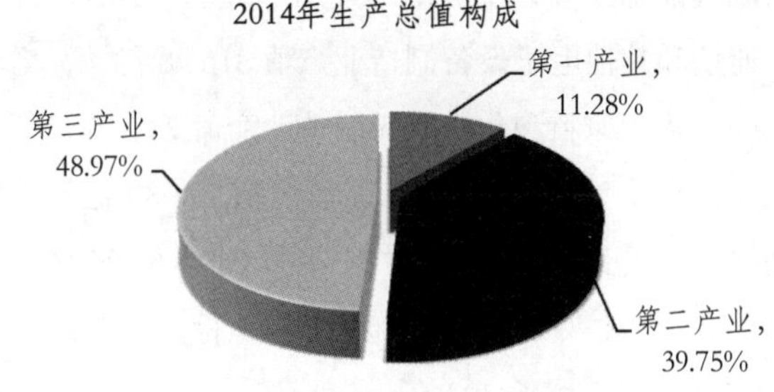

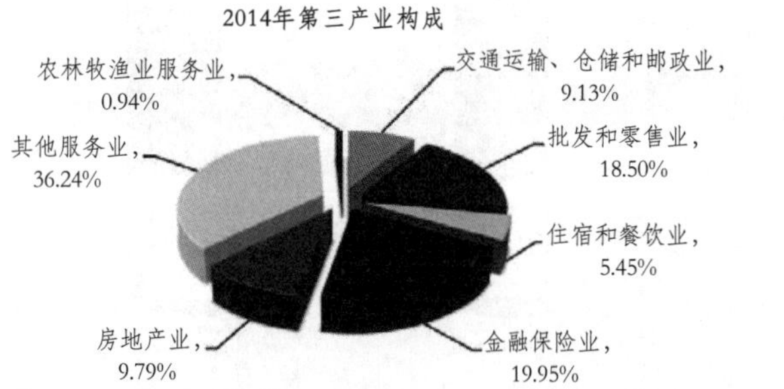

2014年第三产业构成

农林牧渔业服务业，0.94%；交通运输、仓储和邮政业，9.13%；批发和零售业，18.50%；住宿和餐饮业，5.45%；金融保险业，19.95%；房地产业，9.79%；其他服务业，36.24%

价格：全年居民消费价格指数为101.6，比上年上涨1.6%，分类别看，八大类消费价格指数呈“四升四降”。(见表1)

表1　居民消费价格指数

指　标	2014年	比上年涨跌（%）
居民消费价格总指数	101.6	1.6
食品	104.1	4.1
烟酒及用品	98.6	–1.4
衣着	97.2	–2.8
家庭设备用品及维修服务	98.1	–1.9
医疗保健和个人用品	101.5	1.5
交通和通信	99.7	–0.3
娱乐教育文化用品及服务	102.5	2.5
居住	101.2	1.2

图3　2010年-2014年居民消费价格涨跌幅度

二、农业

产值：全年全市实现农林牧渔业总产值609.33亿元，比上年增长4.55%。其中，农业产值337.90亿元，增长6.45%；林业产值28.63亿元，增长0.52%；畜牧业产值184.26亿元，增长0.71%；渔业产值25.42亿元，增长6.07%；农业服务业产值33.12亿元，增长11.5%。占农林牧渔业的比重分别为：农业55.46%，比上年上升1.48个百分点；林业4.70%，下降0.34个百分点；畜牧业30.24%，下降1.8个百分点；渔业4.17%，上升0.26个百分点；农业服务业5.43%，上升0.40个百分点。

图4 2013年-2014年农林牧渔业总产值构成（%）

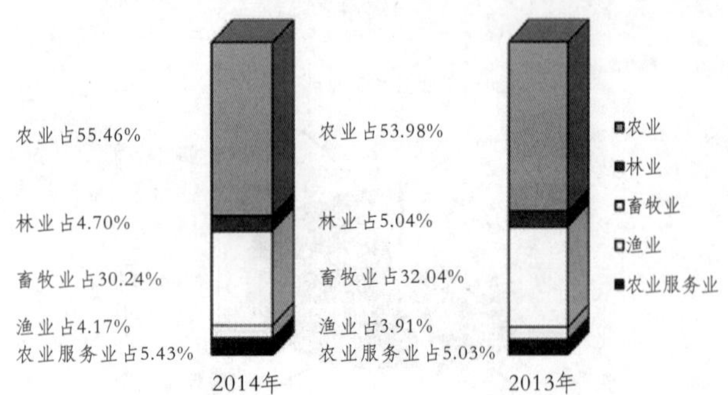

农作物种植面积：全年农作物播种面积96.83万公顷，增长2.09%。其中粮食种植面积44.14万公顷，下降0.33%；经济作物种植面积26.56万公顷，下降3.28%。其中，甘蔗种植面积16.25万公顷，下降3.8%，油料种植面积4.92万公顷，增长5.2%；其他农作物种植面积26.08万公顷，增长12.88%。其中蔬菜种植面积20.25万公顷，增长13.83%；各类经济作物（含其他农作物）种植面积占农作物总播种面积比重的54.42%，全年粮食作物和经济作物的种植面积比例为1 ∶ 1.19。

农作物产品产量：全年粮食总产量225.27万吨，比上年增产0.82%；蔬菜产量443.97万吨，增产14.61%；水果产量182.69万吨，增产7.14%；甘蔗产量1239.98万吨，增产0.24%；花生产量14.30万吨，增产9.13%；木薯产量52.00万吨，下降4.63%。

图5 2010年-2014年全市粮食总产量及增长速度

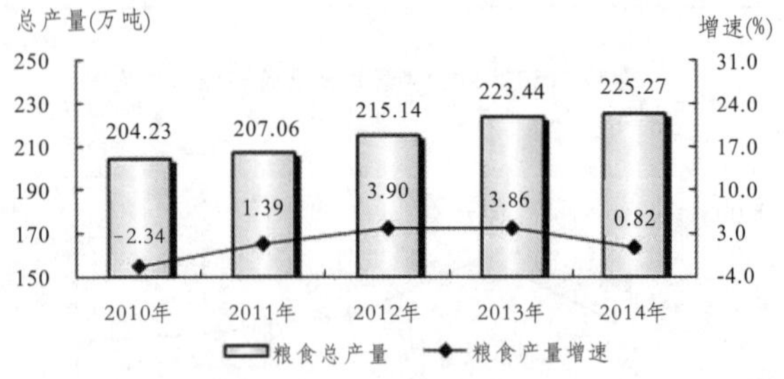

养殖业产品产量：全年肉类产量65.37万吨，比上年下降0.25%，其中，猪肉产量39.28万吨，增长1.95%；全年生猪出栏530.4万头，增长1.35%；生猪存栏429.98万头，增长0.14%；禽蛋产量3.21万吨，增长2.93%；牛奶产量5万吨，增长1.2%；水产品产量24.46万吨，增长5.01%。

林业生产：全年木材产量273.98万立方米，比上年下降1.81%。全年共造林8467公顷，其中，用材林7409公顷，增长6.12%；经济林149公顷，下降10.78%。当年中幼林抚育作业面积4.97万公顷，增长17.49%。育苗面积516公顷，下降58.52%。全市森林覆盖率47.50%。

农村基础设施：全年农村用电量10.69亿千瓦时，比上年增长22.51%。化肥使用量（折纯）46.82万吨，增长3%。有效灌溉面积25.36万公顷，比上年增长3%。全市1378个行政村中，自来水受益村1328个，比上年增加30个，占行政村数的96.37%。

三、工业和建筑业

工业：全年全部工业总产值2984.23亿元，比上年增长11.94%。规模以上工业总产值2872.85亿元，增长12.21%；其中国有企业增长2.55%，集体企业下降18.74%，股份制企业增长12.93%，外商及港澳台投资企业增长19.86%。全年全部工业增加值923.49亿元，增长10.47%。工业对经济增长的贡献率为37.34%，拉动经济增长3.17个百分点。

图6 2010年-2014年全市规模以上工业总产值及增长速度

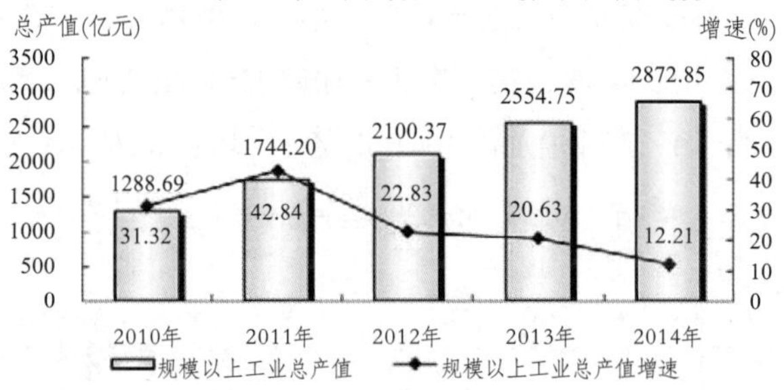

分轻重工业看，全市规模以上轻、重工业总产值分别为1227.85亿元和1645.00亿元，分别增长6.01%和17.33%，重工业增速快于轻工业11.32个百分点。轻重工业产值比例为42.74 ∶ 57.26，重工业产值比例高于轻工业14.52个百分点。

全年规模以上工业产值最高的六个行业共完成工业产值1517.18亿元，占规模以上工业总产值比重达52.81%，拉动规模以上工业总产值增长8.60个百分点。其中农副食品加工业产值436.03亿元，增长5.20%；计算机、通信和其他电子设备制造业产值316.88亿元，增长33.59%；化学原料和化学制品制造业产值234.13亿元，增长16.51%；非金属矿物制品业产值221.88亿元，增长26.42%；电气机械和器材制造业产值161.94亿元，增长9.58%；木材加工和木、竹、藤、棕、草制品业产值146.33亿元，增长20.85%。

全市规模以上工业企业主营业务收入2650.86亿元，比上年增长10.80%；利税总额297.39亿元，增长5.12%，其中，税金137.35亿元，增长1.48%，利润160.03亿元，增长8.46%。全年规模以上工业产销率95.38%，比上年下降0.45个百分点。

年末全市拥有规模以上工业企业967家。工业产值超亿元的企业592家，比上年增加44家。

主要产品产量（见表2）。

表2　全市规模以上工业企业主要产品产量

产品名称	单位	产量	比上年增长%
配混合饲料	万吨	502.65	5.20
成品糖	万吨	130.26	-10.50
乳制品	万吨	14.82	-13.00
啤酒	千升	303137	31.30
卷烟	亿支	392.26	2.10
机制纸及纸板	万吨	56.55	-55.20
纸浆	万吨	58.98	-45.10
中成药	万吨	3.88	-4.80
塑料制品	万吨	72.25	11.80
人造板	万立方米	727.33	23.99
水泥	万吨	1620.50	3.25
商品混凝土	万立方米	2110.46	18.85
平板玻璃	万重量箱	623.00	-2.40
铝材	万吨	23.31	94.50
小型拖拉机	万台	13.90	-7.00
发电设备	万千瓦	4.51	490.40

建筑业：年末，全市具有资质等级的建筑企业467个，比上年下降13.52%。全年实现建筑业增加值328.05亿元，增长8.6%。全市建筑施工企业（资质企业）完成施工产值933.92亿元，增长11.72%；实现利润总额12.39亿元，下降4.69%；利税总额38.51亿元，增长1.03%。

四、固定资产投资

全年完成全社会固定资产投资2933.87亿元，比上年增长18.54%。其中，固定资产投资(不含私人建房)2886.68亿元，增长18.66%。固定资产投资中，基本建设投资1299.00亿元，增长17.05%；更新改造投资853.48亿元，增长17.18%；房地产开发投资551.82亿元，增长32.53%。分投资主体看，国有经济投资926.70亿元，增长16.71%，占全社会固定资产投资比重的31.59%；集体经济投资60.97亿元，增长23.56%，比重为2.08%；私营个体投资944.95亿元，增长14.88%，比重为32.21%；其他经济投资1001.26亿元，增长23.75%，比重为34.13%。

图7　2010年-2014年全社会固定资产投资及增长速度

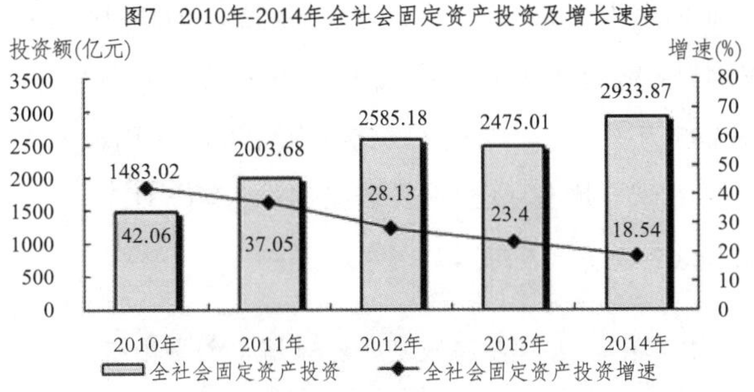

在全社会固定资产投资中，第一产业投资84.52亿元，增长19.83%；第二产业投资904.40亿元，增长19.76%，其中工业投资852.05亿元，增长17.02%；第三产业投资1944.96亿元，增长17.93%。全市固定资产投资主要集中在房地产业、制造业、水利、环境和公共设施管理业、交通运输、仓储和邮政业、批发和零售业等行业。（见表3）

表3　2014年分行业全社会固定资产投资及增长速度

行业名称	投资额（亿元）	比上年增长(%)
全社会固定资产投资	2933.87	18.54
农、林、牧、渔业	84.52	19.83
采矿业	33.51	1.31
制造业	735.60	16.68
电力、燃气及水的生产和供应业	82.95	28.36
建筑业	52.34	93.64
交通运输、仓储和邮政业	292.09	3.64
信息传输、计算机服务和软件业	29.95	-16.83
批发和零售业	150.73	14.67
住宿和餐饮业	44.85	-18.92
金融业	18.41	-21.93
房地产业	789.32	31.74
租赁和商务服务业	72.90	12.63
科学研究、技术服务和地质勘查业	27.32	9.26
水利、环境和公共设施管理业	311.93	26.71
居民服务和其他服务业	15.19	-19.51
教育	84.51	27.54
卫生、社会保障和社会福利业	33.82	13.81
文化、体育和娱乐业	36.72	-9.35
公共管理和社会组织	37.20	21.23

全年房地产开发投资551.82亿元，比上年增长32.53%。其中，商品住宅投资368.23亿元，增长21.77%；办公楼投资41.09亿元，增长139.97%；商业营业用房投资60.82亿元，增长54.52%。商品房施工面积4519.36万平方米，增长18.55%；商品房竣工面积465.43万平方米，增长42.95%；商品房销售面积802.57万平方米，增长14.23%；商品房销售额531.87亿元，增长8.77%。（见表4）

表4 2014年房地产开发和销售主要指标完成情况及增长速度

指标	单位	绝对数	比上年增长%
房地产开发投资	亿元	551.82	32.53
其中：住宅	亿元	368.23	21.77
商品房施工面积	万平方米	4519.36	18.55
其中：住宅	万平方米	3107.84	12.30
本年新开工面积	万平方米	1051.03	45.76
其中：住宅	万平方米	669.12	22.83
商品房竣工面积	万平方米	465.43	42.95
其中：住宅	万平方米	329.78	40.65
商品房销售面积	万平方米	802.57	14.23
其中：住宅	万平方米	720.95	13.87
商品房销售额	亿元	531.87	8.77
其中：住宅	亿元	440.03	12.92
本年资金来源合计	亿元	852.53	24.09
其中：国内贷款	亿元	141.14	11.51
自筹资金	亿元	241.83	34.94
定金及预付款	亿元	267.87	31.43

五、交通和邮电通信业

交通运输：全年货物运输总量33146.17万吨，比上年增长7.35%。旅客运输总量8697.01万人，增长3.98%。其中，铁路货物运输量392.67万吨，下降21.49%；铁路旅客运输量1502.21万人，增长39.87%；公路货物运输量30035万吨，增长7.76%；公路旅客运输量6702万人，下降2.40%；水路货物运输量2713.5万吨，增长8.53%；民航旅客发送量492.80万人，增长16.36%；航空货邮发送量5万吨，增长2.04%。

邮电通信：全年邮电业务总量127.71亿元，比上年增长26.55%，其中电信业务总量122.32亿元，增长27.36%；邮政业务总量5.39亿元，增长10.56%。

六、国内贸易

全年全市社会消费品零售总额1616.90亿元，比上年增长12.1%。其中限额以上企业零售额728.19亿元，增长7.6%。分地域看，城镇消费品零售额1523.15亿元，增长11.9%；乡村消费品零售额93.75亿元，增长14.2%。

图8 2010年-2014年社会消费品零售总额及增长速度

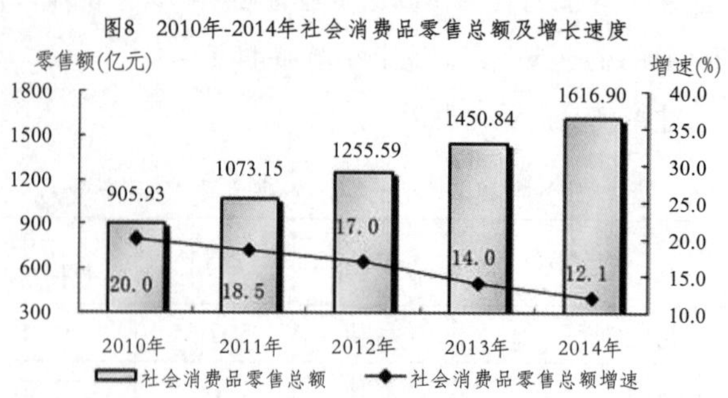

在限额以上企业商品零售额中，汽车类零售额比上年增长8.17%，家用电器和音像器材类增长0.95%，通讯器材类下降12.36%，体育娱乐用品类下降16.01%，文化办公用品类增长0.24%，家具类增长17.99%，建筑及装潢材料类下降21.69%，日用品类增长5.35%，粮油、食品、饮料、烟酒类增长10.72%，服装、鞋帽、针纺织品类下降3.34%，化妆品类增长23.30%，金银珠宝类下降9.06%，中西药品类增长13.39%。

全年商品销售总额4035.72亿元，比上年增长12.2%。

七、对外开放和旅游业

对外贸易：全年外贸进出口总值48.14亿美元，比上年增长9.00%。其中，出口总值26.17亿美元，增长11.25%；进口总值21.97亿美元，增长6.44%。

图9 2010年-2014年全市进出口总值及增长速度

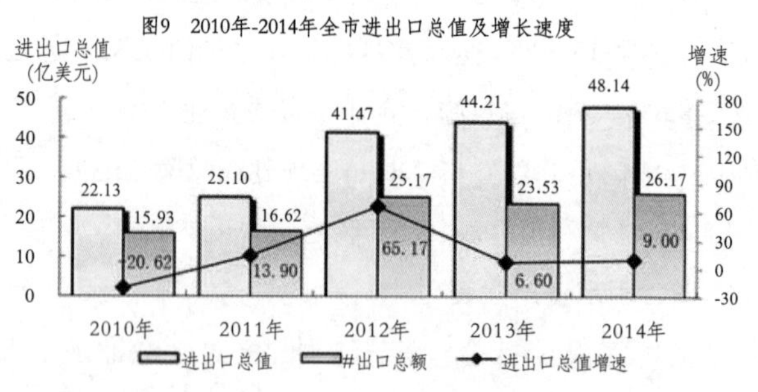

招商引资：全年区外境内实际到位内资856.46亿元，增长15.63%。全年外商直接投资6.4亿美元，增长10.22%；对外借款1287.4万美元，下降61.13%。年末全市实有三资企业949家，其中建成投产三资企业566家。

开发区：年末全市共有开发区、工业集中区15个。其中南宁高新技术产业开发区、南宁经济技术开发区和广西－东盟经济开发区年末累计入园企业 11409 家，比上年末增加 1378 家；财政收入 81.00 亿元，比上年增长 21.80%，占全市财政收入的 15.38%；实现规模以上工业总产值 1497.52 亿元，增长 21.73%；完成全社会固定资产投资 592.51 亿元，增长 18.49%。

旅游：全年共接待国内旅游者 6905 万人次，比上年增长 18.23%；接待境外旅游者 43.30 万人次，增长 23.33%。其中，外国游客 30.95 万人次，增长 32.79 %；港、澳、台同胞 12.35 万人次，增长 4.63%。国内旅游收入 585.74 亿元，增长 24.72%。国际旅游收入 1.84 亿美元，增长 33.77%。年末全市实有星级宾馆 50 家。拥有 4A 级旅游景区 16 个。拥有旅行社 93 家，其中出境旅行社 24 家。

八、财政、金融和保险

财政收入：全年财政收入 526.59 亿元，比上年增长 11.17%，占全市生产总值的 16.73%，比重比上年下降 0.17 个百分点。其中公共财政预算收入 274.85 亿元，增长 7.26%。公共财政预算收入中，税收收入 204.65 亿元，增长 12.59 %。全年公共财政预算支出 465.77 亿元，增长 11.32%。财政支出中，投向医疗卫生、科学技术、节能环保及农林水事务的资金增长较快。其中，医疗卫生支出 44.67 亿元，增长 24.38%；科学技术支出 7.25 亿元，增长 16.83%；节能环保支出 8.88 亿元，增长 16.43%；农林水事务支出 42.39 亿元，增长 13.60%。

金融：年末全市共有金融机构 30 家，营业网点 1136 个。年末全市金融机构各项存款余额 7064.49 亿元，增长 8.96%。其中，单位存款余额 4225.35 亿元，增长 8.92%；个人储蓄存款余额 2321.74 亿元，增长 7.65%。金融机构贷款余额 7091.46 亿元，增长 15.95%。

图10　2010年-2014年城乡居民储蓄存款余额及增长速度

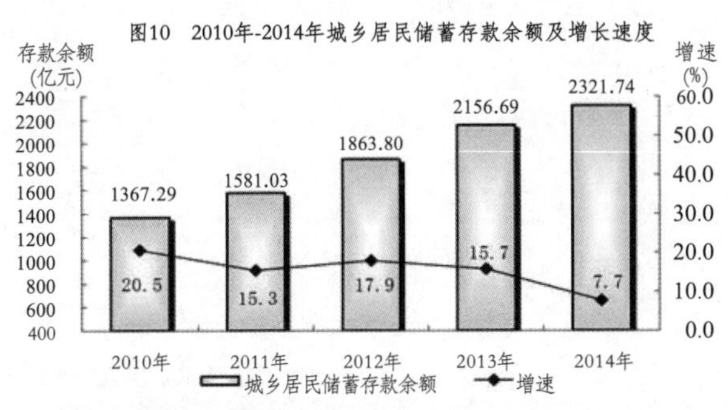

保险：年末全市共有各类保险公司 34 家，与上年持平，其中，财险公司 20 家，寿险公司 14 家。全年保费收入 107.65 亿元，比上年增长 6.74%。其中，财产险保费收入 56.63 亿元，增长 2.57%；寿险保费收入 51.02 亿元，增长 11.79%。全年各项保险赔款及给付 37.02 亿元，其中财产险业务赔款及给付 27.04 亿元；寿险、健康险和意外伤害险赔款及给付 9.98 亿元。

九、人口、人民生活和社会保障

人口：年末全市户籍人口 729.66 万人，比上年增加 5.23 万人，增长 0.72%，其中市区人口 284.38 万人，增加 4.65 万人，增长 1.66%。全市人口出生率为 13.1‰，比上年下降 0.71 个千分点；人口死亡率 5.06‰，比上年下降 0.38 个千分点；人口自然增长率 8.04‰，比上年下降 0.33 个千分点。

城乡居民生活：全年城镇居民人均可支配收入 27075 元，比上年增收 2258 元，增长 9.1%。全年农民人均纯收入 8576 元，比上年增收 891 元，增长 11.6%。

图11　2010年-2014年城镇居民人均可支配收入及增长速度

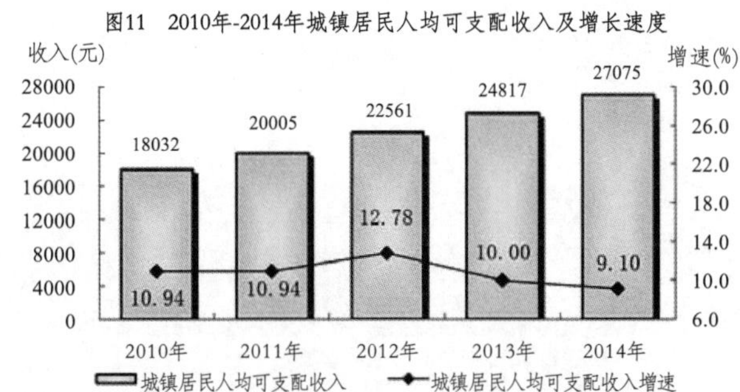

图12　2010年-2014年农民人均纯收入及增长速度

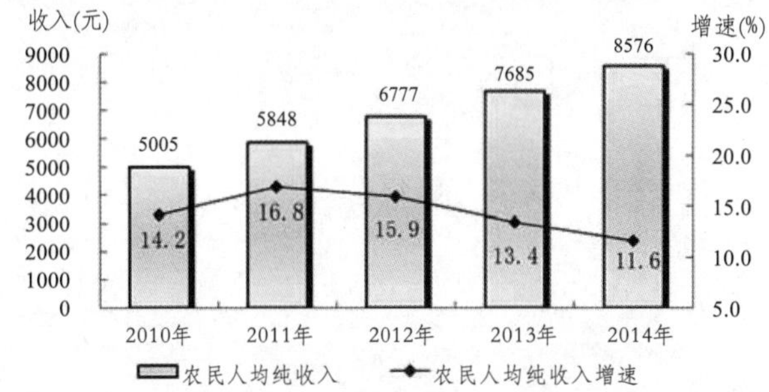

注：

1. 本公报中数据均为初步统计数。

2. 地区生产总值、三次产业增加值、工业增加值、农业产值绝对数按现行价格计算，增长速度按可比价格计算。

3. 规模以上工业企业是指年主营业务收入 2000 万元及以上的全部法人工业企业；限额以上批发零售企业是指年主营业务收入 2000 万元及以上批发企业和年主营业务收入 500 万元及以上零售企业。

4. 邮电业务总量按 2010 年不变价格计算。

5. 部分数据因四舍五入的原因，存在着总项与分项合计不等的情况。

6. 人口出生率、人口死亡率、人口自然增长率数据来自南宁市卫生和计划生育委员会。

第二部分 统计资料

PART Ⅱ STATISTICAL DATA

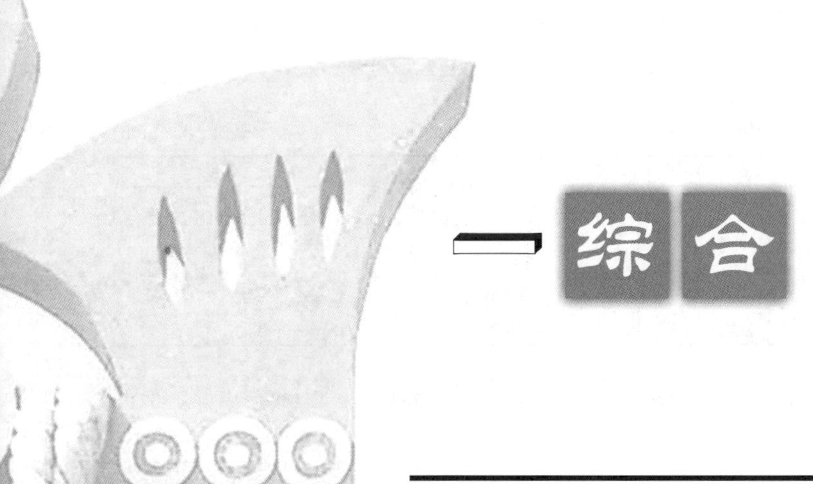

一 综合

CHAPTER 1 GENERAL SURVEY

1-1 行政区划

Administrative Divisions

(2014 年)

单位：个 (unit)

县(区) County(District)	乡镇、街道办事处 Township、Town and Urban Sub-district Office	乡 Township	镇 Town	办事处 Urban Subdistrict Office	村民、居民委员会 Village and Neighbourhood Committees	村委会 Village Committees	社区居委会 Neighbourhood Committees
全市 Nanning	**127**	**16**	**86**	**25**	**1753**	**1382**	**371**
市区 Urban District	49	1	23	25	586	350	236
兴宁区 Xingning District	6		3	3	71	37	34
青秀区 Qingxiu District	9		4	5	108	46	62
江南区 Jiangnan District	9		4	5	101	68	33
西乡塘区 Xixiangtang District	13		3	10	160	77	83
良庆区 Liangqing District	7		5	2	72	57	15
邕宁区 Yongning District	5	1	4		74	65	9
武鸣县 Wuming County	13		13		219	198	21
隆安县 Long'an County	10	4	6		131	118	13
马山县 Mashan County	11	4	7		151	133	18
上林县 Shanglin County	11	4	7		131	115	16
宾阳县 Binyang County	16		16		233	192	41
横　县 Hengxian County	17	3	14		302	276	26

注：江南区含经济技术开发区，西乡塘区含高新技术开发区，武鸣县含广西－东盟经济开发区。

1-2 乡(镇)、街道办事处一览表

List Of Counties (Towns) And Subdistrict Offices

(2014年)

县(区) County(District)	乡(镇)、街道办事处	Township(Town)、Urban Subdistrict Office
武鸣县 Wuming County	城厢镇、锣圩镇、陆斡镇、双桥镇、宁武镇、太平镇、罗波镇、灵马镇、仙湖镇、府城镇、两江镇、马头镇、甘圩镇	Chengxiang、Luoxu、Luwo、Shuangqiao、Ningwu、taiping、Luobo、Lingma、Xianhu、Fucheng、Liangjiang、Matou、Ganxu
隆安县 Long'an County	城厢镇、南圩镇、乔建镇、那桐镇、丁当镇、雁江镇、都结乡、布泉乡、屏山乡、古潭乡	Chengxiang、Nanxu、Qiaojian、Natong、Dingdang、Yanjiang、Dujie、Buquan、Pingshan、Gutan
马山县 Mashan County	白山镇、百龙滩镇、古零镇、金钗镇、永州镇、林圩镇、周鹿镇、乔利乡、加方乡、古寨瑶族乡、里当瑶族乡	Baishan、Bailongtan、Guling、Jinchai、Yongzhou、Linxu、Zhoulu、Qiaoli、Jiafang、Guzhaiyaozu、Lidangyaozu
上林县 Shanglin County	大丰镇、明亮镇、巷贤镇、白圩镇、三里镇、乔贤镇、西燕镇、澄泰乡、木山乡、塘红乡、镇圩瑶族乡	Dafeng、Mingliang、Xiangxian、Baixu、Sanli、Qiaoxian、Xiyan、Chengtai、Mushan、Tanghong、Zhenxuyaozu
宾阳县 Binyang County	思陇镇、新桥镇、宾州镇、新圩镇、大桥镇、邹圩镇、王灵镇、黎塘镇、和吉镇、洋桥镇、武陵镇、中华镇、古辣镇、露圩镇、甘棠镇、陈平镇	Silong、Xinqiao、binzhou、Xinxu、Daqiao、Zouxu、Wangling、Litang、Heji、Yangqiao、Wuling、Zhonghua、Gula、Luxu、Gantang、Chenping
横　县 Hengxian County	横州镇、百合镇、那阳镇、南乡镇、新福镇、莲塘镇、平马镇、栾城镇、六景镇、石塘镇、陶圩镇、校椅镇、云表镇、马岭镇、马山乡、平朗乡、镇龙乡	Hengzhou、Baihe、Nayang、Nanxiang、Xinfu、Liantang、Pingma、Luancheng、Liujing、Shitang、Taoxu、Xiaoyi、Yunbiao、Maling、Mashan、Pinglang、Zhenlong
兴宁区 Xingning District	三塘镇、五塘镇、昆仑镇、朝阳街道办事处、民生街道办事处、兴东街道办事处	Santang、Wutang、Kunlun、Chaoyang、Minsheng、Xingdong
青秀区 Qingxiu District	新竹街道办事处、中山街道办事处、建政街道办事处、南湖街道办事处、津头街道办事处、刘圩镇、伶俐镇、南阳镇、长塘镇	Xinzhu、Zhongshan、Jianzheng、Nanhu、Jintou、Liuxu、Lingli、Nanyang、Changtang
江南区 Jiangnan District	福建园街道办事处、江南街道办事处、沙井街道办事处、那洪街道办事处、苏圩镇、延安镇、江西镇、吴圩镇、金凯街道办事处	Fujianyuan、Jiangnan、Shajing、nahong、Suxu、Yan'an、Jiangxi、wuxu、jinkai
西乡塘区 Xixiangtang District	衡阳街道办事处、北湖街道办事处、西乡塘街道办事处、安吉街道办事处、华强街道办事处、新阳街道办事处、上尧街道办事处、石埠街道办事处、安宁街道办事处、心圩街道办事处、金陵镇、双定镇、坛洛镇	Hengyang、Beihu、Xixiangtang、Anji、Huaqiang、Xinyang、Shangrao、Shibu、Anning、Xinxu、Jinling、Shuangding、Tanluo
良庆区 Liangqing District	大沙田街道办事处、玉洞街道办事处、良庆镇、那马镇、大塘镇、那陈镇、南晓镇	Dashatian、yudong、Liangqing、Nama、Datang、Nachen、Nanxiao
邕宁区 Yongning District	蒲庙镇、那楼镇、新江镇、百济镇、中和乡	Pumiao、Nalou、Xinjiang、Baiji、Zhonghe

注:江南区含经济技术区的那洪街道办事处、金凯街道办事处、吴圩镇;西乡塘区含高新技术开发区的安宁街道办、心圩街道办事处。

1-3 南宁市国民经济主要指标占全区比重

Main Indicators Of Nanning's National Economy As Percentage In Guangxi

(2014年)

指标名称 Item	单位 Unit	南宁市 Nanning	广西 Guangxi	南宁市占广西的比重(%) Nanning As Percentage In Guangxi
年末总人口 Population at Year-end	万人 (10000 persons)	729.66	5475	13.33
生产总值 Gross Domestic Product	亿元 (100 million yuan)	3148.32	15672.97	20.09
第一产业 Primary Industry	亿元 (100 million yuan)	354.69	2412.21	14.70
第二产业 Secondary Industry	亿元 (100 million yuan)	1251.54	7335.60	17.06
#工业 Industry	亿元 (100 million yuan)	923.49	6065.34	15.23
第三产业 Tertiary Industry	亿元 (100 million yuan)	1542.08	5925.16	26.03
全社会固定资产投资总额 Total Investment in Fixed Assets	亿元 (100 million yuan)	2933.87	13843.21	21.19
#固定资产投资 Investment in Fixed Assets	亿元 (100 million yuan)	2886.68	13287.60	21.72
#基本建设投资 Basic Investment	亿元 (100 million yuan)	1299.00	5418.23	23.97
更新改造投资 Innovation	亿元 (100 million yuan)	853.48	5038.93	16.94
房地产开发投资 Real Estate Development	亿元 (100 million yuan)	551.82	1838.49	30.01
社会消费品零售总额 Total Retail Sales of Consumer Goods	亿元 (100 million yuan)	1616.90	5716.60	28.28
#城镇零售额 Urban Area	亿元 (100 million yuan)	1523.15	5033.11	30.26
海关进出口总额 Total Value of Exports and Imports	亿美元 (USD 100 million)	48.14	405.53	11.87
#出口总额 Exports	亿美元 (USD 100 million)	26.17	243.30	10.76
外商直接投资 Foreign direct investment	亿美元 (USD 100 million)	6.40	10.01	63.94
财政收入 Financial Revenue	亿元 (100 million yuan)	526.59	2162.40	24.35
城乡居民储蓄存款 Urban & Rural Savings Deposits	亿元 (100 million yuan)	2321.74	10532.76	22.04
年末在岗职工人数 Number of Staff & Workers onthe Job at Year-end	万人 (10000 persons)	72.28	326.50	22.14
年末职工工资总额 Total Wages Bill of Staff & Workers on the Job	亿元 (100 million yuan)	407.40	1527.05	26.68

1-4 全市国民经济和社会发展结构指标

Structural Indicators Of National Economy And Social Development

单位：%

指标名称 Item	2007年	2008年	2009年	2010年	2011年	2012年	2013年	2014年
人口 Population								
性别结构 Sexual Composition								
男性 Male	52.26	52.26	52.27	52.28	52.27	52.29	52.36	52.44
女性 Female	47.74	47.74	47.73	47.72	47.73	47.71	47.64	47.56
国民经济核算 National Accounting								
生产总值结构 INdustrial Composition of GDP								
第一产业 Primary Industry	16.34	15.44	13.93	13.58	13.82	12.90	11.84	11.27
第二产业 Secondary Industry	34.19	34.65	34.59	36.21	37.51	38.38	38.95	39.75
第三产业 Tertiary Industry	49.47	49.91	51.48	50.21	48.67	48.72	49.21	48.98
农业 Agriculture								
农业牧渔业总产值结构 Composition of Gross Output Value of Agriculture								
农业 Farming	52.14	50.33	52.01	52.37	51.23	52.90	53.97	55.45
林业 Forestry	3.69	3.41	3.76	4.65	5.10	5.02	5.04	4.67
牧业 Animal Husbandry	35.90	37.76	35.33	34.13	35.43	33.48	32.04	30.42
渔业 Fishery	4.04	4.22	4.13	4.20	4.08	3.82	3.91	4.12
农林牧渔服务业 Services in support of Agriculture	4.23	4.28	4.77	4.65	4.16	4.78	5.03	5.34
工业 Industry								
工业经济类型结构 Composition of Industry								
国有经济 State-owned Economy	16.85	14.80	14.28	11.63	9.80	11.16	11.91	6.31
集体经济 Collective-owned Economy	1.84	1.17	1.05	0.86	0.72	0.61	0.53	0.39
其他经济 Other Economy	81.31	84.03	84.67	87.50	89.47	88.23	87.56	93.30
# 私营经济 Private Economy	40.27	43.69	48.30	40.93	50.36	45.39	42.13	39.46
"三资"经济 Enterprises with Funds From Hong Kong,Macao and Taiwan,Foreign	10.46	11.51	11.80	12.20	13.15	16.01	17.29	20.23

注：1. 工业经济类型结构2012年（含2012年）后均为规模以上工业经济类型结构。2. 工业经济类型结构中私营经济结构2013年以前的数据口径为私营、个体经济。

单位：%

指标名称 Item	2007 年	2008 年	2009 年	2010 年	2011 年	2012 年	2013 年	2014 年
轻重工业结构 **Composition of Light & Heavy Industries**								
轻工业 Light Industry	51.72	48.34	49.30	49.57	50.57	49.18	45.39	43.02
重工业 Heavy Industry	48.28	51.66	50.70	50.43	49.43	50.82	54.61	56.98
企业规模结构 **Composition of Size of Industrial Enterprises**								
大型企业 Large Enterprises	6.23	5.22	4.27	6.33	14.93	17.92	19.40	22.19
中型企业 Medium-sized Enterprises	28.85	30.20	33.90	29.83	25.11	27.60	29.87	31.88
小型企业 Small Enterprises	64.92	64.58	61.82	63.84	59.96	54.47	50.73	45.93
固定资产投资 **Investment in Fixed Assets**								
投资经济类型结构 **Composition of Economy**								
国有单位 State-owned Enterprises	38.75	37.48	36.47	39.81	33.96	26.57	27.12	25.44
集体单位 Collective-owned Enterprises	2.39	1.69	2.05	1.67	2.20	2.97	1.97	1.97
私营及个体投资 Private & Individual Economy	31.84	28.85	28.78	26.61	24.60	34.16	32.07	24.99
其他经济 Other Enterprises	27.02	31.98	32.70	31.91	39.30	36.33	38.85	47.6
投资种类结构 **Administrative Channels of Total Investment**								
# 基本建设 Capital Construction	37.97	40.13	43.24	43.55	45.01	40.85	45.62	45.00
更新改造 Innovation	18.48	20.54	25.44	24.76	26.10	27.37	29.94	29.57
其他投资 Other Investment	2.53	3.92	3.02	10.28	8.58	12.38	7.33	3.98
房地产 Real Estmate Development	33.46	28.74	21.72	21.41	19.96	14.41	17.12	19.12

单位：%

指标名称 Item	2007 年	2008 年	2009 年	2010 年	2011 年	2012 年	2013 年	2014 年
交通运输 Transport								
货运量结构 Composition of Freight Traffic								
铁路 Railways	6.31	6.09	4.09	3.08	2.51	2.07	1.49	1.18
公路 Highways	77.52	80.92	85.67	86.54	87.82	87.90	88.86	90.61
水路 Waterways	16.14	12.96	10.22	10.36	9.66	10.02	9.64	8.19
民航 Civil Aviation	0.03	0.03	0.02	0.02	0.02	0.01	0.01	0.02
客运量结构 Composition of Passenger Traffic								
铁路 Railways	6.96	7.23	10.43	9.92	9.74	8.75	8.43	17.27
公路 Highways	90.64	90.69	87.00	87.22	87.27	88.22	88.24	77.06
水路 Waterways	1.01	0.63						
民航 Civil Aviation	1.40	1.45	2.57	2.86	2.99	3.03	3.33	5.67
国内贸易 Domestic Trade								
社会消费品零售总额城乡结构 Total Retail Sales Of Consumer Goods In Urban And Rural Structure								
城镇零售额 Urban Retail Sales	95.22	95.18	95.13	95.03	94.24	93.64	94.11	94.20
乡村零售额 Rural Retail Sales	4.78	4.82	4.87	4.97	5.76	6.36	5.89	5.80
商品销售总额结构 Total Sales Of Commodities Structure								
批发业商品销售额 Wholesale Trade Of Goods Sales	53.94	59.45	58.06	57.53	59.49	59.60	61.97	61.37
零售业商品销售额 Retail Sales Of Goods	46.06	40.55	41.94	42.47	40.51	40.40	38.03	38.63

1-4 续表 3 单位：%

指标名称 Item	2007 年	2008 年	2009 年	2010 年	2011 年	2012 年	2013 年	2014 年
财政 Government Finance								
地方财政收入结构 Composition of Local Government Revenue								
# 增值税 Value-added Tax	8.70	8.22	6.58	6.10	5.76	5.20	5.85	8.51
营业税 Business Taxes	24.21	21.43	22.14	21.43	20.22	17.66	18.68	17.55
个人所得税 Individual Income Tax	4.69	3.71	3.49	3.47	3.36	2.52	2.55	2.75
企业所得税 Enterprises Income Tax	10.71	10.01	6.53	8.32	10.24	9.30	9.52	10.78
财政支出结构 Composition of Local Government Expenditure								
# 一般公共服务 General Public Service	19.74	15.90	13.53	11.67	12.43	11.98	11.93	10.68
科学技术 Science & Technology Promotion	1.45	1.47	1.19	1.09	1.26	1.37	1.48	1.56
农林水事务 Agricultural Expenditure	8.80	7.91	8.97	7.26	8.98	8.59	9.09	9.10
文化、教育、卫生支出 Expenditure for Culture、Education & Public Health	24.71	27.34	24.45	26.00	28.51	28.45	26.72	25.80
社会保障和就业 Social Security And Employment	13.76	11.85	12.58	15.32	10.65	9.66	10.32	9.84

1-4 续表 4

单位：%

指标名称 Item	2007 年	2008 年	2009 年	2010 年	2011 年	2012 年	2013 年	2014 年
人民生活 People's Living Conditions								
城镇居民人均生活消费结构 Composition of Per Capita Annual living Expenditure of Urban Households								
# 食品类 Food	42.52	41.52	39.40	37.79	40.19	39.20	39.03	38.81
衣着类 Clothing	6.65	8.21	7.88	7.91	7.64	7.27	7.06	7.21
居住 Residence	9.12	8.12	8.06	8.16	8.51	8.45	8.31	8.20
交通通讯 Transport & Communication	14.08	15.47	16.62	17.00	18.41	17.09	16.72	16.79
医疗保健 Medicine & Medical Service	6.35	5.58	5.60	4.99	5.01	5.64	6.01	6.23
农村居民人均生活消费结构 Composition of Per Capita Annual living Expenditure of Rural Households								
# 食品类 Food	43.09	58.49	51.90	49.06	48.72	46.75	45.92	45.28
衣着类 Clothing	2.59	2.38	2.70	2.67	3.01	3.04	3.12	3.20
居住 Residence	17.48	14.42	16.25	18.41	19.25	16.73	17.59	17.64
交通通讯 Transport & Communication	9.14	7.36	8.95	10.01	9.35	10.87	10.77	11.06
医疗保健费 Medicine & Medical Service	4.13	4.22	5.36	5.25	6.49	8.05	7.98	7.71

1-5 全市各时期主要经济指标平均增长率

Average Growth Rate Of Main Economic Indicators In Each Period

单位：%

时期 Period	生产总值 Gross Domestic Product	第一产业 Primary Industry	第二产业 Secondary Industry	第三产业 Tertiary Industry	全社会固定资产投资 Total Investment in Fixed Assets	地方财政收入 Local Government Revenue	地方财政支出 Local Government Expenditure	社会消费品零售总额 Total Retail Sales of Consumer Goods
"一五"时期 (1953-1957) "First Five-Year Plan" Period	9.5	4.4	29.5	16.5	42.18	24.88	14.87	12.49
"二五"时期 (1958-1962) "Second Five-Year Plan" Period	5.3	-1.3	8.8	10.0	5.36	-2.28	2.53	7.05
调整时期 (1963-1965)1963-1965 Period of Adjustment	10.8	11.4	22.7	4.7	28.05	7.46	11.20	3.91
"三五"时期 (1966-1970) "Third Five-Year Plan" Period	6.9	7.6	13.1	3.1	-7.55	9.59	4.17	2.81
"四五"时期 (1971-1975) "Fourth Five-Year Plan" Period	9.0	9.2	11.2	5.9	13.58	14.60	9.03	8.35
"五五"时期 (1976-1980) "Fifth Five-Year Plan" Period	8.0	3.2	13.9	8.2	12.85	7.25	13.15	11.85
"六五"时期 (1981-1985) "Sixth Five-Year Plan" Period	8.6	6.9	9.1	11.5	20.30	8.97	18.17	16.81
"七五"时期 (1986-1990) "Seventh Five-Year Plan" Period	9.4	3.5	10.4	15.9	11.62	14.28	20.21	16.33
"八五"时期 (1991-1995) "Eighth Five-Year Plan" Period	14.6	8.5	16.6	18.0	51.74	8.29	16.05	25.02
"九五"时期 (1996-2000) "Ninth Five-Year Plan" Period	10.5	7.2	8.4	14.4	9.74	12.94	15.07	14.31
"十五"时期 (2001-2005) "Tenth Five-Year Plan" Period	11.5	5.5	14.2	12.3	26.24	23.68	20.40	12.22
"十一五"时期 (2006-2010) The First Three Years of "Eleventh Five-Year Plan" Period	15.6	6.5	19.2	15.9	32.52	24.59	28.86	18.96
"十二五"时期前四年 (2011-2014) The First Year of "Twelve Five-Year Plan" Period	11.1	5.0	15.2	9.5	18.60	15.02	15.55	15.58

1-6 全市历年主要指标

Main Indicators Of Nanning City Over The Years

年份 Year	年末总人口（万人） Population at Year-end (10000 persons)	生产总值（万元） Gross DomesticProduct (10000 yuan)	第一产业 Primary Industry	第二产业 Secondary Industry	第三产业 Tertiary Industry	生产总值指数（%） Indices of Gross Domestic Product(%)	第一产业 Primary Industry	第二产业 Secondary Industry	第三产业 Tertiary Industry
1950	228.55	14272	10376	587	3309	100	100	100	100
1951	233.89	16885	12045	844	3996	113.2	110.1	147.6	119.0
1952	239.35	19369	13449	1228	4692	112.7	109.2	146.4	116.0
1953	245.81	22355	14565	2283	5507	115.3	108.1	199.9	117.8
1954	251.68	23675	14713	2557	6405	108.4	103.7	112.6	119.7
1955	254.93	25529	15113	3053	7363	108.3	102.9	118.6	118.0
1956	261.44	28189	15404	4048	8737	109.9	102.3	129.6	118.5
1957	266.89	30015	16262	4163	9590	105.6	104.9	105.2	109.0
1958	279.89	34627	15512	7887	11228	112.4	96.3	158.0	114.4
1959	286.78	43541	16522	12986	14033	127.9	106.3	170.1	128.1
1960	290.98	46193	14144	15527	16522	109.7	89.2	123.6	117.8
1961	292.75	36679	13623	8305	14751	79.9	94.2	52.7	95.3
1962	298.48	37274	14913	7279	15082	102.5	109.0	87.1	104.3
1963	309.93	39195	15925	7771	15499	104.3	106.5	102.9	103.0
1964	318.88	44568	17948	10157	16463	111.6	112.7	136.0	101.5
1965	329.84	53362	21483	13309	18570	116.8	115.2	132.0	109.6
1966	338.72	59518	23441	16911	19166	113.2	109.0	125.2	111.1
1967	345.70	59634	25458	15366	18810	101.2	108.0	92.8	102.4
1968	352.82	55120	25297	11956	17867	93.0	99.2	79.0	94.7
1969	361.74	67743	29168	20006	18569	118.4	109.7	172.4	103.6
1970	368.74	75982	33585	23099	19298	110.7	112.9	117.1	104.3
1971	380.39	82528	37749	25116	19663	107.1	108.7	107.7	104.3
1972	390.19	92412	43136	27863	21413	112.1	113.0	115.0	108.0
1973	401.91	103457	48440	31523	23494	111.5	113.9	113.6	104.8
1974	413.16	109354	49650	34988	24716	106.4	103.2	109.8	107.6
1975	423.38	117937	52955	38654	26328	107.9	107.6	110.3	104.8
1976	432.37	121775	51557	42621	27597	103.2	97.0	109.7	107.0
1977	440.08	130702	54687	46009	30006	107.9	103.5	112.7	109.8
1978	451.77	147407	61866	52192	33349	111.5	110.3	112.1	112.6
1979	460.86	166868	66443	64096	36329	112.4	100.3	127.9	110.2

注：本表数据均为 2003 年行政区划调整后大南宁范围口径的数据。

1-6 续表 1

年份 Year	年末总人口（万人）Population at Year-end (10000 persons)	生产总值（万元）Gross Domestic Product (10000 yuan)	第一产业 Primary Industry	第二产业 Secondary Industry	第三产业 Tertiary Industry	生产总值指数（%）Indices of Gross Domestic Product(%)	第一产业 Primary Industry	第二产业 Secondary Industry	第三产业 Tertiary Industry
1980	470.05	180111	70093	70017	40001	105.5	105.3	108.0	101.7
1981	480.27	194836	75578	72684	46574	109.0	107.0	107.5	117.4
1982	490.35	225795	96967	79171	49657	114.9	125.3	110.1	106.2
1983	497.86	241907	100133	84744	57030	106.9	103.6	108.0	113.3
1984	509.27	247810	98513	84852	64445	100.2	97.2	99.2	107.9
1985	519.06	309278	118263	108351	82664	112.7	103.4	122.1	113.1
1986	529.34	351522	126421	127214	97887	107.9	101.4	111.7	114.1
1987	538.79	420513	146358	156696	117459	112.6	105.2	117.6	114.2
1988	540.52	537786	178831	191331	167624	109.7	92.8	109.0	129.6
1989	547.50	620446	191616	219227	209603	107.4	107.7	102.8	114.9
1990	558.20	708788	231018	248354	229416	109.6	111.1	111.6	107.8
1991	563.74	793241	239063	274634	279544	106.3	100.6	106.9	111.6
1992	571.55	918098	277741	304726	335631	112.7	115.1	109.3	114.3
1993	579.54	1346171	344360	499312	502499	123.5	106.9	134.4	128.3
1994	587.86	1872259	491029	675122	706108	116.5	107.7	119.6	120.7
1995	594.92	2358085	615225	807943	934917	114.5	112.6	114.9	115.7
1996	601.95	2671991	690541	845891	1135559	111.4	105.9	110.4	116.5
1997	607.19	3044914	785856	922155	1336903	112.5	113.9	108.8	115.2
1998	612.20	3395532	834421	997314	1563797	111.5	108.4	110.3	114.8
1999	615.11	3569886	852645	1019933	1697308	109.4	107.4	108.1	111.7
2000	625.27	3779364	876615	1053679	1849070	107.7	100.7	104.6	113.9
2001	629.75	4181684	907401	1131645	2142638	108.8	102.2	106.4	113.2
2002	634.68	4631795	943479	1255606	2432710	110.9	107.7	112.2	111.6
2003	641.67	5217793	997023	1523485	2697285	110.9	103.7	119.3	109.4
2004	648.85	6191189	1076785	1933768	3180636	113.2	105.9	118.2	113.1
2005	659.54	7279032	1242538	2312059	3724435	113.4	108.2	115.6	114.0
2006	671.89	8801064	1443354	2973069	4384641	116.8	108.4	125.3	114.4
2007	683.51	10890730	1780002	3722713	5388015	117.4	107.3	121.1	117.9
2008	691.69	13204348	2031087	4579360	6593901	114.7	105.3	114.8	117.4
2009	697.90	15247144	2123780	5274575	7848789.242	115.1	105.8	117.0	116.3
2010	707.37	18002613	2444349	6518841	9039423	114.2	105.7	117.8	113.7
2011	711.49	22114358	3055458	8296138	10762762	113.5	105.7	118.3	112.2
2012	713.50	25031812	3229563	9607494	12194755	112.3	105.2	118.1	109.6
2013	724.43	28455976	3367878	11082707	14005390.68	110.3	104.8	114.6	108.1
2014	729.66	31483154	3546924	12515380	15420849.66	108.5	104.2	109.9	108.2

单位：万元 (10000 yuan)

年份 Year	全社会固定资产投资 Total Investment in Fixed Assets	财政收入 Financial Revenue	# 地方财政收入 General Bugetary Revenue of Local Government Revenue	财政支出 Local Government Expenditure	农业总产值 Gross Output Value of Farming,Forestry,Animal,Husbandry & Fishery	工业总产值 Gross Industrial Output Value	社会消费品零售总额 Total Retail Sales of Consumer Goods
1950	388	781	774	317	14674	1223	5834
1951	458	1648	1624	545	17009	1932	7482
1952	547	1898	1850	1084	19131	2967	9021
1953	2287	2733	2680	1184	20602	4941	11127
1954	1682	3464	3454	1298	20769	5981	13165
1955	1697	3468	3416	1322	21545	7290	13434
1956	3621	4659	4617	1939	22043	9151	16912
1957	3178	5676	5618	2168	23144	9678	16248
1958	6860	5744	5645	4037	22060	18666	18312
1959	14569	7654	7604	4446	23646	30235	23701
1960	16761	6725	6616	5933	20471	36901	25139
1961	6162	4613	4561	3442	19772	19501	20949
1962	4126	5058	5006	2456	21665	17648	22843
1963	4649	5205	5140	2648	23266	18857	22905
1964	7710	5339	5263	3548	26084	23917	22851
1965	8662	6293	6212	3377	31782	32618	25626
1966	7217	7402	7286	3538	34898	44529	27943
1967	3709	6435	6310	3493	37765	40518	26755
1968	2725	5081	4839	3196	37156	31260	22728
1969	4764	7946	7858	4223	43077	53287	29638
1970	5851	9930	9819	4142	50570	63861	29429
1971	6615	12178	12023	4692	56731	65930	29591
1972	8515	14032	13628	8047	64208	75342	32041
1973	8848	16591	16175	5748	70500	86364	36544
1974	9725	19180	18711	6645	71747	96037	39891
1975	11062	19813	19405	6381	75695	106363	43954
1976	12086	19461	19270	6581	73039	117477	45133
1977	11396	21537	21273	7579	76148	127749	49347
1978	20349	23188	23184	10879	81632	136758	54365
1979	28550	24008	23992	9962	91527	144489	62380

单位：万元 (10000 yuan)

年份 Year	全社会固定资产投资 Total Investment in Fixed Assets	财政收入 Financial Revenue	# 地方财政收入 General Bugetary Revenue of Local Government Revenue	财政支出 Local Government Expenditure	农业总产值 Gross Output Value of Farming,Forestry,Animal,Husbandry & Fishery	工业总产值 Gross Industrial Output Value	社会消费品零售总额 Total Retail Sales of Consumer Goods
1980	20248	27538	27538	11833	97019	157057	76941
1981	18437	28864	28864	12399	106454	168984	83388
1982	22813	31563	31563	13174	126695	182935	92740
1983	24934	32792	32757	13577	136535	198420	104626
1984	28394	33915	33813	16635	143894	211645	123936
1985	51008	42633	42321	27267	172481	260770	167304
1986	67233	47723	47376	39718	184142	305786	186098
1987	78940	55007	54675	45438	215076	376240	224707
1988	108827	64246	64246	60931	272515	490246	294082
1989	84519	74593	74593	60261	286725	607592	339300
1990	88386	82478	82478	68441	361702	671708	356467
1991	103255	89637	89637	71913	379696	766803	410693
1992	147118	94542	94542	75287	444538	938925	493513
1993	288531	141425	141425	107415	563494	1337414	669925
1994	447150	193018	107076	128398	791925	1774347	828756
1995	711065	219576	122823	144050	995180	1984448	1088523
1996	825818	240141	138598	155555	1116908	2044709	1293125
1997	969255	273637	159742	178987	1242108	2159248	1464026
1998	1049861	308392	178092	202323	1317691	2332161	1618304
1999	1111761	339803	201008	245770	1342494	2311969	1724235
2000	1131659	375390	225728	290667	1377932	2417251	2124265
2001	1214061	452926	291860	348556	1407186	2608100	2313462
2002	1455615	525341	312805	452120	1455675	2911858	2567758
2003	1903567	610594	362435	524981	1519259	3341979	2884483
2004	2627634	746328	432526	621191	1798585	4040693	3320502
2005	3628975	1002186	451954	735508	2045862	4909198	3780023
2006	4472211	1203603	566191	930781	2384753	6392812	4355090
2007	5602200	1508393	701510	1180007	2944579	8302142	5156225
2008	6934353	1911682	928812	1660830	3380719	10598632	6431973
2009	10439120	2313664	1204628	2035519	3511968	11757647	7570122
2010	14830158	3008756	1560958	2612785	4032427	15011824	9059318
2011	20189453	3635192	1862928	3018491	5071561	20002301	10731541
2012	25851818	4219938	2297183	3765096	5345172	22827319	12555902
2013	24750080	4736625	2562467	4172858	5772670	26591777	14508367
2014	29338739	5265905	2748518	4657665	6094853	29550538	16169020

注：1、社会消费品零售总额 2000 年以后不含制造业零售和农业生产零售，2005 年—2008 年数根据二经普结果相应调整；
2、2013 年起，固定资产投资起报点从计划总投资 50 万起报调整为计划总投资 500 万元起报。

1-7 全市历年人均主要指标

Per Capita Main Indicators Of Nanning City Over The Years

单位：元 (yuan)

年份 Year	生产总值 Gross Domestic Product	财政收入 Financial Revenue	全社会固定资产投资 Total Investment in Fixed Assets	社会消费品零售总额 Total Retail Sales of Consumer Goods	城乡居民储蓄存款余额 Savings Deposit of Urban and Rural Househoulds	在岗职工年平均工资 Average Annual Wage of Staff and Workers	农民人均纯收入 Per Capita Annual Net Income of Rural Residents
1950	62	3	2	26	…	338	54
1951	73	7	2	32	…	356	56
1952	82	8	2	38	1	427	63
1953	92	11	9	46	1	458	61
1954	95	14	7	53	2	461	62
1955	101	14	7	53	2	488	60
1956	109	18	14	66	2	527	67
1957	114	21	12	62	2	551	68
1958	127	21	25	67	4	510	62
1959	154	27	51	84	6	448	56
1960	160	23	58	87	5	435	49
1961	126	16	21	72	3	457	56
1962	126	17	14	77	2	502	58
1963	129	17	15	75	3	535	51
1964	142	17	25	73	4	549	64
1965	165	19	27	79	4	539	66
1966	178	22	22	84	5	507	68
1967	174	19	11	78	5	537	70
1968	158	15	8	65	6	518	72
1969	190	22	13	83	5	490	70
1970	208	27	16	81	6	516	68
1971	220	33	18	79	6	482	74
1972	240	36	22	83	7	499	82
1973	261	42	22	92	8	528	87
1974	268	47	24	98	9	540	80
1975	282	47	26	105	10	549	81
1976	285	45	28	105	10	519	74
1977	300	49	26	113	11	528	76
1978	331	52	46	122	13	565	88
1979	366	53	63	137	16	612	105

注：本表中人均城乡居民储蓄存款余额、在岗职年平均工资、农民人均纯收入 1950-1999 年为原南宁口径的数据，2000 年以后为行政区划调整后的数据。

单位：元 (yuan)

年份 Year	生产总值 Gross Domestic Product	财政收入 Financial Revenue	全社会固定资产投资 Total Investment in Fixed Assets	社会消费品零售总额 Total Retail Sales of Consumer Goods	城乡居民储蓄存款余额 Savings Deposit of Urban and Rural Househoulds	在岗职工年平均工资 Average Annual Wage of Staff and Workers	农民人均纯收入 Per Capita Annual Net Income of Rural Residents
1980	387	59	44	165	22	730	107
1981	410	61	39	175	28	746	135
1982	465	65	47	191	34	791	158
1983	490	66	50	212	43	818	239
1984	492	67	56	246	62	963	316
1985	602	83	99	325	84	1051	367
1986	671	91	128	355	116	1292	404
1987	787	103	148	421	153	1428	461
1988	997	119	202	545	185	1685	521
1989	1141	137	155	624	253	1784	574
1990	1282	149	160	645	354	2111	624
1991	1414	160	184	732	459	2331	683
1992	1617	167	259	869	598	2720	778
1993	2339	246	501	1164	890	3786	912
1994	3208	331	766	1420	1365	4976	1093
1995	3987	371	1202	1841	1889	5668	1326
1996	4465	401	1380	2161	2392	6009	1553
1997	5036	453	1603	2422	2665	6508	1788
1998	5569	506	1722	2654	3269	7315	1942
1999	5817	554	1812	2810	3562	8077	2079
2000	6086	605	1825	3425	4700	8185	1791
2001	6656	722	1935	3687	5287	9572	1954
2002	7327	831	2302	4062	6170	11363	2111
2003	8176	957	2983	4520	7036	13172	2231
2004	9595	1157	4072	5146	7949	15447	2467
2005	11127	1532	5547	5778	9070	17520	2680
2006	13220	1808	6718	6542	10142	20650	3033
2007	16070	2226	8266	7608	10458	24789	3462
2008	19204	2780	10085	9354	12924	29377	4001
2009	21945	3330	15025	10896	16065	32596	4385
2010	25622	4282	21107	12865	19459	37042	5005
2011	33017	5124	28459	15127	22286	40120	5848
2012	35133	5914	36233	17598	26122	43847	6777
2013	39579	6588	34425	20180	29997	48188	7685
2014	43303	7243	40353	22239	31934	54826	8576

1-8 全市社会经济主要指标

Main Social Economic Indicators Of Nanning City

指标名称 Item	单位 Unit	2014 年	2013 年	2014 年为 2013 年% Rate of Development (%)
人口、土地面积 Population,Land Area				
年末总人口 Population at Year-end	人 (person)	7296565	7244309	100.72
#男性人口 Male	人 (person)	3826517	3792969	100.88
女性人口 Female	人 (person)	3470048	3451340	100.54
#城镇人口 Town population	人 (person)	2938564		
乡村人口 Rural population	人 (person)	4358001		
年平均人口 Annual Average Population	人 (person)	7270437	7189644	101.12
自然增长率 Natural Growth Rate of Population	‰	6.96	7.05	-0.09 ▲
土地面积 Land Area	平方公里 (sq.km)	22099	22099	100.00
#建成区面积 Urban Area	平方公里 (sq.km)	285	283	100.71
生产总值(当年价) Gross Domestic Product	**万元 (10000 yuan)**	**31483154**	**28455976**	**108.5**
第一产业 Primary Industry	万元 (10000 yuan)	3546924	3367878	104.2
第二产业 Secondary Industry	万元 (10000 yuan)	12515380	11082707	109.9
工业 Industry	万元 (10000 yuan)	9234930	8127601	110.3
建筑业 Construction	万元 (10000 yuan)	3280450	2955106	108.6
第三产业 Tertiary Industry	万元 (10000 yuan)	15420850	14005391	108.2
人均生产总值(当年价) Per Capita Gross Domestic Product(current prices)	元 (yuan)	43303	39579	107.3
生产总值构成 Composition of Gross Domestic Product	%	**100**	**100**	
第一产业 Primary Industry	%	11.27	11.84	-0.57*
第二产业 Secondary Industry	%	39.75	38.95	0.80*
工业 Industry	%	29.33	28.56	0.77*
建筑业 Construction	%	10.42	10.39	0.03*
第三产业 Tertiary Industry	%	48.98	49.21	-0.23*

注：1. 生产总值发展速度按可比价计算。2. “▲” 为增减千分点，“*” 为增减百分点。

指标名称 Item	单位 Unit	2014 年	2013 年	2014 年为 2013 年% Rate of Development (%)
农业 Agriculture				
农林牧渔业总产值（当年价） Gross Output Value of Agriculture, Forestry, Animal Husbandry and Fishery	万元 (10000 yuan)	6094853	5772670	104.56
农业 Farming	万元 (10000 yuan)	3379373	3115745	106.39
林业 Forestry	万元 (10000 yuan)	284733	290811	100.18
牧业 Animal Husbandry	万元 (10000 yuan)	1854103	1849520	101.32
渔业 Fishery	万元 (10000 yuan)	251312	225971	105.02
服务业 Services in support of Agriculture	万元 (10000 yuan)	325333	290621	109.64
乡（镇）村从业人员 Number of Rural(Town Governments) Laborers	万人 (10000 persons)	311.42	313.67	99.28
粮食总产量 Output of Grain	吨 (ton)	2186616	2234391	97.86
油料产量 Output of Oil–bearing Grops	吨 (ton)	134593	131726	102.18
蔬菜产量 Output of Vegetables	吨 (ton)	4166934	3873736	107.57
甘蔗产量 Output of Sugarcane	吨 (ton)	12051650	12369908	97.43
水果产量 Output of Fruits	吨 (ton)	1826919	1705101	107.14
肉类产量 Output of Meat	吨 (ton)	659574	655301	100.65
水产品产量 Output of Aquatic Products	吨 (ton)	244635	232972	105.01
农业机械总动力 Total Agricultural Machinery Power	万千瓦 (10000 kw)	472.71	459.25	102.93
农村用电量 Electricity Consumed in Rural Areas	万千瓦时 (10000 kwh)	106862	87226	122.51
农用化肥施用量（折纯量） Consumption of Chemical Fertilizers	吨 (ton)	468191	454969	102.91

1-8 续表 2

指标名称 Item	单位 Unit	2014 年	2013 年	2014 年为 2013 年% Rate of Development (%)
工业 Industry				
全部工业总产值(当年价) ALL Included Gross IndustrialOutput Value(current prices)	万元 (10000 yuan)	29550538	26591777	111.13
# 规模以上工业总产值 Above Designated Size	万元 (10000 yuan)	28566304	25571348	111.71
规模以上工业企业主要指标 Main Indicators of IndustrialEnterprises above Designated Size				
企业单位数 Number of Enterprises	个 (unit)	946	969	97.63
# 亏损企业 Loss-making Enterprises	个 (unit)	107	109	98.17
工业总产值(现价) Gross Industrial Output Value (current prices)	万元 (10000 yuan)	28566304	25571348	111.71
内资企业 Domestic Funded	万元 (10000 yuan)	22787343	20656350	110.32
国有企业 State-owned Enterprises	万元 (10000 yuan)	1801199	1942979	92.70
集体企业 Collective-owned Enterprises	万元 (10000 yuan)	111823	137903	81.09
股份合作企业 Cooperative Enterprises	万元 (10000 yuan)			
有限责任公司 Limited Liability Companies	万元 (10000 yuan)	7434962	6716619	110.70
股份有限公司 Share-holding Enterprises	万元 (10000 yuan)	2160450	1777668	121.53
私营企业 Private Enterprises	万元 (10000 yuan)	11274335	10066489	112.00
其他企业 Other Enterprises	万元 (10000 yuan)	4574	14692	31.14
外商及港澳台商投资企业 Enterprises with Funds from Foreign,Hong Kong,Macao and Taiwan	万元 (10000 yuan)	5778961	4914997	117.58
按轻重工业分 Grouped by Light & Heavy Industries				
轻工业 Light Industry	万元 (10000 yuan)	12264529	11605628	105.68
重工业 Heavy Industry	万元 (10000 yuan)	16301775	13965720	116.73
按企业规模分 Grouped by Size of Enterprises				
大型企业 Large Enterprises	万元 (10000 yuan)	6339391	6012418	105.44
中型企业 Medium-sized Enterprises	万元 (10000 yuan)	9107380	7371067	123.56
小型企业 Small Enterprises	万元 (10000 yuan)	13119533	12187863	107.64
主营业务收入 Revenue from Principal Business	万元 (10000 yuan)	27105955	24400540	111.09
# 主营业务税金及附加 Taxes and Other Charges on Principal Business	万元 (10000 yuan)	675884	593488	113.88
利税总额 Total Profits & Taxes	万元 (10000 yuan)	3576381	3073146	116.38
# 利润总额 Total Profits	万元 (10000 yuan)	1955367	1668465	117.20
亏损企业亏损额 Total Losses of Loss-making Enterprise	万元 (10000 yuan)	83658	91077	91.85

1-8 续表 3

指标名称 Item	单位 Unit	2014 年	2013 年	2014 年为 2013 年% Rate of Development (%)
交通、邮电、电力 **Transport,Postal and Telecommunication Services**				
货运总量 Freight Traffic	万吨 (10000 tons)	33146	30877	107.35
客运总量 Passenger Traffic	万人 (10000 persons)	8697	8364	103.98
内河港口货物吞吐量 Volume of Freight Handled in Major Ports of Inland Rivers	万吨 (10000 tons)	1150	1292	89.01
年末邮电局（所）数 Number of Postal Offices at Year-end	处 (unit)	196	193	101.55
邮电业务总量 (2010 年价) Business Volume of Postal and Telecommunication Services (2010 constant prices)	万元 (10000 yuan)	1277064	1009173	126.55
年末电话用户数 Number of Telephone Subscribers at Year-end	户 (subscribers)	8305419	8526254	97.41
# 移动电话用户数 Number of Mobile Telephone Subscribers at Year-end	户 (subscribers)	7524136	7666727	98.14
年末互联网用户 Number of Internet Users	户 (subscribers)	1667750	1618044	103.07
全年用电量 Electricity Consumption	万千瓦时 (10000 kwh)	1591232	1472739	108.05
# 工业用电量 Industry	万千瓦时 (10000 kwh)	652132	649658	100.38
城乡居民生活用电量 Residentrial Consumption	万千瓦时 (10000 kwh)	448849	390462	114.95
固定资产投资 **Investment in Fixed Assets**				
全社会固定资产投资总额 Total Investment in Fixed Assets	万元 (10000 yuan)	29338739	24750080	118.54
# 固定资产投资额 Investment in Urban Fixed Assets	万元 (10000 yuan)	28866773	24326855	118.66
# 基本建设投资 Basic Investment	万元 (10000 yuan)	12990015	11097410	117.05
更新改造投资 Innovation	万元 (10000 yuan)	8534828	7283304	117.18
房地产开发投资 Real Estate Development	万元 (10000 yuan)	5518214	4163709	132.53
其他投资 Other Investment	万元 (10000 yuan)	1147817	1119156	102.56
国有经济 State-owned	万元 (10000 yuan)	7343216	7940389	92.48
私营个体 Private & Self-employed	万元 (10000 yuan)	7212658	8225216	87.69
新增固定资产 Newly Increased Fixed Assets	万元 (10000 yuan)	17754500	15048368	117.98
房屋施工面积（含商品房） Floor Space under Construction of Buildings	万平方米 (10000 sq.m)	7286.15	11922.30	61.11
# 住宅 Residential Buildings	万平方米 (10000 sq.m)	3459.23	3013.54	114.79
房屋竣工面积（含商品房） Floor Space Completed of Buildings	万平方米 (10000 sq.m)	946.08	997.13	94.88
# 住宅 Residential Buildings	万平方米 (10000 sq.m)	472.56	321.24	147.10

注：1. 年末互联网用户为宽度用户数。2.2013 年起，固定资产投资起报点从计划总投资 50 万起报调整为计划总投资 500 万元起报，发展速度按可比口径计算。3. 房屋施工、竣工面积不含私人建房。

1-8 续表 4

指标名称 Item	单位 Unit	2014 年	2013 年	2014 年为 2013 年% Rate of Development (%)
商业、外贸、旅游 **Domestic Trade**				
社会消费品零售总额 Total Retail Sales of Consumer Goods	万元 (10000 yuan)	16169020	14428367	112.06
#城镇零售额 Retail Sales of Consumer Goods in Urban District	万元 (10001 yuan)	15231506	13607400	111.94
乡村零售额 Retail Sales of Consumer Goods in Rural District	万元 (10002 yuan)	937514	820967.2	114.20
批发零售贸易业商品销售总额 Sale Values of Enterprises of Wholesale and Retail rades	万元 (10000 yuan)	39240173	34986886	112.16
外贸进出口总值(海关数) Total Exports & Imports	万美元 (10000 USD)	481410	442117	108.89
进口总值 Exports	万美元 (10000 USD)	219708	206847	106.22
出口总值 Imports	万美元 (10000 USD)	261702	235170	111.28
实际利用外资金额 Total Amount of Foreign Investment Actually Utilized	万美元 (10000 USD)	65237	61333	106.37
旅游者人数 Number of Tourists	万人次 (10000 person-times)	6948	5875.37	118.26
#国际旅游人数 International Tourists	万人次 (10000 person-times)	43.30	35.11	123.34
旅游收入 Earnings from Tourism	万元 (10000 yuan)	5971232	4781470	124.88
#国际旅游收入 International Tourism	万元 (10000 yuan)	113796	85067	133.77
财政、金融 **Finance,Banking&Insurance**				
全部财政收入 Financial Revenue	万元 (10000 yuan)	5265905	4736625	111.17
#公共财政预算收入 Public finance budget income	万元 (10000 yuan)	2748518	2562467	107.26
地方财政支出 Local Government Expenditure	万元 (10000 yuan)	4657665	4172858	111.62
金融机构各项存款余额 Total Deposits of Financial Institutions	万元 (10000 yuan)	70644876	64835258	108.96
#城乡居民储蓄存款余额 Urban & Rural Savings Deposits	万元 (10000 yuan)	23217437	21566911	107.65
金融机构各项贷款余额 Total Loans of Financial Institutions	万元 (10000 yuan)	70914611	61158787	115.95

指标名称 Item	单位 Unit	2014 年	2013 年	2014 年为 2013 年% Rate of Development (%)
劳动工资 Employment and Wages				
年末在岗职工人数 Number of Staff & Workers on the Job at Year-end	人 (person)	722808	686534	105.28
国有单位 State-owned Units	人 (person)	364801	363632	100.32
城镇集体单位 Urban Collective Owned Units	人 (person)	8653	9771	88.56
其他经济类型单位 Units of Other Types of Ownership	人 (person)	349354	313131	111.57
在岗职工工资总额 Total Wages Bill of Staff & Workers on the Job	万元 (10000 yuan)	4074038	3337032	122.09
国有单位 State-owned Units	万元 (10000 yuan)	2071676	1834375	112.94
城镇集体单位 Urban Collective Owned Units	万元 (10000 yuan)	37934	34209	110.89
其他经济类型单位 Units of Other Types of Ownership	万元 (10000 yuan)	1964428	1468449	133.78
在岗职工年平均工资 Average Wage of Staff & Workers on the Job	元 / 人 (yuan/person)	54826	48188	113.78
国有单位 State-owned Units	元 / 人 (yuan/person)	56836	50193	113.23
城镇集体单位 Urban Collective Owned Units	元 / 人 (yuan/person)	44050	38077	115.69
其他经济类型单位 Units of Other Types of Ownership	元 / 人 (yuan/person)	53471	46622	114.69
居民消费价格指数 Consumer Price index	%	101.6	102.1	101.60

1-9 全市人均主要社会经济指标

Per Capita Main Indicators Of Social Economy

指标名称 Item	单位 Unit	2014 年	2013 年
生产总值 Gross Domestic Product	元 (yuan)	43303	39579
工业总产值 Gross Industrial Output Value	元 (yuan)	40645	36986
农业总产值 Gross Output Value of Farming,Forestry, Animal,Husbandry & Fishery	元 (yuan)	8383	8029
固定资产投资额 Total Investment in Fixed Assets	元 (yuan)	39704	33836
财政收入 Financial Revenue	元 (yuan)	7243	6588
城乡居民储蓄存款余额 Savings Depososit of Urban and Rural Households	元 (yuan)	31934	29997
社会消费品零售总额 Total Retail Sales of Consumer Goods	元 (yuan)	22239	20180
在岗职工年平均工资 Average Annual Wages of Staff & Workers on the Job	元 (yuan)	54826	48188
城镇居民年人均可支配收入 Per Capita Annual Disposable Income of Urban Households	元 (yuan)	27075	24817
城镇居民年人均消费性支出 Per Capita Annual Consumption Expenditure Of Urban Households	元 (yuan)	19032	17127
城镇居民年人均住房建筑面积 Per Capita Net Floor Space of Urban Residents	平方米 (sq.m)	36.40	35.66
农民年人均纯收入 Per Capita Net Income of Rural Residents	元 (yuan)	8576	7685
农村居民年人均居住面积 Per Capita Net Floor Space of Rural Residents	平方米 (sq.m)	45.08	38.15
粮食产量 Output of Grain	公斤 (kg)	309.84	310.78
油料产量 Output of Oil-bearing Grops	公斤 (kg)	18.51	18.32
甘蔗产量 Output of Sugarcane	公斤 (kg)	1705.50	1720.52
蔬菜产量 Output of Vegetables	公斤 (kg)	573.13	538.79
水果产量 Output of Fruits	公斤 (kg)	251.28	237.16
肉类产量 Output of Meat	公斤 (kg)	90.72	91.15
水产品产量 Output of Aquatic Products	公斤 (kg)	33.65	32.40

1-10 市区社会经济主要指标

Main Social Economic Indicators Of Urban Districts

指标名称	单位 Unit	2014 年	2013 年	2014 年为 2013 年% Rate of Development (%)
人口、土地面积 Population,Land Area				
年末总人口 Population at Year-end	人 (person)	2843789	2797307	101.66
#男性人口 Male	人 (person)	1464967	1442216	101.58
女性人口 Female	人 (person)	1378822	1355091	101.75
年平均人口 Average Annual Population	人 (person)	2820548	2771383	101.77
自然增长率 Natural Growth Rate of Population	‰	7.47	7.05	0.42 ▲
土地面积 Land Area	平方公里 (sq.km)	6447	6447	100.00
#建成区面积 Urban Area	平方公里 (sq.km)	285	283	100.71
生产总值（当年价） Gross Domestic Product	**万元 (10000 yuan)**	**23067887**	**20498303**	**109.2**
第一产业 Primary Industry	万元 (10000 yuan)	1207113	1151996	103.7
第二产业 Secondary Industry	万元 (10000 yuan)	9015613	7605543	112.3
工业 Industry	万元 (10000 yuan)	6518782	5336149	114.1
建筑业 Construction	万元 (10000 yuan)	2496830	2269394	107.9
第三产业 Tertiary Industry	万元 (10000 yuan)	12845161	11740763	107.5
人均生产总值（当年价） Per Capita Gross Domestic Product(current prices)	元 (yuan)	81785	73964	107.3
生产总值构成 Composition of Gross Domestic Product	%	100	100	
第一产业 Primary Industry	%	5.23	5.62	-0.39*
第二产业 Secondary Industry	%	39.08	37.10	1.98*
工业 Industry	%	28.26	26.03	2.23*
建筑业 Construction	%	10.82	11.07	-0.25*
第三产业 Tertiary Industry	%	55.69	57.28	-1.59*

注：1. 生产总值、农业总产值发展速度按可比价计算。2. "▲" 为增减千分点，"*" 为增减百分点。

1-10 续表 1

指标名称	单位 Unit	2014 年	2013 年	2014 年为 2013 年% Rate of Development (%)
农业 Agriculture				
农林牧渔业总产值(当年价) Gross Output Value of Agriculture, Forestry,Animal Husbandry and Fishery	万元 (10000 yuan)	2253383	2141766	104.49
农业 Farming	万元 (10000 yuan)	1199349	1133747	105.49
林业 Forestry	万元 (10000 yuan)	124727	121537	107.43
牧业 Animal Husbandry	万元 (10000 yuan)	607271	598085	100.09
渔业 Fishery	万元 (10000 yuan)	73767	66564	104.71
服务业 Services in support of Agriculture	万元 (10000 yuan)	248268	221832	109.62
工业 Industry				
规模以上工业总产值(当年价) Above Designated Size(current prices)	万元 (10000 yuan)	19989566	17252205	115.87
规模以上工业企业主要指标 Main Indicators of Industrial Enterprises above Designated Size				
企业单位数 Number of Enterprises	个 (unit)	517	534	96.82
# 亏损企业 Loss-making Enterprises	个 (unit)	51	61	83.61
主营业务收入 Revenue from Principal Business	万元 (10000 yuan)	19144072	16605080	115.29
# 主营业务税金及附加 Taxes and Other Charges on Principal Business	万元 (10000 yuan)	621403	535685	116.00
利税总额 Total Profits & Taxes	万元 (10000 yuan)	2743319	2131686	128.69
# 利润总额 Total Profits	万元 (10000 yuan)	1415228	1033815	136.89
亏损企业亏损额 Total Losses of Loss-making Enterprise	万元 (10000 yuan)	60202	73060	82.40

1-10 续表 2

指标名称 Item	单位 Unit	2014 年	2013 年	2014 年为 2013 年% Rate of Development (%)
固定资产投资 **Investment in Fixed Assets**				
全社会固定资产投资总额 Total Investment in Fixed Assets	万元 (10000 yuan)	20993765	17434636	120.41
# 固定资产投资额 Investment in Urban Fixed Assets	万元 (10000 yuan)	20860810	17315783	120.47
# 基本建设投资 Basic Investment"	万元 (10000 yuan)	9919647	8394004	118.18
更新改造投资 Innovation"	万元 (10000 yuan)	5065822	4239040	119.50
房地产开发投资 Real Estate Development"	万元 (10000 yuan)	4909850	3642124	134.81
其他投资 Other Investment"	万元 (10000 yuan)	943611	939930	100.39
商业 **Domestic**				
社会消费品零售总额 Total Retail Sales of Consumer Goods	万元 (10000 yuan)	13425235	12023366	111.66
# 城镇零售额 Retail Sales of Consumer Goods in Urban District	万元 (10000 yuan)	13038221	11680663	111.62
乡村零售额 Retail Sales of Consumer Goods in Rural District	万元 (10000 yuan)	387015	342703	112.93
财政、金融 **Finance,Banking&Insurance**				
全部财政收入 Financial Revenue	万元 (10000 yuan)	4623334	4168125	110.92
# 公共财政预算收入 Public finance budget income	万元 (10000 yuan)	2321859	2180531	106.48
地方财政支出 Local Government Expenditure	万元 (10000 yuan)	3129406	2782873	112.45
金融机构各项存款余额 Total Deposits of Financial Institutions	万元 (10000 yuan)	63248364	58313237	108.46
# 城乡居民储蓄存款余额 Urban & Rural Savings Deposits	万元 (10000 yuan)	17712803	16786781	105.52
金融机构各项贷款余额 Total Loans of Financial Institutions	万元 (10000 yuan)	66757985	57584575	115.93

注：1. 其他投资含城镇工矿区私人建房。2.2013 年起，固定资产投资起报点从计划总投资 50 万起报调整为计划总投资 500 万元起报，发展速度按可比口径计算。

1-11 市区人均主要社会经济指标

Per Capita Main Indicators Of Social Economy Of Urban Districts

指标名称 Item	单位 Unit	2014 年	2013 年
生产总值 Gross Domestic Product	元 (yuan)	81785	73964
农业总产值 Gross Output Value of Farming,Forestry, Animal,Husbandry & Fishery	元 (yuan)	7989	7728
规模以上工业总产值 Above Designated Size	元 (yuan)	70871	62251
固定资产投资额 Investment in Fixed Assets	元 (yuan)	74432	62481
财政收入 Financial Revenue	元 (yuan)	16392	15040
城乡居民储蓄存款余额 Savings Depososit of Urban and Rural Households	元 (yuan)	62799	60572
社会消费品零售总额 Total Retail Sales of Consumer Goods	元 (yuan)	47598	43673

1-12 各县区社会经济主要指标

Main Social Economic Indicators By County

指标名称 Item	单位 Unit	武鸣县			隆安县		
		2014 年	2013 年	2014 年为 2013 年% Rate of Development (%)	2014 年	2013 年	2014 年为 2013 年% Rate of Development (%)
人口、土地面积 Population,Land Area							
年末总人口 Population at Year-end	人 (person)	700090	698839	100.18	415286	413406	100.45
男性人口 Male	人 (person)	366375	364371	100.55	220467	218484	100.91
女性人口 Female	人 (person)	333715	334468	99.77	194819	194922	99.95
年平均人口 Average Annual Population	人 (person)	699465	695200	100.61	414346	409378	101.21
土地面积 Land Area	平方公里 (sq.km)	3389	3389	100.00	2306	2306	100.00
生产总值（当年价）Gross Domestic Product	**万元 (10000 yuan)**	**2692590**	**2450570**	**109.7**	**571956**	**547683**	**104.8**
第一产业 Primary Industry	万元 (10000 yuan)	700481	657280	104.7	231771	218972	104.8
第二产业 Secondary Industry	万元 (10000 yuan)	1374466	1291450	107.9	171316	170511	105.6
工业 Industry	万元 (10000 yuan)	1203995	1138677	107.7	103644	112316	101.8
建筑业 Construction	万元 (10000 yuan)	170471	152773	109.5	67672	58195	116.5
第三产业 Tertiary Industry	万元 (10000 yuan)	617643	501841	121.4	168869	158200	105.2
人均生产总值（当年价）Per Capita Gross Domestic Product(current prices)	元 (yuan)	38495	35250	109.0	13804	13378	103.5
生产总值构成 Composition of Gross Domestic Product	%	100	100		100	100	
第一产业 Primary Industry	%	26.02	26.82	-0.81*	40.52	39.98	0.54*
第二产业 Secondary Industry	%	51.05	52.70	-1.65*	29.95	31.13	-1.18*
工业 Industry	%	44.72	46.47	-1.75*	18.12	20.51	-2.39*
建筑业 Construction	%	6.33	6.23	0.1*	11.83	10.63	1.21*
第三产业 Tertiary Industry	%	22.94	20.48	2.46*	29.52	28.89	0.64*

注：1. 生产总值发展速度按可比价计算。2. "▲"为增减千分点，"*"为增减百分点。

1-12 续表 1

指标名称 Item	单位 Unit	武鸣县			隆安县		
		2014 年	2013 年	2014 年为 2013 年% Rate of Development (%)	2014 年	2013 年	2014 年为 2013 年% Rate of Development (%)
农业 Agriculture							
农林牧渔业总产值(当年价) Gross Output Value of Agriculture, Forestry,Animal Husbandry and Fishery	万元 (10000 yuan)	1153244	1140264	104.67	375996	368109	104.66
农业 Farming	万元 (10000 yuan)	670855	656136	108.50	230356	221441	105.96
林业 Forestry	万元 (10000 yuan)	46226	45942	91.75	14638	14596	94.48
牧业 Animal Husbandry	万元 (10000 yuan)	363175	368093	99.72	104952	107185	103.26
渔业 Fishery	万元 (10000 yuan)	44378	42072	105.21	15677	14728	103.56
农林牧渔服务业 Services in support of Agriculture	万元 (10000 yuan)	28609	28021	109.77	10373	10160	109.75
工业 Industry							
规模以上工业企业主要指标 Main Indicators of Industrial Enterprises above Designated Size							
企业单位数 Number of Enterprises	个 (unit)	203	196	103.57	40	38	105.26
# 亿元工业企业 Above 100 million yuan	个 (unit)	115	110	104.55	15	14	107.14
# 亏损企业 Loss-making Enterprises	个 (unit)	20	25	80.00	12	6	200.00
规模以上工业总产值 Above Designated Size	万元 (10000 yuan)	3913937	3516947	111.29	543557	524936	103.55
工业增加值 Value-added of Industry	万元 (10000 yuan)	1125259	1025460	109.73	101609	102405	99.22
主营业务收入 Revenue from Principal Business	万元 (10000 yuan)	3476778	3234751	107.48	517379	499900	103.50
利税总额 Total Profits & Taxes	万元 (10000 yuan)	331528	368160	90.05	39167	36442	107.48
# 利润总额 Total Profits	万元 (10000 yuan)	216123	246859	87.55	25903	20700	125.14
亏损企业亏损额 Total Losses of Loss-making Enterprise	万元 (10000 yuan)	12014	6591.7	182.26	7341.9	2091	351.12

1-12 续表 2

指标名称 Item	单位 Unit	武鸣县			隆安县		
		2014 年	2013 年	2014 年为 2013 年% Rate of Development (%)	2014 年	2013 年	2014 年为 2013 年% Rate of Development (%)
固定资产投资 Investment in Fixed Assets							
全社会固定资产投资总额 Total Investment in Fixed Assets	万元 (10000 yuan)	2761232	2326584	118.68	643772	558866	115.19
# 固定资产投资额 Investment in Fixed Assets	万元 (10000 yuan)	2719802	2294397	118.54	618212	537495	115.02
# 基本建设投资 Basic Investment	万元 (10000 yuan)	653414	547142	119.42	274750	238508	115.20
更新改造投资 Innovation	万元 (10000 yuan)	1667564	1395661	119.48	248309	215163	115.41
房地产开发投资 Real Estate Development	万元 (10000 yuan)	256290	189865	134.99	22341	18305	122.05
其他投资 Other Investment	万元 (10000 yuan)	25147	13534	185.81	2370	25700	9.22
商业 Domestic							
社会消费品零售总额 Total Retail Sales of Consumer Goods	万元 (10000 yuan)	650220	565506	114.98	157235	140162	112.18
# 城镇零售额 Retail Sales of Consumer Goods in Urban District	万元 (10000 yuan)	508751	443677	114.67	125501	112154	111.90
乡村零售额 Retail Sales of Consumer Goods in Rural District	万元 (10000 yuan)	141469	121829	116.12	31734	28008	113.30
财政、金融 Finance,Banking&Insurance							
财政收入 Financial Revenue	万元 (10000 yuan)	194561	161425	120.53	51260	46371	110.54
# 公共财政预算收入 Public finance budget income	万元 (10000 yuan)	119017	102576	116.03	31654	29203	108.39
地方财政支出 Local Government Expenditure	万元 (10000 yuan)	288818	270376	106.82	167652	147991	113.29
金融机构各项存款余额 Total Deposits of Financial Institutions	万元 (10000 yuan)	1669767	1441407	115.84	778259	640505	121.51
# 城乡居民储蓄存款余额 Urban & Rural Savings Deposits	万元 (10000 yuan)	1199639	1041717	115.16	557336	468013	119.09
金融机构各项贷款余额 Total Loans of Financial Institutions	万元 (10000 yuan)	1097705	975602	112.52	379518	331559	114.46
城乡居民收入 The income of urban and rural residents							
城镇居民年人均可支配收入 Disposable income of urban residents	元 / 人 (yuan/person)	25831	23568	109.60	20840	19332	107.80
农民年人均纯收入 Per Capita Net Income of Rural Residents	元 / 人 (yuan/person)	10154	9042	112.30	6615	6008	110.10

1-12 续表 3

指标名称 Unit	单位 Unit	马山县			上林县		
		2014 年	2013 年	2014 年为 2013 年% Rate of Development (%)	2014 年	2013 年	2014 年为 2013 年% Rate of Development (%)
人口、土地面积 Population,Land Area							
年末总人口 Population at Year-end	人 (person)	555887	559092	99.43	492164	490021	100.44
男性人口 Male	人 (person)	293474	293881	99.86	258637	256918	100.67
女性人口 Female	人 (person)	262413	265211	98.94	233527	233103	100.18
年平均人口 Average Annual Population	人 (person)	557490	555850	100.30	491093	489557	100.31
土地面积 Land Area	平方公里 (sq.km)	2341	2341	100.00	1871	1871	100.00
生产总值（当年价）Gross Domestic Product	**万元 (10000 yuan)**	**467751**	**441644**	**104.5**	**466025**	**449293**	**106.9**
第一产业 Primary Industry	万元 (10000 yuan)	153446	147197	104.3	184289	177700	104.8
第二产业 Secondary Industry	万元 (10000 yuan)	124569	119635	102.2	100927	104177	110.3
工业 Industry	万元 (10000 yuan)	61871	67744	94.4	58685	67928	108.8
建筑业 Construction	万元 (10000 yuan)	62697	51891	117.1	42242	36249	119.8
第三产业 Tertiary Industry	万元 (10000 yuan)	189736	174812	106.7	180809	167416	106.3
人均生产总值（当年价）Per Capita Gross Domestic Product (current prices)	元	8390	7945	104.2	9490	9178	106.6
生产总值构成 Composition of Gross Domestic Product	%	**100**	**100**		**100**	**100**	
第一产业 Primary Industry	%	32.81	33.33	-0.52*	39.54	39.55	-0.01*
第二产业 Secondary Industry	%	26.63	27.09	-0.46*	21.66	23.19	-1.53*
工业 Industry	%	13.23	15.34	-2.11*	12.59	15.12	-2.53*
建筑业 Construction	%	13.40	11.75	1.65*	9.06	8.07	0.99*
第三产业 Tertiary Industry	%	40.56	39.58	0.98*	38.80	37.26	1.54*

1-12 续表 4

指标名称 Item	单位 Unit	马山县			上林县		
		2014 年	2013 年	2014 年为 2013 年% Rate of Development (%)	2014 年	2013 年	2014 年为 2013 年% Rate of Development (%)
农业 Agriculture							
农林牧渔业总产值(当年价) Gross Output Value of Agriculture, Forestry,Animal Husbandry and Fishery	万元 (10000 yuan)	255016	253467	104.37	311460	314395	105.06
农业 Farming	万元 (10000 yuan)	121897	117467	106.54	139788	137080	113.92
林业 Forestry	万元 (10000 yuan)	17141	18844	98.38	17411	17163	86.72
牧业 Animal Husbandry	万元 (10000 yuan)	103628	105383	103.03	133147	140100	99.92
渔业 Fishery	万元 (10000 yuan)	11568	11007	105.21	20061	19022	105.71
农林牧渔服务业 Services in support of Agriculture	万元 (10000 yuan)	782	766	109.57	1052	1030	110.30
工业 Industry							
规模以上工业企业主要指标 Main Indicators of Industrial Enterprises above Designated Size							
企业单位数 Number of Enterprises	个 (unit)	16	18	88.89	14	14	100.00
# 亿元工业企业 Above 100 million yuan	个 (unit)	8	8	100.00	11	11	100.00
# 亏损企业 Loss-making Enterprises	个 (unit)	2	3	66.67	5		
规模以上工业总产值 Above Designated Size	万元 (10000 yuan)	129407	163194	79.30	257239	237786	108.18
工业增加值 Value-added of Industry	万元 (10000 yuan)	50079	55651	89.99	52733	47875	110.15
主营业务收入 Revenue from Principal Business	万元 (10000 yuan)	130658	148478	88.00	213669	202270	105.64
# 主营业务税金及附加 Taxes and Other Charges on Principal Business	万元 (10000 yuan)	1726	2468	69.93	904	634	142.73
利税总额 Total Profits & Taxes	万元 (10000 yuan)	16126	20300	79.44	8456	10603	79.75
# 利润总额 Total Profits	万元 (10000 yuan)	9508	12105	78.54	2383	4960	48.05
亏损企业亏损额 Total Losses of Loss-making Enterprise	万元 (10000 yuan)	952	1492	63.81	597		

1–12 续表 5

指标名称 Item	单位 Unit	马山县			上林县		
		2014 年	2013 年	2014 年为 2013 年% Rate of Development (%)	2014 年	2013 年	2014 年为 2013 年% Rate of Development (%)
固定资产投资 Investment in Fixed Assets							
全社会固定资产投资总额 Total Investment in Fixed Assets	万元 (10000 yuan)	517697	449400	115.20	525626	441602	119.03
# 固定资产投资额 Investment in Fixed Assets	万元 (10000 yuan)	480319	414972	115.75	502762	418982	120.00
# 基本建设投资 Basic Investment	万元 (10000 yuan)	309277	199466	155.05	242718	209916	115.63
更新改造投资 Innovation	万元 (10000 yuan)	64458	82364	78.26	214474	152946	140.23
房地产开发投资 Real Estate Development	万元 (10000 yuan)	16373	20529	79.76	26493	26321	100.65
其他投资 Other Investment	万元 (10000 yuan)	7530	1189	633.31	19077	29799	64.02
商业 Domestic							
社会消费品零售总额 Total Retail Sales of Consumer Goods	万元 (10000 yuan)	188390	165020	114.16	165082	144807	114.00
# 城镇零售额 Retail Sales of Consumer Goods in Urban District	万元 (10000 yuan)	139854	122925	113.77	99559	87900	113.26
乡村零售额 Retail Sales of Consumer Goods in Rural District	万元 (10000 yuan)	48537	42095	115.30	65523	56906	115.14
财政、金融 Finance,Banking&Insurance							
财政收入 Financial Revenue	万元 (10000 yuan)	32943	32649	100.90	39898	36640	108.89
# 公共财政预算收入 Public finance budget income	万元 (10000 yuan)	21115	22459	94.02	24358	25949	93.87
地方财政支出 Local Government Expenditure	万元 (10000 yuan)	186069	178880	104.02	201544	179065	112.55
金融机构各项存款余额 Total Deposits of Financial Institutions	万元 (10000 yuan)	654492	576517	113.53	758470	685100	110.71
# 城乡居民储蓄存款余额 Urban & Rural Savings Deposits	万元 (10000 yuan)	452591	384381	117.75	532524	464999	114.52
金融机构各项贷款余额 Total Loans of Financial Institutions	万元 (10000 yuan)	280731	216642	129.58	348412	265189	131.38
城乡居民收入 The income of urban and rural residents							
城镇居民年人均可支配收入 Disposable income of urban residents	元 / 人 (yuan/person)	20720	19274	107.50	20174	18714	107.80
农民年人均纯收入 Per Capita Net Income of Rural Residents	元 / 人 (yuan/person)	6058	5497	110.21	6334	5748	110.19

指标名称 Unit	单位 Unit	宾阳县			横 县		
		2014 年	2013 年	2014 年为 2013 年% Rate of Development (%)	2014 年	2013 年	2014 年为 2013 年% Rate of Development (%)
人口、土地面积 Population,Land Area							
年末总人口 Population at Year-end	人 (person)	1043801	1043419	100.04	1245548	1242225	100.27
男性人口 Male	人 (person)	557505	555752	100.32	665092	661347	100.57
女性人口 Female	人 (person)	486296	487667	99.72	580456	580878	99.93
年平均人口 Average Annual Population	人 (person)	1043610	1041313	100.22	1243887	1226965	101.38
土地面积 Land Area	平方公里 (sq.km)	2298	2298	100.00	3448	3448	100.00
生产总值(当年价) Gross Domestic Product	**万元 (10000 yuan)**	**1730158**	**1571698**	**108.0**	**2486787**	**2496785**	**103.4**
第一产业 Primary Industry	万元 (10000 yuan)	419340	406284	103.4	650484	608449	104.5
第二产业 Secondary Industry	万元 (10000 yuan)	651189	578723	108.1	1077301	1212669	98.8
工业 Industry	万元 (10000 yuan)	465190	417332	106.9	822762	987456	95.8
建筑业 Construction	万元 (10000 yuan)	185999	161391	111.8	254539	225213	111.6
第三产业 Tertiary Industry	万元 (10000 yuan)	659628	586690	110.8	759002	675667	110.7
人均生产总值(当年价) Per Capita Gross Domestic Product (current prices)	元 (yuan)	16579	15093	107.8	19992	20349	102.0
生产总值构成 Composition of Gross Domestic Product	%	**100**	**100**		**100**	**100**	
第一产业 Primary Industry	%	24.24	25.85	-1.61*	26.16	24.37	1.79*
第二产业 Secondary Industry	%	37.64	36.82	0.82*	43.32	48.57	-5.25*
工业 Industry	%	26.89	26.55	0.33*	33.09	39.55	-6.46*
建筑业 Construction	%	10.75	10.27	0.48*	10.24	9.02	1.22*
第三产业 Tertiary Industry	%	38.13	37.33	0.8*	30.52	27.06	3.46*

1-12 续表 7

指标名称 Unit	单位 Unit	宾阳县			横 县		
		2014 年	2013 年	2014 年为 2013 年% Rate of Development (%)	2014 年	2013 年	2014 年为 2013 年% Rate of Development (%)
农业 Agriculture							
农林牧渔业总产值(当年价) Gross Output Value of Agriculture, Forestry,Animal Husbandry and Fishery	万元 (10000 yuan)	685046	682156	103.87	1060709	1038499	104.81
农业 Farming	万元 (10000 yuan)	373116	367889	102.99	644011	618334	106.52
林业 Forestry	万元 (10000 yuan)	26483	26412	97.02	38106	37818	100.62
牧业 Animal Husbandry	万元 (10000 yuan)	235019	240077	105.48	306910	313835	101.76
渔业 Fishery	万元 (10000 yuan)	40951	38497	106.37	44909	42291	104.29
农林牧渔服务业 Services in support of Agriculture	万元 (10000 yuan)	9476	9282	108.99	26772	26221	106.52
工业 Industry							
规模以上工业企业主要指标 Main Indicators of Industrial Enterprises above Designated Size							
企业单位数 Number of Enterprises	个 (unit)	59	75	78.67	97	94	103.19
# 亿元工业企业 Above 100 million yuan	个 (unit)	39	32	121.88	66	56	117.86
# 亏损企业 Loss-making Enterprises	个 (unit)	9	7	128.57	8	7	114.29
规模以上工业总产值 Above Designated Size	万元 (10000 yuan)	1294702	1183734	109.37	2536388	2820437	89.93
工业增加值 Value-added of Industry	万元 (10000 yuan)	328029	301820	108.68	775069	877764	88.30
主营业务收入 Revenue from Principal Business	万元 (10000 yuan)	1197338	1095626	109.28	2512843	2752473	91.29
利税总额 Total Profits & Taxes	万元 (10000 yuan)	121030	120914	100.10	310042	399132	77.68
# 利润总额 Total Profits	万元 (10000 yuan)	80867	81495	99.23	197117	274398	71.84
亏损企业亏损额 Total Losses of Loss-making Enterprise	万元 (10000 yuan)	7370	2114	348.56	3420	5729	59.70

指标名称 Item	单位 Unit	宾阳县			横 县		
		2014 年	2013 年	2014 年为 2013 年% Rate of Development (%)	2014 年	2013 年	2014 年为 2013 年% Rate of Development (%)
固定资产投资 Investment in Fixed Assets							
全社会固定资产投资总额 Total Investment in Fixed Assets	万元 (10000 yuan)	1941329	1630777	119.04	1982018	1936215	102.37
# 固定资产投资额 Investment in Fixed Assets	万元 (10000 yuan)	1842615	1539348	119.70	1868953	1833878	101.91
# 基本建设投资 Basic Investment	万元 (10000 yuan)	581583	663227	87.69	1008626	845147	119.34
更新改造投资 Innovation	万元 (10000 yuan)	842654	556586	151.40	458247	669544	68.44
房地产开发投资 Real Estate Development	万元 (10000 yuan)	136238	121368	112.25	150629	145197	103.74
其他投资 Other Investment	万元 (10000 yuan)	48909	56807	86.10	101173	52197	193.83
商业 Domestic							
社会消费品零售总额 Total Retail Sales of Consumer Goods	万元 (10000 yuan)	830784	727419	114.21	752074	662089	113.59
# 城镇零售额 Retail Sales of Consumer Goods in Urban District	万元 (10000 yuan)	677304	594366	113.95	641508	565716	113.40
乡村零售额 Retail Sales of Consumer Goods in Rural District	万元 (10000 yuan)	153480	133054	115.35	110566	96373	114.73
财政、金融 Finance,Banking&Insurance							
财政收入 Financial Revenue	万元 (10000 yuan)	155954	140572	110.94	167953	150843	111.34
# 公共财政预算收入 Public finance budget income	万元 (10000 yuan)	110852	95973	115.50	119662	105776	113.13
地方财政支出 Local Government Expenditure	万元 (10000 yuan)	340489	289512	117.61	343781	324161	106.05
金融机构各项存款余额 Total Deposits of Financial Institutions	万元 (10000 yuan)	1586848	1395293	113.73	1948676	1783198	109.28
# 城乡居民储蓄存款余额 Urban & Rural Savings Deposits	万元 (10000 yuan)	1238376	1074750	115.22	1524167	1346271	113.21
金融机构各项贷款余额 Total Loans of Financial Institutions	万元 (10000 yuan)	852376	688983	123.72	1197885	1096236	109.27
城乡居民收入 The income of urban and rural residents							
城镇居民年人均可支配收入 Disposable income of urban residents	元 / 人 (yuan/person)	24321	22333	108.90	25152	23118	108.80
农民年人均纯收入 Per Capita Net Income of Rural Residents	元 / 人 (yuan/person)	9047	8136	111.20	8883	7981	111.30

1-12 续表 9

指标名称 Item	单位 Unit	兴宁区			青秀区		
		2014 年	2013 年	2014 年为 2013 年% Rate of Development (%)	2014 年	2013 年	2014 年为 2013 年% Rate of Development (%)
人口、土地面积 Population,Land Area							
年末总人口 Population at Year-end	人 (person)	308311	303293	101.65	673527	652326	103.25
男性人口 Male	人 (person)	158538	156036	101.60	338853	327988	103.31
女性人口 Female	人 (person)	149773	147257	101.71	334674	324338	103.19
年平均人口 Average Annual Population	人 (person)	305802	301359	101.47	662927	643512	103.02
土地面积 Land Area	平方公里 (sq.km)	723	723	100.00	865	865	100.00
生产总值(当年价) Gross Domestic Product	**万元 (10000 yuan)**	**3104554**	**2866807**	**104.4**	**6859172**	**6292091**	**106.9**
第一产业 Primary Industry	万元 (10000 yuan)	97979	90015	104.7	174508	192359	90.2
第二产业 Secondary Industry	万元 (10000 yuan)	609371	609043	97.7	909327	859771	102.3
工业 Industry	万元 (10000 yuan)	119461	119761	101.6	167680	161188	103.4
建筑业 Construction	万元 (10000 yuan)	489910	489282	93.7	741647	698583	101.2
第三产业 Tertiary Industry	万元 (10000 yuan)	2397204	2167749	108.7	5775338	5239960	108.3
人均生产总值(当年价) Per Capita Gross Domestic Product (current prices)	元 (yuan)	101522	95129	102.9	103468	97777	103.8
生产总值构成 Composition of Gross Domestic Product	%	**100**	**100**		**100**	**100**	
第一产业 Primary Industry	%	3.16	3.14	0.02	2.54	3.06	-0.51*
第二产业 Secondary Industry	%	19.63	21.24	-1.61	13.26	13.66	-0.41*
工业 Industry	%	3.85	4.18	-0.33	2.44	2.56	-0.12*
建筑业 Construction	%	15.78	17.07	-1.29	10.81	11.10	-0.29*
第三产业 Tertiary Industry	%	77.22	75.62	1.6	84.20	83.28	0.92*

指标名称 Item	单位 Unit	兴宁区			青秀区		
		2014 年	2013 年	2014 年为 2013 年% Rate of Development (%)	2014 年	2013 年	2014 年为 2013 年% Rate of Development (%)
农业 Agriculture							
农林牧渔业总产值(当年价) Gross Output Value of Agriculture, Forestry,Animal Husbandry and Fishery	万元 (10000 yuan)	159824	148098	105.26	302951	289194	104.36
农业 Farming	万元 (10000 yuan)	92256	80702	109.86	131447	118472	110.34
林业 Forestry	万元 (10000 yuan)	11995	13509	88.35	25098	23671	105.65
牧业 Animal Husbandry	万元 (10000 yuan)	45630	44880	101.91	93772	99873	95.14
渔业 Fishery	万元 (10000 yuan)	7341	6698	104.51	8313	7291	104.85
农林牧渔服务业 Services in support of Agriculture	万元 (10000 yuan)	2603	2309	110.43	44321	39888	108.83
工业 Industry							
规模以上工业企业主要指标 Main Indicators of Industrial Enterprises above Designated Size							
企业单位数 Number of Enterprises	个 (unit)	26	28	92.86	27	28	96.43
# 亿元工业企业 Above 100 million yuan	个 (unit)	9	9	100.00	7	7	100.00
# 亏损企业 Loss-making Enterprises	个 (unit)	5	6	83.33	2	1	200.00
规模以上工业总产值 Above Designated Size	万元 (10000 yuan)	335190	335041	100.04	496381	463777	107.03
工业增加值 Value-added of Industry	万元 (10000 yuan)	89756	88998	100.85	140839	140613	100.16
主营业务收入 Revenue from Principal Business	万元 (10000 yuan)	313383	314494	99.65	491592	451698	108.83
利税总额 Total Profits & Taxes	万元 (10000 yuan)	19936	13762	144.87	106722	80881	131.95
# 利润总额 Total Profits	万元 (10000 yuan)	11386	4738	240.30	96030	71964	133.44
亏损企业亏损额 Total Losses of Loss-making Enterprise	万元 (10000 yuan)	4223	6043	69.88	12	106	11.31

1-12 续表 11

指标名称 Item	单位 Unit	兴宁区			青秀区		
		2014 年	2013 年	2014 年为 2013 年% Rate of Development (%)	2014 年	2013 年	2014 年为 2013 年% Rate of Development (%)
固定资产投资 **Investment in Fixed Assets**							
全社会固定资产投资总额 Total Investment in Fixed Assets	万元 (10000 yuan)	2099182	1792880	117.08	5970254	5242958	113.87
# 固定资产投资额 Investment in Fixed Assets	万元 (10000 yuan)	2083299	1778422	117.14	5952063	5226594	113.88
# 基本建设投资 Basic Investment	万元 (10000 yuan)	784566	643084	122.00	3126096	2915512	107.22
更新改造投资 Innovation	万元 (10000 yuan)	357607	369209	96.86	510712	418734	121.97
房地产开发投资 Real Estate Development	万元 (10000 yuan)	928873	623413	149.00	1826983	1467371	124.51
其他投资 Other Investment	万元 (10000 yuan)	12253	142716	8.59	488272	424977	114.89
商业 **Domestic**							
社会消费品零售总额 Total Retail Sales of Consumer Goods	万元 (10000 yuan)	3427533	3115373	110.02	3329115	2963047	112.35
# 城镇零售额 Retail Sales of Consumer Goods in Urban District	万元 (10000 yuan)	3347424	3043281	109.99	3278702	2918622	112.34
乡村零售额 Retail Sales of Consumer Goods in Rural District	万元 (10000 yuan)	80109	72092	111.12	50413	44425	113.48
财政 **Finance**							
财政收入 Financial Revenue	万元 (10000 yuan)	242119	283367	85.44	843035	939650	89.72
# 公共财政预算收入 Public finance budget income	万元 (10000 yuan)	73368	64323	114.06	236962	202548	116.99
地方财政支出 Local Government Expenditure	万元 (10000 yuan)	126539	101433	124.75	243580	216946	112.28
城乡居民收入 **The income of urban and rural residents**							
城镇居民年人均可支配收入 Disposable income of urban residents	元 / 人 (yuan/person)	29939	27417	109.20	34421	31492	109.30
农民年人均纯收入 Per Capita Net Income of Rural Residents	元 / 人 (yuan/person)	9939	8906	111.60	10075	9004	111.89

1-12 续表 12

指标名称 Item	单位 Unit	江南区			西乡塘区		
		2014 年	2013 年	2014 年为 2013 年% Rate of Development (%)	2014 年	2013 年	2014 年为 2013 年% Rate of Development (%)
人口、土地面积 Population,Land Area							
年末总人口 Population at Year-end	人 (person)	482178	475547	101.39	766582	761110	100.72
男性人口 Male	人 (person)	251001	248374	101.06	388105	385508	100.67
女性人口 Female	人 (person)	231177	227173	101.76	378477	375602	100.77
年平均人口 Average Annual Population	人 (person)	478863	468146	102.29	763846	759066	100.63
土地面积 Land Area	平方公里 (sq.km)	1183	1183	100.00	1076	1076	100.00
生产总值（当年价） Gross Domestic Product	**万元 (10000 yuan)**	**3836280**	**3260815**	**113.7**	**7211852**	**6415443**	**109.5**
第一产业 Primary Industry	万元 (10000 yuan)	257265	269803	98.7	224124	264442	83.9
第二产业 Secondary Industry	万元 (10000 yuan)	2484009	1992029	117.8	4035311	3426188	113.4
工业 Industry	万元 (10000 yuan)	2201753	1775638	116.9	3376980	2858828	113.8
建筑业 Construction	万元 (10000 yuan)	282256	216391	123.6	658331	567360	113.5
第三产业 Tertiary Industry	万元 (10000 yuan)	1095006	998983	108.1	2952417	2724813	106.7
人均生产总值（当年价） Per Capita Gross Domestic Product (current prices)	元 (yuan)	80112	69654	111.1	94415	84518	108.8
生产总值构成 Composition of Gross Domestic Product	**%**	**100**	**100**		**100**	**100**	
第一产业 Primary Industry	%	6.71	8.27	-1.57*	3.11	4.12	-1.01*
第二产业 Secondary Industry	%	64.75	61.09	3.66*	55.95	53.41	2.55*
工业 Industry	%	57.39	54.45	2.94*	46.83	44.56	2.26*
建筑业 Construction	%	7.36	6.64	0.72*	9.13	8.84	0.28*
第三产业 Tertiary Industry	%	28.54	30.64	-2.09*	40.94	42.47	-1.53*

1-12 续表 13

指标名称 Item	单位 Unit	江南区			西乡塘区		
		2014 年	2013 年	2014 年为 2013 年% Rate of Development (%)	2014 年	2013 年	2014 年为 2013 年% Rate of Development (%)
农业 Agriculture							
农林牧渔业总产值(当年价) Gross Output Value of Agriculture, Forestry,Animal Husbandry and Fishery	万元 (10000 yuan)	407724	385496	108.02	372669	346737	103.78
农业 Farming	万元 (10000 yuan)	284403	276311	106.37	246689	225191	103.71
林业 Forestry	万元 (10000 yuan)	7878	6609	109.34	5542	3014	161.01
牧业 Animal Husbandry	万元 (10000 yuan)	85449	76005	108.27	93281	93990	101.67
渔业 Fishery	万元 (10000 yuan)	14104	12815	104.65	13834	12603	104.18
农林牧渔服务业 Services in support of Agriculture	万元 (10000 yuan)	15890	13757	113.52	13323	11938	109.31
工业 Industry							
规模以上工业企业主要指标 Main Indicators of Industrial Enterprises above Designated Size							
企业单位数 Number of Enterprises	个 (unit)	158	167	94.61	230	241	95.44
# 亿元工业企业 Above 100 million yuan	个 (unit)	101	96	105.21	177	161	109.94
# 亏损企业 Loss-making Enterprises	个 (unit)	23	31	74.19	14	14	100.00
规模以上工业总产值 Above Designated Size	万元 (10000 yuan)	7707206	6387365	120.66	9764750	8375089	116.59
工业增加值 Value-added of Industry	万元 (10000 yuan)	2033489	1732007	117.41	3262960	2804579	116.34
主营业务收入 Revenue from Principal Business	万元 (10000 yuan)	6765561	6040034	112.01	10136295	8320620	121.82
利税总额 Total Profits & Taxes	万元 (10000 yuan)	729807	425365	171.57	1857359	1479216	125.56
# 利润总额 Total Profits	万元 (10000 yuan)	436918	220366	198.27	837943	644010	130.11
亏损企业亏损额 Total Losses of Loss-making Enterprise	万元 (10000 yuan)	33848	50449	67.09	8578	12025	71.34

指标名称 Item	单位 Unit	江南区			西乡塘区		
		2014 年	2013 年	2014 年为 2013 年% Rate of Development (%)	2014 年	2013 年	2014 年为 2013 年% Rate of Development (%)
固定资产投资 **Investment in Fixed Assets**							
全社会固定资产投资总额 Total Investment in Fixed Assets	万元 (10000 yuan)	3221889	2704078	119.15	5458981	4624005	118.06
# 固定资产投资额 Investment in Fixed Assets	万元 (10000 yuan)	3185821	2671089	119.27	5449473	4615228	118.08
# 基本建设投资 Basic Investment	万元 (10000 yuan)	1132507	1110609	101.97	2183588	1775121	123.01
更新改造投资 Innovation	万元 (10000 yuan)	1596287	1039231	153.60	1990202	1681482	118.36
房地产开发投资 Real Estate Development	万元 (10000 yuan)	408564	473112	86.36	879833	782007	112.51
其他投资 Other Investment	万元 (10000 yuan)	36947	32027	115.36	393710	317993	123.81
商业 **Domestic**							
社会消费品零售总额 Total Retail Sales of Consumer Goods	万元 (10000 yuan)	2587370	2321996	111.43	3625509	3220340	112.58
# 城镇零售额 Retail Sales of Consumer Goods in Urban District	万元 (10000 yuan)	2574997	2310944	111.43	3410409	3030578	112.53
乡村零售额 Retail Sales of Consumer Goods in Rural District	万元 (10000 yuan)	12374	11052	111.96	215100	189763	113.35
财政 **Finance**							
财政收入 Financial Revenue	万元 (10000 yuan)	128578	183883	69.92	280858	333209	84.29
# 公共财政预算收入 Public finance budget income	万元 (10000 yuan)	39393	58069	67.84	102206	92625	110.34
地方财政支出 Local Government Expenditure	万元 (10000 yuan)	115162	111356	103.42	220931	180004	122.74
城乡居民收入 **The income of urban and rural residents**							
城镇居民年人均可支配收入 Disposable income of urban residents	元 / 人 (yuan/person)	25332	22987	110.20	24507	22299	109.90
农民年人均纯收入 Per Capita Net Income of Rural Residents	元 / 人 (yuan/person)	9903	8842	112.00	9171	8203	111.80

指标名称 Item	单位 Unit	良庆区			邕宁区		
		2014 年	2013 年	2014 年为 2013 年% Rate of Development (%)	2014 年	2013 年	2014 年为 2013 年% Rate of Development (%)
人口、土地面积 Population,Land Area							
年末总人口 Population at Year-end	人 (person)	263546	256900	102.59	349645	348131	100.43
男性人口 Male	人 (person)	140579	137393	102.32	187891	186917	100.52
女性人口 Female	人 (person)	122967	119507	102.90	161754	161214	100.33
年平均人口 Average Annual Population	人 (person)	260223	252078	103.23	348888	347223	100.48
土地面积 Land Area	平方公里 (sq.km)	1369	1369	99.99	1231	1231	100.00
生产总值（当年价） Gross Domestic Product	**万元 (10000 yuan)**	**1186336**	**1096596**	**108.1**	**604786**	**555225**	**108.6**
第一产业 Primary Industry	万元 (10000 yuan)	200595	195495	103.2	232686	221873	103.3
第二产业 Secondary Industry	万元 (10000 yuan)	691671	631617	109.7	143251	125056	115.0
工业 Industry	万元 (10000 yuan)	451083	455102	101.0	59152	56618	113.1
建筑业 Construction	万元 (10000 yuan)	240588	176515	132.2	84099	68438	121.3
第三产业 Tertiary Industry	万元 (10000 yuan)	294071	269484	107.5	228849	208297	108.2
人均生产总值（当年价） Per Capita Gross Domestic Product (current prices)	元 (yuan)	45589	43502	104.7	17335	15990	108.1
生产总值构成 Composition of Gross Domestic Product	%	**100**	**100**		**100**	**100**	
第一产业 Primary Industry	%	16.91	17.83	-0.92*	38.47	39.96	-1.49*
第二产业 Secondary Industry	%	58.30	57.60	0.71*	23.69	22.52	1.16*
工业 Industry	%	38.02	41.50	-3.48*	9.78	10.20	-0.42*
建筑业 Construction	%	20.28	16.10	4.18*	13.91	12.33	1.58*
第三产业 Tertiary Industry	%	24.79	24.57	0.21*	37.84	37.52	0.32*

指标名称 Item	单位 Unit	良庆区			邕宁区		
		2014 年	2013 年	2014 年为 2013 年% Rate of Development (%)	2014 年	2013 年	2014 年为 2013 年% Rate of Development (%)
农业 Agriculture							
农林牧渔业总产值（当年价） Gross Output Value of Agriculture, Forestry,Animal Husbandry and Fishery	万元 (10000 yuan)	319689	312398	102.51	388438	374393	103.31
农业 Farming	万元 (10000 yuan)	189971	185998	104.04	205046	200992	102.55
林业 Forestry	万元 (10000 yuan)	27798	28650	99.55	11753	9704	139.09
牧业 Animal Husbandry	万元 (10000 yuan)	85540	82928	99.74	155143	148902	101.65
渔业 Fishery	万元 (10000 yuan)	13028	11770	103.82	12132	10851	106.35
农林牧渔服务业 Services in support of Agriculture	万元 (10000 yuan)	3353	3052	107.59	4365	3943	108.42
工业 Industry							
规模以上工业企业主要指标 Main Indicators of Industrial Enterprises above Designated Size							
企业单位数 Number of Enterprises	个 (unit)	64	60	106.67	12	10	120.00
# 亿元工业企业 Above 100 million yuan	个 (unit)	32	35	91.43	4	4	100.00
# 亏损企业 Loss-making Enterprises	个 (unit)	6	7	85.71	1	2	50.00
规模以上工业总产值 Above Designated Size	万元 (10000 yuan)	1388598	1375380	100.96	198950	187662	106.02
工业增加值 Value-added of Industry	万元 (10000 yuan)	397550	435171	91.35	43195	47175	91.56
主营业务收入 Revenue from Principal Business	万元 (10000 yuan)	1160791	1155581	100.45	190284	184615	103.07
利税总额 Total Profits & Taxes	万元 (10000 yuan)	57483	103128	55.74	9939	15200	65.39
# 利润总额 Total Profits	万元 (10000 yuan)	39596	81631	48.51	1593	5237	30.42
亏损企业亏损额 Total Losses of Loss-making Enterprise	万元 (10000 yuan)	2510	1916	131.04	2795	2522	110.83

指标名称 Item	单位 Unit	良庆区			邕宁区		
		2014 年	2013 年	2014 年为 2013 年% Rate of Development (%)	2014 年	2013 年	2014 年为 2013 年% Rate of Development (%)
固定资产投资 **Investment in Fixed Assets**							
全社会固定资产投资总额 Total Investment in Fixed Assets	万元 (10000 yuan)	1716012	1235520	138.89	883584	676863	130.54
# 固定资产投资额 Investment in Fixed Assets	万元 (10000 yuan)	1676854	1201852	139.52	869437	664266	130.89
# 基本建设投资 Basic Investment	万元 (10000 yuan)	824563	594115	138.79	351606	434735	80.88
更新改造投资 Innovation	万元 (10000 yuan)	328064	362740	90.44	166832	157797	105.73
房地产开发投资 Real Estate Development	万元 (10000 yuan)	522937	241587	216.46	342660	54634	627.19
其他投资 Other Investment	万元 (10000 yuan)	1290			8339	17100	48.77
商业 **Domestic**							
社会消费品零售总额 Total Retail Sales of Consumer Goods	万元 (10000 yuan)	287041	254002	113.01	168667	148607	113.50
# 城镇零售额 Retail Sales of Consumer Goods in Urban District	万元 (10000 yuan)	272219	241016	112.95	154470	136222	113.40
乡村零售额 Retail Sales of Consumer Goods in Rural District	万元 (10000 yuan)	14822	12986	114.14	14197	12385	114.63
财政 **Finance**							
财政收入 Financial Revenue	万元 (10000 yuan)	106441	102205	104.14	52018	58778	88.50
# 公共财政预算收入 Public finance budget income	万元 (10000 yuan)	38499	27843	138.27	17685	22766	77.68
地方财政支出 Local Government Expenditure	万元 (10000 yuan)	115017	98219	117.10	126825	111171	114.08
城乡居民收入 **The income of urban and rural residents**							
城镇居民年人均可支配收入 Disposable income of urban residents	元 / 人 (yuan/person)	23393	21266	110.00	23958	21721	110.30
农民年人均纯收入 Per Capita Net Income of Rural Residents	元 / 人 (yuan/person)	9398	8384	112.09	8873	7958	111.50

二 国民经济核算

CHAPTER 2 NATIONAL ACCOUNTS

2-1 全市主要年份生产总值

（按当年价格计算）　　　　单位：万元

年份	生产总值	第一产业	第二产业	工业	建筑业	第三产业
1950	14272	10376	587	485	102	3309
1965	53362	21483	13309	11307	2002	18570
1978	147407	61866	52192	47482	4710	33349
1980	180111	70093	70017	64475	5542	40001
1985	309278	118263	108351	95852	12499	82664
1990	708788	231018	248354	228325	20029	229416
1991	793241	239063	274634	252011	22623	279544
1992	918098	277741	304726	275905	28821	335631
1993	1346171	344360	499312	436528	62784	502499
1994	1872259	491029	675122	578013	97109	706108
1995	2358085	615225	807943	652156	155787	934917
1996	2671991	690541	845891	666448	179443	1135559
1997	3044914	785856	922155	709756	212399	1336903
1998	3395532	834421	997314	767099	230215	1563797
1999	3569886	852645	1019933	772336	247597	1697308
2000	3779364	876615	1053679	790913	262766	1849070
2001	4181684	907401	1131645	852455	279190	2142638
2002	4631795	943479	1255606	933896	321710	2432710
2003	5217793	997023	1523485	1096218	427267	2697285
2004	6191189	1076785	1933768	1378322	555446	3180636
2005	7279032	1242538	2312059	1651780	660279	3724435
2006	8801064	1443354	2973069	2212890	760179	4384641
2007	10890730	1780002	3722713	2840933	881780	5388015
2008	13204348	2031087	4579360	3522664	1056696	6593901
2009	15247144	2123780	5274575	3957991	1316584	7848789
2010	18002613	2444349	6518841	4837803	1681038	9039423
2011	22114358	3055458	8296138	6125938	2170200	10762762
2012	25031812	3229563	9607494	7061092	2546402	12194755
2013	28455976	3367878	11082707	8127601	2955106	14005391
2014	31483154	3546924	12515380	9234930	3280450	15420850

注：1. 全市国民经济核算指标均为行政区划调整后大南宁口径；
2. 全市 2005 年至 2007 年生产总值及其他各项国民经济核算指标均为与第二次经济普查资料衔接后的数据，下同；
3. 全市 2013 年、2014 年生产总值及其他各项国民经济核算指标均为与第三次经济普查资料衔接后的数据，下同。

2-2 全市主要年份生产总值构成

（按当年价格计算） 单位：%

年份	生产总值	第一产业	第二产业	工业	建筑业	第三产业
1950	100.00	72.70	4.11	3.40	0.71	23.19
1965	100.00	40.26	24.94	21.19	3.75	34.80
1978	100.00	41.97	35.41	32.21	3.20	22.62
1980	100.00	38.92	38.87	35.80	3.07	22.21
1985	100.00	38.24	35.03	30.99	4.04	26.73
1990	100.00	32.59	35.04	32.21	2.83	32.37
1991	100.00	30.14	34.62	31.77	2.85	35.24
1992	100.00	30.25	33.19	30.05	3.14	36.56
1993	100.00	25.58	37.09	32.43	4.66	37.33
1994	100.00	26.23	36.06	30.87	5.19	37.71
1995	100.00	26.09	34.26	27.66	6.60	39.65
1996	100.00	25.84	31.66	24.94	6.72	42.50
1997	100.00	25.81	30.29	23.31	6.98	43.90
1998	100.00	24.57	29.37	22.59	6.78	46.06
1999	100.00	23.88	28.57	21.63	6.94	47.55
2000	100.00	23.19	27.88	20.93	6.95	48.93
2001	100.00	21.70	27.06	20.39	6.67	51.24
2002	100.00	20.37	27.11	20.16	6.95	52.52
2003	100.00	19.11	29.20	21.01	8.19	51.69
2004	100.00	17.39	31.23	22.26	8.97	51.38
2005	100.00	17.07	31.76	22.69	9.07	51.17
2006	100.00	16.40	33.78	25.14	8.64	49.82
2007	100.00	16.34	34.18	26.09	8.09	49.48
2008	100.00	15.38	34.68	26.68	8.00	49.94
2009	100.00	13.93	34.59	25.96	8.63	51.48
2010	100.00	13.58	36.21	26.87	9.34	50.21
2011	100.00	13.82	37.51	27.70	9.81	48.67
2012	100.00	12.90	38.38	28.21	10.17	48.72
2013	100.00	11.84	38.95	28.56	10.39	49.21
2014	100.00	11.27	39.75	29.33	10.42	48.98

2-3 全市主要年份生产总值指数

(按可比价计算，以上年为100)　　单位：%

年份	生产总值	第一产业	第二产业			第三产业
				工业	建筑业	
1951	113.2	110.1	147.6	100.0	100.0	119.0
1965	116.8	115.2	132.0	136.3	112.3	109.6
1978	111.5	110.3	112.1	108.1	180.2	112.6
1980	105.5	105.3	108.0	112.6	73.4	101.7
1985	112.7	103.4	122.1	117.7	171.6	113.1
1990	109.6	111.1	111.6	112.1	106.0	107.8
1991	106.3	100.6	106.9	106.7	109.2	111.6
1992	112.7	115.1	109.3	107.9	125.5	114.3
1993	123.5	106.9	134.4	129.7	178.6	128.3
1994	116.5	107.7	119.6	117.1	136.8	120.7
1995	114.5	112.6	114.9	108.3	154.0	115.7
1996	111.4	105.9	110.4	107.7	121.4	116.5
1997	112.5	113.9	108.8	106.3	118.1	115.2
1998	111.5	108.4	110.3	110.3	110.6	114.8
1999	109.4	107.4	108.1	106.4	113.7	111.7
2000	107.7	100.7	104.6	105.4	102.1	113.9
2001	108.8	102.2	106.4	106.7	105.5	113.2
2002	110.9	107.7	112.0	112.2	111.2	111.6
2003	110.9	103.7	119.3	113.4	140.5	109.4
2004	113.2	105.9	118.2	116.8	122.2	113.1
2005	113.4	108.2	115.6	115.0	117.4	114.0
2006	116.8	108.4	125.3	129.9	113.9	114.4
2007	117.4	107.3	121.2	124.2	112.6	117.9
2008	114.7	105.3	114.8	116.9	108.3	117.4
2009	115.1	105.8	117.0	113.5	128.7	116.3
2010	114.2	105.7	117.8	115.9	123.6	113.7
2011	113.5	105.7	118.3	118.1	118.8	112.2
2012	112.3	105.2	118.1	118.7	116.4	109.6
2013	110.3	104.8	114.6	114.8	114.1	108.1
2014	108.5	104.2	109.9	110.3	108.6	108.2

2-4 全市主要年份人均生产总值

（按当年价格计算）

年份	人均生产总值（元）	以上年为 100 的发展速度（%）
1950	62	
1965	165	120.5
1978	331	114.0
1980	387	107.6
1985	602	115.1
1990	1282	111.4
1991	1414	107.9
1992	1617	114.1
1993	2339	125.2
1994	3208	118.2
1995	3987	116.0
1996	4465	112.7
1997	5036	113.7
1998	5569	112.4
1999	5817	110.1
2000	6086	109.0
2001	6656	110.1
2002	7327	111.6
2003	8176	110.9
2004	9595	111.9
2005	11127	111.9
2006	13220	114.8
2007	16070	115.3
2008	19204	113.1
2009	21945	113.9
2010	25622	112.9
2011	31172	112.4
2012	35133	111.8
2013	39579	109.3
2014	43303	107.3

注：发展速度按可比价计算。

2-5 全市各时期生产总值平均指数

(按可比价格计算，以上年为 100)　　单位：%

时期	生产总值	第一产业	第二产业			第三产业
				工业	建筑业	
恢复时期 (1950–1952)	108.5	106.3	129.3	132.5	110.7	111.3
"一五" 时期 (1953–1957)	109.5	104.4	129.5	127.3	143.0	116.5
"二五" 时期 (1958–1962)	105.3	98.7	108.8	110.0	102.7	111.4
调整时期 (1963–1965)	110.8	111.4	122.7	121.9	127.2	104.7
"三五" 时期 (1966–1970)	106.9	107.6	113.1	115.5	93.3	103.1
"四五" 时期 (1971–1975)	109.0	109.2	111.2	111.1	113.9	105.9
"五五" 时期 (1976–1980)	108.0	103.2	113.9	113.5	118.5	108.2
"六五" 时期 (1981–1985)	108.6	106.9	109.1	108.3	117.7	111.5
"七五" 时期 (1986–1990)	109.4	103.5	110.4	111.3	102.8	115.9
"八五" 时期 (1991–1995)	114.6	108.5	116.6	113.6	138.8	118.0
"九五" 时期 (1996–2000)	110.5	107.2	108.4	107.2	113.0	114.4
"十五" 时期 (2001–2005)	111.5	105.5	114.2	112.8	118.8	112.3
"十一五" 时期 (2006–2010)	115.6	106.5	119.2	119.9	117.2	115.9
"十二五" 时期前四年 (2011–2014)	111.1	105.0	115.2	115.4	114.4	109.5
1951 年至 2014 年	110.1	105.9	115.3	115.1	116.0	111.7
1979 年至 2014 年	111.5	106.0	113.4	112.8	116.8	113.6
1993 年至 2014 年	113.0	106.5	115.3	114.2	120.6	114.3

2-6 全市财政收入相当于地区生产总值的比例

（按当年价格计算）

年份	财政收入（万元）	地区生产总值（万元）	比重（%）
1950	781	14272	5.47
1965	6293	53362	11.79
1978	23188	147407	15.73
1980	27538	180111	15.29
1985	42633	309278	13.78
1990	82478	708788	11.64
1991	89637	793241	11.30
1992	94542	918098	10.30
1993	141425	1346171	10.51
1994	193018	1872259	10.31
1995	219576	2358085	9.31
1996	240141	2671991	8.99
1997	273637	3044914	8.99
1998	308392	3395532	9.08
1999	339803	3569886	9.52
2000	375390	3779364	9.93
2001	452926	4181684	10.83
2002	529594	4631795	11.43
2003	610594	5217793	11.70
2004	746328	6191189	12.05
2005	1002186	7279032	13.77
2006	1203609	8801064	13.68
2007	1508393	10890730	13.85
2008	1911682	13204348	14.48
2009	2313664	15247144	15.17
2010	3008756	18002613	16.71
2011	3635192	22114358	16.44
2012	4219938	25031812	16.86
2013	4736644	28455976	16.65
2014	5265905	31483154	16.73

2-7 全市生产总值及指数

（按当年价格计算）　　　　单位：万元

指标名称	2014 年	2013 年	以上年为 100 的发展速度（%）
全市生产总值	**31483154**	**28455976**	**108.5**
第一产业	**3546924**	**3367878**	**104.2**
第二产业	**12515380**	**11082707**	**109.9**
工业	9234930	8127601	110.3
建筑业	3280450	2955106	108.6
第三产业	**15420850**	**14005391**	**108.2**
交通运输、仓储及邮政业	1407579	1332980	104.9
批发和零售业	2852433	2649980	106.2
批发业	1315704	1219875	106.4
零售业	1536728	1430106	106.0
住宿和餐饮业	840778	771042	106.0
住宿业	135052	129887	102.5
餐饮业	705726	641155	106.9
金融业	3076400	2667614	113.2
房地产业	1509100	1346941	109.0
房地产开发业	1120512	984823	109.2
居民自有住房服务业	388588	362118	105.0
营利性服务业	2489229	2232892	109.5
信息传输、计算机服务和软件业	494156	461943	106.3
其他营利性服务业	1995072	1770949	110.4
非营利性服务业	3245331	3003942	106.2
公共管理和社会组织	1164166	1058730	107.7
其他非营利性服务业	2081177	1945212	105.3

注：发展速度按可比价计算

2-8 全市生产总值构成

（按当年价格计算）　　单位：%

指标名称	2014 年	2013 年
全市生产总值	**100.00**	**100.00**
第一产业	**11.27**	**11.84**
第二产业	**39.75**	**38.95**
工业	29.33	28.56
建筑业	10.42	10.38
第三产业	**48.98**	**49.21**
交通运输、仓储及邮政业	4.47	4.68
批发和零售业	9.06	9.31
批发业	4.18	4.29
零售业	4.88	5.03
住宿和餐饮业	2.67	2.71
住宿业	0.43	0.46
餐饮业	2.24	2.25
金融业	9.77	9.37
房地产业	4.79	4.73
房地产开发业	3.56	3.46
居民自有住房服务业	1.23	1.27
营利性服务业	7.91	7.85
信息传输、计算机服务和软件业	1.57	1.62
其他营利性服务业	6.34	6.22
非营利性服务业	10.31	10.56
公共管理和社会组织	3.70	3.72
其他非营利性服务业	6.61	6.84

2-9 武鸣县主要年份生产总值

（按当年价格计算） 单位：万元

年份	生产总值	第一产业	第二产业	第三产业
1950	1243	1074	54	115
1965	4632	3110	564	958
1978	13458	7579	4254	1625
1980	15865	8669	5037	2159
1985	28549	15525	8407	4617
1990	67740	32948	23959	10833
1991	73951	34565	27673	11713
1992	83697	42587	27644	13466
1993	114754	51986	41871	20897
1994	171090	68967	67768	34355
1995	230169	87969	97921	44279
1996	254284	102940	100855	50489
1997	313751	140700	111078	61973
1998	358976	166499	120483	71994
1999	373169	177305	118100	77764
2000	379097	188049	108944	82104
2001	402247	199153	112719	90375
2002	420027	201753	116657	101617
2003	442024	203756	124565	113703
2004	489699	221691	139014	128994
2005	571883	255717	165943	150223
2006	676449	278775	223994	173680
2007	877347	349825	316810	210712
2008	1109024	406487	452544	249993
2009	1290773	421852	589214	279707
2010	1486548	461795	712814	311939
2011	1894284	579448	920422	394414
2012	2229333	603583	1194474	431276
2013	2450570	657280	1291450	501841
2014	2692590	700481	1374466	617643

2-10 武鸣县主要年份生产总值构成

（按当年价格计算）　　　　单位：%

年份	生产总值	第一产业	第二产业	第三产业
1950	100.00	86.40	4.34	9.26
1965	100.00	67.14	12.18	20.68
1978	100.00	56.32	31.61	12.07
1980	100.00	54.64	31.75	13.61
1985	100.00	54.38	29.45	16.17
1990	100.00	48.64	35.37	15.99
1991	100.00	46.74	37.42	15.84
1992	100.00	50.88	33.03	16.09
1993	100.00	45.30	36.49	18.21
1994	100.00	40.31	39.61	20.08
1995	100.00	38.22	42.54	19.24
1996	100.00	40.48	39.66	19.86
1997	100.00	44.85	35.40	19.75
1998	100.00	46.38	33.56	20.06
1999	100.00	47.51	31.65	20.84
2000	100.00	49.60	28.74	21.66
2001	100.00	49.51	28.02	22.47
2002	100.00	48.03	27.77	24.20
2003	100.00	46.10	28.18	25.72
2004	100.00	45.27	28.39	26.34
2005	100.00	44.71	29.02	26.27
2006	100.00	41.21	33.11	25.68
2007	100.00	39.87	36.11	24.02
2008	100.00	36.65	40.81	22.54
2009	100.00	32.68	45.65	21.67
2010	100.00	31.06	47.95	20.99
2011	100.00	30.59	48.59	20.82
2012	100.00	27.07	53.58	19.35
2013	100.00	26.82	52.70	20.48
2014	100.00	26.02	51.05	22.93

2-11 武鸣县主要年份生产总值指数

（按可比价格计算，以上年为100）　　单位：%

年份	生产总值	第一产业	第二产业	第三产业
1951	113.7	112.0	121.3	128.7
1965	131.3	134.7	140.6	118.6
1978	113.3	110.7	122.4	100.4
1980	104.0	101.5	107.8	104.9
1985	106.5	103.0	123.2	90.9
1990	115.2	117.7	111.9	117.4
1991	104.6	98.9	111.9	105.3
1992	112.2	119.9	103.9	109.6
1993	120.6	105.8	133.2	138.9
1994	125.8	106.6	138.0	145.6
1995	119.8	114.0	127.3	114.6
1996	109.5	110.1	109.6	108.3
1997	117.3	127.1	110.7	115.2
1998	112.2	118.3	108.8	107.5
1999	106.6	112.3	99.4	110.2
2000	100.2	102.3	92.3	111.8
2001	104.4	103.6	101.6	110.1
2002	109.7	108.8	108.8	112.5
2003	105.7	104.0	103.6	111.9
2004	108.1	106.8	111.1	107.4
2005	111.9	109.1	115.0	113.8
2006	116.9	109.9	132.3	111.8
2007	119.2	109.8	133.1	116.7
2008	114.5	105.6	124.3	113.8
2009	117.5	107.0	129.4	113.5
2010	113.0	104.7	121.2	109.4
2011	116.0	105.7	121.1	119.7
2012	113.9	105.1	122.2	106.2
2013	110.5	105.2	113.9	108.4
2014	109.7	104.7	107.9	121.4

2-12 武鸣县各时期生产总值平均指数

(按可比价格计算，以上年为 100)　　　　单位：%

时期	生产总值	第一产业	第二产业	第三产业
恢复时期 (1950-1952)	110.8	110.0	118.4	115.5
“一五”时期 (1953-1957)	105.8	103.6	128.3	109.5
“二五”时期 (1958-1962)	100.9	98.5	103.5	110.2
调整时期 (1963-1965)	116.6	114.3	120.2	121.6
“三五”时期 (1966-1970)	107.3	106.0	118.6	102.2
“四五”时期 (1971-1975)	108.3	105.4	117.2	106.2
“五五”时期 (1976-1980)	103.3	100.5	108.2	102.5
“六五”时期 (1981-1985)	107.3	106.2	107.4	110.6
“七五”时期 (1986-1990)	110.7	107.3	115.5	109.8
“八五”时期 (1991-1995)	116.4	108.8	122.2	121.7
“九五”时期 (1996-2000)	109.0	113.7	103.9	110.6
“十五”时期 (2001-2005)	107.9	106.4	107.9	111.1
“十一五”时期 (2006-2010)	116.2	107.4	128.0	113.0
“十二五”时期前四年 (2001-2014)	112.5	105.2	116.1	113.7
1951 年至 2014 年	109.2	106.4	115.1	110.9
1979 年至 2014 年	111.1	107.9	113.6	112.7
1993 年至 2014 年	112.7	108.3	115.9	114.6

2-13 隆安县主要年份生产总值

（按当年价格计算） 单位：万元

年份	生产总值	第一产业	第二产业	第三产业
1950	665	636	14	15
1965	1191	989	87	115
1978	6584	4443	1397	744
1980	7035	5051	952	1032
1985	11226	7978	1595	1653
1990	22680	15139	3539	4002
1991	22769	12989	3976	5804
1992	30629	18985	4185	7459
1993	42693	22609	10867	9217
1994	54271	30404	12689	11178
1995	66397	41404	12175	12818
1996	79632	47148	17033	15451
1997	83434	51527	15774	16133
1998	89193	52396	19124	17673
1999	87159	49569	19408	18182
2000	90831	54288	16685	19858
2001	101901	57762	21035	23104
2002	113014	62918	22496	27600
2003	122210	61994	29286	30930
2004	151386	73454	37668	40264
2005	187889	87368	50092	50429
2006	223503	94072	68896	60535
2007	279143	116435	83140	79568
2008	332916	136589	103347	92980
2009	337085	133668	106277	97140
2010	389769	149040	132156	108573
2011	488000	193334	170821	123845
2012	496441	199881	162922	133638
2013	547683	218972	170511	158200
2014	571956	231771	171316	168869

2-14 隆安县主要年份生产总值构成

（按当年价格计算）　　单位：%

年份	生产总值	第一产业	第二产业	第三产业
1950	100.00	95.64	2.11	2.25
1965	100.00	83.04	7.30	9.66
1978	100.00	67.48	21.22	11.30
1980	100.00	71.80	13.53	14.67
1985	100.00	71.07	14.21	14.72
1990	100.00	66.75	15.60	17.65
1991	100.00	57.05	17.46	25.49
1992	100.00	61.98	13.66	24.36
1993	100.00	52.96	25.45	21.59
1994	100.00	56.02	23.38	20.60
1995	100.00	62.36	18.34	19.30
1996	100.00	59.21	21.39	19.40
1997	100.00	61.76	18.91	19.33
1998	100.00	58.74	21.44	19.82
1999	100.00	56.87	22.27	20.86
2000	100.00	59.77	18.37	21.86
2001	100.00	56.68	20.64	22.68
2002	100.00	55.67	19.91	24.42
2003	100.00	50.73	23.96	25.31
2004	100.00	48.52	24.88	26.60
2005	100.00	46.50	26.66	26.84
2006	100.00	42.09	30.83	27.08
2007	100.00	41.71	29.78	28.51
2008	100.00	41.03	31.04	27.93
2009	100.00	39.65	31.53	28.82
2010	100.00	38.24	33.91	27.85
2011	100.00	39.62	35.00	25.38
2012	100.00	40.26	32.82	26.92
2013	100.00	39.98	31.13	28.89
2014	100.00	40.52	29.95	29.53

2-15 隆安县主要年份生产总值指数

（按可比价格计算，以上年为 100） 单位：%

年份	生产总值	第一产业	第二产业	第三产业
1951	107.8	107.1	121.4	126.7
1965	101.1	100.9	101.2	102.3
1978	105.3	104.1	109.0	107.8
1980	104.4	103.7	97.5	115.5
1985	106.0	107.1	118.3	93.1
1990	100.3	109.0	109.0	83.2
1991	104.7	91.6	120.4	140.4
1992	113.8	115.4	96.3	123.2
1993	116.3	101.9	194.1	103.4
1994	106.5	114.5	96.7	98.9
1995	104.3	113.2	86.6	100.2
1996	113.4	105.0	137.8	115.5
1997	111.8	119.1	98.1	107.4
1998	111.3	105.0	132.4	108.4
1999	108.1	108.0	110.8	105.0
2000	103.5	103.0	98.9	111.3
2001	105.8	104.5	110.7	105.4
2002	110.0	108.7	120.5	104.4
2003	114.2	103.3	152.3	106.0
2004	107.1	104.8	107.3	113.8
2005	113.4	106.0	125.4	116.5
2006	115.7	109.2	126.0	116.8
2007	119.7	107.8	131.9	125.7
2008	111.5	106.6	116.9	112.2
2009	104.9	103.8	105.0	106.0
2010	111.5	106.7	118.7	109.5
2011	113.1	106.4	125.2	107.3
2012	106.9	105.8	109.3	105.0
2013	107.3	105.1	109.2	107.3
2014	104.8	104.8	105.6	105.2

2-16 隆安县各时期生产总值平均指数

（按可比价格计算，以上年为 100）　　单位：%

时期	生产总值	第一产业	第二产业	第三产业
恢复时期 (1950-1952)	106.7	106.6	108.7	110.1
“一五”时期 (1953-1957)	107.8	106.6	125.9	125.8
“二五”时期 (1958-1962)	99.0	97.1	110.2	112.4
调整时期 (1963-1965)	102.1	102.7	97.8	100.5
“三五”时期 (1966-1970)	106.3	103.3	121.0	114.6
“四五”时期 (1971-1975)	107.3	104.8	112.9	118.5
“五五”时期 (1976-1980)	103.5	104.3	95.7	110.0
“六五”时期 (1981-1985)	104.9	103.0	110.0	108.8
“七五”时期 (1986-1990)	102.8	101.3	108.2	105.2
“八五”时期 (1991-1995)	109.0	106.9	113.5	112.1
“九五”时期 (1996-2000)	109.6	107.9	114.4	109.5
“十五”时期 (2001-2005)	110.0	105.4	122.3	109.1
“十一五”时期 (2006-2010)	112.5	106.8	119.4	113.8
“十二五”时期前四年 (2011-2014)	108.0	105.5	112.1	106.2
1951 年至 2014 年	106.5	104.5	112.8	111.7
1979 年至 2014 年	107.7	105.2	112.0	109.6
1993 年至 2014 年	110.0	106.9	117.2	108.5

2-17 马山县主要年份生产总值

（按当年价格计算） 单位：万元

年份	生产总值	第一产业	第二产业	第三产业
1950	1552	1162	34	356
1965	2983	2095	307	581
1978	5207	3721	602	884
1980	5791	4184	771	836
1985	8164	5661	1072	1431
1990	16751	9325	1866	5560
1991	18721	10702	2202	5817
1992	20354	10739	2838	6777
1993	25374	13413	4236	7725
1994	31672	16943	7295	7434
1995	47879	25708	8362	13809
1996	52488	27413	9117	15958
1997	65433	35111	9963	20359
1998	78920	38167	19120	21633
1999	85021	39430	22151	23440
2000	89021	39117	24132	25772
2001	93432	41004	22727	29701
2002	101700	44001	24275	33424
2003	128181	47399	42967	37815
2004	140115	55210	40572	44333
2005	157182	58579	49007	49596
2006	186151	65034	60099	61018
2007	219836	79808	67193	72835
2008	258689	90440	80172	88077
2009	279447	90632	89335	99480
2010	313555	102023	96928	114604
2011	393711	129209	136370	128132
2012	403895	135964	121846	146085
2013	441644	147197	119635	174812
2014	467751	153446	124569	189736

2-18 马山县主要年份生产总值构成

（按当年价格计算）　　单位：%

年份	生产总值	第一产业	第二产业	第三产业
1950	100.00	74.87	2.19	22.94
1965	100.00	70.23	10.29	19.48
1978	100.00	71.46	11.56	16.98
1980	100.00	72.25	13.31	14.44
1985	100.00	69.34	13.13	17.53
1990	100.00	55.67	11.14	33.19
1991	100.00	57.17	11.76	31.07
1992	100.00	52.76	13.94	33.30
1993	100.00	52.86	16.69	30.45
1994	100.00	53.50	23.03	23.47
1995	100.00	53.69	17.46	28.85
1996	100.00	52.23	17.37	30.40
1997	100.00	53.66	15.23	31.11
1998	100.00	48.36	24.23	27.41
1999	100.00	46.38	26.05	27.57
2000	100.00	43.94	27.11	28.95
2001	100.00	43.89	24.32	31.79
2002	100.00	43.27	23.87	32.86
2003	100.00	36.98	33.52	29.50
2004	100.00	39.40	28.96	31.64
2005	100.00	37.27	31.18	31.55
2006	100.00	34.94	32.29	32.77
2007	100.00	36.30	30.57	33.13
2008	100.00	34.96	30.99	34.05
2009	100.00	32.43	31.97	35.60
2010	100.00	32.54	30.91	36.55
2011	100.00	32.82	34.64	32.54
2012	100.00	33.66	30.17	36.17
2013	100.00	33.33	27.09	39.58
2014	100.00	32.81	26.63	40.56

2-19 马山县主要年份生产总值指数

（按可比价格计算，以上年为 100） 单位：%

年份	生产总值	第一产业	第二产业	第三产业
1951				
1965	100.7	100.6	101.7	100.2
1978	101.2	103.0	90.3	101.9
1980	105.0	115.8	102.2	75.1
1985	104.9	104.8	104.7	104.8
1990	97.7	95.1	110.2	98.4
1991	108.5	111.9	126.2	96.7
1992	108.0	103.8	106.5	116.6
1993	106.9	110.1	120.4	96.0
1994	94.5	89.6	146.5	78.2
1995	131.1	124.8	117.6	158.3
1996	108.8	103.7	114.6	113.7
1997	121.3	123.6	106.3	128.3
1998	119.3	108.9	166.3	108.3
1999	109.7	108.1	115.5	109.5
2000	105.2	99.3	108.5	111.4
2001	104.4	108.6	90.7	110.8
2002	107.9	105.6	104.7	113.6
2003	109.2	108.8	115.0	105.5
2004	103.7	100.7	99.5	111.0
2005	112.9	109.2	122.8	109.7
2006	113.8	106.7	116.8	119.3
2007	114.0	106.8	120.3	115.4
2008	111.0	103.2	114.4	115.3
2009	111.5	104.1	114.8	114.8
2010	112.5	105.8	117.4	113.0
2011	109.8	105.0	120.3	105.3
2012	107.3	104.8	105.7	111.1
2013	107.2	105.0	106.4	109.8
2014	104.5	104.3	102.2	106.7

2-20 马山县各时期生产总值平均指数

（按可比价格计算，以上年为 100） 单位：%

时期	生产总值	第一产业	第二产业	第三产业
恢复时期 (1950–1952)				
“一五”时期 (1953–1957)	104.6	104.5	113.6	103.6
“二五”时期 (1958–1962)	98.9	97.0	103.0	101.8
调整时期 (1963–1965)	103.9	104.5	115.3	97.1
“三五”时期 (1966–1970)	105.4	104.6	121.1	99.7
“四五”时期 (1971–1975)	105.6	107.6	99.6	102.1
“五五”时期 (1976–1980)	103.6	106.4	99.8	96.7
“六五”时期 (1981–1985)	104.8	103.9	102.6	110.0
“七五”时期 (1986–1990)	104.5	101.3	103.3	113.6
“八五”时期 (1991–1995)	109.2	107.4	122.7	106.0
“九五”时期 (1996–2000)	112.7	108.4	120.5	114.0
“十五”时期 (2001–2005)	107.6	106.5	105.9	110.1
“十一五”时期 (2006–2010)	112.6	105.3	116.7	115.5
“十二五”时期前四年 (2011–2014)	107.2	104.8	108.4	108.2
1951 年至 2014 年	106.0	104.6	109.4	105.9
1979 年至 2014 年	108.2	105.6	110.8	109.7
1993 年至 2014 年	110.1	106.4	114.9	111.3

2-21 上林县主要年份生产总值

（按当年价格计算） 单位：万元

年份	生产总值	第一产业	第二产业	第三产业
1950	1830	1670	12	148
1965	3249	2770	76	403
1978	5387	4069	530	788
1980	5729	3876	747	1106
1985	12477	9229	1437	1811
1990	30386	16962	4578	8846
1991	34809	17956	5612	11241
1992	39327	20221	5639	13467
1993	48910	24042	9622	15246
1994	69971	43636	11353	14982
1995	78742	49884	10633	18225
1996	85830	50853	14013	20964
1997	91990	51775	14971	25244
1998	97597	54281	16260	27056
1999	102412	57221	16719	28472
2000	105567	57572	17673	30322
2001	110386	57804	18026	34556
2002	118584	51147	19091	48346
2003	116299	54507	24201	37591
2004	135008	64180	30359	40469
2005	165733	75174	37681	52878
2006	195079	90289	44447	60343
2007	231935	100051	57278	74606
2008	265183	110519	70469	84195
2009	271785	108041	69108	94636
2010	318502	128018	81794	108690
2011	390554	160428	106591	123535
2012	403080	166752	97553	138775
2013	449293	177700	104177	167416
2014	466025	184289	100927	180809

2-22 上林县主要年份生产总值构成

（按当年价格计算）　　单位：%

年份	生产总值	第一产业	第二产业	第三产业
1950	100.00	91.26	0.66	8.08
1965	100.00	85.26	2.34	12.40
1978	100.00	75.53	9.84	14.63
1980	100.00	67.66	13.04	19.30
1985	100.00	73.97	11.52	14.51
1990	100.00	55.82	15.07	29.11
1991	100.00	51.58	16.12	32.30
1992	100.00	51.42	14.34	34.24
1993	100.00	49.16	19.67	31.17
1994	100.00	62.36	16.23	21.41
1995	100.00	63.35	13.50	23.15
1996	100.00	59.25	16.33	24.42
1997	100.00	56.28	16.27	27.45
1998	100.00	55.62	16.66	27.72
1999	100.00	55.87	16.33	27.80
2000	100.00	54.54	16.74	28.72
2001	100.00	52.37	16.33	31.30
2002	100.00	43.13	16.10	40.77
2003	100.00	46.87	20.81	32.32
2004	100.00	47.54	22.49	29.97
2005	100.00	45.36	22.74	31.90
2006	100.00	46.28	22.78	30.94
2007	100.00	43.14	24.70	32.16
2008	100.00	41.68	26.57	31.75
2009	100.00	39.75	25.43	34.82
2010	100.00	40.19	25.68	34.13
2011	100.00	41.08	27.29	31.63
2012	100.00	41.37	24.20	34.43
2013	100.00	39.55	23.19	37.26
2014	100.00	39.54	21.66	38.80

2-23 上林县主要年份生产总值指数

（按可比价格计算，以上年为 100）　　单位：%

年份	生产总值	第一产业	第二产业	第三产业
1951	109.2	110.0	108.3	108.8
1965	110.9	111.3	97.3	62.9
1978	114.0	108.1	126.5	132.8
1980	100.4	96.3	121.5	103.9
1985	86.3	77.2	121.7	114.4
1990	105.8	103.6	111.4	107.5
1991	113.5	107.6	115.3	123.9
1992	112.9	117.5	105.4	108.9
1993	102.8	95.4	140.6	98.4
1994	101.7	105.7	122.8	80.6
1995	101.2	100.2	98.3	106.5
1996	106.8	100.8	117.2	110.1
1997	116.3	114.4	115.3	121.1
1998	106.5	106.3	103.5	109.5
1999	105.0	103.0	106.6	107.1
2000	104.4	102.5	105.0	107.1
2001	104.7	103.3	100.2	109.9
2002	107.8	106.6	104.1	111.8
2003	107.4	105.0	121.6	104.3
2004	106.0	106.9	107.1	103.5
2005	107.6	106.0	112.8	107.2
2006	110.7	109.0	113.6	111.1
2007	115.2	106.7	125.0	120.0
2008	110.4	105.0	123.2	107.4
2009	104.4	99.8	99.4	114.3
2010	111.6	106.3	117.3	112.9
2011	108.4	102.3	119.5	107.3
2012	106.4	105.2	104.5	109.4
2013	108.7	104.9	112.9	109.3
2014	106.9	104.8	110.3	106.3

2-24 上林县各时期生产总值平均指数

（按可比价格计算，以上年为 100）　　单位：%

时期	生产总值	第一产业	第二产业	第三产业
恢复时期 (1950-1952)	104.9	105.1	114.5	104.7
“一五”时期 (1953-1957)	104.1	102.9	130.1	112.0
“二五”时期 (1958-1962)	96.5	94.3	94.1	106.9
调整时期 (1963-1965)	108.6	108.8	110.8	84.2
“三五”时期 (1966-1970)	103.6	103.5	106.8	121.6
“四五”时期 (1971-1975)	108.1	107.7	126.2	104.7
“五五”时期 (1976-1980)	102.3	98.1	114.3	115.2
“六五”时期 (1981-1985)	109.0	109.1	105.6	110.7
“七五”时期 (1986-1990)	111.9	101.2	125.5	128.0
“八五”时期 (1991-1995)	106.3	105.0	115.6	102.6
“九五”时期 (1996-2000)	107.7	105.3	109.4	110.9
“十五”时期 (2001-2005)	106.7	105.5	108.9	107.3
“十一五”时期 (2006-2010)	110.4	105.3	115.3	113.1
“十二五”时期前四年 (2011-2014)	107.6	104.3	111.7	108.1
1951 年至 2014 年	106.2	103.8	113.4	110.0
1979 年至 2014 年	107.9	104.3	113.3	111.7
1993 年至 2014 年	107.3	104.5	112.3	107.6

2-25 宾阳县主要年份生产总值

（按当年价格计算）　　　　单位：万元

年份	生产总值	第一产业	第二产业	第三产业
1950	1104	873	82	149
1965	4915	3273	692	950
1978	17179	10385	2514	4280
1980	18504	10820	2624	5060
1985	37507	23285	7741	6481
1990	57140	32925	16251	7964
1991	73981	33258	19235	21488
1992	83599	37236	22255	24108
1993	117440	47222	40089	30129
1994	159806	65305	55536	38965
1995	187576	80338	56221	51017
1996	212482	90587	63589	58306
1997	220185	92024	64539	63622
1998	231395	93508	69887	68000
1999	231655	94285	62778	74592
2000	232591	90922	59639	82030
2001	261909	92456	74232	95221
2002	294093	98389	87133	108571
2003	354618	102774	114609	137235
2004	434304	119321	159134	155849
2005	520234	151038	196020	173176
2006	592612	164269	231116	197227
2007	698957	199648	269174	230135
2008	822741	228131	320165	274445
2009	888748	235731	351918	301099
2010	1128954	279286	469734	379934
2011	1375181	357612	565307	452262
2012	1401260	375979	529109	496172
2013	1571698	406284	578723	586690
2014	1730158	419340	651189	659628

2-26 宾阳县主要年份生产总值构成

（按当年价格计算） 单位：%

年份	生产总值	第一产业	第二产业	第三产业
1950	100.00	79.08	7.43	13.49
1965	100.00	66.59	14.08	19.33
1978	100.00	60.45	14.63	24.92
1980	100.00	58.47	14.18	27.35
1985	100.00	62.08	20.64	17.28
1990	100.00	57.62	28.44	13.94
1991	100.00	44.95	26.00	29.05
1992	100.00	44.54	26.62	28.84
1993	100.00	40.21	34.14	25.65
1994	100.00	40.87	34.75	24.38
1995	100.00	42.83	29.97	27.20
1996	100.00	42.63	29.93	27.44
1997	100.00	41.79	29.31	28.90
1998	100.00	40.41	30.20	29.39
1999	100.00	40.70	27.10	32.20
2000	100.00	39.09	25.64	35.27
2001	100.00	35.30	28.34	36.36
2002	100.00	33.46	29.63	36.91
2003	100.00	28.98	32.32	38.70
2004	100.00	27.47	36.64	35.89
2005	100.00	29.03	37.68	33.29
2006	100.00	27.72	39.00	33.28
2007	100.00	28.56	38.51	32.93
2008	100.00	27.73	38.91	33.36
2009	100.00	26.52	39.60	33.88
2010	100.00	24.74	41.61	33.65
2011	100.00	26.00	41.11	32.89
2012	100.00	26.83	37.76	35.41
2013	100.00	25.85	36.82	37.33
2014	100.00	24.24	37.64	38.12

2-27 宾阳县主要年份生产总值指数

（按可比价格计算，以上年为 100） 单位：%

年份	生产总值	第一产业	第二产业	第三产业
1951	117.1	115.0	131.7	118.6
1965	109.4	107.9	115.8	112.7
1978	115.1	115.3	115.0	114.5
1980	108.6	113.5	114.2	93.1
1985	128.3	133.0	133.0	104.3
1990	104.2	106.5	117.6	94.5
1991	106.9	103.6	113.6	107.0
1992	108.1	104.5	113.7	109.3
1993	110.5	105.9	118.8	110.1
1994	109.4	104.8	117.8	108.0
1995	108.9	108.1	106.3	113.1
1996	110.5	107.7	114.1	110.7
1997	107.9	105.9	108.8	109.7
1998	107.4	105.8	109.0	107.8
1999	106.0	104.2	103.3	111.5
2000	102.0	96.4	101.0	110.3
2001	107.9	102.6	112.0	110.7
2002	109.7	106.8	114.2	109.5
2003	113.8	104.4	117.9	120.1
2004	110.1	105.7	118.7	108.1
2005	114.1	113.2	117.5	112.1
2006	111.0	109.5	113.0	110.2
2007	112.9	108.2	115.7	113.7
2008	110.6	106.8	111.3	113.1
2009	109.6	103.0	112.6	111.3
2010	120.4	106.7	125.4	124.3
2011	113.9	107.3	118.6	112.9
2012	107.7	104.8	110.0	106.6
2013	109.3	105.1	113.2	107.2
2014	108.0	103.4	108.1	110.8

2-28 宾阳县各时期生产总值平均指数

（按可比价格计算，以上年为 100） 单位：%

时期	生产总值	第一产业	第二产业	第三产业
恢复时期 (1950-1952)	118.8	114.5	148.4	118.6
“一五”时期 (1953-1957)	112.5	113.1	111.7	110.7
“二五”时期 (1958-1962)	106.6	108.4	95.0	107.5
调整时期 (1963-1965)	112.9	113.0	119.8	108.2
“三五”时期 (1966-1970)	107.3	107.3	103.7	110.1
“四五”时期 (1971-1975)	111.1	111.1	113.1	110.1
“五五”时期 (1976-1980)	103.3	99.1	117.7	109.1
“六五”时期 (1981-1985)	116.3	116.6	124.0	106.1
“七五”时期 (1986-1990)	105.1	93.6	114.2	123.2
“八五”时期 (1991-1995)	108.8	105.4	114.0	109.5
“九五”时期 (1996-2000)	106.7	103.9	107.1	110.0
“十五”时期 (2001-2005)	111.1	106.5	116.0	112.0
“十一五”时期 (2006-2010)	112.8	106.8	115.5	114.4
“十二五”时期前四年 (2011-2014)	109.7	105.1	112.4	109.3
1951 年至 2014 年	109.7	106.8	113.5	111.1
1979 年至 2014 年	109.3	104.5	114.7	111.5
1993 年至 2014 年	110.0	105.7	112.9	111.4

2-29 横县主要年份生产总值

（按当年价格计算）

单位：万元

年份	生产总值	第一产业	第二产业	第三产业
1950	2545	2327	115	103
1965	8027	4033	2540	1454
1978	24204	14749	7107	2348
1980	26146	15527	7334	3285
1985	40663	23746	10827	6090
1990	89305	44969	22192	22144
1991	103261	51189	25027	27045
1992	119391	57465	29032	32894
1993	170404	70668	55506	44230
1994	224688	97339	69744	57605
1995	262239	124194	65074	72971
1996	287040	140137	58408	88495
1997	321477	157297	61787	102393
1998	322694	155913	57645	109136
1999	318133	148457	53283	116393
2000	318352	148626	44415	125311
2001	324768	141005	46378	137385
2002	353303	142135	60888	150280
2003	383406	147166	96675	139565
2004	435213	168671	107689	158853
2005	538036	223947	134627	179462
2006	647019	249125	181085	216809
2007	809990	302345	237571	270074
2008	980181	337257	327165	315759
2009	1136532	358537	405184	372811
2010	1348911	424495	496008	428408
2011	1762178	534026	698445	529707
2012	2226099	569227	1079757	577115
2013	2496785	608449	1212669	675667
2014	2486787	650484	1077301	759002

2–30 横县主要年份生产总值构成

（按当年价格计算） 单位：%

年份	生产总值	第一产业	第二产业	第三产业
1950	100.00	91.43	4.52	4.05
1965	100.00	50.24	31.64	18.12
1978	100.00	60.94	29.36	9.70
1980	100.00	59.39	28.05	12.56
1985	100.00	58.40	26.63	14.97
1990	100.00	50.35	24.85	24.80
1991	100.00	49.57	24.24	26.19
1992	100.00	48.13	24.32	27.55
1993	100.00	41.47	32.57	25.96
1994	100.00	43.32	31.04	25.64
1995	100.00	47.36	24.81	27.83
1996	100.00	48.82	20.35	30.83
1997	100.00	48.93	19.22	31.85
1998	100.00	48.32	17.86	33.82
1999	100.00	46.67	16.75	36.58
2000	100.00	46.69	13.95	39.36
2001	100.00	43.42	14.28	42.30
2002	100.00	40.23	17.23	42.54
2003	100.00	38.38	25.21	36.41
2004	100.00	38.76	24.74	36.50
2005	100.00	41.62	25.02	33.36
2006	100.00	38.50	27.99	33.51
2007	100.00	37.33	29.33	33.34
2008	100.00	34.41	33.38	32.21
2009	100.00	31.55	35.65	32.80
2010	100.00	31.47	36.77	31.76
2011	100.00	30.30	39.64	30.06
2012	100.00	25.57	48.50	25.93
2013	100.00	24.37	48.57	27.06
2014	100.00	26.16	43.32	30.52

2-31 横县主要年份生产总值指数

（按可比价格计算，以上年为 100）

单位：%

年份	生产总值	第一产业	第二产业	第三产业
1951	113.4	112.4	114.3	138.8
1965	118.4	119.8	125.1	97.3
1978	115.1	112.1	115.7	132.0
1980	103.8	104.2	105.9	97.4
1985	92.3	91.0	88.1	107.3
1990	110.8	112.7	111.1	108.4
1991	105.8	103.1	102.8	114.4
1992	115.8	116.3	112.1	118.4
1993	114.7	103.9	139.8	112.7
1994	104.7	98.3	111.7	107.9
1995	110.6	117.3	101.3	110.8
1996	106.5	110.5	91.2	115.6
1997	112.6	113.8	104.9	116.8
1998	105.0	104.6	99.1	109.8
1999	104.2	101.6	104.1	107.9
2000	100.5	102.3	84.1	108.0
2001	103.4	100.3	97.2	109.4
2002	107.7	102.0	125.4	108.2
2003	106.7	102.1	150.2	94.3
2004	107.1	109.2	97.5	110.6
2005	113.3	109.8	121.0	112.7
2006	117.9	112.3	128.3	117.2
2007	117.3	109.3	126.1	119.7
2008	113.6	103.4	128.6	111.7
2009	115.9	103.9	123.8	120.0
2010	112.4	105.3	118.2	112.7
2011	120.1	107.9	133.2	116.9
2012	117.3	104.6	134.7	105.9
2013	110.7	104.9	115.3	108.3
2014	103.4	104.5	98.8	110.7

2-32 横县各时期生产总值平均指数

（按可比价格计算，以上年为 100）　　单位：%

时期	生产总值	第一产业	第二产业	第三产业
恢复时期 (1950–1952)	108.8	107.3	120.7	124.1
“一五”时期 (1953–1957)	106.0	103.0	119.4	124.7
“二五”时期 (1958–1962)	100.1	95.4	114.6	106.9
调整时期 (1963–1965)	112.4	108.8	127.6	99.1
“三五”时期 (1966–1970)	109.6	111.8	106.7	107.0
“四五”时期 (1971–1975)	110.3	112.3	106.8	107.9
“五五”时期 (1976–1980)	107.1	102.0	111.2	114.5
“六五”时期 (1981–1985)	101.9	99.2	103.7	107.7
“七五”时期 (1986–1990)	111.2	105.6	109.1	125.7
“八五”时期 (1991–1995)	110.2	107.5	112.7	112.8
“九五”时期 (1996–2000)	105.7	106.4	96.3	111.6
“十五”时期 (2001–2005)	107.6	104.6	116.7	106.8
“十一五”时期 (2006–2010)	115.4	106.8	125.0	116.2
“十二五”时期前四年 (2011–2014)	112.7	105.5	119.6	110.4
1951 年至 2014 年	108.4	105.3	112.7	112.6
1979 年至 2014 年	108.8	104.7	110.8	113.0
1993 年至 2014 年	110.1	105.9	113.9	111.1

2-33 各县主要年份人均生产总值

（按当年价格计算）　　单位：元

年份	武鸣县	隆安县	马山县	上林县	宾阳县	横　县
1950	43	52	63	95	29	56
1965	122	56	101	126	102	136
1978	263	225	122	156	254	306
1980	301	231	130	161	263	321
1985	497	340	166	322	487	456
1990	1106	644	367	730	679	931
1991	1196	640	404	828	860	1059
1992	1344	854	438	926	961	1209
1993	1829	1183	544	1141	1336	1704
1994	2710	1497	673	1620	1789	2220
1995	3634	1825	1008	1812	2066	2562
1996	3998	2184	1094	1966	2317	2784
1997	4906	2284	1353	2098	2378	3101
1998	5597	2441	1622	2215	2481	3096
1999	5810	2383	1740	2314	2463	3041
2000	5885	2464	1812	2361	2436	3014
2001	6220	2758	1893	2449	2711	3044
2002	6488	3067	2048	2622	3026	3298
2003	6841	2259	2563	2560	3626	3565
2004	7583	4091	2785	2949	4429	4025
2005	8809	5047	3105	3567	5256	4929
2006	10306	5943	3646	4137	5913	5788
2007	13191	7320	4236	4853	6883	7074
2008	16450	8604	4910	5528	7983	8454
2009	18905	8590	5257	5664	8588	9703
2010	21726	9774	5827	6565	10835	11347
2011	27655	12095	7216	7969	13138	14617
2012	32317	12257	7336	8212	13465	18379
2013	35250	13378	7945	9178	15093	20349
2014	38495	13804	8390	9490	16579	19992

2-34 各县生产总值

(2014 年，按当年价格计算)　　单位：万元

指标名称	武鸣县	隆安县	马山县	上林县	宾阳县	横　县
全市生产总值	**2692590**	**571956**	**467751**	**466025**	**1730158**	**2486787**
第一产业	**700481**	**231771**	**153446**	**184289**	**419340**	**650484**
第二产业	**1374466**	**171316**	**124569**	**100927**	**651189**	**1077301**
工业	1203995	103644	61871	58685	465190	822762
建筑业	170471	67672	62697	42242	185999	254539
第三产业	**617643**	**168869**	**189736**	**180809**	**659628**	**759002**
交通运输、仓储及邮政业	46452	20031	16313	17245	56493	108270
批发和零售业	95823	17256	24973	23871	102233	139982
批发业	10153	756	3654	7372	15617	16217
零售业	85670	16500	21319	16499	86616	123766
住宿和餐饮业	37314	7341	9109	7143	28018	29092
住宿业	1753	389	365	295	1602	3162
餐饮业	35561	6951	8745	6849	26416	25930
金融业	62681	25269	27322	26233	71774	68483
房地产业	61789	20454	30200	20072	47554	78097
房地产开发业	7945	2405	4431	1897	3623	12194
居民自有住房服务业	53844	18049	25769	18176	43931	65903
营利性服务业	159694	15667	23457	23522	149620	151079
信息传输、计算机服务和软件业	26313	10731	10773	12242	31564	28245
其他营利性服务业	133381	4936	12684	11280	118056	122833
非营利性服务业	153890	62851	58361	62723	203937	184000
公共管理和社会组织	61389	28893	19773	24424	101094	66111
其他非营利性服务业	92502	33958	38589	38299	102843	117889
人均生产总值（元）	38495	13804	8390	9490	16579	19992

2-35 各县生产总值指数

（2014 年，按可比价格计算，以上年为 100）　　单位：%

指标名称	武鸣县	隆安县	马山县	上林县	宾阳县	横　县
全市生产总值	**109.7**	**104.8**	**104.5**	**106.9**	**108.0**	**103.4**
第一产业	**104.7**	**104.8**	**104.3**	**104.8**	**103.4**	**104.5**
第二产业	**107.9**	**105.6**	**102.2**	**110.3**	**108.1**	**98.8**
工业	107.7	101.8	94.4	108.8	106.9	95.8
建筑业	109.5	116.5	117.1	119.8	111.8	111.6
第三产业	**121.4**	**105.2**	**106.7**	**106.3**	**110.8**	**110.7**
交通运输、仓储及邮政业	107.7	106.3	109.2	108.3	103.2	106.8
批发和零售业	112.4	108.4	114.1	109.5	112.4	111.2
批发业	110.7	91.5	118.9	103.8	111.1	125.4
零售业	112.6	109.3	113.3	112.2	112.7	109.6
住宿和餐饮业	107.2	99.1	107.6	111.9	103.2	116.7
住宿业	104.6	104.7	104.7	109.7	104.5	141.5
餐饮业	107.4	98.7	107.7	112.0	103.1	113.9
金融业	113.0	117.3	116.6	115.4	116.0	108.3
房地产业	106.7	93.6	99.8	103.6	104.6	104.9
房地产开发业	120.1	50.4	76.6	91.4	100.2	104.2
居民自有住房服务业	105.0	105.0	105.0	105.0	105.0	105.0
营利性服务业	178.6	109.4	103.7	104.3	125.2	125.7
信息传输、计算机服务和软件业	111.1	109.0	110.7	110.4	110.0	108.3
其他营利性服务业	202.3	110.5	98.6	98.6	129.9	130.4
非营利性服务业	106.6	103.3	101.0	102.2	103.6	104.4
公共管理和社会组织	111.3	104.2	104.3	104.2	104.3	104.3
其他非营利性服务业	103.7	102.4	103.6	100.8	102.9	104.4
人均生产总值（元）	109.0	103.5	104.2	106.6	107.8	102.0

2-36 各县财政收入相当于地区生产总值的比例

单位：%

年份	武鸣县	隆安县	马山县	上林县	宾阳县	横　县
1950	2.90	16.39	0.45	0.00	3.08	9.31
1965	10.36	16.12	8.08	6.28	10.32	8.35
1978	14.16	7.72	5.99	5.07	4.76	4.86
1980	16.33	8.60	4.70	5.32	5.44	6.38
1985	11.75	7.02	8.68	3.86	5.44	7.79
1990	12.95	8.94	6.73	5.87	10.81	8.32
1991	14.22	8.92	5.84	5.43	9.24	7.49
1992	12.33	6.92	5.98	5.01	8.59	7.20
1993	12.25	9.12	6.28	6.31	10.01	8.58
1994	13.45	9.49	9.62	5.09	8.63	7.67
1995	10.49	9.45	8.37	3.19	8.90	7.25
1996	10.22	8.69	8.61	3.64	8.02	6.29
1997	8.25	8.54	8.08	4.35	8.11	7.33
1998	8.56	9.43	7.45	5.13	8.34	7.61
1999	9.11	10.71	7.52	7.10	9.14	8.02
2000	5.80	11.24	7.58	7.18	9.38	8.17
2001	6.02	9.96	6.47	6.35	8.09	7.16
2002	6.28	10.92	6.75	6.65	9.15	7.31
2003	6.38	10.06	5.70	7.67	7.34	7.35
2004	6.15	8.63	5.75	7.47	6.91	7.06
2005	5.87	7.70	6.12	6.82	6.74	6.56
2006	5.72	7.01	5.92	6.61	0.63	6.44
2007	5.00	7.20	5.73	6.49	5.89	5.93
2008	4.82	6.66	5.85	6.65	6.10	5.93
2009	5.14	6.61	6.23	6.59	6.79	6.25
2010	5.89	7.19	6.98	7.08	7.17	6.54
2011	5.76	7.03	6.71	7.00	7.46	6.25
2012	7.23	8.65	8.25	8.62	9.21	7.74
2013	6.59	8.47	7.39	8.16	8.94	6.04
2014	7.23	8.96	7.04	8.56	9.01	6.75

三 人口

CHAPTER 3 POPULATION

3-1 全市主要年份人口

年 份	总户数（户）	总人口（人）	男	女	#非农业人口	人口自然增长率（‰）
1950	203312	887405	438013	449392	157630	
1965	299085	1429352	732110	697242	412728	29.33
1978	387853	1960454	1013310	947144	516796	16.36
1980	410131	2055433	1059660	995773	576965	16.64
1985	479524	2294642	1191771	1102871	703285	14.04
1986	497956	2346191	1219054	1127137	732040	14.22
1987	520280	2402548	1247705	1154843	775932	12.24
1988	546451	2451770	1272979	1178791	815688	8.88
1989	565288	2483593	1290928	1192665	835634	7.91
1990	586171	2521885	1314990	1206895	851694	8.19
1991	595112	2547957	1328493	1219464	871597	6.57
1992	619613	2594228	1355291	1238937	917878	7.58
1993	642254	2646075	1384775	1261300	958649	6.10
1994	663893	2686557	1407350	1279207	995856	4.90
1995	677603	2731908	1429732	1302176	1034903	5.37
1996	702328	2779142	1454335	1324807	1073692	4.92
1997	719455	2812025	1469086	1342939	1103802	4.66
1998	744972	2846264	1485054	1361210	1142897	6.04
1999	764494	2858711	1489427	1369284	1161833	5.79
2000	1582100	6252697	3256917	2995780	1578160	6.14
2001	1584300	6297521	3281911	3015601	1591821	4.88
2002	1615500	6346838	3306515	3040323	1614238	5.14
2003	1656644	6416736	3347842	3068894	1679929	6.47
2004	1750997	6488450	3393652	3094798	1718176	7.85
2005	1807185	6595402	3452663	3142739	1773200	8.52
2006	1902477	6718928	3513115	3205813	1817485	11.23
2007	1958717	6835117	3571952	3263165	1859508	10.47
2008	2011573	6916874	3614759	3302115	1889351	10.45
2009	2062411	6978957	3647913	3331044	1908770	8.19
2010	2113500	7073720	3698242	3375478	1919790	5.45
2011	2145780	7114879	3719295	3395584	1929426	3.79
2012	2180344	7134979	3731114	3403865	1926150	4.61
2013	2198494	7244309	3792969	3451340		7.05
2014	2200923	7296565	3826517	3470048		6.95

注：1. 人口资料均为户籍人口；2000 年以后数据为行政区划调整后大南宁范围口径的数据，其余年份为原南宁口径的数据。
2. 本表人口自然增长率按公安户籍人口统计报表中的本年出生人口计算（以下表同）。

3-2 全市人口数

指标名称	单位	2014 年	2013 年
总户数	**户**	**2200923**	**2198494**
总人口数	**人**	**7296565**	**7244309**
# 男性人口	人	3826517	3792969
女性人口	人	3470048	3451340
年平均人口	人	7270437	7189644
出生人数	人	61027	59795
出生率	‰	8.39	8.32
死亡人数	人	10457	9097
死亡率	‰	1.44	1.27
自然增长人数	人	50570	50698
自然增长率	‰	6.95	7.05
迁入人数	人	109299	95673
迁出人数	人	88554	89561
机械增长人数	人	20745	6112
机械增长率	‰	2.85	0.85

注：1. 本表的出生率、死亡率、人口自然增长率按户籍人口统计的本年出生数、本年死亡人数计算（以下表同）。
2. 本表的出生人数、死亡人数为当年出生和死亡人口。

3-3 全市户籍人口分地区统计

（2014 年）　　单位：户、人

指标名称	总户数	总人口	按性别分	
			男性	女性
全市	**2200923**	**7296565**	**3826517**	**3470048**
市区	**871336**	**2843789**	**1464967**	**1378822**
兴宁区	93215	308311	158538	149773
青秀区	207246	673527	338853	334674
江南区	150442	482178	251001	231177
西乡塘区	237862	766582	388105	378477
良庆区	81556	263546	140579	122967
邕宁区	101015	349645	187891	161754
武鸣县	237596	700090	366375	333715
隆安县	114342	415286	220467	194819
马山县	159041	555887	293474	262413
上林县	148833	492164	258637	233527
宾阳县	311037	1043801	557505	486296
横　县	358738	1245548	665092	580456

3-4 全市户籍人口分年龄统计

（2014 年）　　　　　　　　　　　　　　　　单位：人

指标名称	总人口	按年龄分			
		18 岁以下	18–35 岁	35–60 岁	60 岁以上
全市	**7296565**	**1580734**	**2003847**	**2595258**	**1116726**
市区	**2843789**	**588404**	**745607**	**1061748**	**448030**
兴宁区	308311	58242	75775	117928	56366
青秀区	673527	130460	186805	258433	97829
江南区	482178	102060	121598	182026	76494
西乡塘区	766582	147373	190669	296259	132281
良庆区	263546	65994	74136	87938	35478
邕宁区	349645	84275	96624	119164	49582
武鸣县	700090	126883	195683	259606	117918
隆安县	415286	93165	107027	149774	65320
马山县	555887	139749	155614	184729	75795
上林县	492164	106098	141353	171311	73402
宾阳县	1043801	237164	305686	353490	147461
横　县	1245548	289271	352877	414600	188800

3-5 全市人口变动情况

（2014 年）　　单位：人

指标名称	出生人数	死亡人数	自然增长人数	迁入人数	迁出人数	机械增长人数
全市	**61027**	**10457**	**50570**	**109299**	**88555**	**20744**
市区	**24046**	**2795**	**21251**	**83361**	**55594**	**27767**
兴宁区	2655	435	2220	9000	5583	3417
青秀区	5328	352	4976	31915	18608	13307
江南区	4839	545	4294	14635	6728	7907
西乡塘区	6387	926	5461	20159	20112	47
良庆区	2851	208	2643	5359	1863	3496
邕宁区	1986	329	1657	2293	2700	-407
武鸣县	4437	1519	2918	5130	5074	56
隆安县	3218	984	2234	2628	3064	-436
马山县	4771	1010	3761	3125	4486	-1361
上林县	4472	759	3713	2730	3774	-1044
宾阳县	8928	1537	7391	6212	8925	-2713
横　县	11155	1673	9482	6109	7637	-1528

注：本表的出生人数、死亡人数为当年出生和死亡人口。

3-6 市区人口数

指标名称	单位	2014 年	2013 年
总户数	**户**	**871336**	**861518**
总人口数	**人**	**2843789**	**2797307**
# 男性人口	人	1464967	144216
女性人口	人	1378822	1355091
年平均人口	人	2820548	2771383
出生人数	人	24046	22093
出生率	‰	8.52	7.97
死亡人数	人	2795	2558
死亡率	‰	0.99	0.92
自然增长人数	人	21251	19535
自然增长率	‰	7.53	7.05
迁入人数	人	83361	72690
迁出人数	人	55594	59550
机械增长人数	人	27767	13140
机械增长率	‰	9.84	4.74

注：本表的出生人数、死亡人数为当年出生和死亡人口。

3-7 市区人口分办事处、乡镇统计

（2014 年）　　单位：户、人

指标名称	总户数	总人口	按性别分	
			男性	女性
市区	**871336**	**2843789**	**1464967**	**1378822**
兴宁区	**93215**	**308311**	**158538**	**149773**
朝阳办事处	9978	32623	16253	16370
兴宁办事处	4291	12522	6174	6348
解放办事处	3776	11844	5866	5978
公园办事处	6865	20926	10365	10561
邕武办事处	20527	62005	31831	30174
腰塘办事处	5787	15861	7843	8018
三塘镇	6702	22065	10841	11224
四塘镇	8849	35495	18518	16977
五塘镇	17709	66945	35438	31507
昆仑镇	8731	28025	15409	12616
青秀区	**207246**	**673527**	**338853**	**334674**
新城办事处	14104	43602	21283	22319
建政办事处	14867	49571	24743	24828
中山办事处	13040	39901	19363	20538
南环办事处	7183	20791	10194	10597
长岗办事处	8879	38597	21800	16797
星湖办事处	16435	60655	29554	31101
河堤办事处	8160	20687	9741	10946
仙湖办事处	9814	33826	16812	17014
青秀山办事处	12352	30893	14525	16368
滨湖办事处	9151	27222	13028	14194
南湖办事处	14553	50164	24777	25387
南阳镇	9353	33674	17616	16058
伶俐镇	11252	35516	18944	16572
刘圩镇	15699	57012	30172	26840
长塘镇	7974	27981	14674	13307
津头办事处	16704	59817	30264	29553
凤岭办事处	17726	43618	21363	22255
江南区	**150442**	**482178**	**251001**	**231177**
江南办事处	11125	33571	17597	15974
水上办事处	382	1374	802	527
机场办事处	5951	25487	13471	12016
福建园办事处	21160	63732	32165	31567
五一办事处	17179	48988	25088	23900
亭子办事处	11586	33698	16651	17047
那洪镇	17654	49770	24906	24864
沙井镇	11096	37132	18720	18412
江西镇	12322	46478	24740	21738
吴圩镇	8104	28434	15213	13221
苏圩镇	19224	66308	36116	30192
延安镇	9154	28334	15484	12850
明阳农场	5505	18872	10048	8824

单位：户、人

指标名称	总户数	总人口	按性别分	
			男性	女性
西乡塘区	**237862**	**766582**	**388105**	**378477**
衡阳办事处	14589	48430	24290	24140
北湖办事处	23409	71980	36489	35491
五里亭办事处	19506	63901	32321	31580
西乡塘办事处	5911	16308	8165	8143
唐山办事处	22146	63553	31218	32335
永新办事处	4538	12404	6102	6302
边阳办事处	15271	45257	22456	22801
高新办事处	6617	18590	9532	9058
上尧办事处	7628	22824	11568	11256
石埠办事处	8014	35132	18250	16882
明秀办事处	7852	23298	11832	11466
心圩镇	14274	48767	24121	24646
金陵镇	19865	66107	35022	31085
坛洛镇	20386	72689	38164	34525
金光农场	5794	17306	8888	8418
西湖办事处	6153	21848	10432	11416
西大办事处	6212	23363	12048	11315
华强办事处	7627	21652	10537	11115
新阳办事处	13748	42435	20449	21986
双定镇	8322	30738	16221	14517
良庆区	**81556**	**263546**	**140579**	**122967**
良庆镇	13783	49795	24697	25098
大塘镇	16041	49525	27484	22041
南晓镇	14102	45091	25572	19519
那陈镇	10476	35452	19570	15882
那马镇	8592	28921	15475	13446
大沙田开发区	18562	54762	27781	26981
邕宁区	**101015**	**349645**	**187891**	**161754**
蒲庙镇	41346	140894	72911	67983
新江镇	9171	32480	17793	14687
那楼镇	27927	93969	51380	42589
百济乡	12969	47671	26763	20908
中和乡	9602	34631	19044	15587

3-8 市区人口变动情况

（2014 年） 单位：人

指标名称	出生人口数			死亡人数	自然增长人数	迁入人数	迁出人数	机械增长人数	省内迁入	省外迁入	迁出省内	迁出省外
	合计	男	女									
市区	**53283**	**28735**	**24548**	**10869**	**42414**	**83361**	**55594**	**27767**	**73589**	**9772**	**48439**	**7155**
兴宁区	**5448**	**3004**	**2444**	**1424**	**4024**	**9000**	**5583**	**3417**	**8009**	**991**	**5047**	**536**
朝阳办事处	322	173	149	145	177	668	920	−252	572	96	862	58
兴宁办事处	120	66	54	54	66	120	350	−230	92	28	338	12
解放办事处	116	60	56	52	64	261	320	−59	209	52	303	17
公园办事处	196	112	84	93	103	564	641	−77	470	94	577	64
邕武办事处	1031	562	469	227	804	3563	1841	1722	3183	380	1666	175
腰塘办事处	403	209	194	37	366	2043	178	1865	1893	150	164	14
三塘镇	475	274	201	128	347	730	292	438	656	74	255	37
四塘镇	774	436	338	119	655	377	356	21	344	33	337	19
五塘镇	1489	855	634	420	1069	509	474	35	442	67	377	97
昆仑镇	522	257	265	149	373	165	211	−46	148	17	168	43
青秀区	**11336**	**5991**	**5345**	**1704**	**9632**	**31915**	**18608**	**13307**	**27636**	**4279**	**16339**	**2269**
新城办事处	537	257	280	141	396	1400	811	589	1211	189	713	98
建政办事处	641	329	312	142	499	1544	1689	−145	1353	191	1548	141
中山办事处	528	260	268	113	415	830	822	8	680	150	746	76
南环办事处	205	101	104	125	80	381	551	−170	325	56	517	34
长岗办事处	425	232	193	92	333	854	992	−138	754	100	928	64
星湖办事处	622	322	300	134	488	1806	3458	−1652	1411	395	2936	522
河堤办事处	414	214	200	30	384	1753	485	1268	1550	203	441	44
仙湖办事处	844	442	402	82	762	3659	547	3112	3246	413	490	57
青秀山办事处	896	502	394	36	860	4490	380	4110	3934	556	320	60
滨湖办事处	361	192	169	76	285	971	1126	−155	798	173	917	209
南湖办事处	555	304	251	51	504	2324	2508	−184	1976	348	2207	301
南阳镇	628	337	291	115	513	181	227	−46	166	15	180	47
伶俐镇	715	385	330	87	628	280	220	60	265	15	181	39
刘圩镇	1300	712	588	201	1099	323	351	−28	258	65	245	106
长塘镇	735	385	350	133	602	199	154	45	184	15	130	24
津头办事处	653	355	298	95	558	2759	3780	−1021	2078	681	3423	357
凤岭办事处	1277	662	615	51	1226	8161	507	7654	7447	714	417	90
江南区	**9138**	**4997**	**4141**	**2963**	**6175**	**14635**	**6728**	**7907**	**13173**	**1462**	**6155**	**573**
江南办事处	514	273	241	124	390	1169	824	345	1001	168	777	47
水上办事处	11	6	5	17	−6	6	89	−83	4	2	84	5
机场办事处	705	357	348	359	346	603	136	467	508	95	114	22
福建园办事处	720	382	338	250	470	1212	1351	−139	1017	195	1236	115
五一办事处	887	476	411	165	722	1930	935	995	1806	124	876	59
亭子办事处	516	269	247	140	376	714	571	143	642	72	547	24
那洪镇	1313	702	611	127	1186	6313	907	5406	5769	544	839	68
沙井镇	779	469	310	122	657	707	302	405	665	42	292	10
江西镇	860	501	359	100	760	394	319	75	345	49	284	35
吴圩镇	630	335	295	203	427	786	263	523	717	69	249	14
苏圩镇	1309	744	565	1205	104	437	432	5	384	53	347	85
延安镇	530	281	249	81	449	151	224	−73	138	13	196	28
明阳农场	364	202	162	70	294	213	375	−162	177	36	314	61

单位：人

指标名称	出生人口数			死亡人数	自然增长人数	迁入人数	迁出人数	机械增长人数	省内迁入	省外迁入	迁出省内	迁出省外
	合计	男	女									
西乡塘区	**12917**	**6996**	**5921**	**2661**	**10256**	**20159**	**20112**	**47**	**17792**	**2367**	**17021**	**3091**
衡阳办事处	615	344	271	201	414	1090	1176	-86	965	125	1117	59
北湖办事处	1140	604	536	206	934	2213	1477	736	2066	147	1377	100
五里亭办事处	803	408	395	243	560	1439	1966	-527	1258	181	1784	182
西乡塘办事处	235	122	113	49	186	582	345	237	513	69	278	67
唐山办事处	877	463	414	213	664	2203	2191	12	1917	286	1814	377
永新办事处	134	68	66	62	72	427	435	-8	386	41	416	19
边阳办事处	549	287	262	244	305	967	889	78	872	95	843	46
高新办事处	377	205	172	26	351	1714	863	851	1500	214	704	159
上尧办事处	329	184	145	31	298	758	953	-195	665	93	876	77
石埠办事处	1075	612	463	111	964	349	192	157	341	8	176	16
明秀办事处	448	265	183	75	373	1457	356	1101	1397	60	325	31
心圩镇	988	591	397	184	804	881	363	518	808	73	325	38
金陵镇	1284	696	588	278	1006	587	779	-192	527	60	719	60
坛洛镇	1599	858	741	199	1400	539	396	143	490	49	322	74
金光农场	262	149	113	47	215	143	125	18	133	10	118	7
西湖办事处	358	198	160	70	288	862	2992	-2130	646	216	2369	623
西大办事处	226	118	108	40	186	938	3186	-2248	515	423	2136	1050
华强办事处	236	113	123	113	123	567	497	70	524	43	466	31
新阳办事处	745	360	385	194	551	2215	754	1461	2054	161	700	54
双定镇	637	351	286	75	562	228	177	51	215	13	156	21
良庆区	**7082**	**3805**	**3277**	**926**	**6156**	**5359**	**1863**	**3496**	**4977**	**382**	**1666**	**197**
良庆镇	1496	778	718	503	993	924	160	764	890	34	154	6
大塘镇	1046	587	459	133	913	244	318	-74	210	34	270	48
南晓镇	1146	621	525	64	1082	338	214	124	314	24	181	33
那陈镇	811	458	353	47	764	196	212	-16	179	17	179	33
那马镇	1074	531	543	92	982	249	162	87	222	27	131	31
大沙田开发区	1509	830	679	87	1422	3408	797	2611	3162	246	751	46
邕宁区	**7362**	**3942**	**3420**	**1191**	**6171**	**2293**	**2700**	**-407**	**2002**	**291**	**2211**	**489**
蒲庙镇	2820	1506	1314	498	2322	1185	1182	3	1041	144	1028	154
新江镇	769	427	342	90	679	228	247	-19	201	27	178	69
那楼镇	1891	1002	889	334	1557	455	654	-199	381	74	522	132
百济乡	1234	668	566	107	1127	246	382	-136	216	30	298	84
中和乡	648	339	309	162	486	179	235	-56	163	16	185	50

3-9 各县人口数

（2014 年）

指标名称	单位	武鸣县	隆安县	马山县	上林县	宾阳县	横 县
总户数	户	**237596**	**114342**	**159041**	**148833**	**311037**	**358738**
总人口数	人	**700090**	**415286**	**555887**	**492164**	**1043801**	**1245548**
#男性人口	人	366375	220467	293474	258637	557505	665092
女性人口	人	333715	194819	262413	233527	486296	580456
年平均人口	人	697645	414346	557490	491093	1043610	1243887
出生人数	人	4437	3218	4771	4472	8928	11155
出生率	‰	6.35	7.77	8.56	9.11	8.55	8.96
死亡人数	人	1519	984	1010	759	1537	1673
死亡率	‰	2.18	2.37	1.81	1.54	1.47	1.34
自然增长人数	人	2918	2234	3761	3713	7391	9482
自然增长率	‰	4.17	5.40	6.75	7.57	7.08	7.62
迁入人数	人	5136	2628	3123	2730	6212	6109
迁出人数	人	5074	3064	4486	3774	8925	7637
机械增长人数	人	62	−436	−1363	−1044	−2713	−1528
机械增长率	‰	…	−1.05	−2.36	−2.12	−2.60	−1.23

注：本表的出生人数、死亡人数为当年出生和死亡人口。

3-10 各县人口分乡镇统计

（2014 年）　　单位：户、人

指标名称	总户数	总人口	按性别分	
			男性	女性
武鸣县	**237596**	**700090**	**366375**	**333715**
城厢镇	38070	106358	55010	51348
甘圩镇	7603	25432	13283	12149
双桥镇	18453	58236	29858	28378
太平镇	12878	39994	21242	18752
宁武镇	14084	39587	20915	18672
锣圩镇	22191	65626	34803	30823
灵马镇	14111	52704	28459	24245
仙湖镇	13775	40968	21599	19369
府城镇	20044	59567	31896	27671
罗波镇	12985	38099	19787	18312
陆斡镇	22158	63280	33279	30001
马头镇	7248	24362	12616	11746
两江镇	13914	42291	21907	20384
南宁华侨投资区	17032	37406	18477	18929
东风农场	3050	6180	3244	2936
隆安县	**114342**	**415286**	**220467**	**194819**
城厢镇	21608	71962	38647	33315
南圩镇	17870	67136	35470	31666
乔建镇	11863	43743	23308	20435
那桐镇	15873	57220	30321	26899
丁当镇	10157	36173	19136	17037
雁江镇	8409	28279	15001	13278
古潭乡	6389	26723	14271	12452
屏山乡	4798	18416	9706	8710
都结乡	10908	41364	21953	19411
布泉乡	6467	24270	12654	11616

3-10 续表 1

指标名称	总户数	总人口	按性别分	
			男性	女性
马山县	**159041**	**555887**	**293474**	**262413**
乔利乡	11885	41268	22106	19162
加方乡	9562	30475	15848	14627
古寨乡	6236	21139	10967	10172
里当乡	6455	21316	11122	10194
白山镇	25196	84722	43436	41286
周鹿镇	26184	94323	50680	43643
百龙滩镇	6672	22164	11555	10609
林圩镇	26095	95794	51885	43909
古零镇	16052	57639	30267	27372
金钗镇	8486	31094	15825	15269
永州镇	16218	55953	29783	26170
上林县	**148833**	**492164**	**258637**	**233527**
大丰镇	21153	63428	32811	30617
巷贤镇	13968	45626	24364	21262
明亮镇	10210	32658	17061	15597
西燕镇	13030	45007	23463	21544
白圩镇	23356	82795	43886	38909
三里镇	15520	54949	29059	25890
乔贤镇	11261	36689	19029	17660
木山乡	7212	20864	11003	9861
镇圩瑶族乡	7549	25147	12972	12175
塘红乡	12756	42905	22549	20356
澄泰乡	12818	42096	22440	19656
宾阳县	**311037**	**1043801**	**557505**	**486296**
芦圩镇	63975	225027	119394	105633
思陇镇	16582	62337	34172	28165
新桥镇	24341	84214	44803	39411
邹圩镇	13651	49397	26481	22916

3-10 续表 2

指标名称	总户数	总人口	按性别分	
			男性	女性
大桥镇	20840	77665	41622	36043
武陵镇	17995	63312	33839	29473
中华镇	10983	36765	19548	17217
露圩镇	12030	38945	20944	18001
黎塘镇	46409	122021	64470	57551
和吉镇	12763	42539	22538	20001
洋桥镇	11182	35006	18639	16367
古辣镇	16423	53282	28236	25046
甘棠镇	15677	53863	28948	24915
王灵镇	12058	42884	22948	19936
陈平乡	7797	26203	14523	11680
新圩镇	8331	30341	16400	13941
横县	**358738**	**1245548**	**665092**	**580456**
百合镇	27260	109072	58338	50734
横州镇	52412	169708	88883	80825
那阳镇	20818	65061	34545	30516
南乡镇	27225	97191	53180	44011
莲塘镇	12780	43898	22990	20908
平马镇	11432	38255	20769	17486
峦城镇	15325	58696	30878	27818
六景镇	29739	104490	54801	49689
陶圩镇	25497	91510	49091	42419
石塘镇	21688	76049	40811	35238
校椅镇	32171	106381	56588	49793
云表镇	24654	83220	44868	38352
马岭镇	8114	30618	15698	14920
新福镇	17104	57358	31170	26188
马山乡	17953	64058	35434	28624
平朗乡	9061	30161	16151	14010
镇龙乡	5505	19822	10897	8925

3-11 全市城乡劳动力资源分配平衡表

(2014 年)　　单位：万人

指标名称	合计	城镇	乡村
年末劳动力资源总数	**521.45**	**293.17**	**228.28**
#当年新增加的劳动力资源	9.12	5.12	4.00
年末 16 岁以上全部人数	548.18	314.23	234.95
#不计入劳动力资源的人数	26.73	21.06	6.57
经济活动人口	525.26	214.26	311.00
从业人员	511.79	200.79	311.00
按就业状况分组			
全部单位从业人员	89.85	89.85	
再就业的离退休人员	0.42	0.42	
私营业主	25.22	20.68	4.54
私营企业和个体从业人员	116.30	89.84	26.46
农村从业人员	280.00		280.00
按经济类型分组			
国有经济	45.28	45.28	
集体经济	280.94	1.06	279.88
私营经济	79.45	68.77	10.68
个体经济	62.07	43.45	18.62
联营经济	0.02	0.02	
股份制经济	7.09	7.09	
外商投资经济	2.78	2.78	
港、澳、台投资经济	4.91	4.91	
其他经济	29.25	27.43	1.82

单位：万人

指标名称	合计	城镇	乡村
按国民经济行业分组			
农、林、牧、渔业	280.40	3.49	276.91
采矿业	0.95	0.67	0.28
制造业	33.12	25.42	7.70
电力、煤气及水的生产供应业	5.68	5.68	
建筑业	16.60	14.95	1.65
交通运输、仓储及邮电通信业	18.25	11.32	6.93
信息传输和计算机服务业	4.11	4.11	
批发零售贸易业	79.53	62.67	16.86
住宿和餐饮业	7.95	7.28	0.67
金融业	5.04	5.04	
房地产业	5.11	5.11	
租赁和商务服务业	11.49	11.49	
科学研究和技术服务和地质勘察业	7.32	7.32	
水利、环境和公共设施管理业	2.66	2.66	
居民服务和其他服务业	6.35	6.35	
教育	10.95	10.95	
卫生、社会保障和社会福利业	5.78	5.78	
文化、体育与娱乐业	2.67	2.67	
公共管理和社会组织	7.83	7.83	
其他行业			
失业人员	13.47	13.47	
非经济活动人口	**121.33**	**75.62**	**45.71**
# 16岁以上在校生	93.69	53.39	40.30
家务劳动者	27.64	22.23	5.41

3-12 主要年份全市在岗职工人数及构成

年 份	在岗职工人数（人）	国有经济单位	城镇集体单位	其他经济单位	构成（%）国有经济单位	城镇集体单位	其他经济单位
1950	4645						
1965	141718						
1978	316466						
1980	348858						
1981	365994	291928	74066		79.76	20.24	
1982	393866	320038	73828		81.26	18.74	
1983	388923	315746	73177		81.18	18.82	
1984	393707	319171	74536		81.07	18.93	
1985	406270	326815	79406	49	80.44	19.55	
1986	441427	341108	99973	346	77.27	22.65	
1987	457911	355604	101217	1090	77.66	22.10	
1988	474252	372567	99503	2182	78.56	20.98	
1989	483379	378469	101782	3128	78.30	21.06	0.65
1990	473944	400527	69077	4340	84.00	14.57	0.92
1991	496852	417411	74011	5430	84.01	14.90	1.09
1992	505474	424700	73863	6911	84.02	14.61	1.37
1993	517971	432101	69896	15974	83.42	14.00	3.08
1994	511592	431517	63237	16838	84.35	13.00	3.29
1995	500975	419903	63706	17366	83.82	12.72	3.47
1996	504483	423637	60769	20077	83.97	12.05	3.98
1997	498410	412593	55477	30340	82.78	11.00	6.09
1998	457129	347893	46047	63189	76.10	10.07	13.82
1999	434883	313178	40782	80923	72.01	9.38	18.61
2000	544799	409279	46455	89065	75.12	8.53	16.35
2001	524004	389988	44496	89520	74.43	8.49	17.08
2002	497509	345039	39573	112897	69.36	7.95	22.69
2003	506235	353927	35024	117284	69.91	6.92	23.00
2004	542585	363721	32842	146022	67.00	6.00	27.00
2005	583660	369442	23797	190421	63.00	4.00	33.00
2006	581428	356460	19434	205534	61.31	3.34	35.35
2007	604935	360783	20196	223956	59.63	3.34	37.02
2008	616998	357166	17789	242043	57.89	2.88	39.23
2009	640175	362807	13656	263712	56.67	2.13	41.19
2010	661866	362021	13411	286434	54.69	2.03	43.28
2011	666720	382765	11357	272598	57.41	1.70	40.89
2012	674362	379053	10569	284740	56.21	1.57	42.22
2013	686534	363632	9771	313131	52.97	2.69	45.61
2014	722808	364801	8653	349354	50.47	2.37	48.33

3-13 主要年份全市在岗职工工资总额及平均工资

年 份	在岗职工工资总额（万元）	国有经济单位	城镇集体单位	其他经济单位	在岗职工年平均工资（元/人）	国有经济单位	城镇集体单位	其他经济单位
1950	157				338			
1965	7289				539			
1978	17231				565			
1980	24735				730			
1981	26943	22465	4478		746	780	611	
1982	30422	25370	5052		791	811	706	
1983	31673	26383	5290		818	841	722	
1984	37673	31578	6095		963	1010	776	
1985	42058	34452	7601	5	1051	1074	958	2083
1986	55807	45152	10628	27	1292	1359	1069	1421
1987	63803	51904	11727	172	1428	1499	1179	1610
1988	78020	63716	13992	312	1685	1755	1423	1859
1989	84956	68826	15620	510	1784	1850	1543	1749
1990	98238	85247	12200	791	2111	2173	1765	1942
1991	112323	96853	14324	1146	2331	2385	2029	2234
1992	135093	117682	15870	1541	2720	2820	2174	2453
1993	192696	164018	21759	6919	3786	3863	3170	4386
1994	250214	217510	24695	8009	4976	5136	3925	4864
1995	281024	241990	28661	10373	5668	5835	4514	5907
1996	300874	257886	30801	12187	6009	6159	4957	6144
1997	321010	270037	31518	19455	6508	6605	5718	6651
1998	334839	265276	25626	43937	7315	7580	5649	7040
1999	353051	261468	25622	65961	8077	8303	6225	8142
2000	445883	339842	28724	77318	8185	8342	6062	8591
2001	502894	384613	32309	85973	9572	9867	7151	9507
2002	568118	416947	30413	120758	11363	11917	7718	10908
2003	668976	499260	31082	138634	13172	14082	8870	11721
2004	829568	611737	31265	186566	15447	16969	9753	12914
2005	985557	690902	26776	267879	17520	19202	11326	14960
2006	1177159	814083	24108	338968	20650	23225	12277	16958
2007	1479269	1033933	28205	417130	24789	28796	13774	19204
2008	1798691	1221827	31603	545261	29377	34417	17937	22752
2009	2047363	1384938	27818	634608	32596	38599	20040	24846
2010	2427224	1614433	31857	780934	37042	44735	24955	27732
2011	2638622	1786349	34555	817718	40120	47418	30848	30313
2012	2940889	1905537	37477	997875	43847	48930	35002	35193
2013	3337032	1834375	34209	1468449	48188	50193	38077	46622
2014	4074039	2071677	37934	1964428	54826	56836	44050	53471

3-14 全市单位从业人员人数

（2014 年）　　　　单位：人

指标名称	单位数（个）	从业人员年末人数	# 女性	非全日制	在岗职工	劳务派遣人员	其他从业人员	在岗职工年平均人数
总计	**8368**	**958485**	**339990**	**13655**	**722808**	**169839**	**65838**	**717797**
# 国有控股	1168	363291	93597	4524	236103	99526	27662	450292
按企业、事业、机关分组								
企业	2797	657629	207919	7556	451403	164423	41803	450292
事业	3848	235964	114498	5523	214248	2715	19001	211586
机关	1716	64647	17366	576	56912	2701	5034	55678
民间非盈利组织	2	21	13		21			21
其他	5	224	194		224			220
按经济类型分组								
国有经济单位	6332	417392	167370	8655	364801	21086	31505	359418
集体经济单位	232	10619	3250	458	8653	169	1797	8566
其他经济单位	1804	530474	169370	4542	349354	148584	32536	349813
按国民经济行业分组								
农、林、牧、渔业	**287**	**12619**	**4097**	**833**	**9501**	**13**	**3105**	**9662**
农　业	50	5473	1953	829	2660		2813	2750
林　业	57	4002	1230		3957	13	32	3943
畜 牧 业	11	1011	190		1005		6	1061
渔　业	3	25	6		25			26
农、林、牧、渔服务业	166	2108	718	4	1854		254	1882
采矿业	**5**	**183**	**30**		**149**		**34**	**149**
制造业	**589**	**141732**	**67390**	**702**	**134361**	**3177**	**4194**	**137164**
电力、热力、燃气及水生产和供应业	**48**	**56812**	**14357**	**5**	**55934**	**781**	**97**	**57927**
建筑业	**132**	**197610**	**18611**	**2112**	**57618**	**126313**	**13679**	**55373**
批发和零售业	**559**	**46202**	**23041**	**573**	**40428**	**4373**	**1401**	**40533**
批发业	290	17559	7307	305	15340	1568	651	15540
零售业	269	28643	15734	268	25088	2805	750	24993
交通运输、仓储和邮政业	**265**	**47837**	**14567**	**989**	**36087**	**7874**	**3876**	**35433**
铁路运输业	3	6938	1276	22	5093	77	1768	4806
道路运输业	154	25178	7677	758	21789	1755	1634	21665
水上运输业	8	522	137		507		15	514
航空运输业	4	5131	2117		2473	2641	17	2443
装卸搬运和运输代理业	11	1194	331		1034	76	84	1036
仓 储 业	34	1304	360	1	1202	41	61	1197
邮政业	51	7570	2669	208	3989	3284	297	3772

3-14 续表 1　　　　单位：人

指标名称	单位数（个）	从业人员年末人数						在岗职工平均人数
			# 女性	非全日制	在岗职工	劳务派遣人员	其他从业人员	
住宿和餐饮业	**144**	**19008**	**10723**	**230**	**18532**	**46**	**430**	**18145**
住宿业	89	8772	4978	62	8525	29	218	8700
餐饮业	55	10236	5745	168	10007	17	212	9445
信息传输、软件和信息技术服务业	**91**	**15937**	**6012**	**4**	**12019**	**3802**	**116**	**11778**
电信、广播电视和卫星传输服务	74	15075	5670	4	11340	3729	6	11104
互联网和相关服务	6	443	199		284	49	110	277
软件和信息技术服务业	11	419	143		395	24		397
金融业	**312**	**34108**	**18061**	**624**	**25460**	**1995**	**6653**	**24942**
货币金融服务业	244	22812	11116	10	20968	1475	369	20588
资本市场服务业	21	1076	410	54	875	23	178	837
保险业	43	10076	6488	560	3484	497	6095	3385
其他金融业	4	144	47		133		11	132
房地产业	**352**	**25612**	**9413**	**348**	**21458**	**2300**	**1854**	**21019**
# 房地产开发经营	243	8540	3539	88	8106	46	388	7960
物业管理	77	16325	5524	207	12680	2254	1391	12366
房地产中介服务	6	235	130	53	170		65	190
租赁和商务服务业	**235**	**44653**	**15506**	**716**	**26202**	**12937**	**5514**	**25208**
租赁业	9	848	244		681	107	60	663
商务服务业	226	43805	15262	716	25521	12830	5454	24545
科学研究、技术服务业	**557**	**36681**	**12296**	**115**	**33958**	**740**	**1983**	**33181**
研究和试验发展	132	7572	2913	11	7169	110	293	7131
专业技术服务业	322	27607	8910	72	25429	608	1570	24692
科技推广和应用服务业	103	1502	473	32	1360	22	120	1358
水利、环境和公共设施管理业	**256**	**23318**	**12295**	**1767**	**18738**	**1107**	**3473**	**18195**
水利管理业	117	2821	762	7	2475	17	329	2466
生态保护和环境治理业	9	853	97	151	691		162	758
公共设施管理业	130	19644	11436	1609	15572	1090	2982	14971
居民服务、修理和其他服务业	**26**	**1948**	**901**	**70**	**1826**		**122**	**1849**
居民服务业	10	685	289		680		5	702
机动车、电子产品和日用产品修理业	12	540	119		512		28	531
其他服务业	4	723	493	70	634		89	616
教育	**124**	**10097**	**3783**	**533**	**7810**	**2452**	**11008**	**96075**
初等教育	123	9925	3684	548	7675	2485	3811	31258
中等教育	123	9753	3585	562	7539	2518	3574	40955
高等教育	123	9581	3487	576	7404	2551	1187	18303
卫生和社会工作	**123**	**9408**	**3388**	**590**	**7268**	**2584**	**1451**	**51876**
卫生	123	9236	3289	604	7133	2617	1399	51204
社会工作	123	9064	3190	618	6997	2650	52	672

3-14 续表 2

单位：人

指标名称	单位数（个）	从业人员年末人数	# 女性	非全日制	在岗职工	劳务派遣人员	其他从业人员	在岗职工年平均人数
文化、体育和娱乐业	**219**	**12110**	**5250**	**115**	**11145**	**89**	**876**	**11194**
新闻和出版业	40	3419	1515	49	2991	34	394	3008
广播、电视、电影和影视录音制作业	49	3190	1128	64	3084		106	3061
文化艺术业	96	2933	1443	1	2607	29	297	2640
体育	22	2065	976	1	1983	26	56	2003
娱乐业	12	503	188		480		23	482
公共管理、社会保障和社会组织	**2366**	**78278**	**22230**	**612**	**69368**	**2938**	**5972**	**68094**
中国共产党机关	145	3164	812	1	3006	30	128	3002
国家机构	1981	71387	19948	599	62964	2862	5561	61703
人民政协、民主党派	21	649	103	1	589		60	590
社会保障	123	1722	807	9	1567	5	150	1550
群众社团、社会团体和其他成员组织	96	1356	560	2	1242	41	73	1249
国有单位合计	**6332**	**417392**	**167370**	**8655**	**364801**	**21086**	**31505**	**359418**
按隶属关系分组								
中　央	246	45695	17256	1288	31939	10864	2892	31395
省、自治区、直辖市	904	132669	51247	721	122379	3497	6793	120951
地　区	758	88311	31423	2620	80113	3282	4916	78452
县及县以下	4392	145840	65323	4022	126693	2294	16853	125193
其　他	32	4877	2121	4	3677	1149	51	3427
按执行会计标准类别分组								
企 业	826	119602	36946	2564	96145	15678	7779	94603
# 地 方	634	82266	22258	1295	72001	5131	5134	70891
事 业	3790	233143	113058	5515	211744	2707	18692	209137
# 地 方	3761	227862	111556	5496	206909	2504	18449	204400
机 关	1716	64647	17366	576	56912	2701	5034	55678
# 地 方	1691	61569	16300	576	53952	2587	5030	52732

单位：人

指标名称	单位数（个）	从业人员年末人数	# 女性	非全日制	在岗职工	劳务派遣人员	其他从业人员	在岗职工年平均人数
按国民经济行业分组								
农、林、牧、渔业	274	9900	3208	831	7518	13	2369	7592
采矿业	3	72	15		68		4	69
制造业	118	10432	3980	67	9242	600	590	9737
电力、热力、燃气及水生产和供应业	29	7624	1905	4	6960	607	57	6469
建筑业	35	36681	7436	1323	25284	9612	1785	24229
批发和零售业	103	5603	1965	24	5038	280	285	5076
交通运输、仓储和邮政业	124	13274	3719	26	10745	2215	314	10626
住宿和餐饮业	27	3011	1624	29	2849	26	136	2857
信息传输、软件和信息技术服务业	66	3268	1483	4	2109	1154	5	2011
金融业	184	16252	8525	64	14154	883	1215	13978
房地产业	61	3581	1032		2999	3	579	2999
租赁和商务服务业	141	11795	2947	100	11029	175	591	11112
科学研究、技术服务业	487	27889	9603	67	25628	493	1768	25220
水利、环境和公共设施管理业	246	21635	11601	1759	17594	670	3371	17057
居民服务、修理和其他服务业	12	623	184	9	563		60	563
教育	1553	104586	51525	3438	93470	574	10542	92509
卫生和社会工作	313	54382	30817	243	52190	780	1412	51196
文化、体育和娱乐业	197	8577	3590	55	8064	63	450	8095
公共管理、社会保障和社会组织	2359	78207	22211	612	69297	2938	5972	68023
城镇集体单位合计	**232**	**10619**	**3250**	**458**	**8653**	**169**	**1797**	**8566**
按执行会计标准类别分组								
企　业	207	10012	3020	450	8059	169	1784	7973
事　业	24	603	229	8	590		13	589
民间非营利组织	1	4	1		4			4

单位：人

指标名称	单位数（个）	从业人员年末人数						在岗职工年平均人数
			#女性	非全日制	在岗职工	劳务派遣人员	其他从业人员	
按国民经济行业分组								
制造业	37	1719	969		1674	19	26	1737
电力、热力、燃气及水生产和供应业	7	314	121		314			314
建筑业	17	5044	824	419	3357	73	1614	4798
批发和零售业	63	974	429	11	925		49	985
交通运输、仓储和邮政业	39	381	141	18	309	15	57	379
住宿和餐饮业	10	173	104		160		13	175
信息传输、软件和信息技术服务业	1	8	4		8			8
金融业	23	1291	418	2	1207	61	23	1274
房地产业	1	6	4		6			7
租赁和商务服务业	8	158	62		150	1	7	159
科学研究、技术服务业	9	215	53		215			228
水利、环境和公共设施管理业	1	6	2		6			6
居民服务、修理和其他服务业	3	103	41		103			117
教育	5	145	55	8	137		8	142
卫生和社会工作	1	11	4		11			10
公共管理、社会保障和社会组织	7	71	19		71			71
其他单位合计	**1804**	**530474**	**169370**	**4542**	**349354**	**148584**	**32536**	**349813**
按登记注册类型分组								
内资	1609	453559	125568	4110	275333	146885	31341	274104
股份合作	11	2355	990	5	2203	139	13	2068
联营	3	238	102		178	58	2	175
#国有联营	2	234	99		176	58		173
集体联营	1	4	3		2		2	2
有限责任公司	1232	371851	94407	2598	212853	137538	21460	212255
#国有独资	115	158139	24533	192	76474	72078	9587	77595
股份有限公司	226	70924	26087	1351	52873	9118	8933	52540
其他	137	8191	3982	156	7226	32	933	7066
港、澳、台商投资	89	49095	30219	35	48650	339	106	50070
外商投资	106	27820	13583	397	25371	1360	1089	25639

3-14 续表 5

单位：人

指标名称	单位数（个）	从业人员年末人数	# 女性	非全日制	在岗职工	劳务派遣人员	其他从业人员	在岗职工年平均人数
按执行会计标准类别分组								
企 业	1764	528015	167953	4542	347199	148576	32240	347716
事 业	34	2218	1211		1914	8	296	1860
机 关								
民间非营利组织	1	17	12		17			17
其 他	5	224	194		224			220
按国民经济行业分组								
农、林、牧、渔业	13	2719	889	2	1983		736	2070
采矿业	2	111	15		81		30	80
制造业	434	129581	62441	635	123445	2558	3578	125735
电力、热力、燃气及水生产和供应业	12	48874	12331	1	48660	174	40	51144
建筑业	80	155885	10351	370	28977	116628	10280	27904
批发和零售业	393	39625	20647	538	34465	4093	1067	34524
交通运输、仓储和邮政业	102	34182	10707	945	25033	5644	3505	24500
住宿和餐饮业	107	15824	8995	201	15523	20	281	15126
信息传输、软件和信息技术服务业	24	12661	4525		9902	2648	111	9759
金融业	105	16565	9118	558	10099	1051	5415	9780
房地产业	290	22025	8377	348	18453	2297	1275	18013
租赁和商务服务业	86	32700	12497	616	15023	12761	4916	13945
科学研究、技术服务业	61	8577	2640	48	8115	247	215	7733
水利、环境和公共设施管理业	9	1677	692	8	1138	437	102	1132
居民服务、修理和其他服务业	11	1222	676	61	1160		62	1169
教育	40	3967	2273	151	3509		458	3430
卫生和社会工作	13	746	536		707		39	670
文化、体育和娱乐业	22	3533	1660	60	3081	26	426	3099

3-15 全市单位从业人员工资总额

（2014 年）

指标名称	从业人员工资总额	在岗职工工资总额	劳务派遣人员工资总额	其他人员工资总额	在岗职工年平均工资（元 / 人）
总计	**5063582**	**4074039**	**791184**	**198359**	**54826**
＃国有控股	2343686	1676787	557653	109245	66892
按企业、事业、机关分组					
企业	3552488	2630080	775553	146854	55367
事业	1212746	1162106	8634	42006	54687
机关	297679	281184	6996	9499	49709
民间非盈利组织	57	57			27000
其他	612	612			27818
按经济类型分组					
国有经济单位	2251824	2071677	98143	82004	56836
集体经济单位	43263	37934	544	4785	44050
其他经济单位	2768495	1964428	692497	111570	53471
按国民经济行业分组					
农、林、牧、渔业	**45357**	**37734**	**42**	**7580**	**39025**
农　业	15024	8021		7003	29167
林　业	17246	17068	42	135	43197
畜 牧 业	4189	4169		20	39295
渔　业	59	59			22808
农、林、牧、渔服务业	8840	8417		423	44722
采 矿 业	**883**	**781**	**17**	**85**	**51825**
制 造 业	**610631**	**587841**	**9353**	**13437**	**42778**
电力、热力、燃气及水生产和供应业	**428084**	**423014**	**4816**	**254**	**72579**
建筑业	**981435**	**296905**	**630147**	**54383**	**50761**
批发和零售业	**219389**	**202072**	**12389**	**4928**	**47836**
批发业	105238	96066	6133	3039	59783
零售业	114151	106007	6256	1889	40473
交通运输、仓储和邮政业	**268915**	**214357**	**38968**	**15589**	**59259**
铁路运输业	47586	39989	323	7274	82556
道路运输业	121683	109989	4933	6761	50779
水上运输业	2340	2302		38	44778
航空运输业	33723	23171	10476	76	70421
装卸搬运和运输代理业	5199	4400	156	643	42498
仓储业	7239	6813	272	154	56404
邮政业	51145	27694	22809	642	66329

单位：万元

指标名称	从业人员工资总额	在岗职工工资总额	劳务派遣人员工资总额	其他人员工资总额	在岗职工年平均工资（元/人）
住宿和餐饮业	**54456**	**53019**	**195**	**1243**	**29220**
住宿业	30351	29545	180	626	33960
餐饮业	24105	23474	15	617	24853
信息传输、软件和信息技术服务业	**130967**	**103225**	**27177**	**565**	**87642**
电信、广播电视和卫星传输服务	125625	98892	26715	18	89060
互联网和相关服务	3163	2228	388	546	80444
软件和信息技术服务业	2179	2104	75		53003
金融业	**375923**	**335811**	**10684**	**29428**	**134637**
货币金融服务业	304885	291253	7702	5930	141467
资本市场服务业	12494	11138	118	1239	133065
保险业	56016	30940	2864	22212	91403
其他金融业	2529	2481		47	187962
房地产业	**111195**	**100067**	**6403**	**4725**	**47608**
# 房地产开发经营	59657	57463	240	1954	72189
物业管理	48828	40043	6163	2622	32382
房地产中介服务	1107	972		134	51174
租赁和商务服务业	**188344**	**145531**	**31786**	**11026**	**57732**
租赁业	5281	4381	482	418	66078
商务服务业	183063	141150	31304	10608	57507
科学研究、技术服务业	**246070**	**234994**	**3274**	**7802**	**70822**
研究和试验发展	40356	39310	323	723	55126
专业技术服务业	197931	188378	2854	6700	76291
科技推广和应用服务业	7782	7305	98	379	53792
水利、环境和公共设施管理业	**81214**	**69929**	**3386**	**7899**	**38433**
水利管理业	16667	15785	49	833	64010
生态保护和环境治理业	3024	2656	3	365	35037
公共设施管理业	61524	51489	3335	6701	34392
居民服务、修理和其他服务业	**8761**	**8465**		**296**	**45781**
居民服务业	4335	4321		14	61557
机动车、电子产品和日用产品修理业	2298	2216		82	41731
其他服务业	2128	1928		200	31294
教育	**517002**	**495411**	**1111**	**20480**	**51565**
# 初等教育	139388	132705	135	6548	42455
中等教育	214817	208200	267	6350	50836
高等教育	134701	130395	524	3782	71242
卫生和社会工作	**366525**	**357975**	**3407**	**5144**	**69006**
卫生	363951	355557	3407	4987	69439
社会工作	2574	2418		157	35975

单位：万元

指标名称	从业人员工资总额	在岗职工工资总额	劳务派遣人员工资总额	其他人员工资总额	在岗职工年平均工资（元/人）
文化、体育和娱乐业	**71560**	**69205**	**394**	**1962**	**61679**
新闻和出版业	24717	23383	187	1147	77533
广播、电视、电影和影视录音制作业	21419	21227		192	69347
文化艺术业	15026	14550	79	397	54852
体育	7597	7289	129	179	36468
娱乐业	2802	2755		47	57162
公共管理、社会保障和社会组织	**356872**	**337704**	**7634**	**11534**	**48899**
中国共产党机关	17072	16702	70	301	55314
国家机构	323204	305035	7438	10732	48706
人民政协、民主党派	3677	3606		71	61115
社会保障	6293	6013	11	269	38740
群众社团、社会团体和其他成员组织	6625.8	6348.7	116.2	160.9	50116
国有单位合计	**2251824**	**2071677**	**98143**	**82004**	**56836**
按隶属关系分组					
中　央	366735	305727	44964	16045	80251
省、自治区、直辖市	828646	787473	21103	20069	65011
地　区	439995	412259	16760	10976	52436
县及县以下	588621	547614	6244	34764	43595
其　他	27827	18603	9073	151	57288
按执行会计标准类别分组					
企　业	752136	638619	82571	30947	64293
#地　方	443805	388966	38539	16301	55917
事　业	1202008	1151874	8576	41558	54835
#地　方	1163289	1115177	7945	40167	54336
机　关	297679	281184	6996	9499	49709
#地　方	277995	261807	6696	9492	48892

单位：万元

指标名称	从业人员工资总额	在岗职工工资总额	劳务派遣人员工资总额	其他人员工资总额	在岗职工年平均工资（元/人）
按国民经济行业分组					
农、林、牧、渔业	36684	30830	42	5812	40568
采矿业	479	476		3	69043
制造业	44187	38064	2168	3954	38955
电力、热力、燃气及水生产和供应业	47515	43253	4134	128	64771
建筑业	186185	134682	44192	7311	51237
批发和零售业	45790	43931	933	926	84235
交通运输、仓储和邮政业	82130	65543	15095	1492	61490
住宿和餐饮业	10850	10444	99	307	36531
信息传输、软件和信息技术服务业	20986	11957	9015	14	61339
金融业	176524	163261	5201	8061	112361
房地产业	15922	14614	14	1294	48726
租赁和商务服务业	48642	46347	679	1616	41660
科学研究、技术服务业	190814	182248	2135	6430	71851
水利、环境和公共设施管理业	69938	60262	2019	7657	35355
居民服务、修理和其他服务业	4190	4054		136	72014
教育	500912	480134	1111	19667	51712
卫生和社会工作	363581	355199	3407	4975	69097
文化、体育和娱乐业	49788	48837	266	685	60219
公共管理、社会保障和社会组织	356708	337539	7634	11534	48925
城镇集体单位合计	**43263**	**37934**	**544**	**4785**	**44050**
按执行会计标准类别分组					
企业	40886	35577	544	4765	44363
事业	2359	2339		20	39715
民间非营利组织	18	18			45500

3-15 续表 4 　　单位：万元

指标名称	从业人员工资总额				在岗职工年平均工资（元 / 人）
		在岗职工工资总额	劳务派遣人员工资总额	其他人员工资总额	
按国民经济行业分组					
制造业	5882	5741	75	5816	33993
电力、热力、燃气及水生产和供应业	1375	1375		1375	43774
建筑业	14212	9617	233	9850	29730
批发和零售业	3067	2990		2990	32049
交通运输、仓储和邮政业	1623	1495	27	1522	47261
住宿和餐饮业	690	660		660	40710
信息传输、软件和信息技术服务业	14	14		14	17000
金融业	13681	13347	207	13554	108863
房地产业	27	27		27	37857
租赁和商务服务业	555	540	3	542	35671
科学研究、技术服务业	796	796		796	34912
水利、环境和公共设施管理业	22	22		22	35833
居民服务、修理和其他服务业	517	517		517	44188
教育	605	597		597	43860
卫生和社会工作	35	35		35	35000
公共管理、社会保障和社会组织	165	165		165	23169
其他单位合计	**2768495**	**1964428**	**692497**	**111570**	**53471**
按登记注册类型分组					
内资	2444707	1653661	682396	108651	55710
股份合作	31140	30762	347	32	141465
联营	1241	1038	198	5	52377
# 国有联营	1230	1031	198		52551
集体联营	11	6		5	32000
有限责任公司	1963048	1240682	649943	72423	54240
# 国有独资	1036692	567812	428931	39950	67259
股份有限公司	417695	351882	31769	34044	62670
其他	31583	29297	138	2148	41453
港、澳、台商投资	206703	204210	1701	792	40829
外商投资	117085	106558	8400	2128	42368

单位：万元

指标名称	从业人员工资总额	在岗职工工资总额	劳务派遣人员工资总额	其他人员工资总额	在岗职工年平均工资（元/人）
按执行会计标准类别分组					
企　业	2759466	1955885	692438	111143	53525
事　业	8378	7892	58	427	42563
机　关					
民间非营利组织	39	39			22647
其　　他	612	612			27818
按国民经济行业分组					
农、林、牧、渔业	8673	6904		1768	33354
采矿业	404	304	17	82	37847
制造业	560562	544035	7110	9417	43206
电力、热力、燃气及水生产和供应业	379194	378386	682	126	73868
建筑业	781039	152606	585722	42710	51129
批发和零售业	170532	155151	11456	3925	43192
交通运输、仓储和邮政业	185163	147320	23847	13997	58393
住宿和餐饮业	42917	41916	96	906	27703
信息传输、软件和信息技术服务业	109967	91254	18162	551	85709
金融业	185719	159203	5276	21240	154716
房地产业	95246	85427	6389	3431	45379
租赁和商务服务业	139147	98645	31105	9397	48320
科学研究、技术服务业	54460	51949	1139	1372	66410
水利、环境和公共设施管理业	11254	9645	1368	241	72502
居民服务、修理和其他服务业	4053	3894		160	33306
教育	15485	14680		804	42799
卫生和社会工作	2909	2741		169	40906
文化、体育和娱乐业	21772	20367	129	1276	65482

3-16 全市离休、退休人数及保险福利费用构成情况

（2014 年）

指标名称	离休、退休人员年末数（人）			保险福利费用构成（万元）			
	合计	离休人员	退休 人员	合计	离休金	退休金	其他
总计	**348862**	**983**	**347879**	**852993**	**5372**	**847621**	
企业	291029	471	290558	608499	1295	607204	
事业	44447	180	44267	182915	1483	181432	
机关	13386	332	13054	61579	2594	58985	
其他							

3-17 市区离休、退休人数及保险福利费用构成情况

（2014 年）

指标名称	离休、退休人员年末数（人）			保险福利费用构成（万元）			
	合计	离休人员	退休人员	合计	离休金	退休金	其他
总计	**223656**	**735**	**222921**	**557288**	**4008**	**553280**	
企业	195522	406	195116	417683	1075	416788	
事业	21489	144	21345	102845	1242	101603	
机关	6645	182	6460	36580	1691	34889	
其他							

注：本表数据不包括中直、区直单位。

3-18 各县城镇单位年末从业人员

（2014 年）　　单位：人

指标名称	武鸣县	隆安县	马山县	上林县	宾阳县	横 县
单位从业人员年末人数	**43951**	**11507**	**14320**	**13577**	**39427**	**37633**
国有单位	20990	10551	12379	12404	28491	23335
城镇集体单位	1846	239	689		2011	554
其他经济单位	21115	717	1253	1173	8925	13744
按国民经济行业分组						
农、林、牧、渔业	781	364	300	1056	1397	2317
采 矿 业	35			63		48
制 造 业	20179	765	746	772	8619	8895
电力、热力、燃气及水生产和供应业	1129	524	827	464	857	1533
建筑业	1453		473	471	1872	988
批发和零售业	543	86	128	68	564	436
交通运输、仓储和邮政业	451	273	419	195	881	477
住宿和餐饮业	44		35	25	147	125
信息传输、软件和信息技术服务业	74	21	5	28	150	127
金融业	642	508	374	347	731	1879
房地产业	406	67	124	25	680	142
租赁和商务服务业	420	144	109	135	1464	398
科学研究、技术服务业	471	32	43	234	1336	683
水利、环境和公共设施管理业	1558	355	365	418	1573	1211
居民服务、修理和其他服务业	87	20			38	32
教育	7419	3500	5390	4045	9152	9852
卫生和社会工作	3379	1905	2034	1802	4397	3666
文化、体育和娱乐业	182	53	85	97	214	88
公共管理、社会保障和社会组织	4698	2890	2863	3332	5355	4736

3-19 各县城镇单位在岗职工年末人数

（2014年）　　单位：人

指标名称	武鸣县	隆安县	马山县	上林县	宾阳县	横 县
单位在岗职工年末人数	**40561**	**9539**	**12036**	**11420**	**31407**	**33535**
国有单位	19074	8628	10659	10494	22807	21394
城镇集体单位	1461	239	283		1336	553
其他经济单位	20026	672	1094	926	7264	11588
按国民经济行业分组						
农、林、牧、渔业	772	332	270	227	231	1635
采矿业	35			53		28
制造业	19114	701	597	764	7405	8582
电力、热力、燃气及水生产和供应业	1118	505	778	463	739	1302
建筑业	1088		93	133	1071	835
批发和零售业	524	80	125	43	541	433
交通运输、仓储和邮政业	339	180	332	103	711	305
住宿和餐饮业	24		35	25	143	93
信息传输、软件和信息技术服务业	69	21	5	28	80	125
金融业	624	367	320	301	731	1023
房地产业	397	64	112	20	660	142
租赁和商务服务业	394	108	72	116	580	112
科学研究、技术服务业	461	27	43	232	1110	683
水利、环境和公共设施管理业	1190	239	291	407	862	1190
居民服务、修理和其他服务业	75	1			38	32
教育	7212	2668	4640	3799	7931	8916
卫生和社会工作	3327	1737	1823	1748	3960	3632
文化、体育和娱乐业	172	48	85	87	204	87
公共管理、社会保障和社会组织	3626	2461	2415	2871	4410	4380

3-20 各县城镇单位从业人员劳动报酬

（2014年）　　单位：万元

指标名称	武鸣县	隆安县	马山县	上林县	宾阳县	横 县
单位从业人员劳动报酬	**178007**	**44083**	**57220**	**51116**	**161436**	**148532**
国有单位	93613	39268	49230	47252	122995	95997
城镇集体单位	4875	1586	4109		6736	1122
其他经济单位	79519	3229	3881	3864	31706	51413
按国民经济行业分组						
农、林、牧、渔业	2289	898	918	3402	2883	7466
采矿业	384			195		209
制造业	76017	2770	1507	2549	31256	29067
电力、热力、燃气及水生产和供应业	6078	3034	4261	2378	3631	9308
建筑业	3149		1855	1201	8184	4911
批发和零售业	1716	220	405	204	1629	1339
交通运输、仓储和邮政业	1876	1547	1919	572	3794	2245
住宿和餐饮业	60		77	60	472	327
信息传输、软件和信息技术服务业	362	67	18	85	771	497
金融业	6114	3279	3315	2173	3192	10305
房地产业	1967	505	421	94	2519	383
租赁和商务服务业	1090	352	186	421	2933	921
科学研究、技术服务业	2040	100	211	798	4669	3262
水利、环境和公共设施管理业	3308	1096	1079	1094	4311	3322
居民服务、修理和其他服务业	284	26			195	230
教育	34788	10384	20418	13843	40702	34888
卫生和社会工作	18283	9528	8981	9951	28008	21237
文化、体育和娱乐业	700	175	391	305	619	350
公共管理、社会保障和社会组织	17503	10103	11259	11792	21670	18268

3-21 各县城镇单位在岗职工劳动报酬

（2014年） 单位：万元

指标名称	武鸣县	隆安县	马山县	上林县	宾阳县	横 县
单位在岗职工劳动报酬	**170620**	**40460**	**52745**	**45006**	**142493**	**136949**
国有单位	89162	35858	45841	41746	110496	91953
城镇集体单位	4172	1586	3167		4503	1121
其他经济单位	77286	3016	3737	3260	27494	43874
按国民经济行业分组						
农、林、牧、渔业	2278	848	873	355	870	5829
采矿业	383			165		139
制造业	73852	2566	1374	2537	26851	28302
电力、热力、燃气及水生产和供应业	6036	2991	3762	2376	3340	8714
建筑业	2474		1005	330	5381	2036
批发和零售业	1700	211	401	178	1601	1337
交通运输、仓储和邮政业	1253	910	1432	314	2749	1377
住宿和餐饮业	33		77	60	426	276
信息传输、软件和信息技术服务业	354	67	18	85	559	494
金融业	6026	2971	3153	2045	3192	8290
房地产业	1911	501	407	76	2458	383
租赁和商务服务业	1046	291	165	374	1787	436
科学研究、技术服务业	2017	93	211	796	4137	3262
水利、环境和公共设施管理业	2585	919	982	1085	3143	3288
居民服务、修理和其他服务业	262	3			195	230
教育	34448	9329	19291	13385	38510	33573
卫生和社会工作	18126	9108	8552	9654	26623	21145
文化、体育和娱乐业	685	164	391	291	610	349
公共管理、社会保障和社会组织	15152	9489	10651	10900	20062	17490

3-22 各县城镇单位在岗职工年平均工资（含劳务派遣）

（2014 年）　　单位：元 / 人

指标名称	武鸣县	隆安县	马山县	上林县	宾阳县	横 县
单位在岗职工年平均工资	**42034**	**42588**	**44277**	**38180**	**44601**	**41136**
国有单位	47340	41674	43471	39027	48231	42911
城镇集体单位	29137	68345	107679		33703	25836
其他经济单位	37962	45519	34743	29909	35953	38550
按国民经济行业分组						
农、林、牧、渔业	22781	25453	32337	15848	37645	34451
采矿业	3834			30018		52200
制造业	751937	37596	23487	27284	36965	32029
电力、热力、燃气及水生产和供应业	60363	57710	54292	38130	41875	59027
建筑业	24740		108011	23179	48701	62006
批发和零售业	17015	26400	32112	41395	29531	29639
交通运输、仓储和邮政业	18503	57352	41041	30456	44008	47228
住宿和餐饮业	326		21943	23840	36733	29656
信息传输、软件和信息技术服务业	3624	31905	36000	30179	51380	39879
金融业	61010	81280	93702	66648	44081	76837
房地产业	19467	79508	34000	37600	37351	26604
租赁和商务服务业	10464	26935	22324	31574	20755	24213
科学研究、技术服务业	20167	34370	49163	34437	37237	47274
水利、环境和公共设施管理业	25849	38460	35580	25419	36340	27654
居民服务、修理和其他服务业	2616	28000			51263	69545
教育	346049	34798	41864	35095	48409	37762
卫生和社会工作	181455	52405	46939	55042	68263	58338
文化、体育和娱乐业	6845	34167	45407	33471	29746	39191
公共管理、社会保障和社会组织	168882	38354	44146	38107	44710	39876

四 农业

CHAPTER 4 AGRICULTURE

4-1 全市主要年份农林牧渔业总产值

（按当年价格计算） 单位：万元

年份	合计	农业	林业	畜牧业	副业	渔业	服务业
1950	5596	3785	75	814	718	204	
1965	12602	8259	140	2317	1710	176	
1978	36029	25540	447	5228	4256	558	
1980	44588	31178	788	4326	7494	802	
1985	70586	43266	1618	18990	4840	1872	
1986	78390	49427	1794	19138	5601	2430	
1987	91989	59881	1805	22627	4750	2926	
1988	116437	73400	2027	32509	4576	3925	
1989	125320	75059	2330	38702	4618	4611	
1990	169865	111699	2681	42149	6551	6785	
1991	175633	109121	3150	47954	7958	7450	
1992	210826	133273	5048	54433	8203	9869	
1993	270146	169444	7684	72479	8118	12421	
1994	372063	246897	7906	95979		21281	
1995	465896	317943	6553	115373		26027	
1996	533484	352786	8056	141505		31137	
1997	620077	405089	10778	167764		36446	
1998	684870	447697	13885	183967		39321	
1999	720486	477719	14965	182088		45714	
2000	1377932	889321	29672	362916		96024	
2001	1407186	907068	28533	381030		90555	
2002	1455675	897032	37551	419320		84538	17134
2003	1519259	936298	44241	431564		89587	17569
2004	1798585	1025366	54055	593160		90556	35448
2005	2045862	1154289	59541	677600		96624	57808
2006	2384753	1311708	81098	804014		102827	85105
2007	2944579	1535416	108658	1057025		119032	124448
2008	3380719	1701526	115181	1276515		142870	144627
2009	3511968	1826447	132117	1240689		145047	167667
2010	4032427	2111841	187594	1376318		169229	187447
2011	5071561	2598349	258539	1796992		206679	211002
2012	5345172	2827673	268263	1789465		204323	255449
2013	5772670	3115745	290811	1849520		225971	290621
2014	6094853	3379373	284733	1854103		251312	325333

注：1、1994 年后副业产值并入种植业；2000 年以后为行政区划调整后的数据，其余年份为原南宁口径；从 2003 年起农业总产值含农林牧渔服务业产值。2、2004-2007 年农林牧渔业总产值根据第二次农业普查数据进行了衔接修正。以下表同。

4-2 全市主要年份农林牧渔业总产值发展速度

（按可比价计算，上年为 100） 单位：%

年份	合计	农业	林业	畜牧业	副业	渔业	服务业
1951	107.79	107.18	111.76	117.07	101.13	102.54	
1965	125.21	130.42	96.81	120.01	114.73	98.43	
1978	107.36	106.81	132.13	97.65	116.38	162.93	
1980	110.75	108.17	157.62	101.91	4256	114.09	
1985	103.62	102.68	99.45	119.69	84.21	102.38	
1986	106.95	107.21	117.96	98.98	119.96	112.07	
1987	105.76	106.91	109.21	107.74	91.09	117.19	
1988	99.4	99.08	92.94	103.97	91.12	107.67	
1989	109.02	111.47	114.72	107.66	91.61	102.58	
1990	115.45	117.01	98.71	111.7	109.1	135.04	
1991	99.75	94.42	102.74	114.9	105.4	105.83	
1992	120.53	124.73	126.51	110.6	102.06	130.06	
1993	113.18	112.4	125.61	113.31	98.68	133.00	
1994	108.94	112.25	99.62	112.18		127.38	
1995	109.2	108.95	84.59	110.43		118.33	
1996	104.86	101.42	110.28	112.14		115.35	
1997	113.43	114.62	109.44	110.31		114.36	
1998	112.1	112.48	115.17	110.15		114.64	
1999	113.58	116.08	101.97	108.72		108.49	
2000	100.68	97.36	104.97	109.5		104.46	
2001	102.85	101.84	108.90	106.21		98.79	
2002	117.34	113.35	148.44	124.07		108.79	
2003	102.92	99.68	137.09	106.72		105.43	101.95
2004	106.09	103.21	111.76	112.06		104.26	106.26
2005	108.61	109.52	112.13	117.43		105.68	105.77
2006	109.11	109.23	129.97	116.71		111.63	106.98
2007	107.7	107.44	120.18	106.73		109.60	106.78
2008	105.76	104.66	100.78	108.05		102.14	107.72
2009	105.82	104.39	111.72	105.47		108.30	118.3
2010	105.89	105.43	111.43	105.91		106.31	106.05
2011	105.96	105.59	122.27	104.24		107.2	105.35
2012	105.27	106.07	99.49	104.64		105.84	107.27
2013	104.70	105.72	100.27	102.48		107.35	111.43
2014	104.56	106.39	100.18	101.32		105.02	109.64

4-3 全市主要年份农民人均纯收入及主要农产品产量

年份	农民人均纯收入（元）	粮食产量（吨）	甘蔗产量（吨）	水果产量（吨）	肉类总产量（吨）	水产品产量（吨）
1950	54	198004	71282	4748	5490	5350
1965	66	319410	298784	8908	15915	3241
1978	88	590420	562171	24576	25752	4366
1980	107	670813	798831	31114	4256	4895
1985	367	551860	1339141	53925	29885	6939
1986	404	552903	1569850	93984	32396	8551
1987	461	590276	1633498	115847	35854	9790
1988	521	526325	1979810	110614	36833	10438
1989	574	624509	1958128	105346	39659	10705
1990	624	725954	2358841	120262	45934	14663
1991	683	548210	2559124	140926	53082	15383
1992	778	697128	3075803	164661	55278	21304
1993	912	744101	3413703	213470	61211	26550
1994	1093	746956	3116366	272561	70388	33743
1995	1326	779251	2908195	316342	77774	39509
1996	1553	781201	2946903	281615	84889	46030
1997	1788	801830	3267654	377862	95439	53290
1998	1942	814459	3786929	395986	106962	60619
1999	2079	796159	3373039	485971	115648	65333
2000	1791	1847949	5885534	515447	333757	131888
2001	1954	1711033	7382372	523893	349101	130396
2002	2111	1804051	9111682	596258	364413	139641
2003	2231	1753387	9279100	572372	385334	145468
2004	2467	1700479	8586119	670431	419792	158829
2005	2680	1810164	8609336	718249	464764	167330
2006	3033	1996596	10536802	812826	486544	149128
2007	3462	2001090	14369814	892798	502324	162075
2008	4001	2018111	15062914	731100	548185	165581
2009	4385	2091145	12263008	1045158	583071	180216
2010	5005	2042253	10440083	1232941	607581.1	191702
2011	5848	2070587	10636574	1420294	619621	205697
2012	6777	2151398	11302193	1579305	645080	217438
2013	7685	2234391	12369908	1705101	655301	232972
2014	8576	2252668	12399757	1826919	659076	244635

注：2000 年以后为行政区划调整后的数据，其余年份为原南宁口径。

4-4 农村基本情况及从业人员构成

指标名称	单位	全市		市区	
		2014年	2013年	2014年	2013年
农村基层组织					
乡镇个数	个	102	102	24	24
#镇个数	个	86	86	23	23
村民委员会	个	1378	1391	346	350
居民委员会	个	211	192	72	67
村民小组	个	33898	33868	8752	8730
农村社会基础设施					
自来水受益村数	个	1328	1298	347	344
通有线电视村数	个	1215		244	
通宽带村数	个	1288		310	
乡（镇）村户数	**万户**	**134.13**	**135.86**	**41.12**	**40.97**
乡（镇）村人口数	**万人**	**522.55**	**527.59**	**138.31**	**140.03**
#男	万人	274.28	276.07	73.71	74.07
女	万人	248.27	251.52	64.6	65.96
乡（镇）村劳动力资源	**万人**	**343.24**	**346.99**	**93.69**	**96.28**
#男	万人	183.12	184.82	49.56	50.83
女	万人	160.12	162.17	44.13	45.45
乡（镇）村从业人员	**万人**	**311.42**	**313.67**	**84.52**	**87.68**
#男	万人	165.86	166.77	45.19	46.92
女	万人	145.56	146.9	39.33	40.76
农业从业人员	万人	225.88	196.44	60.2	59.32
#男	万人	118.33		31.36	
女	万人	107.55		28.84	
农业用地情况					
耕地	公顷	692460	692236	215006	216316
园地	公顷	84262	84936	33738	33464
林地	公顷	979135	982108	260218	263039
草地	公顷	46779	46443	19289	18019
设施农业用地	公顷	3206	3092	1472	2075

4-5 全市农林牧渔业总产值

单位：万元

指标名称	2014 年		2013 年	
	上年价	2014 年现行价	上年价	2013 年现行价
农林牧渔业总产值	**6034891**	**6094853**	**5596304**	**5772670**
农业产值	**3314298**	**3379373**	**2989454**	**3115745**
主产品产值	3259244	3324314	2932452	3058753
粮食作物合计	606129	628816	602306	601705
经济作物合计	816128	770461	819483	793475
蔬菜（食用菌类）园艺作物	1167333	1249440	956531	1033627
水果、饮料和香料	621971	627913	507171	582985
其他农作物	47683	47683	46962	46962
林业产值	**291342**	**284733**	**268975**	**290811**
营林	21854	23300	22710	22646
全社会竹木采伐	183221	175180	177306	184665
林产品	86267	86254	68960	83499
牧业产值	**1873291**	**1854103**	**1833899**	**1849520**
牲畜饲养	137560	161014	110291	132112
牛饲养	124170	146924	98835	119231
羊饲养	13390	14090	11455	12881
猪的饲养	830953	758013	855207	815034
家禽的饲养	496738	534779	504574	519660
活的畜禽产品	58238	62175	56974	56974
其他动物及产品	349802	338122	306851	325739
渔业产值	**237319**	**251312**	**219332**	**225971**
服务业产值	**318641**	**325333**	**284643**	**290621**

4-6 市区农林牧渔业总产值

单位：万元

指标名称	2014 年		2013 年	
	上年价	2014 年现行价	上年价	2013 年现行价
农林牧渔业总产值	**2238000**	**2253383**	**2057590**	**2141766**
农业产值	**1195950**	**1199349**	**1067043**	**1133747**
主产品产值	1178489	1181887	1049188	1115892
粮食作物合计	145535	150950	150156	149072
经济作物合计	329116	308658	326497	320329
蔬菜（食用菌类）园艺作物	398296	421934	316851	345063
水果、饮料和香料	297949	292753	247215	292957
其他农作物	7593	7593	8470	8470
林业产值	**130567**	**124727**	**111552**	**121537**
营林	8751	9327	9962	9951
全社会竹木采伐	84341	78070	72861	75827
林产品	37475	37331	28730	35759
牧业产值	**598619**	**607271**	**597257**	**598085**
牲畜饲养	25193	29731	19598	23592
牛饲养	24590	29096	18991	22910
羊饲养	603	636	607	682
猪的饲养	222357	202839	227673	216978
家禽的饲养	253725	273453	259075	266576
活的畜禽产品	36590	39394	36985	36985
其他动物及产品	60753	61854	53925	53953
渔业产值	**69702**	**73767**	**64468**	**66564**
农林牧渔服务业产值	**243162**	**248268**	**217269**	**221832**

4-7 农业林牧渔业总产值及构成

（2014 年，按当年价计算）

指标名称	农林牧渔业总产值	农业	林业	牧业	渔业	服务业
总产值（万元）						
全市	**6094853**	**3379373**	**284733**	**1854103**	**251312**	**325333**
市　区	2253383	1199349	124727	607271	73767	248268
武鸣县	1153244	670855	46226	363175	44378	28609
隆安县	375996	230356	14638	104952	15677	10373
马山县	255016	121897	17141	103628	11568	782
上林县	311460	139788	17411	133147	20061	1052
宾阳县	685046	373116	26483	235019	40951	9476
横 县	1060709	644011	38106	306910	44909	26772
构成（%）						
全市	**100.00**	**55.45**	**4.67**	**30.42**	**4.12**	**5.34**
市　区	100.00	53.22	5.54	26.95	3.27	11.02
武鸣县	100.00	58.17	4.01	31.49	3.85	2.48
隆安县	100.00	61.27	3.89	27.91	4.17	2.76
马山县	100.00	47.80	6.72	40.64	4.54	0.31
上林县	100.00	44.88	5.59	42.75	6.44	0.34
宾阳县	100.00	54.47	3.87	34.31	5.98	1.38
横 县	100.00	60.72	3.59	28.93	4.23	2.52

4-8 全市农作物播种面积和产量

指标名称	2014年			2013年		
	播种面积（公顷）	单产（公斤/公顷）	产量（吨）	播种面积（公顷）	单产（公斤/公顷）	产量（吨）
农作物总播种面积	**967779**			**948504**		
粮食合计	**441391**	**5104**	**2252668**	**442856**	**5045**	**2234391**
夏收	218161	5485	1196588	219545	5592	1227752
秋收	213024	4792	1020714	212158	4554	966248
稻 谷	293225	5543	1625461	287275	5495	1578701
早 稻	139689	5888	822433	138849	6093	845986
中 稻	1200	5505	6606	1378	5260	7248
晚 稻	152336	5228	796422	147048	4934	725467
玉 米	104795	5104	534921	111205	4972	552896
豆类合计	24981	1448	36165	24928	1617	40313
大豆	20106	1395	28052	21943	1614	35412
绿豆	1350	1530	2066	1596	1749	2791
薯类	18182	3067	55763	18985	3250	61709
红薯	11103	2590	28759	12674	2733	34634
经济作物	**265578**			**274598**		
油料作物	49184	2923	143744	46755	2817	131726
花生	48161	2968	142963	45786	2861	131007
油菜籽	885	671	594	836	653	546
麻 类	152	2434	370	200	5110	1022
甘 蔗	162473	76319	12399757	168891	73242	12369908
糖 蔗	158162	74989	11860447	164929	72088	11889329
果 蔗	4311	125101	539310	3962	121297	480579
药 材	7069			4626	20842	96418
木 薯	46100	11279	519955	49303	11058	545193
其他农作物	**260810**			**231050**		
蔬菜（包括菜用瓜）	202494	21867	4427884	177888	21776	3873736
食用菌（干鲜混合）	2303	81904	188625	2128	76314	162397
果瓜类	43008	25884	1113236	40560	25744	1044185
青饲料	4239			4158		
饲 草	1398			1472		
绿 肥	4139			3431		
马 蹄	106			90	15600	1404
其 他	3023			1323		

4-9 市区农作物播种面积和产量

指标名称	2014年			2013年		
	播种面积（公顷）	单产（公斤/公顷）	产量（吨）	播种面积（公顷）	单产（公斤/公顷）	产量（吨）
农作物总播种面积	**311184**			**307228**		
粮食合计	**10275**	**5282**	**542756**	**106086**	**5257**	**557739**
夏收	47953	5677	272236	48869	5744	280697
秋收	54122	4944	267565	56149	4877	273826
稻 谷	77825	5524	429905	78860	5529	435999
早 稻	34779	5932	206318	35826	6043	216490
中 稻						
晚 稻	43046	5194	223587	43034	5101	219509
玉 米	19175	5155	98848	21477	5072	108939
豆类合计	2041	1849	3773	2156	1877	4046
大 豆	1196	1869	2235	1220	1935	2361
绿 豆	530	1708	905	598	1724	1031
薯类	3692	2754	10167	3575	2431	8692
红 薯	3203	2428	7777	3444	2384	8211
经济作物	**98318**			**99289**		
油料作物	18590	2875	53446	18108	2816	51001
花 生	18537	2876	53319	18056	2818	50878
油 菜 籽						
麻 类	152	2434	370	141	2128	300
甘 蔗	67979	77731	5284071	69651	74189	5167345
糖 蔗	67211	77332	5197584	68878	73808	5083730
果 蔗	768	112613	86487	773	108169	83615
药 材	2148			2069	35824	74121
木 薯	9287	11285	104808	9149	11263	103048
其他农作物	**110115**			**101853**		
蔬菜（包括菜用瓜）	74539	22071	1645156	68842	21280	1464978
食用菌（干鲜混合）	248	65105	16146	140	69493	9729
果瓜类	29783	25675	764665	28984	25401	736234
青饲料	1370			1338		
饲 草	721			781		
绿 肥	591			585		
马 蹄						
其 他	2863			1183		

4-10 茶叶、桑蚕及水果生产情况

指标名称	单位	全市		市区	
		2014年	2013年	2014年	2013年
茶叶合计	**吨**	**3682**	**3486**		
园林水果合计	**吨**	**1826919**	**1705101**	**763760**	**763301**
梨	吨	11898	10929	2623	2639
#雪花梨	吨	255		255	
柑橘类水果	吨	132306	124045	23300	21903
#柑	吨	67702	58599	17732	16158
橘	吨	52			
橙	吨	61937	62331	5203	4848
柚	吨	2615	3115	365	897
热带水果	吨	1536590	1448829	695994	705448
#香蕉	吨	1293621	1216160	599840	613731
菠萝	吨	7403	7161	3265	3096
荔枝	吨	51307	48445	28034	26804
龙眼	吨	115623	110040	33526	30881
芒果	吨	25389	25664	11981	12048
其他水果	吨	146125	121268	41843	33311
#桃	吨	5302	4980	463	471
葡萄	吨	11436	8869	1618	1522
红枣（按鲜枣计算）	吨	948	1017	15	96
柿子（按鲜柿计算）	吨	9876	9502	462	449
李子	吨	14470	14160	358	346
其他	吨	100674	82740	38125	30427
食用坚果	吨	19472		317	
板栗	吨	19290	20249	135	244
松子	吨	182		182	
年末实有茶园面积	**公顷**	**2107**	**1925**		
#当年采摘面积	公顷	1960	1888		
年末实有桑园面积	**公顷**	**38152**	**37411**	**3845**	**3773**
年末果园面积	**公顷**	**108850**	**94542**	**47729**	**43041**
梨园	公顷	955	729	214	221
柑橘园（含金橘）	公顷	4975	3442	1136	1158
橙园	公顷	2516	2776	889	981
柚子园	公顷	170	184	106	124
蕉园	公顷	53222	43426	21991	21024
#香蕉园	公顷	50589	42817	21470	20664
菠萝园	公顷	1025	1199	888	938
荔枝园	公顷	11020	12458	6294	7363
龙眼园	公顷	16322	17695	5771	6011
芒果园	公顷	2751	2930	1671	1794
桃园	公顷	365	381	126	130
葡萄园	公顷	1064	727	134	101
枣园	公顷	91	138	13	13
柿子园	公顷	181	137	36	34
李子园	公顷	204	147	82	42
其他果园	公顷	13989	8173	8378	3107

4-11 林业生产情况

指标名称	单位	全市		市区	
		2014 年	2013 年	2014 年	2013 年
营林情况					
当年造林面积	公顷	8467	8042	2807	2283
人工造林(年末成活率 85% 以上)	公顷	7574	7149	2972	2283
按主要的林种用途分					
用材林	公顷	7409	6635	2760	1860
#速生丰产林	公顷	5273	6734	2483	2200
更新造林	公顷	15344	15353	7296	8116
当年四旁零星植树(按实际成活株数)	万株	654	663	160	157
封山育林面积	公顷	13911	16627	560	
当年幼林抚育作业面积	公顷	26992	24922	16806	17499
成林抚育(实际)面积(包括间伐)	公顷	12661	51755	10459	21754
林木种籽采集量	吨				
当年苗木产量	万株	3529	5247	1546	3173
育苗面积	公顷	516	1066	98	155
#新育	公顷	153	143	9	17
林产品产量(包括农户自用)					
油桐籽(籽:油 =4:1)	吨	386	358		
油茶籽(籽:油 =5:1))	吨	111	103		
松脂	吨	70008	67158	34654	33272
竹笋干(鲜笋按 1/3 折干)	吨	4466	3920	1443	1319
板栗	吨	19290	20249	135	244
八角	吨	6880	4576	88	10
桂皮	吨	30	125	30	125
安叶油	吨		750		
竹木采伐量					
木材	立方米	2739773	2790411	1229545	1074697
篙竹	万根	311	306		
大杂竹	万根	4258	3829	2459	2094
小杂竹	吨	45205	44962	4217	3902

4-12 畜牧生产情况

项 目	计量单位	全 市		市 区	
		2014年	2013年	2014年	2013年
畜禽出栏					
猪	万头	530.4	523.31	140.27	138.6
牛	万头	23.42	22.53	4.79	4.42
山 羊	万头	23.72	22.82	1.07	1.21
家 禽	万只	13467.95	14144.08	6771.19	7149.05
鸡	万只	10058.95	10379.27	5134.66	5329.06
鸭	万只	3335.54	3688.73	1619.95	1794.28
鹅	万只	73.46	76.08	16.58	25.71
兔	万只	77.12	47.62	47.18	21.55
畜禽存栏					
大牲畜	万头	72.49	72.53	16.97	18.1
#役用畜	万头	43.16	39.11	11.08	10.67
牛	万头	71.09	71.05	16.97	18.1
肉牛	万头	46.37	32.04	12.67	10.64
奶牛	万头	2.52	2.13	0.75	0.88
马	万头	1.4	1.48		
猪	万头	429.98	429.4	122.08	128.86
#能繁殖母猪	万头	45.48	44.33	11.61	11.95
山 羊	万头	32.39	25.43	7.02	0.74
家 禽	万只	6003.57	5849.22	2837.25	2792.62
鸡	万只	4554.57	4481.24	2170.04	2143.08
鸭	万只	1387.46	1326.5	660.12	639.72
鹅	万只	61.45	41.48	7	9.82
畜禽产品产量					
肉类总产量	吨	659076	655301	233373	232513
猪肉	吨	392753	385229	105098	102556
牛肉	吨	22461	21567	4448	4144
羊肉	吨	3625	3511	147	163
禽肉	吨	227625	238311	116676	122174
#鸡	吨	156320	161604	81334	85362
鸭	吨	69018	74765	34855	36380
鹅	吨	2287	1942	487	432
兔肉	吨	1342	834	681	428
狗肉	吨	2686	1785	1217	673
鸽肉	吨	2227	1596	1719	1325
鹌鹑肉	吨	93	9	55	3
其他肉产量	吨	6264	2459	3332	1047
禽蛋	吨	32098	31185	14065	14024
奶类产量	吨	50008	49417	45368	46298
蜂蜜	吨	568	561	98	10
蚕茧	吨	82854	80048	8104	9452

4-13 渔业生产情况

	计量单位	全市		市区	
		2014 年	2013 年	2014 年	2013 年
水产品总产量	**吨**	**244635**	**232972**	**71797**	**68495**
淡水捕捞	吨	16600	16600	3910	3482
鱼 类	吨	15633	15355	3703	3128
甲壳（虾蟹）类	吨	401	481	25	29
贝 类	吨	482	628	175	294
其他类	吨	84	136	7	31
淡水养殖	吨	228035	216372	67887	65013
鱼 类	吨	224849	213436	67259	64453
虾蟹类	吨	1146	1029	232	156
贝 类	吨	748	713		2
其他类	吨	1292	1194	396	402
水产品养殖面积	**公顷**	**29202**	**29566**	**9474**	**9683**
池塘养殖	公顷	12264	12335	5205	5326
河沟养殖	公顷	1628	1677	164	204
山塘水库养殖	公顷	15118	15391	4041	4098
其他养殖	公顷	192	163	64	55

4-14 农业机械化情况

指标名称	单位	全市		市区	
		2014年	2013年	2014年	2013年
农业机械总动力合计	**千瓦**	**4727067**	**4592463**	**1492242**	**1461444**
柴油发动机动力	千瓦	3782957	3742554	1235377	1244451
汽油发动机动力	千瓦	211618	147961	86729	69259
电动机动力	千瓦	731153	700582	170136	147734
其他机械动力	千瓦	1339	1366		
主要农业机械与设备					
大中型拖拉机	台	8084	7263	2980	2619
小型拖拉机	台	102135	99804	35675	34663
大中型拖拉机配套农具	部	11559	12119	3816	5031
小型拖拉机配套农具	部	58415	57106	16531	18616
农用排灌电动机	台	31265	30629	8019	7674
农用排灌柴油机	台	91619	91513	43247	42877
联合收割机	台	3395	3373	442	389
机动脱粒机	台	130597	130540	18563	18708
农用运输车	辆	5454	7072	1221	1467
渔用机动船	艘	1568	1745	765	875
农用水泵	台	128374	128400	48292	47242
节水灌溉机械	套	5741	6160	232	882
附；当年机耕地面积	公顷	763614	740100	235505	235164

4-15 农村水电、化肥用量及灌溉情况

指标名称	单位	全市		市区	
		2014 年	2013 年	2014	2013 年
水电建设					
乡(镇)办水电站个数	个	9	9	1	1
装机容量	千瓦	7838	7108	760	760
发电量	万千瓦小时	1994	1925	132	136
村和村民小组办水电站	个	41	41	1	1
装机容量	千瓦	15635	15615	320	320
发电量	万千瓦小时	3149	2971	22	21
农村用电量	**万千瓦小时**	**106862**	**87226**	**37371**	**33600**
农用化肥施用量					
按实物量计算	吨	1537344	1495356	557051	559050
氮肥	吨	445269	428135	149974	149217
磷肥	吨	306693	305756	115847	116988
钾肥	吨	204833	200689	72134	71784
复合肥	吨	580549	560776	219096	221061
按折纯法计算	吨	468191	454969	170165	170757
氮肥	吨	109583	105644	39564	39476
磷肥	吨	47926	47575	17593	17609
钾肥	吨	95856	94305	33359	33490
复合肥	吨	214826	207445	79649	80182
农用塑料薄膜使用量	**吨**	**12488**	**11184**	**5636**	**5510**
# 地膜使用量	吨	9490	9066	5148	5040
地膜覆盖面积	公顷	111075	108855	68966	69440
农用柴油使用量	**吨**	**95892**	**91776**	**35939**	**35737**
农药使用量(按实物量计算)	**吨**	**15113**	**14168**	**4517**	**4559**
灌溉情况					
有效灌溉面积	公顷	253557	246718	87993	83997
旱涝保收面积	公顷	194684	189920	60270	59191
机电排灌面积	公顷	73449	66984	35700	33789
机电井	眼	1636	1628	870	992

4-16 各县农村基本情况及从业人员构成

（2014 年）

指标名称	单位	武鸣县	隆安县	马山县	上林县	宾阳县	横　县
农村基层组织							
乡镇个数	个	13	10	11	11	16	17
#镇个数	个	13	6	7	7	16	14
村民委员会	个	198	118	133	115	192	276
居民委员会	个	20	13	18	16	41	31
村民小组	个	3132	2441	3573	2967	5958	7075
农村社会基础设施							
通汽车村数	个	198	107	130	115	191	240
通电话村数	个	198	95	133	115	188	242
自来水受益村数	个	198	96	122	115	179	268
乡（镇）村户数	**万户**	**15.06**	**8.05**	**12.48**	**9.23**	**20.78**	**27.41**
乡（镇）村人口数	**万人**	**57**	**37.96**	**51.46**	**41.49**	**89.04**	**107.29**
男	万人	29.65	19.47	27.07	21.06	48.13	55.19
女	万人	27.35	18.49	24.39	20.43	40.91	52.1
乡（镇）村劳动力资源	**万人**	**39.31**	**27.37**	**33.61**	**25.72**	**57.02**	**66.52**
男	万人	21.26	14.63	18.03	13.39	31.27	34.98
女	万人	18.05	12.74	15.58	12.33	25.75	31.54
乡（镇）村从业人员	**万人**	**34.95**	**24.35**	**31.5**	**18.84**	**52.88**	**64.38**
男	万人	19.18	13.16	16.7	9.57	28.14	33.92
女	万人	15.77	11.19	14.8	9.27	24.74	30.46
农业从业人员	万人	21.27	17.45	29.35	18.24	33.45	45.92
#男	万人	11.58	9.05	15.2	9.17	17.91	24.06
女	万人	9.69	8.4	14.15	9.07	15.54	21.86
农业用地情况							
耕地	公顷	118562	62404	46185	48229	91576	110498
园地	公顷	19003	17014	1131	1359	1037	10980
林地	公顷	148742	104921	149773	62593	93352	159536
草地	公顷	5947	2651	4277	9171	3754	1690
设施农业用地	公顷	665	102	72	28	471	396

4-17 各县农林牧渔业总产值

（2014 年）　　单位：万元

指标名称	武鸣县		隆安县		马山县	
	上年价	2014 年现行价	上年价	2014 年现行价	上年价	2014 年现行价
农林牧渔业总产值	**1140264**	**1153244**	**368109**	**375996**	**253467**	**255016**
农业产值	**656136**	**670855**	**221441**	**230356**	**117467**	**121897**
主产品产值	643507	658226	216309	225225	114294	118724
粮食作物合计	103688	107858	44707	46251	47558	49284
经济作物合计	164780	157293	43728	41762	16046	15280
蔬菜（食用菌类）园艺作物	201862	213433	50374	53267	41049	44271
水果、饮料和香料	171759	178224	76949	83392	5636	5885
其他农作物	1418	1418	552	552	4005	4005
林业产值	**45942**	**46226**	**14596**	**14638**	**18844**	**17141**
营林	2179	2319	1469	1567	1500	1598
全社会竹木采伐	26650	26654	7403	7407	13782	11977
林产品	17114	17252	5723	5663	3562	3566
牧业产值	**368093**	**363175**	**107185**	**104952**	**105383**	**103628**
牲畜饲养	36942	43115	14607	16873	17667	20480
牛饲养	32351	38280	11449	13547	14407	17047
羊饲养	4591	4835	3158	3326	3260	3433
猪的饲养	213416	194683	70202	64039	60890	55545
家禽的饲养	94176	101476	19115	20770	17446	18555
活的畜禽产品	13181	13836	1244	1305	849	889
其他动物及产品	10377	10066	2016	1965	8531	8158
渔业产值	**42072**	**44378**	**14728**	**15677**	**11007**	**11568**
服务业产值	**28021**	**28609**	**10160**	**10373**	**766**	**782**

4-17 续表

单位：万元

指标名称	上林县		宾阳县		横　县	
	上年价	2014 年现行价	上年价	2014 年现行价	上年价	2014 年现行价
农林牧渔业总产值	**314395**	**311460**	**682156**	**685046**	**1038499**	**1060709**
农业产值	**137080**	**139788**	**367889**	**373116**	**618334**	**644011**
主产品产值	133862	136570	361664	366886	611119	636796
粮食作物合计	50159	51946	100207	103762	114275	118764
经济作物合计	43135	40983	100764	94829	118559	111657
蔬菜（食用菌类）园艺作物	27906	30302	127424	137212	320423	349021
水果、饮料和香料	6260	6937	20549	18363	42869	42361
其他农作物	6402	6402	12720	12720	14993	14993
林业产值	**17163**	**17411**	**26412**	**26483**	**37818**	**38106**
营林	2424	2588	1723	1835	3807	4065
全社会竹木采伐	7753	7753	15551	15551	27740	27768
林产品	6985	7070	9138	9097	6270	6274
牧业产值	**140100**	**133147**	**240077**	**235019**	**313835**	**306910**
牲畜饲养	6923	8036	20760	24507	15467	18271
牛饲养	5727	6777	20416	24157	15230	18021
羊饲养	1196	1259	345	350	237	249
猪的饲养	70506	64317	85803	78271	107779	98318
家禽的饲养	8772	9290	40631	43290	62871	67945
活的畜禽产品	584	611	1782	1871	4007	4268
其他动物及产品	53315	50892	91100	87080	123710	118108
渔业产值	**19022**	**20061**	**38497**	**40951**	**42291**	**44909**
服务业产值	**1030**	**1052**	**9282**	**9476**	**26221**	**26772**

4-18 各县农作物播种面积和产量

（2014 年）

指标名称	武鸣县			隆安县			马山县		
	播种面积（公顷）	单产（公斤/公顷）	产量（吨）	播种面积（公顷）	单产（公斤/公顷）	产量（吨）	播种面积（公顷）	单产（公斤/公顷）	产量（吨）
农作物总播种面积	**178779**			**71520**			**58922**		
粮食合计	**73330**	**5182**	**379976**	**37270**	**4521**	**168505**	**40270**	**4551**	**183257**
夏收	36909	5462	201584	18012	5527	99556	21645	5306	114851
秋收	31739	5068	160852	18849	3625	68333	18081	3717	67211
稻谷	39560	5790	229070	15520	5390	83656	15860	5272	83616
早稻	19100	6030	115167	7120	5921	42156	8030	5622	45145
中稻	440	6693	2945	300	4183	1255	460	5230	2406
晚稻	20020	5542	110958	8100	4969	40245	7370	4893	36065
玉米	20890	5733	119761	15210	5012	76225	19370	4761	92223
豆类合计	6960	1433	9976	5320	1265	6731	3540	1224	4334
大豆	6200	1383	8573	5040	1274	6421	2980	1304	3887
绿豆	70	1457	102	30	1200	36	10	900	9
薯类	5880	3589	21104	1210	1556	1883	1410	2109	2973
红薯	1290	2871	3703	1160	1515	1757	910	2026	1844
经济作物	**59589**			**20939**			**9750**		
油料作物	13532	2984	40385	2716	2095	5690	1189	2089	2484
花生	13532	2984	40385	2627	2140	5622	1095	2195	2403
油菜籽				70	757	53	94	862	81
麻类									
甘蔗	24538	79723	1956248	10711	56020	600030	3715	59357	220512
糖蔗	24044	79023	1900020	10638	55877	594418	3590	59749	214500
果蔗	494	113822	56228	73	76877	5612	125	48096	6012
药材	370			697			2966		
木薯	21026	12194	256400	6576	11534	75850	1880	10008	18815
其他农作物	**45860**			**13311**			**8902**		
蔬菜（包括菜用瓜）	39252	24391	957390	11989	21325	255662	8260	23429	193523
食用菌（干鲜混合）	83	114602	9512						
果瓜类	5876	25642	150675	586	25819	15130	100	9500	950
青饲料	391			351			295		
饲草	37			41			210		
绿肥	100			333			37		
马蹄									
其他									

4–18 续表

指标名称	上林县			宾阳县			横县		
	播种面积（公顷）	单产（公斤/公顷）	产量（吨）	播种面积（公顷）	单产（公斤/公顷）	产量（吨）	播种面积（公顷）	单产（公斤/公顷）	产量（吨）
农作物总播种面积	**60461**			**135086**			**151827**		
粮食合计	**38860**	**4815**	**187124**	**70320**	**5243**	**368660**	**78590**	**5375**	**422390**
夏收	19336	4906	94858	36877	5558	204958	37429	5572	208545
秋收	19514	4726	92224	32943	4906	161633	37776	5371	202896
稻谷	26890	5185	139415	57040	5556	316898	60530	5665	342901
早稻	12950	5429	70303	28380	6013	170659	29330	5888	172685
中稻									
晚稻	13940	4958	69112	28660	5103	146239	31200	5456	170216
玉米	8450	4891	41327	7500	4867	36499	14200	4932	70038
豆类合计	2340	1344	3144	2290	1641	3759	2490	1786	4448
大豆	2210	1303	2880	1300	1582	2057	1180	1694	1999
绿豆				290	1486	431	420	1388	583
薯类	1180	2744	3238	3460	3304	11433	1350	3678	4965
红薯	1170	2732	3196	2960	3164	9364	410	2727	1118
经济作物	**14753**			**30569**			**31660**		
油料作物	3217	2279	7331	5562	3110	17298	4378	3908	17110
花生	2496	2753	6871	5514	3131	17263	4360	3922	17100
油菜籽	721	638	460						
麻类									
甘蔗	10025	59194	593420	21513	77399	1665085	23992	86712	2080391
糖蔗	9730	56115	546000	20658	75086	1551125	22291	83298	1856800
果蔗	295	160746	47420	855	133287	113960	1701	131447	223591
药材	396			326			166		
木薯	1115	6310	7036	3157	8914	28141	3059	9449	28905
其他农作物	**6848**			**34197**			**41577**		
蔬菜（包括菜用瓜）	6043	19927	120420	27685	20211	559550	34726	20048	696183
食用菌（干鲜混合）	75	40667	3050	308	23968	7382	1589	95994	152535
果瓜类	65	36031	2342	2467	33739	83233	4131	23297	96241
青饲料	310			911			611		
饲草				354			35		
绿肥	355			2311			412		
马蹄				33			73		
其他									

4-19 各县茶叶、桑蚕及水果生产情况

（2014 年）

指标名称	单位	武鸣县	隆安县	马山县	上林县	宾阳县	横　县
茶叶合计	**吨**	**416**		**60**	**370**	**54**	**2782**
园林水果合计	**吨**	**646458**	**315592**	**14430**	**5815**	**17186**	**63678**
梨	吨	5600	892	131	48	405	2199
柑橘类水果	吨	58166	44953	1906	350	1978	1653
# 柑	吨	36644	9300	1080	340	1310	1296
橘	吨	42					10
橙	吨	20221	35570	289		458	196
柚	吨	1259	83	537	10	210	151
热带水果	吨	519766	265542	6725	3436	8855	36272
# 香蕉	吨	427083	245360	4680	2898	2364	11396
菠萝	吨	3033	980				125
荔枝	吨	10831	2277	200	65	1056	8844
龙眼	吨	56795	9045	1845	473	2183	11756
芒果	吨	11542	266			216	1384
其他水果	吨	62926	4205	5668	1981	5948	23554
# 桃	吨	3956	92	187	57		547
葡萄	吨	1971	352	679	1612	3551	1653
红枣（按鲜枣计算	吨	413	5			85	430
柿子（按鲜柿计算）	吨	2730	107	693		195	5689
李子	吨	13196	55	101		485	275
其他	吨	38043	3594	4008	312	1632	14960
食用坚果	吨	826	18223				106
板栗	吨	826	18223				106
年末实有茶园面积	**公顷**	**181**		**54**	**145**	**20**	**1707**
# 当年采摘面积	公顷	164		54	56	14	1672
年末实有桑园面积	**公顷**	**961**	**110**	**1865**	**8525**	**9788**	**13058**
年末果园面积	**公顷**	**30205**	**17526**	**2021**	**756**	**1852**	**8761**
梨　园	公顷	398	32	24	28	45	214
柑橘园（含金橘）	公顷	2603	588	342	137	55	114
橙　园	公顷	293	1248			22	64
柚子园	公顷	18	3		25	2	16
蕉园	公顷	16306	13600	287	253	209	576
# 香蕉园	公顷	15288	13198		55	73	505
菠萝园	公顷	80	50				7
荔枝园	公顷	708	438	70	9	167	3334
龙眼园	公顷	5956	661	902	150	488	2394
芒果园	公顷	796	31			34	219
桃　园	公顷	153	5		9	34	38
葡萄园	公顷	313	22	58	90	246	201
枣　园	公顷	25	1			23	29
柿子园	公顷	24	5			17	99
李子园	公顷	82	3			25	12
其他果园	公顷	2450	839	338	55	485	1444

4-20 各县林业生产情况

（2014 年）

指标名称	单位	武鸣县	隆安县	马山县	上林县	宾阳县	横　县
营林情况							
当年造林面积	公顷	432	563	533	1439	478	2215
人工造林（年末成活率 85% 以上）	公顷	432	563	533	546	478	2215
按主要的林种用途分							
用材林	公顷	432	563	533	496	478	2147
# 速生丰产林	公顷	415	531	533		478	833
更新造林	公顷	1733	1118	952	1397	1353	1495
封山育林面积	公顷	120	8	95	76	45	150
当年四旁零星植树（按实际成活株数）	万株		783	7804	4764		
林木种籽采集量	吨	2202			2231	5753	
育苗面积	公顷	2202					
# 新育	公顷						
当年苗木产量	万株	372	309	70	445		787
当年幼林抚育作业面积	公顷	7	204	2	158	11	36
成林抚育（实际）面积（包括间伐）	公顷	7	24	2	71	4	36
林产品产量（包括农户自用）							
油桐籽（籽 : 油 =4:1)	吨		41	75	55	40	175
油茶籽（籽 : 油 =5:1))	吨			38		73	
松脂	吨	11704	5969	2673	2006	8337	4665
竹笋干（鲜笋按 1/3 折干）	吨	1642	25	162	649	245	300
板栗	吨	826	18223				106
八角	吨	1576	145	2000	2936	135	
桂皮	吨						
安叶油	吨						
竹木采伐量							
木材	立方米	442594	119931	171872	125299	229175	421357
篙竹	万根	10	32				269
大杂竹	万根	78	48	168	59	766	680
小杂竹	吨	912	811	32160	4251	1833	1021

4-21 各县主要牲畜年末存栏情况

（2014 年）

指标名称	单位	武鸣县	隆安县	马山县	上林县	宾阳县	横　县
畜禽出栏							
猪	万头	139.13	44.76	38.55	46.39	53.09	68.21
牛	万头	5.84	2.14	2.65	1.14	3.94	2.92
山 羊	万头	8.14	5.6	5.78	2.12	0.59	0.42
家 禽	万只	2529.11	504.71	482.2	257.85	1094.84	1828.05
鸡	万只	1907.58	416.8	295.83	124.91	708.67	1470.5
鸭	万只	610.2	87.41	177.02	126.94	366.71	347.31
鹅	万只	11.33	0.5	9.35	6	19.46	10.24
兔	万只	6.12	3	2.98	1.56	12.11	4.17
畜禽存栏							
大牲畜	万头	16.66	8.61	7.97	6.96	9.04	6.28
#役用畜	万头	8.55	4.91	7.97		5.7	4.95
牛	万头	16.3	8.49	7.52	6.65	8.97	6.19
肉牛	万头	5.16	3.44	7.52	3.25	8.93	5.4
奶牛	万头	0.93	0.01			0.04	0.79
马	万头	0.36	0.12	0.45	0.31	0.07	0.09
猪	万头	120	34.55	29.15	33.6	34.42	56.18
#能繁殖母猪	万头	14.67	5.22	1.58	3.55	3.01	5.84
山 羊	万头	6.39	8.1	5.92	3.71	0.6	0.65
家 禽	万只	1094.77	419.52	165.32	196.1	448.15	842.46
鸡	万只	820.15	375.1	102.56	103.2	301.34	682.18
鸭	万只	254.02	43.42	58.98	85.9	129.54	155.48
鹅	万只	20.6	1	3.78	7	17.27	4.8
畜禽产品产量							
肉类总产量	吨	153055	45508	40614	39309	64141	83076
猪肉	吨	100872	33181	28780	33325	40555	50942
牛肉	吨	5852	2071	2606	1036	3693	2755
羊肉	吨	1224	871	899	332	86	66
禽肉	吨	43015	8683	8011	4109	18552	28579
#鸡	吨	30099	7001	4321	1963	10462	21140
鸭	吨	12399	1662	3447	2081	7470	7104
鹅	吨	517	20	243	65	620	335
兔肉	吨	184	55	54	19	231	118
狗肉	吨	361	106	85	200	480	237
鸽肉	吨	221	57	14	9	180	27
鹌鹑肉	吨	28	2				8
其他肉产量	吨	1298	482	165	279	364	344
禽蛋	吨	11625	1115	787	541	1562	2403
奶类产量	吨	1351	87			205	2997
蜂蜜	吨	19	47			182	222
蚕茧	吨	1888	319	2196	14128	23524	32695

4-22 各县渔业主要产品产量

（2014年）

指标名称	单位	武鸣县	隆安县	马山县	上林县	宾阳县	横　县
水产品总产量	**吨**	**44495**	**14582**	**11755**	**20077**	**38492**	**43437**
淡水捕捞	吨	3669	572			1740	6709
鱼 类	吨	3575	396			1453	6506
甲壳（虾蟹）类	吨	48	43			150	135
贝 类	吨	5	132			102	68
其他类	吨	41	1			35	
淡水养殖	吨	40826	14010	11755	20077	36752	36728
鱼 类	吨	40575	13836	11570	19548	35640	36421
虾蟹类	吨	201		135	43	440	95
贝 类	吨			35	392	290	31
其他类	吨	50	174	15	94	382	181
水产品养殖面积	**公顷**	**5283**	**1598**	**1428**	**3943**	**3355**	**4121**
池塘养殖	公顷	2303	821	549	938	1542	906
河沟养殖	公顷	19	108	290	16	17	1014
山塘水库养殖	公顷	2930	607	585	2989	1792	2174
其他养殖	公顷	31	62	4		4	27

4-23 各县农业机械化情况

（2014 年）

指标名称	单位	武鸣县	隆安县	马山县	上林县	宾阳县	横　县
农业机械总动力合计	**千瓦**	**781397**	**281525**	**260698**	**495457**	**769671**	**646077**
柴油发动机动力	千瓦	689129	231570	90150	336510	681325	518896
汽油发动机动力	千瓦	15768	26886	39799	2495	34630	5311
电动机动力	千瓦	75526	22721	130749	156452	53699	121870
其他机械动力	千瓦	974	348			17	
主要农业机械与设备							
大中型拖拉机	台	842	286	239	183	2020	1534
小型拖拉机	台	19511	6999	2247	9566	16620	11517
大中型拖拉机配套农具	部	1828	736	503	317	2214	2145
小型拖拉机配套农具	部	17934	2749	995	1223	7976	11007
农用排灌电动机	台	2442	403	4951	7366	2248	5836
农用排灌柴油机	台	18579	9466	706	6562	8414	4645
联合收割机	台	351	149	200	764	1037	452
机动脱粒机	台	22752	7664	14069	36913	26569	4067
农用运输车	辆	1057	174	200	526	2053	223
渔用机动船	艘		38	64	34	41	626
农用水泵	台	21585	11037	7631	13991	13110	12728
节水灌溉机械	套	2332	2395		129	112	541
附；当年机耕地面积	公顷	160930	62902	43081	42031	105601	113564

4-24 各县农村水电、化肥用量及灌溉情况

（2014 年）

指标名称	单位	武鸣县	隆安县	马山县	上林县	宾阳县	横　县
水电建设							
乡(镇)办水电站个数	个	1	3		1	2	1
装机容量	千瓦	225	4000		1200	1493	160
发电量	万千瓦小时	88	1300		303	171	
村和村民小组办水电站	个	16		6	16	1	1
装机容量	千瓦	6000		2100	6590	500	125
发电量	万千瓦小时	1200		500	1227	200	
农村用电量	**万千瓦小时**	**11162**	**4989**	**16991**	**6185**	**12443**	**17721**
农用化肥施用量							
按实物量计算	吨	317444	133581	40386	58359	203952	226571
氮肥	吨	93547	40526	18558	20181	59998	62485
磷肥	吨	48572	32504	5498	10098	47923	46251
钾肥	吨	45013	25344	3364	5665	30918	22395
复合肥	吨	130312	35207	12966	22415	65113	95440
按折纯法计算	吨	109967	40154	11315	17322	58890	60378
氮肥	吨	22947	10115	4582	5045	14999	12331
磷肥	吨	7213	6456	795	1430	7188	7251
钾肥	吨	22561	12122	1574	2518	13913	9809
复合肥	吨	57246	11461	4364	8329	22790	30987
农用塑料薄膜使用量	吨	2868	523	221	643	1316	1281
# 地膜使用量	吨	1923	491	116	319	665	828
地膜覆盖面积	公顷	15562	1842	3335	2276	9538	9556
农用柴油使用量	吨	17564	7485	2545	7856	14367	10136
农药使用量(按实物量计算)	吨	2032	1554	279	683	3984	2064
灌溉情况							
有效灌溉面积	公顷	36256	18010	10976	18275	46203	35844
旱涝保收面积	公顷	29387	13406	7966	15519	33929	34207
机电排灌面积	公顷	4986	5740	1032	2113	12681	11197
机电井	眼	529		2	18	48	169

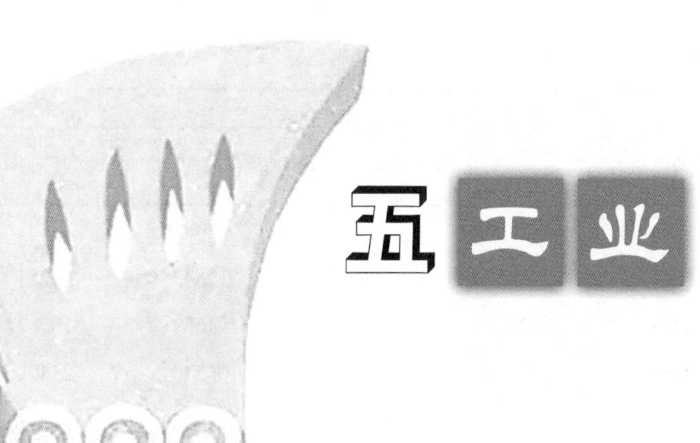

五 工业

CHAPTER 5 INDUSTRY

5-1 全市主要年份工业总产值

（按当年价格计算） 单位：万元

年份	全部工业总产值	轻工业	重工业	规模以上工业总产值	#国有工业	#集体工业
1950	767	704	63	238	37	201
1965	26370	17413	8957	23595	19842	3753
1978	111437	68785	42652	110979	91689	18287
1980	129920	94843	35077	128638	106710	21401
1985	216221	149483	66738	209855	178446	31211
1986	247582	169834	77748	236722	204570	31570
1987	310315	211666	98649	298512	257753	38720
1988	404796	279480	125316	387247	332131	51458
1989	504021	353985	150036	488566	417319	57031
1990	549256	382516	166740	528855	453624	59995
1991	625718	419582	206136	600539	507269	65208
1992	740112	487356	252756	700243	579918	82273
1993	1005613	628765	376848	909065	719657	122451
1994	1341785	812033	529752	1171195	888611	164083
1995	1529236	891430	637806	1303224	918567	231410
1996	1581367	933535	647832	1339026	848099	307245
1997	1696837	1008391	688446	1366220	762253	348946
1998	1824639	1090345	734294	1418302	739942	358305
1999	1870681	1096428	774253	1422855	492613	325646
2000	2417251	1400496	1016755	1485196	486501	177095
2001	2608099	1489715	1118384	1685135	358901	194259
2002	2911858	1579082	1332776	1987028	363601	164196
2003	3341980	1846907	1495073	2418570	556669	117223
2004	4040693	2037693	2003000	3003353	842068	57348
2005	4909198	2559317	2349881	3701812	968474	64551
2006	6392812	3342337	3050475	4954808	1038323	88873
2007	8302142	4293941	4008201	6690667	1303988	96465
2008	10598632	5123335	5475297	8649563	1471132	87492
2009	11757647	6222870	5534777	9816480	1654334	73099
2010	15011824	7440694	7571130	12854044	1700981	54174
2011	20002301	10092932	9909369	17252922	1937849	82630
2012	22827319	11226164	11601155	21093267	2512372	112116
2013	26591777	12068752	14523024	25571348	1942979	137903
2014	29550538	12711226	16839312	28566304	1801199	111823

注：2000 年以后为行政区划调整后的数据，其余年份为原南宁口径。2000 年以前规模以上工业产值为乡及乡以上工业口径，2001-2010 年规模以上工业统计口径为主营业务收入 500 万元及以上工业法人单位，2011 年以后规模以上工业统计口径为年主营业务收入 2000 万元以上工业法人单位。

5-2 全市主要年份工业总产值发展速度

单位：%

年份	全部工业总产值	轻工业	重工业	规模以上工业总产值	# 国有工业	# 集体工业
1951	179.98	178.26	200.00	160.90	367.57	124.89
1965	142.07	138.43	149.77	142.77	146.59	125.44
1978	108.26	105.55	112.78	108.28	108.33	108.02
1980	113.67	122.91	97.57	113.88	113.15	117.65
1985	120.02	118.37	124.61	117.46	117.01	117.77
1986	107.97	108.66	106.16	107.06	108.51	99.20
1987	117.86	115.87	123.22	116.80	116.95	112.02
1988	116.17	116.74	114.71	115.83	114.27	122.15
1989	108.34	108.34	108.33	109.19	108.99	102.03
1990	106.97	106.52	108.14	108.58	107.88	105.43
1991	111.15	105.02	126.98	109.05	107.95	109.32
1992	117.18	117.92	115.58	117.62	114.77	117.77
1993	118.72	116.20	124.22	111.43	107.39	128.09
1994	117.75	111.27	130.97	120.71	107.19	132.19
1995	116.56	106.46	134.05	106.94	104.73	146.88
1996	101.09	102.40	99.29	101.22	91.45	132.14
1997	110.77	111.86	109.23	105.91	94.66	118.64
1998	109.72	110.14	109.12	106.12	101.28	99.17
1999	107.30	105.61	109.78	104.69	68.01	94.67
2000	106.79	104.44	110.12	106.44	78.96	90.58
2001	107.90	106.37	110.00	113.46	73.77	109.69
2002	111.65	106.00	119.17	117.92	101.31	84.52
2003	114.77	116.96	112.18	121.72	153.10	71.39
2004	120.91	110.33	133.97	124.18	151.27	48.92
2005	121.49	125.60	117.32	123.26	115.01	112.56
2006	130.22	130.59	129.81	133.85	107.21	137.68
2007	129.87	128.47	131.40	135.03	125.59	108.54
2008	127.66	119.32	136.60	129.28	112.82	90.70
2009	110.94	121.46	101.09	113.49	112.45	83.55
2010	127.68	128.36	127.01	130.94	102.82	74.11
2011	133.24	135.65	130.88	134.22	113.93	152.53
2012	114.12	111.23	117.07	122.26	129.65	135.68
2013	116.49	107.51	125.19	121.23	77.34	123.00
2014	111.13	105.32	115.95	111.71	92.70	81.09

注：2001 年以后工业总产值发展速度按当年价格计算，其余年份按可比价计算。

5-3 全市规模以上工业企业单位数、工业总产值

指标名称	单位数（个）		工业总产值（当年价格，万元）	
	2014 年	2013 年	2014 年	2013 年
年主营业务收入 2000 万及以上工业	**946**	**969**	**28566304**	**25571348**
# 国有控股企业	106	102	6102578	5583225
按轻重工业分				
轻工业	462	491	12264529	11605628
重工业	484	478	16301775	13965720
按企业规模分				
大型企业	23	21	6339391	6012418
中型企业	169	167	9107380	7371067
小型、微型企业	754	781	13119533	12187863
按登记注册类型分				
国有企业	36	37	1801199	1942979
集体企业	7	8	111823	137903
股份合作企业				
联营企业				
有限责任公司	261	250	7434962	6716619
股份有限公司	28	28	2160450	1777668
私营企业	524	554	11274335	10066489
其他企业	1	2	4574	14692
港澳台商投资企业	35	38	3731908	2782439
外商投资企业	54	52	2047054	2132558
按经济组织类型分				
独资企业	147	159	4678525	6130484
国有企业	36	37	1801199	1942979
集体企业	7	8	111823	137903
私营独资企业	55	63	663728	691420
港澳台商独资经营企业	19	23	907880	2151835
外资企业	30	28	1193895	1206345
合作、合伙企业	22	30	320820	364256
股份合作企业				
国有与集体联营企业				
其他联营企业				
私营合伙企业	18	24	184218	219329
港澳台资合作经营企业		1		15617
中外合作经营企业	3	3	132027	114619
其他企业（内资）	1	2	4574	14692
股份有限公司	45	43	2855037	2295396
股份有限公司（内资）	28	28	2160450	1777668
私营股份有限公司	15	14	576255	285552
港澳台商投资股份有限公司				
外商投资股份有限公司	2	1	118332	232176
有限责任公司	732	737	20711922	16781212
国有独资公司	7	7	149920	192025
私营有限责任公司	436	453	9850134	8870188
港澳台合资经营企业	16	14	2824027	614987
中外合资经营企业	19	20	602799	579417
其他有限责任公司	254	243	7285042	6524594

5-4 全市规模以上主要工业产品产量

（2014 年）

产品名称	单位	生产量	产品名称	单位	生产量
原煤	吨		冰醋酸	吨	
发电量	万千瓦小时		初级形态的塑料	吨	7511
火电	万千瓦小时		化学药品原药	吨	5653
水电	万千瓦小时		中成药	吨	38825
大米	吨	1015873	塑料制品	吨	722463
小麦粉	吨	59726	水泥熟料	吨	12920208
精制食用植物油	吨	77255	水泥	吨	16204986
鲜冷藏冻肉	吨		水泥电杆	根	129848
成品糖	吨	1302615	商品混凝土	立方米	21104567
配混合饲料	吨	5026530	预应力混凝土桩	米	24550
糕点	吨		砖（折标准砖）	万块	26926
方便面	吨	6011	平板玻璃	重量箱	6230008
乳制品	吨	148230	钢化玻璃	平方米	613533
液体乳	吨	148230	卫生陶瓷制品	件	4061101
罐头	吨	45581	生铁	吨	
冷冻饮品	吨	233759	粗钢	吨	
发酵酒精（折 96 度，商品量）	千升	253066	钢材	吨	711720
饮料酒	千升	303285	铁合金	吨	
啤酒	千升	303137	铝材	吨	233055
软饮料	吨	1563113	十种有色金属	吨	
精制茶	吨	56353	起重机	吨	116056
卷烟	万支	3922560	铸铁件	吨	3568
纱	吨	25989	锻件	吨	1307
布	万米	67	矿山专用设备	吨	52177
蚕丝	吨	7572	小型拖拉机	台	138972
服装	万件	138	水泥专用设备	吨	1008
轻革	平方米	532809	发电设备	千瓦	45050
人造板	立方米	7273274	交流电动机	千瓦	
家具	件	257103	电力电缆	千米	1716376
纸浆	吨	589822	变压器	千伏安	276791
机制纸及纸板	吨	565544	通信及电子网络用电缆	对千米	2620
纸制品	吨	891204	家用电风扇	台	336317
硫酸（折 100%）	吨		吸排油烟机	台	1819
盐酸（含量 31% 以上）	吨		表	只	886818
氢氧化钠（烧碱）（折 100%）	吨		电子元件	万只	7277
合成氨	吨	153384	淀粉	吨	990567
农用氮、磷、钾化学肥料总计（折纯）	吨	124528	松香	吨	54476
氮肥（折含 N 100%）	吨	103688	自来水生产量	万立方米	38028
化学农药原药（折有效成分 100%）	吨				

5-5 全市规模以上工业企业主要财务状况

（2014 年）　　单位：万元

指标名称	单位数（个）	#亏损企业	工业总产值（当年价）	工业销售产值（当年价）
总计	**946**	**107**	**28566304**	**27266878**
#亏损企业	107	107	1543650.5	1427482.8
国有控股企业	106	12	6102577.8	5884107.3
按登记注册类型分组				
国有企业	36	2	1801199	1819616
#中央企业	2		1073614	1112647
地方企业	34	2	727585	706970
集体企业	7	2	111823	107045
股份合作企业				
联营企业				
有限责任公司	261	37	7434962	7116315
#国有独资公司	7	1	149920	147726
其他有限责任公司	254	36	7285042	6968589
股份有限公司	28	2	2160450	1962032
私营企业	524	49	11274335	10647945
其他企业	1		4574	4419
港、澳、台商投资企业	35	3	3731908	3661278
外商投资企业	54	12	2047054	1948229
按轻重工业分				
轻工业	462	56	12264529	11772467
重工业	484	51	16301775	15494411
按大中小型工业分				
大型企业	23	3	6339391	6140662
中型企业	169	18	9107380	8758850
小微型企业	754	86	13119533	12367366

单位：万元

指标名称	单位数（个）	# 亏损企业	工业总产值（当年价）	工业销售产值（当年价）
按工业行业大类分	**946**	**107**	**28566304**	**27266878**
黑色金属矿采选业	2		112602	112602
有色金属矿采选业	3	1	18534	16989
非金属矿采选业	9		72345	60395
开采辅助活动	1	1	2515	2515
农副食品加工业	148	26	4425669	4259022
食品制造业	35	3	821421	803838
酒、饮料和精制茶制造业	41	3	888116	836164
烟草制品业	2		1126013	1132839
纺织业	20	7	424565	400404
纺织服装、服饰业	6	1	27498	23857
皮革、毛皮、羽毛及其制品和制鞋业	5	1	100705	93555
木材加工和木、竹、藤、棕、草制品业	73	6	1388135	1311856
家具制造业	8		126508	83925
造纸和纸制品业	56	7	1225621	1183725
印刷和记录媒介复制业	33	1	476838	473917
文教、工美、体育和娱乐用品制造业	7		77107	75374
石油加工、炼焦和核燃料加工业	3		40287	39124
化学原料和化学制品制造业	81	9	2348446	2183662
医药制造业	47	4	1029469	958816
橡胶和塑料制品业	52	8	1296235	1254946
非金属矿物制品业	90	11	2260727	2137476
黑色金属冶炼和压延加工业	12	4	314484	297662
有色金属冶炼和压延加工业	6	3	377373	349769
金属制品业	34	3	838825	730788
通用设备制造业	16	1	290258	282197
专用设备制造业	44	3	1063790	983817
汽车制造业	14	1	463460	429272
铁路、船舶、航空航天和其他运输设备制造业	2		104124	101602
电气机械和器材制造业	39	1	1819099	1671927
计算机、通信和其他电子设备制造业	22	1	3171250	3127331
仪器仪表制造业	8		155300	138725
其他制造业	7	1	110921	103314
废弃资源综合利用业	1		3158	2722
金属制品、机械和设备修理业	1		15369	14184
电力、热力生产和供应业	13		1397061	1436094
燃气生产和供应业	1		48670	48670
水的生产和供应业	4		103807	103807

单位：万元

指标名称	资产合计	流动资产小计	#存货	#产成品	固定资产小计
总计	**19242009**	**8743405**	**2228816**	**837408**	**7759440**
#亏损企业	2313086	974966	271032	125658	1101887
国有控股企业	7055791	2758551	814467	233412	2992214
按登记注册类型分组					
国有企业	1935315	350624	61823	22947	1316183
#中央企业	1496671	185727	17082		1059104
地方企业	438644	164897	44741	22947	257078
集体企业	107827	98555	7122	1564	7139
股份合作企业					
联营企业					
有限责任公司	5033123	2855619	950167	297350	1539549
#国有独资公司	363611	220538	28256	4768	70679
其他有限责任公司	4669511	2635081	921912	292582	1468871
股份有限公司	3646461	1493657	268653	135892	1168969
私营企业	4970320	2271975	594189	302047	2129007
其他企业	7256	4415	596	411	1878
港、澳、台商投资企业	1577006	1027893	210981	32856	474247
外商投资企业	1964704	640667	135286	44341	1122468
按轻重工业分					
轻工业	8695911	4141613	1097457	385459	3271933
重工业	10546098	4601792	1131359	451949	4487507
按大中小型工业分					
大型企业	5780228	2289783	444816	152757	2365617
中型企业	7279371	3307601	940659	304485	3041419
小微型企业	6182411	3146022	843341	380165	2352403

5-5 续表 1.1

单位：万元

指标名称	资产合计	流动资产小计	#存货	#产成品	固定资产小计
按工业行业大类分	**19242009**	**8743405**	**2228816**	**837408**	**7759440**
黑色金属矿采选业	47709	14266	5300	4264	33008
有色金属矿采选业	12597	5484	1126	105	4728
非金属矿采选业	39169	25510	2994	2453	8302
开采辅助活动	4708	973			2859
农副食品加工业	2939290	1754946	391221	191676	793784
食品制造业	502323	210052	49073	19105	165940
酒、饮料和精制茶制造业	601599	177063	69724	32706	369999
烟草制品业	822478	557036	259485	7770	117289
纺织业	202521	154902	64276	27409	40812
纺织服装、服饰业	28427	13210	2705	642	12340
皮革、毛皮、羽毛及其制品和制鞋业	53208	33315	8634	4850	17626
木材加工和木、竹、藤、棕、草制品业	718633	324860	100536	56647	273928
家具制造业	89374	37851	15769	10333	49753
造纸和纸制品业	1440102	463705	67806	25491	734983
印刷和记录媒介复制业	212587	77916	12598	1588	129018
文教、工美、体育和娱乐用品制造业	19978	14459	3449	2603	3079
石油加工、炼焦和核燃料加工业	24403	12820	5483	1548	10993
化学原料和化学制品制造业	1231138	600924	236295	93412	553615
医药制造业	644629	303877	86397	35293	299260
橡胶和塑料制品业	437517	305473	76611	40624	95453
非金属矿物制品业	1584242	770048	150007	66100	662175
黑色金属冶炼和压延加工业	147050	89694	17167	6389	42367
有色金属冶炼和压延加工业	726972	164776	36851	23284	515109
金属制品业	960587	255934	69878	17300	298203
通用设备制造业	285369	169068	39913	14485	50177
专用设备制造业	611210	337878	123547	44116	208737
汽车制造业	291234	168392	31308	12560	69948
铁路、船舶、航空航天和其他运输设备制造业	64043	55189	13969	7242	5859
电气机械和器材制造业	877671	518097	126398	63581	239709
计算机、通信和其他电子设备制造业	929146	727099	128892	20988	176967
仪器仪表制造业	43656	20532	5648	1638	22519
其他制造业	61403	21866	4372	485	39358
废弃资源综合利用业	10583	3301	698	464	7282
金属制品、机械和设备修理业	1933	839	551	165	1094
电力、热力生产和供应业	1814267	244181	18745	95	1308508
燃气生产和供应业	141283	27248	507		84107
水的生产和供应业	618974	80623	882		310557

单位：万元

指标名称	固定资产原价	累计折旧	# 本年折旧	负债合计	# 流动负债	# 非流动负债
总计	**11624171**	**4363155**	**993903**	**10651593**	**7579687**	**2677213**
# 亏损企业	1434834	445694	104952	1373811	1109444	230101
# 国有控股企业	4669138	1823935	401936	4462188	2401432	2055809
按登记注册类型分组						
国有企业	2002899	740493	128654	1586355	408001	1173014
# 中央企业	1660960	601855	112770	1348905	284712	1064192
地方企业	341940	138637	15884	237450	123288	108822
集体企业	13457	8552	495	88786	81114	1108
股份合作企业						
联营企业						
有限责任公司	2532209	1113360	187616	2540174	2215566	288976
# 国有独资公司	104671	37527	5991	190423	179612	15638
其他有限责任公司	2427538	1075833	181626	2349750	2035955	273339
股份有限公司	1627705	552695	203281	2149378	1318372	818130
私营企业	3187878	1243974	305863	2229582	1812930	123646
其他企业	2010	132	66	487	487	
港、澳、台商投资企业	656795	224294	71662	1065438	978981	56924
外商投资企业	1601217	479655	96267	991395	764236	215413
按轻重工业分						
轻工业	5064998	1966063	365162	4691235	3577419	896461
重工业	6559172	2397092	628741	5960359	4002268	1780753
按大中小型工业分						
大型企业	3339145	1073505	261720	3929771	2331548	1582157
中型企业	4680583	1790104	335501	3584869	2668550	728376
小微型企业	3604442	1499546	396682	3136954	2579589	366681

5-5 续表 2.1

单位：万元

指标名称	固定资产原　价	累计折旧	# 本年折旧	负债合计	# 流动负债	# 非流动负债
按工业行业大类分	**11624171**	**4363155**	**993903**	**10651593**	**7579687**	**2677213**
黑色金属矿采选业	37452	12341	4464	15913	15913	
有色金属矿采选业	7421	3712	507	1237	776	14
非金属矿采选业	9210	1222	435	16450	14306	246
开采辅助活动	2073	42	42	1380	1380	
农副食品加工业	1226823	516110	91833	1922790	1585021	192456
食品制造业	252905	94542	18824	143598	104809	14251
酒、饮料和精制茶制造业	492510	147084	26460	315333	295604	8600
烟草制品业	278982	161693	17957	129633	126792	2839
纺织业	76240	38370	6763	123395	114310	4300
纺织服装、服饰业	17163	6775	1024	10678	9078	1600
皮革、毛皮、羽毛及其制品和制鞋业	22233	5053	1432	36136	30795	5341
木材加工和木、竹、藤、棕、草制品业	341004	92209	28815	336259	241990	58126
家具制造业	51564	2747	719	46508	41248	500
造纸和纸制品业	1065084	351029	66447	817607	532555	265108
印刷和记录媒介复制业	242144	119576	18427	82308	72650	8862
文教、工美、体育和娱乐用品制造业	4254	1275	313	11309	7363	1090
石油加工、炼焦和核燃料加工业	17062	6517	1368	9092	9092	
化学原料和化学制品制造业	888484	357919	91099	647960	575105	64232
医药制造业	534379	257388	59072	339674	249198	93820
橡胶和塑料制品业	156117	71763	17448	256459	218149	31547
非金属矿物制品业	907395	308039	60832	809774	646064	109494
黑色金属冶炼和压延加工业	64499	22717	6389	98630	91815	5230
有色金属冶炼和压延加工业	531568	89856	55047	192634	186856	5779
金属制品业	431773	161544	37157	504927	165525	312214
通用设备制造业	55957	10091	5062	148922	139236	17487
专用设备制造业	329830	140954	23743	290918	272918	12183
汽车制造业	134058	64110	12735	102403	94526	6877
铁路、船舶、航空航天和其他运输设备制造业	8514	2655	839	26047	26047	
电气机械和器材制造业	455067	226647	38356	417880	383165	2715
计算机、通信和其他电子设备制造业	280801	105149	31319	685476	685115	
仪器仪表制造业	51719	29201	4619	11247	10454	793
其他制造业	63814	24457	5905	23999	22702	1298
废弃资源综合利用业	1030	131		9198	9198	
金属制品、机械和设备修理业	1707	614	193	1103	1103	
电力、热力生产和供应业	2070373	810154	239652	1542621	379666	1159457
燃气生产和供应业	95781	11673.8	3005.4	73305.3	66943.3	636
水的生产和供应业	417180	107799	15602	448790	152220	290119

单位：万元

指标名称	所有者权益合计	实收资本	国家资本	集体资本	法人资本	个人资本
总计	**8427631**	**3479411**	**711068**	**71737**	**1417777**	**798023**
# 亏损企业	937932	610871	68018	7055	352399	81667
国有控股企业	2541235	1319955	659133	13618	563855	48268
按登记注册类型分组						
国有企业	341528	152489	144696	1250	3597	2837
# 中央企业	147766	74836	74706		130	
地方企业	193762	77653	69990	1250	3467	2837
集体企业	18694	3348		2643	706	
股份合作企业						
联营企业						
有限责任公司	2455503	1206048	430103	17017	584519	150919
# 国有独资公司	163223	65528	56011		8917	600
其他有限责任公司	2292281	1140520	374092	17017	575602	150319
股份有限公司	1488900	510148	87757	12550	274946	132067
私营企业	2677561	741625	2816	36257	232081	459431
其他企业	6092	538				538
港、澳、台商投资企业	508961	257337		271	74684	7687
外商投资企业	930392	607878	45697	1750	247246	44545
按轻重工业分						
轻工业	3930981	1853522	455274	16575	764176	357220
重工业	4496650	1625889	255794	55162	653601	440803
按大中小型工业分						
大型企业	1839667	595646	76740		329079	109733
中型企业	3648488	1602013	509654	31894	701508	165978
小微型企业	2939476	1281752	124674	39843	387190	522312

单位：万元

指标名称	所有者权益合计					
		实收资本				
			国家资本	集体资本	法人资本	个人资本
按工业行业大类分	**8427631**	**3479411**	**711068**	**71737**	**1417777**	**798023**
黑色金属矿采选业	28658	3000			2000	1000
有色金属矿采选业	8428	6025	3000		3025	
非金属矿采选业	19841	7081		1320	4010	1751
开采辅助活动	3328	3000				3000
农副食品加工业	999811	380004	44745	10599	195586	107372
食品制造业	357222	105225	570		46518	38734
酒、饮料和精制茶制造业	285328	229793	40812		82389	29849
烟草制品业	692880	275044	275044			
纺织业	72278	27698	3106	305	11110	13177
纺织服装、服饰业	15744	5421	53		2752	147
皮革、毛皮、羽毛及其制品和制鞋业	16953	16331			4490	160
木材加工和木、竹、藤、棕、草制品业	379444	123079	3000	2000	50347	31642
家具制造业	42380	35096			24354	10742
造纸和纸制品业	594143	488741	11264		349252	74780
印刷和记录媒介复制业	128879	59711	27918		7659	18584
文教、工美、体育和娱乐用品制造业	7702	3298	218		1000	1210
石油加工、炼焦和核燃料加工业	15311	3280			2280	1000
化学原料和化学制品制造业	578031	116363	4248	1510	42217	34967
医药制造业	291209	120772	6520	3000	29175	34180
橡胶和塑料制品业	177539	66547		500	42984	22433
非金属矿物制品业	730480	351260	75946	31473	103080	91082
黑色金属冶炼和压延加工业	42116	26041			13061	12980
有色金属冶炼和压延加工业	534338	56792		5622	16297	27873
金属制品业	453322	364609	40	300	264850	94429
通用设备制造业	121462	22355			15765	6480
专用设备制造业	318889	85786	34403		16924	19707
汽车制造业	188731	42128	7500		4126	30502
铁路、船舶、航空航天和其他运输设备制造业	37992	2373			2000	373
电气机械和器材制造业	459691	120554		11250	42166	65938
计算机、通信和其他电子设备制造业	243670	87783	69	271	3846	6235
仪器仪表制造业	32409	7274		1788	1260	4226
其他制造业	37404	7915		550	800	1601
废弃资源综合利用业	1385	1000	800			200
金属制品、机械和设备修理业	829	50				50
电力、热力生产和供应业	271646	130222	126789	1250	2183	
燃气生产和供应业	67977.2	30000			30000	
水的生产和供应业	170185	67763	45024		273	11619

单位：万元

指标名称	港澳台资本	外商资本	主营业务收入	#主营业务成本	#主营业务税金及附加
总计	**168778**	**279982**	**27105955**	**21207723**	**675884**
#亏损企业	8284	76172	1312314	1226102	3170
国有控股企业	4028	17965	5867857	3684243	569400
按登记注册类型分组					
国有企业			1811493	946964	5386
#中央企业			1107837	355828	2604
地方企业			703656	591136	2782
集体企业			108217	101063	218
股份合作企业					
联营企业					
有限责任公司		1895	6994052	5208937	584713
#国有独资公司			152284	119033	758
其他有限责任公司		1895	6841767	5089903	583955
股份有限公司	2828		1998670	1568568	10829
私营企业		5000	10568824	8672565	48891
其他企业			4419	1673	309
港、澳、台商投资企业	160560	14136	3691444	3173748	12934
外商投资企业	5390	258951	1928837	1534206	12605
按轻重工业分					
轻工业	74045	171573	11562443	8951320	602381
重工业	94733	108409	15543512	12256403	73504
按大中小型工业分					
大型企业	69454	10640	6141663	4578200	23640
中型企业	29957	150045	8754514	6521708	584210
小微型企业	69367	119297	12209778	10107815	68035

单位：万元

指标名称	港澳台资本	外商资本	主营业务收入	#主营业务成本	#主营业务税金及附加
按工业行业大类分	**168778**	**279982**	**27105955**	**21207723**	**675884**
黑色金属矿采选业			113064	77955	1412
有色金属矿采选业			16991	13769	988
非金属矿采选业			65144	46954	2842
开采辅助活动			2415	2578	44
农副食品加工业	1631	13731	4189082	3526652	14911
食品制造业		19403	809410	639264	3836
酒、饮料和精制茶制造业	29899	46843	799740	611001	12832
烟草制品业			1053589	314146	547856
纺织业			381100	346592	960
纺织服装、服饰业		2469	25915	18470	240
皮革、毛皮、羽毛及其制品和制鞋业		11681	97394	72811	2481
木材加工和木、竹、藤、棕、草制品业		36091	1257160	1055659	5270
家具制造业			95975	75329	1176
造纸和纸制品业	25262	28184	1149487	963982	4264
印刷和记录媒介复制业		5250	470685	386995	1071
文教、工美、体育和娱乐用品制造业	870		66126	57553	290
石油加工、炼焦和核燃料加工业			39124	29758	169
化学原料和化学制品制造业	2326	31096	2247613	1845636	7518
医药制造业	4180	43717	948350	729593	3513
橡胶和塑料制品业	70	560	1273951	1011525	6892
非金属矿物制品业	10872	34507	2139066	1705406	13988
黑色金属冶炼和压延加工业			289500	257607	1315
有色金属冶炼和压延加工业	7000		322826	298419	538
金属制品业		4990	719899	604607	3142
通用设备制造业			283297	226957	1111
专用设备制造业	1775		967664	768014	8658
汽车制造业			436850	340340	1438
铁路、船舶、航空航天和其他运输设备制造业			103547	85323	3868
电气机械和器材制造业		1200	1716659	1377060	5145
计算机、通信和其他电子设备制造业	77162	200	3149433	2761417	11806
仪器仪表制造业			153226	117372	418
其他制造业	4903	62	110065	83648	510
废弃资源综合利用业			3096	2461	
金属制品、机械和设备修理业			15209	12582	38
电力、热力生产和供应业			1435791	640568	4096
燃气生产和供应业			51906	42318	873
水的生产和供应业	2828		105606	57404	377

5-5 续表 5

单位：万元

指标名称	其他业务收入	其他业务利润	销售费用	管理费用	
					#税金
总计	**375874**	**33551**	**627472**	**1100299**	**44135**
#亏损企业	133020	6018	35371	90104	3552
国有控股企业	78052	15868	117126	296413	12371
按登记注册类型分组					
国有企业	8139	5490	11722	84574	2652
#中央企业	5425	4139		2341	573
地方企业	2714	1350	11722	82234	2079
集体企业	91963	41	206	3353	140
股份合作企业					
联营企业					
有限责任公司	103666	8348	181441	300804	13639
#国有独资公司	2520	169	11857	16877	297
其他有限责任公司	101146	8179	169584	283927	13341
股份有限公司	53343	10825	61358	106936	4480
私营企业	35428	5060	254835	394798	16090
其他企业			1500	163	123
港、澳、台商投资企业	9359	483	55487	133847	3282
外商投资企业	73975	3303	60924	75825	3731
按轻重工业分					
轻工业	200361	15673	322815	487061	19271
重工业	175513	17878	304657	613238	24863
按大中小型工业分					
大型企业	68459	6471	110971	194842	5650
中型企业	176061	16651	211781	452717	17689
小微型企业	131354	10428	304720	452740	20795

指标名称	其他业务收入	其他业务利润	销售费用	管理费用	
					#税金
按工业行业大类分	**375874**	**33551**	**627472**	**1100299**	**44135**
黑色金属矿采选业			7032	10123	324
有色金属矿采选业			250	1443	172
非金属矿采选业			4329	3027	1313
开采辅助活动	100			169	
农副食品加工业	53709	8647	78730	131901	7314
食品制造业	18223	1109	34051	32078	1432
酒、饮料和精制茶制造业	5528	531	54282	32826	1607
烟草制品业	12575	1046	17226	49935	1650
纺织业	18598	177	5580	14740	557
纺织服装、服饰业	735	648	726	4542	19
皮革、毛皮、羽毛及其制品和制鞋业			5123	6749	222
木材加工和木、竹、藤、棕、草制品业	455	3030	23780	37378	1074
家具制造业			5828	4516	69
造纸和纸制品业	86221	1432	24585	51554	1645
印刷和记录媒介复制业	323		11300	20377	707
文教、工美、体育和娱乐用品制造业	209		1424	2540	96
石油加工、炼焦和核燃料加工业			662	5526	65
化学原料和化学制品制造业	108650	231	61905	91457	2598
医药制造业	3679	1927	56728	67379	1755
橡胶和塑料制品业	435	59	18514	35461	2384
非金属矿物制品业	14732	4106	65110	88661	5454
黑色金属冶炼和压延加工业	230	9	2250	16704	183
有色金属冶炼和压延加工业	10668	393	5743	7926	843
金属制品业	3000	122	13810	41116	1432
通用设备制造业	4209	405	14462	15153	138
专用设备制造业	12558	241	34040	57326	2446
汽车制造业	9868	3262	12805	23514	876
铁路、船舶、航空航天和其他运输设备制造业			861	549	101
电气机械和器材制造业	77		33296	58575	2649
计算机、通信和其他电子设备制造业	116		18494	98169	1742
仪器仪表制造业	129		3373	11828	433
其他制造业			4997	7861	198
废弃资源综合利用业				441	
金属制品、机械和设备修理业			361	659	16
电力、热力生产和供应业	6975	4886	458	55581	1504
燃气生产和供应业	3516	1134	2911	3170	164
水的生产和供应业	355	157	2450	9349	954

5-5 续表 6

单位：万元

指标名称	财务费用	#利息支出	营业利润	利润总额	亏损企业亏损额	利税总额
总计	**219737**	**219312**	**2021467**	**1955367**	**83658**	**3576381**
#亏损企业	48256	45019	–90518	–83658	83658	–57896
国有控股企业	87628	90709	374451	393069	49867	1277375
按登记注册类型分组						
国有企业	20340	20879	52086	52451	543	116282
#中央企业	15755	16205	7871	7871		42515
地方企业	4585	4674	44214	44580	543	73768
集体企业	348	336	3673	4377	398	7433
股份合作企业						
联营企业						
有限责任公司	50699	52108	582057	565436	37707	1434468
#国有独资公司	2964	3076	2224	2939	687	9448
其他有限责任公司	47735	49032	579833	562497	37020	1425019
股份有限公司	60207	60803	157343	180652	20048	281710
私营企业	54949	48924	830747	825866	13643	1169620
其他企业	48	7	603	603		1322
港、澳、台商投资企业	7338	14467	213832	136116	928	293362
外商投资企业	25808	21788	181127	189866	10390	272185
按轻重工业分						
轻工业	125183	122570	861286	874643	67273	1906429
重工业	94554	96742	1160181	1080724	16385	1669952
按大中小型工业分						
大型企业	61369	66878	290685	235629	22540	473425
中型企业	91908	91877	843459	832190	43536	1811635
小微型企业	66461	60557	887323	887548	17583	1291322

单位：万元

指标名称	财务费用	# 利息支出	营业利润	利润总额	亏损企业亏损额	利税总额
按工业行业大类分	**219737**	**219312**	**2021467**	**1955367**	**83658**	**3576381**
黑色金属矿采选业	4	4	16364	16364		25668
有色金属矿采选业	93	84	246	221	556	1870
非金属矿采选业	303	203	5456	5432		10695
开采辅助活动	46	46	–322	–196	196	50
农副食品加工业	63872	62297	244832	250494	34012	374537
食品制造业	3386	3330	68813	70624	303	99532
酒、饮料和精制茶制造业	3346	3662	78360	81144	208	127110
烟草制品业	–3024	67	128427	129590		806066
纺织业	4551	4421	19332	14477	814	22628
纺织服装、服饰业	–132	70	2725	1036	59	2766
皮革、毛皮、羽毛及其制品和制鞋业	998	940	5623	7348	528	12127
木材加工和木、竹、藤、棕、草制品业	10904	10770	75327	78565	964	117490
家具制造业	704	119	3821	3821		6632
造纸和纸制品业	28445	24075	43194	45236	27631	78985
印刷和记录媒介复制业	411	513	46606	46608	687	59150
文教、工美、体育和娱乐用品制造业	173	146	4217	4223		6382
石油加工、炼焦和核燃料加工业	16	19	2994	2994		3949
化学原料和化学制品制造业	9518	7448	218361	222749	2552	283520
医药制造业	7299	6363	79286	80345	2170	112518
橡胶和塑料制品业	6212	5854	96254	96414	821	149906
非金属矿物制品业	16574	14814	249239	226425	1498	325745
黑色金属冶炼和压延加工业	1491	1407	9551	9598	225	14508
有色金属冶炼和压延加工业	7789	7104	2619	4010	2455	9714
金属制品业	13149	11230	41502	50255	70	79676
通用设备制造业	2254	2300	15447	16006	10	26049
专用设备制造业	3198	3981	96875	88149	6055	128637
汽车制造业	2085	2965	45967	46736	846	60256
铁路、船舶、航空航天和其他运输设备制造业	1265	1257	11683	11683		18229
电气机械和器材制造业	5773	5367	145122	145295	12	206700
计算机、通信和其他电子设备制造业	–2838	4371	176573	96691	400	234466
仪器仪表制造业	79	81	16038	16783		21810
其他制造业	124	140	12926	12559	588	17026
废弃资源综合利用业	357	358	–189	125		315
金属制品、机械和设备修理业	10	11	1559	1559		1893
电力、热力生产和供应业	19396	20090	27700	27456		80781
燃气生产和供应业	161		3607	15987		17551
水的生产和供应业	11748	13408	25332	28562		31447

单位：万元

指标名称	本年职工薪酬	本年 应交增值税	全部从业人员 年平均数 （人）
总计	**1314534**	**940760**	**244483**
#亏损企业	122530	22171	27031
国有控股企业	330252	314024	45634
按登记注册类型分组			
国有企业	81380	58151	12132
#中央企业	19537	32011	2606
地方企业	61843	26140	9526
集体企业	3832	2803	1058
股份合作企业			
联营企业			
有限责任公司	302621	281730	58117
#国有独资公司	18558	5821	2897
其他有限责任公司	284063	275909	55220
股份有限公司	150262	89579	20048
私营企业	403880	294624	92391
其他企业	412	410	82
港、澳、台商投资企业	277129	144303	41739
外商投资企业	95018	69160	18916
按轻重工业分			
轻工业	638404	427452	120785
重工业	676130	513308	123698
按大中小型工业分			
大型企业	442828	213793	63709
中型企业	462454	395125	85338
小微型企业	409252	331841	95436

5-5 续表 7.1

单位：万元

指标名称	本年应付工资总额	本年应交增值税	全部从业人员年平均数（人）
按工业行业大类分	**1314534**	**940760**	**244483**
黑色金属矿采选业	3447	7892	1022
有色金属矿采选业	1704	661	345
非金属矿采选业	3014	2421	709
开采辅助活动	889	202	215
农副食品加工业	163003	107626	32538
食品制造业	39304	25068	8392
酒、饮料和精制茶制造业	45274	33120	10078
烟草制品业	48091	128620	1386
纺织业	26027	7161	8212
纺织服装、服饰业	4932	1453	1074
皮革、毛皮、羽毛及其制品和制鞋业	7878	2298	2695
木材加工和木、竹、藤、棕、草制品业	67723	33615	15882
家具制造业	4183	1635	911
造纸和纸制品业	42381	29449	10927
印刷和记录媒介复制业	23591	11466	4477
文教、工美、体育和娱乐用品制造业	3895	1865	1048
石油加工、炼焦和核燃料加工业	1911	786	382
化学原料和化学制品制造业	90925	53242	16427
医药制造业	62792	28385	11475
橡胶和塑料制品业	33776	46599	8839
非金属矿物制品业	99151	85312	22097
黑色金属冶炼和压延加工业	9275	3594	1918
有色金属冶炼和压延加工业	20570	5146	3527
金属制品业	31845	26280	7188
通用设备制造业	19068	9002	3237
专用设备制造业	48630	29756	9320
汽车制造业	21767	12082	3708
铁路、船舶、航空航天和其他运输设备制造业	2813	2679	532
电气机械和器材制造业	38598	56260	8116
计算机、通信和其他电子设备制造业	245825	125969	35553
仪器仪表制造业	6833	4574	1284
其他制造业	6535	3956	1514
废弃资源综合利用业	340	164	43
金属制品、机械和设备修理业	343	296	50
电力、热力生产和供应业	56809	48935	6755
燃气生产和供应业	4284	690	650
水的生产和供应业	27111	2503	1957

5-6 全市规模以上工业主要经济效益指标

（2014 年）

指标名称	经济效益综合指数	总资产贡献率（%）	资本保值增值率（%）	资产负债率（%）	流动资产周转率（次/年）	成本费用利润率（%）	全员劳动生产率（元/人）	产品销售率（%）
总计	**354.0**	**19.61**	**110.51**	**55.36**	**3.14**	**8.31**	**344608**	**95.45**
按轻重工业分								
轻工业	348.2	23.23	112.08	53.95	2.84	8.66	326895	95.99
重工业	360.8	16.63	109.17	56.52	3.42	8.05	361904	95.05
按工业行业大类分								
黑色金属矿采选业	560.4	53.81	91.16	33.35	7.93	17.20	461702	100.00
有色金属矿采选业	204.0	15.35	87.11	9.82	3.10	1.42	184883	91.66
非金属矿采选业	371.1	27.77	138.56	42.00	2.55	9.95	351015	83.48
开采辅助活动	41.0	2.04	0.00	29.32	2.58	−7.02	24525	100.00
农副食品加工业	311.3	14.77	120.96	65.42	2.42	6.46	304429	96.23
食品制造业	320.4	20.42	153.11	28.59	3.94	9.72	269778	97.86
酒、饮料和精制茶制造业	337.9	21.67	101.81	52.42	4.55	11.48	272835	94.15
烟草制品业	4 313.4	97.64	109.06	15.76	1.91	33.24	6522800	100.61
纺织业	180.0	13.26	99.53	60.93	2.58	3.72	114427	94.31
纺织服装、服饰业	184.2	9.10	117.57	37.56	2.02	4.38	149857	86.76
皮革、毛皮、羽毛及其制品和制鞋业	221.5	24.49	107.48	67.92	2.92	8.58	107244	92.90
木材加工和木、竹、藤、棕、草制品业	297.8	17.77	116.21	46.79	3.87	6.97	257759	94.50
家具制造业	355.8	7.54	275.13	52.04	2.54	4.42	390907	66.34
造纸和纸制品业	287.5	7.15	99.76	56.77	2.66	3.91	309940	96.58
印刷和记录媒介复制业	392.3	28.04	99.66	38.72	6.05	11.12	327660	99.39
文教、工美、体育和娱乐用品制造业	292.4	32.66	120.46	56.61	4.59	6.83	185008	97.75
石油加工、炼焦和核燃料加工业	281.7	16.26	151.70	37.26	3.05	8.33	237609	97.11
化学原料和化学制品制造业	405.9	23.61	114.47	52.63	3.92	10.58	392362	92.98
医药制造业	324.5	18.28	87.87	52.69	3.13	9.32	300964	93.14
橡胶和塑料制品业	453.6	35.55	103.43	58.62	4.17	8.99	438365	96.81
非金属矿物制品业	351.9	21.43	103.71	51.11	2.80	12.03	322017	94.55
黑色金属冶炼和压延加工业	368.2	10.74	91.71	67.07	3.23	3.45	422152	94.65
有色金属冶炼和压延加工业	246.5	2.29	116.47	26.50	2.02	1.22	298298	92.69
金属制品业	287.0	9.42	113.55	52.56	2.82	7.43	278960	87.12
通用设备制造业	237.9	9.73	121.79	52.19	1.70	6.09	219694	97.22
专用设备制造业	338.7	21.51	115.41	47.60	2.90	10.11	310090	92.48
汽车制造业	360.8	21.40	154.81	35.16	2.65	12.15	336469	92.62
铁路、船舶、航空航天和其他运输设备制造业	441.4	30.43	108.22	40.67	1.88	13.28	453162	97.58
电气机械和器材制造业	575.1	24.16	208.38	47.61	3.31	9.85	666554	91.91
计算机、通信和其他电子设备制造业	280.7	24.96	42.06	73.77	4.33	3.36	222941	98.62
仪器仪表制造业	478.5	50.13	111.52	25.76	7.47	12.65	375873	89.33
其他制造业	336.8	27.88	136.17	39.08	5.03	13.00	234623	93.14
废弃资源综合利用业	78.1	6.35		86.91	0.94	3.85	2960	86.20
金属制品、机械和设备修理业	826.2	98.48	291.12	57.08	18.13	11.45	576956	92.29
电力、热力生产和供应业	470.4	5.52	113.69	85.03	5.91	3.78	544692	102.79
燃气生产和供应业	354.6	12.40	349.20	51.89	2.03	31.38	190673	100.00
水的生产和供应业	420.5	7.21	116.72	72.51	1.31	35.21	343113	100.00

5-7 市区规模以上工业企业单位数、工业总产值

指标名称	单位数（个）		工业总产值（当年价格，万元）	
	2014	2013	2014	2013
按统计口径分组				
年主营业务收入2000万元及以上工业	517	534	19989566	17252205
#国有控股企业	72	71	4963429	4477175
按轻重工业分				
轻工业	234	251	8199872	7382536
重工业	283	283	11789693	9869669
按企业规模分				
大型企业	18	19	5863376	5805014
中型企业	80	83	5483054	3620643
小型、微型企业	419	432	8643136	7826548
按登记注册类型分				
国有企业	20	22	1191987	1329121
集体企业	6	7	108792	135703
股份合作企业				
联营企业				
有限责任公司	133	126	4728344	4222799
股份有限公司	19	20	1792505	1481885
私营企业	281	297	7491351	6468089
其他企业		1		11456
港澳台商投资企业	27	28	3469873	2519971
外商投资企业	31	33	1206714	1083181
按经济组织类型分				
独资企业	67	75	3284434	4540047
国有企业	20	22	1191987	1329121
集体企业	6	7	108792	135703
私营独资企业	6	8	236843	256725
港澳台商独资经营企业	16	19	883672	2132496
外资企业	19	19	863141	686003
合作、合伙企业	7	10	220736	205520
股份合作企业				
国有与集体联营企业				
私营合伙企业	4	6	88708	79445
港澳台资合作经营企业				
中外合作经营企业	3	3	132027	114619
其他企业（内资）		1		11456
股份有限公司	27	27	2209407	1641367
股份有限公司（内资）	19	20	1792505	1481885
私营股份有限公司	8	7	416902	159481
外商投资股份有限公司				
有限责任公司	416	422	14274988	10865271
国有独资公司	4	4	110486	144021
私营有限责任公司	263	276	6748898	5972438
港澳台合资经营企业	11	9	2586201	387475
中外合资经营企业	9	11	211545	282559
其他有限责任公司	129	122	4617859	4078778

5-8 市区规模以上工业企业主要工业产品产量

（2014 年）

产品名称	单位	生产量	产品名称	单位	生产量
发电量	万千瓦小时		化学药品原药	吨	5646
火电	万千瓦小时		中成药	吨	27618
大米	吨	623117	香精	吨	2177
精制食用植物油	吨	54602	塑料制品	吨	572102
鲜冷藏冻肉	吨	27942	水泥	吨	5525304
成品糖	吨	677110	水泥排水管	千米	10
配混合饲料	吨	3803703	水泥压力管	千米	33
糕点	吨		水泥熟料	吨	4174003
饼干	吨		商品混凝土	立方米	18714397
乳制品	吨	148230	预应力混凝土桩	米	
液体乳	吨	148230	平板玻璃	重量箱	6230008
罐头	吨	1642	钢化玻璃	平方米	613533
冷冻饮品	吨	210897	单色印刷品	令	624910
发酵酒精（折 96 度，商品量）	千升	29507	粗钢	吨	
饮料酒	千升	142173	钢材	吨	271376
啤酒	千升	142173	铝材	吨	230039
软饮料	吨	1058952	起重设备	吨	116056
精制茶	吨		铸铁件	吨	3568
卷烟	万支	3922560	铸钢件	吨	4078
纱	吨	25989	小型拖拉机	台	30650
布	万米		矿山专用设备	吨	52177
服装	万件	138	水泥专用设备	吨	1008
人造板	立方米	4061925	金属冶炼设备	吨	4081
胶合板	立方米	2161283	环境污染防治专用设备	台（套）	229
家具	件	220664	改装汽车	辆	629
纸浆	吨	60301	变压器	千伏安	276791
机制纸及纸板	吨	192038	发电设备	千瓦	45050
纸制品	吨	383359	通信及电子网络用电缆	对千米	2620
润滑油	吨		电力电缆	千米	1715584
硫酸（折 100%）	吨		家用电风扇	台	336317
盐酸（含量 31% 以上）	吨		家用吸排油烟机	台	1819
氢氧化钠（烧碱）(折 100%)	吨		电饭锅	个	8356
合成氨	吨		光电子器件	万只	77
化学农药原药	吨		表	只	886818
冰醋酸	吨		淀粉	吨	400159
农用氮、磷、钾化学肥料总计（折纯）	吨		松香	吨	5413
初级形态的塑料	吨	7511	自来水生产量	万立方米	36408

5-9 市区规模以上工业企业主要财务状况

（2014 年）　　　　单位：万元

指标名称	单位数（个）	#亏损企业	工业总产值（当年价）	工业销售产值（当年价）
总计	**517**	**51**	**19989566**	**19171145**
#亏损企业	51	51	897226	819720
国有控股企业	72	9	4963429	4788914
按登记注册类型分组				
国有企业	20		1191987	1210601
#中央企业	1		873430	912464
地方企业	19		318556	298137
集体企业	6	2	108792	103979
股份合作企业				
联营企业				
有限责任公司	133	23	4728344	4584220
#国有独资公司	4	1	110486	109657
其他有限责任公司	129	22	4617859	4474563
股份有限公司	19	1	1792505	1629523
私营企业	281	19	7491351	7077271
其他企业				
港、澳、台商投资企业	27	3	3469873	3418936
外商投资企业	31	3	1206714	1146615
按轻重工业分				
轻工业	234	23	8199872	7929165
重工业	283	28	11789693	11241980
按大中小型工业分				
大型企业	18	2	5863376	5690028
中型企业	80	10	5483054	5322936
小型、微型企业	419	39	8643136	8158182

5-9 续表

单位：万元

指标名称	单位数（个）	# 亏损企业	工业总产值（当年价）	工业销售产值（当年价）
总计	**517**	**51**	**19989566**	**19171145**
非金属矿采选业	1		6900	1200
农副食品加工业	57	11	2660654	2559971
食品制造业	21	1	652593	637471
酒、饮料和精制茶制造业	9	1	449051	425767
烟草制品业	1		1120037	1124613
纺织业	3	1	82577	81583
纺织服装、服饰业	6	1	27498	23857
皮革、毛皮、羽毛及其制品和制鞋业	2		57027	53187
木材加工和木、竹、藤、棕、草制品业	28	3	636928	616817
家具制造业	3		41745	41744
造纸和纸制品业	21	3	506631	489138
印刷和记录媒介复制业	33	1	476838	473917
文教、工美、体育和娱乐用品制造业	6		73690	71999
石油加工、炼焦和核燃料加工业	3		40287	39124
化学原料和化学制品制造业	41	5	1412243	1307247
医药制造业	35	1	869172	806583
橡胶和塑料制品业	32	2	1074243	1037989
非金属矿物制品业	48	7	1118208	1091973
黑色金属冶炼和压延加工业	8	2	158692	147769
有色金属冶炼和压延加工业	4	2	338356	312534
金属制品业	21	2	535379	440495
通用设备制造业	12	1	248800	243051
专用设备制造业	32	3	756266	694340
汽车制造业	12	1	423285	391435
电气机械和器材制造业	34	1	1703140	1568349
计算机、通信和其他电子设备制造业	21	1	3168808	3125244
仪器仪表制造业	8		155300	138725
其他制造业	7	1	110921	103314
废弃资源综合利用业	1		3158	2722
金属制品、机械和设备修理业	1		15369	14184
电力、热力生产和供应业	3		919694	958727
燃气生产和供应业	1		48670	48670
水的生产和供应业	2		97408	97408

5-9 续表 1

单位：万元

指标名称	资产合计	流动资产 小　计	# 存货	# 产成品	固定资产 小　计
总计	**13266959**	**6204019**	**1473583**	**473839**	**4931862**
# 亏损企业	1621427	671256	174369	88199	778662
国有控股企业	5691972	2381798	689040	179332	2083393
按登记注册类型分组					
国有企业	1228691	223078	32429	14340	765483
# 中央企业	1061622	129560	2093		694269
地方企业	167069	93518	30336	14340	71214
集体企业	106608	98349	7075	1543	6127
股份合作企业					
联营企业					
有限责任公司	3363308	1952656	660392	154579	918465
# 国有独资公司	243556	141170	24783	2371	52518
其他有限责任公司	3119752	1811486	635609	152208	865947
股份有限公司	3396446	1431771	245511	122365	1017756
私营企业	3240780	1359529	293338	129512	1545166
其他企业					
港、澳、台商投资企业	1286582	911251	166291	30056	319143
外商投资企业	644544	227385	68549	21445	359721
按轻重工业分					
轻工业	5509582	2752023	745490	217067	1798489
重工业	7757377	3451996	728093	256772	3133373
按大中小型工业分					
大型企业	5360979	2097715	391705	143468	2166261
中型企业	3989763	2003482	593589	132767	1365693
小型、微型企业	3916216	2102822	488289	197604	1399908

单位：万元

指标名称	资产合计	流动资产 小　计	#存货	#产成品	固定资产 小　计
总计	**13266959**	**6204019**	**1473583**	**473839**	**4931862**
非金属矿采选业	6150	1790	4	4	2930
农副食品加工业	1933661	1251721	252479	133128	382509
食品制造业	402919	161965	36035	9162	132235
酒、饮料和精制茶制造业	236174	44028	18981	4467	172725
烟草制品业	770950	514527	258304	6856	110179
纺织业	77651	67848	19791	6712	8861
纺织服装、服饰业	28427	13210	2705	642	12340
皮革、毛皮、羽毛及其制品和制鞋业	22922	21060	3419	1901	1862
木材加工和木、竹、藤、棕、草制品业	439602	177110	46867	28385	181500
家具制造业	17905	13423	2829	272	3287
造纸和纸制品业	298169	83803	33369	14379	114125
印刷和记录媒介复制业	212587	77916	12598	1588	129018
文教、工美、体育和娱乐用品制造业	18683	13202	3360	2514	3079
石油加工、炼焦和核燃料加工业	24403	12820	5483	1548	10993
化学原料和化学制品制造业	761597	335215	115193	38630	417628
医药制造业	500015	247525	61572	24806	233652
橡胶和塑料制品业	347583	249273	52515	29009	73396
非金属矿物制品业	777481	434985	64914	19259	275008
黑色金属冶炼和压延加工业	75274	51326	10766	3560	12844
有色金属冶炼和压延加工业	717784	159663	35265	21937	511041
金属制品业	846990	187410	52992	13177	276886
通用设备制造业	261698	163066	38081	13164	38790
专用设备制造业	490761	266892	82879	23032	171521
汽车制造业	282175	161790	28367	10361	68164
电气机械和器材制造业	819716	473493	91284	41539	232947
计算机、通信和其他电子设备制造业	927543	726304	128670	20961	176163
仪器仪表制造业	43656	20532	5648	1638	22519
其他制造业	61403	21866	4372	485	39358
废弃资源综合利用业	10583	3301	698	464	7282
金属制品、机械和设备修理业	1933	839	551	165	1094
电力、热力生产和供应业	1098238	140086	2274	95	718760
燃气生产和供应业	141283	27248	507		84107
水的生产和供应业	611043	78780	810		305062

5-9 续表 2

单位：万元

指标名称	固定资产原　价	累计折旧	#本年折旧	负债合计	#流动负债	#非流动负债
总计	**7825771**	**3195885**	**614332**	**7218078**	**5112488**	**1852682**
#亏损企业	1035235	355303	85563	849093	653981	183255
国有控股企业	3464951	1469796	227895	3625259	1992592	1631325
按登记注册类型分组						
国有企业	1358583	596382	96682	1131634	305977	820317
#中央企业	1238494	544225	90511	1061622	244176	817446
地方企业	120088	52157	6171	70012	61800	2871
集体企业	12146	8253	435	87759	80403	793
股份合作企业						
联营企业						
有限责任公司	1647005	790666	116004	1620119	1474369	127022
#国有独资公司	70280	21297	4329	134371	126916	12780
其他有限责任公司	1576726	769369	111674	1485747	1347453	114242
股份有限公司	1358527	413486	82592	1960382	1172054	787925
私营企业	2407668	980877	230064	1306135	1042931	52071
其他企业						
港、澳、台商投资企业	451573	172020	52926	874358	817635	56724
外商投资企业	590269	234201	35629	237691	219119	7830
按轻重工业分						
轻工业	3053911	1353695	218037	2827394	2109632	577701
重工业	4771860	1842190	396295	4390684	3002856	1274981
按大中小型工业分						
大型企业	3084129	1016280	240932	3652551	2082658	1579491
中型企业	2344147	1080280	173746	1687006	1419467	120035
小型、微型企业	2397495	1099325	199654	1878520	1610363	153155

单位：万元

指标名称	固定资产原价	累计折旧	#本年折旧	负债合计	#流动负债	#非流动负债负债
总计	**7825771**	**3195885**	**614332**	**7218078**	**5112488**	**1852682**
非金属矿采选业	3255	325	163	2765	2765	
农副食品加工业	569021	233042	35387	1288165	1006957	170091
食品制造业	213670	88811	16625	106295	92468	7601
酒、饮料和精制茶制造业	258116	105153	12021	120287	119994	80
烟草制品业	263096	152916	17392	126048	126048	
纺织业	25118	17074	2802	50459	47868	1667
纺织服装、服饰业	17163	6775	1024	10678	9078	1600
皮革、毛皮、羽毛及其制品和制鞋业	3283	1496	416	18881	13856	5025
木材加工和木、竹、藤、棕、草制品业	206918	48197	16418	177577	122821	41114
家具制造业	4023	736	225	10845	10845	
造纸和纸制品业	285872	172530	16328	110785	66833	28130
印刷和记录媒介复制业	242144	119576	18427	82308	72650	8862
文教、工美、体育和娱乐用品制造业	4254	1275	313	10311	7363	1090
石油加工、炼焦和核燃料加工业	17062	6517	1368	9092	9092	
化学原料和化学制品制造业	686817	278191	64931	346250	337332	5629
医药制造业	429220	209769	51504	253011	196476	59879
橡胶和塑料制品业	122601	58093	10671	212714	182824	26122
非金属矿物制品业	443703	191936	31592	394227	325833	35158
黑色金属冶炼和压延加工业	21877	9618	1545	52835	49310	1940
有色金属冶炼和压延加工业	525001	87161	54736	186792	181539	5254
金属制品业	401734	149224	32929	454197	123621	310729
通用设备制造业	43851	8672	4843	140535	135008	15013
专用设备制造业	277995	125803	20192	254336	238785	9809
汽车制造业	130941	62778	12230	99974	93199	6775
电气机械和器材制造业	446794	224651	37337	381001	346286	2715
计算机、通信和其他电子设备制造业	279996	105047	31217	683872	683872	
仪器仪表制造业	51719	29201	4619	11247	10454	793
其他制造业	63814	24457	5905	23999	22702	1298
废弃资源综合利用业	1030	131		9198	9198	
金属制品、机械和设备修理业	1707	614	193	1103	1103	
电力、热力生产和供应业	1278688	559928	92647	1069080	248026	817558
燃气生产和供应业	95780.9	11673.8	3005.4	73305.3	66943.3	636.2
水的生产和供应业	409507	104515	15329	445907	151342	288114

单位：万元

指标名称	所有者权益合计	实收资本	国家资本	集体资本	法人资本	个人资本
总计	**5976747**	**2178851**	**472738**	**39760**	**892474**	**477766**
#亏损企业	771060	404039	59199	6555	264756	47150
国有控股企业	2044734	996783	429605	358	502380	47074
按登记注册类型分组						
国有企业	89625	21909	17424		1538	2837
#中央企业						
地方企业	89625	21909	17424		1538	2837
集体企业	18502	3143		2643	500	
股份合作企业						
联营企业						
有限责任公司	1724601	814746	325975	12926	386759	67840
#国有独资公司	99185	17648	13486		4162	
其他有限责任公司	1625417	797097	312489	12926	382597	67840
股份有限公司	1431518	482929	87757	550	273216	118578
私营企业	1909728	420231	806	22120	111730	278775
其他企业						
港、澳、台商投资企业	411347	199834		271	52388	7687
外商投资企业	391426	236060	40777	1250	66343	2049
按轻重工业分						
轻工业	2635097	1059330	348649	15761	392789	179957
重工业	3341650	1119521	124090	23999	499685	297808
按大中小型工业分						
大型企业	1697638	510366	76740		256079	97453
中型企业	2305852	908137	334008	19256	402201	71488
小型、微型企业	1973258	760348	61991	20504	234194	308825

单位：万元

指标名称	所有者权益合计	实收资本	国家资本	集体资本	法人资本	个人资本
总计	**5976747**	**2178851**	**472738**	**39760**	**892474**	**477766**
非金属矿采选业	3385	1320		1320		
农副食品加工业	639848	175068	36490	10424	58485	60794
食品制造业	295121	71594	570		17109	34512
酒、饮料和精制茶制造业	119033	116404			74500	6260
烟草制品业	644902	232519	232519			
纺织业	26289	14010	400		10310	3300
纺织服装、服饰业	15744	5421	53		2752	147
皮革、毛皮、羽毛及其制品和制鞋业	4041	101				50
木材加工和木、竹、藤、棕、草制品业	261248	91434	3000	1000	45378	5990
家具制造业	6575	3186			100	3086
造纸和纸制品业	162226	220046	5069		192448	5189
印刷和记录媒介复制业	128879	59711	27918		7659	18584
文教、工美、体育和娱乐用品制造业	7405	3098	218		1000	1010
石油加工、炼焦和核燃料加工业	15311	3280			2280	1000
化学原料和化学制品制造业	414586	60885	3800	1500	16551	18861
医药制造业	234840	68113	1251	3000	24632	25749
橡胶和塑料制品业	132156	49335			36185	12870
非金属矿物制品业	377783	173106	72225	3358	29679	51055
黑色金属冶炼和压延加工业	22439	15008			11008	4000
有色金属冶炼和压延加工业	530992	54170		5000	16297	27873
金属制品业	392790	323490	40	300	247554	70606
通用设备制造业	106601	13641			8331	5200
专用设备制造业	235870	73009	34403		9728	14127
汽车制造业	182101	40628	7500		4126	29002
电气机械和器材制造业	438614	107077		11250	40058	54569
计算机、通信和其他电子设备制造业	243670	87683	69	271	3846	6235
仪器仪表制造业	32409	7274		1788	1260	4226
其他制造业	37404	7915		550	800	1601
废弃资源综合利用业	1385	1000	800			200
金属制品、机械和设备修理业	829	50				50
电力、热力生产和供应业	29158	2378	2253		125	
燃气生产和供应业	67977	30000			30000	
水的生产和供应业	165137	66900	44161		273	11619

单位：万元

指标名称	港澳台资本	外商资本	主营业务收入	#主营业务成本	#主营业务税金及附加
总计	**131571**	**137337**	**19144072**	**14530736**	**621403**
#亏损企业	6284	2818	770006	732910	1497
国有控股企业	4028	250	4755887	2761859	562320
按登记注册类型分组					
国有企业			1205844	421563	2533
#中央企业			912464	182017	1612
地方企业			293380	239546	920
集体企业			105152	98109	189
股份合作企业					
联营企业					
有限责任公司		250	4519044	3127400	562271
#国有独资公司			114216	90255	463
其他有限责任公司		250	4404829	3037144	561808
股份有限公司	2828		1639412	1298229	9743
私营企业		5000	7080245	5716061	26711
其他企业					
港、澳、台商投资企业	125353	14136	3450318	2972568	12778
外商投资企业	3390	117951	1144057	896807	7179
按轻重工业分					
轻工业	38838	73518	7801860	5740514	575050
重工业	92733	63820	11342213	8790222	46353
按大中小型工业分					
大型企业	69454	10640	5705313	4217349	22537
中型企业	27707	40500	5276122	3655520	563571
小型、微型企业	34410	86198	8162637	6657867	35296

单位：万元

指标名称	港澳台资本	外商资本	主营业务收入	#主营业务成本	#主营业务税金及附加
总计	**131571**	**137337**	**19144072**	**14530736**	**621403**
非金属矿采选业			6250	4450	1000
农副食品加工业	1381	5993	2542015	2100512	7297
食品制造业		19403	643681	491680	3376
酒、饮料和精制茶制造业	4864	30779	410530	298164	5215
烟草制品业			1045363	310303	547746
纺织业			65343	61851	63
纺织服装、服饰业		2469	25915	18470	240
皮革、毛皮、羽毛及其制品和制鞋业		51	57027	36955	216
木材加工和木、竹、藤、棕、草制品业		36066	603006	492408	2663
家具制造业			40048	24970	160
造纸和纸制品业	17340		474200	403995	1914
印刷和记录媒介复制业		5250	470685	386995	1071
文教、工美、体育和娱乐用品制造业	870		62959	54465	278
石油加工、炼焦和核燃料加工业			39124	29758	169
化学原料和化学制品制造业	2326	17847	1372963	1120319	2815
医药制造业	4180	9301	799625	608669	2935
橡胶和塑料制品业	70	210	1056372	829313	6437
非金属矿物制品业	8872	3617	1090045	867595	4959
黑色金属冶炼和压延加工业			135904	129506	88
有色金属冶炼和压延加工业	5000		286855	265109	505
金属制品业		4990	438592	377783	1470
通用设备制造业			244405	194517	774
专用设备制造业	1775		681333	529015	7883
汽车制造业			398613	311189	1294
电气机械和器材制造业		1200	1612983	1282345	5064
计算机、通信和其他电子设备制造业	77162	100	3147364	2759646	11799
仪器仪表制造业			153226	117372	418
其他制造业	4903	62	110065	83648	510
废弃资源综合利用业			3096	2461	
金属制品、机械和设备修理业			15209	12582	38
电力、热力生产和供应业			960023	228486	1836
燃气生产和供应业			51906	42318	873
水的生产和供应业	2828		99347	53886	298

单位：万元

指标名称	其他业务收　入	其他业务利　润	销售费用	管理费用	
					#税金
总计	**228721**	**19992**	**413947**	**729586**	**25300**
#亏损企业	111954	5008	19149	62336	2354
国有控股企业	69107	11235	96025	222366	8193
按登记注册类型分组					
国有企业	1594	1155	9537	37677	628
#中央企业	615	283			
地方企业	979	872	9537	37677	628
集体企业	91963	41	190	3322	140
股份合作企业					
联营企业					
有限责任公司	56936	7482	117344	202082	8446
#国有独资公司	2163		11266	10790	100
其他有限责任公司	54772	7482	106078	191292	8346
股份有限公司	50426	9778	49773	84130	3132
私营企业	15033	663	156397	248478	8584
其他企业					
港、澳、台商投资企业	6497	183	42449	113211	2616
外商投资企业	6271	690	38258	40688	1755
按轻重工业分					
轻工业	84956	10487	212702	330287	10293
重工业	143764	9505	201245	399300	15008
按大中小型工业分					
大型企业	56117	5611	103495	181897	4633
中型企业	61342	8890	120008	246569	9848
小型、微型企业	111261	5491	190444	301121	10820

单位：万元

指标名称	其他业务收入	其他业务利润	销售费用	管理费用	#税金
总计	**228721**	**19992**	**413947**	**729586**	**25300**
非金属矿采选业			110	86	86
农副食品加工业	29921	5674	36635	69755	3140
食品制造业	17057	1085	29796	25966	943
酒、饮料和精制茶制造业	3330	–12	27258	13249	173
烟草制品业	12300	876	17226	45587	1516
纺织业	17716	177	634	3280	331
纺织服装、服饰业	735	648	726	4542	19
皮革、毛皮、羽毛及其制品和制鞋业			4524	3231	185
木材加工和木、竹、藤、棕、草制品业	455	230	9648	11446	317
家具制造业			5031	2950	8
造纸和纸制品业	1413	1019	7256	19614	231
印刷和记录媒介复制业	323		11300	20377	707
文教、工美、体育和娱乐用品制造业	209		1416	2522	96
石油加工、炼焦和核燃料加工业			662	5526	65
化学原料和化学制品制造业	92759	40	38092	55264	1696
医药制造业	1531	863	49995	59201	1171
橡胶和塑料制品业	401	59	11741	24916	1004
非金属矿物制品业	5715	3083	33895	43120	2571
黑色金属冶炼和压延加工业			670	2822	155
有色金属冶炼和压延加工业	10668	393	5421	7192	843
金属制品业	2791	104	8453	20307	765
通用设备制造业	4209	405	13324	13316	68
专用设备制造业	12204	241	24256	48003	2182
汽车制造业	9868	3262	11468	21914	826
电气机械和器材制造业	77		31827	55414	2597
计算机、通信和其他电子设备制造业	98		18494	98086	1742
仪器仪表制造业	129		3373	11828	433
其他制造业			4997	7861	198
废弃资源综合利用业				441	
金属制品、机械和设备修理业			361	659	16
电力、热力生产和供应业	1081	553		20854	215
燃气生产和供应业	3516	1134	2911	3170	164
水的生产和供应业	215	157	2450	7087	837

5-9 续表 6

单位：万元

指标名称	财务费用	#利息支出	营业利润	利润总额	亏损企业亏损额	利税总额
总计	**105779**	**114891**	**1449461**	**1415228**	**60202**	**2743319**
#亏损企业	29759	29642	–64883	–60202	60202	–47720
国有控股企业	59528	62135	288880	312179	48768	1113548
按登记注册类型分组						
国有企业	331	755	24845	25302		40041
#中央企业	–309		1848	1848		5807
地方企业	640	755	22997	23453		34233
集体企业	348	336	3637	4341	398	7341
股份合作企业						
联营企业						
有限责任公司	24375	28768	366813	384910	34345	1168386
#国有独资公司	1561	1631	1128	1704	687	4779
其他有限责任公司	22814	27137	365685	383206	33658	1163608
股份有限公司	57149	57417	105383	127778	20000	214172
私营企业	21786	18362	605796	606930	4314	847998
其他企业						
港、澳、台商投资企业	76	7260	205639	126683	928	277669
外商投资企业	1714	1994	137349	139284	217	187711
按轻重工业分						
轻工业	64113	67428	665466	681399	49171	1598866
重工业	41666	47463	783996	733829	11032	1144453
按大中小型工业分						
大型企业	53988	59529	262152	205436	21848	429291
中型企业	21531	26990	547764	566547	30292	1391018
小型、微型企业	30259	28372	639545	643246	8062	923009

5-9 续表 6.1

单位：万元

指标名称	财务费用	#利息支出	营业利润	利润总额	亏损企业亏损额	利税总额
总计	**105779**	**114891**	**1449461**	**1415228**	**60202**	**2743319**
非金属矿采选业	53	73	600	600		1716
农副食品加工业	41855	40593	179384	186329	25378	271572
食品制造业	2311	2481	62840	64569	199	90970
酒、饮料和精制茶制造业	273	557	49053	49782	23	73234
烟草制品业	-2862	67	128240	129311		804569
纺织业	1554	1574	-1516	174	91	737
纺织服装、服饰业	-132	70	2725	1036	59	2766
皮革、毛皮、羽毛及其制品和制鞋业	696	696	5598	5598		7894
木材加工和木、竹、藤、棕、草制品业	5097	5142	35669	36953	385	58423
家具制造业	37	34	2014	2014		3305
造纸和纸制品业	2022	1798	7581	8612	20816	23039
印刷和记录媒介复制业	411	513	46606	46608	687	59150
文教、工美、体育和娱乐用品制造业	172	145	4177	4183		6311
石油加工、炼焦和核燃料加工业	16	19	2994	2994		3949
化学原料和化学制品制造业	2589	1889	139203	141485	726	177767
医药制造业	4874	4482	68277	69035	1056	94878
橡胶和塑料制品业	2350	2159	86297	86402	113	135678
非金属矿物制品业	5190	4552	113043	112860	725	158946
黑色金属冶炼和压延加工业	1170	1088	1686	1680	10	2400
有色金属冶炼和压延加工业	7662	6977	1174	2227	1962	7411
金属制品业	10377	9541	19354	29679	62	53537
通用设备制造业	2074	2120	12492	13111	10	22293
专用设备制造业	2485	3335	62352	63121	6055	95133
汽车制造业	1092	1919	40956	41684	846	54279
电气机械和器材制造业	5116	4732	141214	141372	12	202070
计算机、通信和其他电子设备制造业	-2838	4371	176348	96467	400	233763
仪器仪表制造业	79	81	16038	16783		21810
其他制造业	124	140	12926	12559	588	17026
废弃资源综合利用业	357	358	-189	125		315
金属制品、机械和设备修理业	10	11	1559	1559		1893
电力、热力生产和供应业	-254	56	2285	2208		8333
燃气生产和供应业	161		3607	15987		17551
水的生产和供应业	11661	13322	24878	28122		30603

5-9 续表 7　　　　单位：万元

指标名称	本年应付工资总额	本年应交增值税	全部从业人员年平均数（人）
总计	**933984**	**705210**	**148260**
#亏损企业	73456	10604	14159
国有控股企业	263127	238433	33553
按登记注册类型分组			
国有企业	39270	12172	5506
#中央企业	16936	2318	2155
地方企业	22334	9854	3351
集体企业	3611	2776	990
股份合作企业			
联营企业			
有限责任公司	196508	220908	30974
#国有独资公司	12033	2682	1783
其他有限责任公司	184475	218226	29191
股份有限公司	134484	76254	17459
私营企业	236061	214197	46666
其他企业			
港、澳、台商投资企业	267799	138198	38552
外商投资企业	56252	40705	8113
按轻重工业分			
轻工业	442760	341001	68822
重工业	491224	364209	79438
按大中小型工业分			
大型企业	410390	200965	55539
中型企业	265938	260859	39507
小型、微型企业	257656	243386	53214

5-9 续表 7.1 单位：万元

指标名称	本年应付工资总额	本年应交增值税	全部从业人员年平均数（人）
总计	**933984**	**705210**	**148260**
非金属矿采选业	940	116	170
农副食品加工业	94368	76660	15154
食品制造业	30482	23026	5477
酒、饮料和精制茶制造业	23789	18237	3488
烟草制品业	44492	127513	956
纺织业	4855	500	1479
纺织服装、服饰业	4932	1453	1074
皮革、毛皮、羽毛及其制品和制鞋业	1993	2080	352
木材加工和木、竹、藤、棕、草制品业	27901	18766	5340
家具制造业	2734	1131	404
造纸和纸制品业	13359	12493	3396
印刷和记录媒介复制业	23591	11466	4477
文教、工美、体育和娱乐用品制造业	3498	1847	870
石油加工、炼焦和核燃料加工业	1911	786	382
化学原料和化学制品制造业	58246	33456	8733
医药制造业	54316	22884	9346
橡胶和塑料制品业	25007	42839	5689
非金属矿物制品业	53204	41127	9394
黑色金属冶炼和压延加工业	2476	632	602
有色金属冶炼和压延加工业	19488	4659	3226
金属制品业	21796	22388	4451
通用设备制造业	17579	8477	2832
专用设备制造业	35783	24128	7238
汽车制造业	20463	11300	3259
电气机械和器材制造业	36324	55634	7430
计算机、通信和其他电子设备制造业	244920	125496	35273
仪器仪表制造业	6833	4574	1284
其他制造业	6535	3956	1514
废弃资源综合利用业	340	164	43
金属制品、机械和设备修理业	343	296	50
电力、热力生产和供应业	23302	4257	2628
燃气生产和供应业	4284	690	650
水的生产和供应业	23902	2177	1599

5-10 各县规模以上工业企业单位数

（2014 年）　　单位：个

指标名称	武鸣县	隆安县	马山县	上林县	宾阳县	横　县
按统计口径分组						
年主营业务收入 2000 万元及以上工业	203	40	16	14	59	97
# 国有控股企业	11	5	3	1	5	9
按轻重工业分						
轻工业	100	18	7	7	34	62
重工业	103	22	9	7	25	35
按企业规模分						
大型企业	1				3	1
中型企业	27	5	2	4	18	33
小型、微型企业	175	35	14	10	38	63
按登记注册类型分						
国有企业	3	3	2	1	3	4
集体企业						1
股份合作企业						
有限责任公司	89	3	4	6	15	11
股份有限公司	2	1	1		3	2
私营企业	89	32	9	7	35	71
其它企业	1					
港澳台商投资企业	4					4
外商投资企业	15	1			3	4
按经济组织类型分						
独资企业	27	4	6	2	16	25
国有企业	3	3	2	1	3	4
集体企业						1
私营独资企业	15	1	4	1	11	17
港澳台商独资经营企业	2					1
外资企业	7				2	2
合作、合伙企业	9					6
股份合作企业						
私营合伙企业	8					6
港澳台资合作经营企业						
中外合作经营企业						
其它企业（内资）	1					
股份有限公司	4	2	1	1	6	4
股份有限公司（内资）	2	1	1		3	2
私营股份有限公司	1	1		1	3	1
外商投资股份有限公司	1					1
有限责任公司	163	34	9	11	37	62
国有独资公司	1					2
私营有限责任公司	65	30	5	5	21	47
港澳台合资经营企业	2					3
中外合资经营企业	7	1			1	1
其他有限责任公司	88	3	4	6	15	9

5-11 各县规模以上工业总产值

（2014 年，按当年价计算）　　　　单位：万元

指标名称	武鸣县	隆安县	马山县	上林县	宾阳县	横 县
按统计口径分组						
年主营业务收入 2000 万元及以上工业	3815446	543557	129407	257239	1294702	2536388
# 国有控股企业	241607	103057	36230	11386	150443	596426
按轻重工业分						
轻工业	1712082	281074	51786	144281	692301	1183133
重工业	2103364	262482	77621	112959	602401	1353254
按企业规模分						
大型企业	105505				270224	100286
中型企业	1051604	170820	28266	89394	597352	1686890
小型、微型企业	2658337	372737	101141	167845	427126	749212
按登记注册类型分						
国有企业	112422	41124	19046	11386	86263	338970
集体企业						3031
股份合作企业						
有限责任公司	1865099	34776	47264	137544	275445	346490
股份有限公司	10640	56785	17184		46932	236404
私营企业	1440798	407498	45912	108309	667009	1113457
其它企业	4574					
港澳台商投资企业	78330					183704
外商投资企业	303583	3373			219053	314331
按经济组织类型分						
独资企业	326923	49940	39546	25773	363227	588682
国有企业	112422	41124	19046	11386	86263	338970
集体企业						3031
私营独资企业	96123	8816	20499	14387	125273	161786
港澳台商独资经营企业	13954					10255
外资企业	104424				151690	74640
合作、合伙企业	54574					45511
股份合作企业						
私营合伙企业	49999					45511
港澳台资合作经营企业						
中外合作经营企业						
其它企业（内资）	4574					
股份有限公司	22107	63860	17184	24334	136370	381775
股份有限公司（内资）	10640	56785	17184		46932	236404
私营股份有限公司	9025	7075		24334	89437	29481
外商投资股份有限公司	2442					115890
有限责任公司	3411843	429756	72677	207132	795106	1520420
国有独资公司	5976					33458
私营有限责任公司	1285651	391607	25413	69588	452299	876679
港澳台合资经营企业	64377					173449
中外合资经营企业	196716	3373			67363	123802
其他有限责任公司	1859123	34776	47264	137544	275445	313031

5-12 各县规模以上工业企业主要工业产品产量

（2014 年）

产品名称	单位	武鸣县	隆安县	马山县	上林县	宾阳县	横 县
原煤	吨						
褐煤	吨						
天然石墨	吨				185293		
铁矿石原矿	吨						
小麦粉	吨					59726	
大米	吨	6448			11623	349002	25683
精制食用植物油	吨	17641	5012				
饲料	吨	412541	484936			167254	158096
#配合饲料	吨	347338	260578			142769	158096
混合饲料	吨	65203	224358			24485	
成品糖	吨		63622	24814	62578	215838	258652
淀粉及淀粉制品	吨	481208	32951	26685			49564
鲜、冷藏肉	吨	68167					43156
方便面	吨					6011	
罐头	吨						43939
发酵酒精（折 96 度，商品量）	千升	159716	16748	25375		21721	
软饮料	吨	504161					
精制茶	吨						56353
蚕丝	吨	885	101		2747	1684	1970
轻革	平方米						532809
人造板	立方米	1614472	282264			481332	833281
家具	件	36439					
纸浆（原生浆及废纸浆）	吨			20859			508662
机制纸及纸板（外购原纸加工除外）	吨	56208				89857	227441
纸制品	吨	277532					230313
甲醛	吨		96740			63354	
合成氨（无水氨）	吨	83947	41154			28283	
农用氮、磷、钾化学肥料总计（折纯）	吨	64822	37033			22673	
化学农药原药（折有效成分 100%）	吨						
中成药	吨	4087					7121
塑料制品	吨	123244					27117
松香	吨	16826	7052	3099	22086		
硅酸盐水泥熟料	吨	2098629	1900005	435984	153071	2228030	1930486
水泥	吨	3129653	1444970	263740	605665	1887736	3347918
商品混凝土	立方米	1273586		343476		685948	87161
水泥混凝土电杆	根	13171				76515	20091
砖	万块	19130					
卫生陶瓷制品	件					4061101	
钢材	吨					119587	320757
铁合金	吨						
十种有色金属	吨						
白银（银锭）	千克		2636				
铝材	吨	3016					
小型拖拉机	台	108322					
交流电动机	千瓦						
发电量	万千瓦小时						
#火力发电量	万千瓦小时						
水力发电量	万千瓦小时						

5-13 各县规模以上工业企业主要财务状况

（2014 年）　　单位：万元

指标名称	武鸣县	隆安县	马山县	上林县	宾阳县	横　县
单位数（个）	203	40	16	14	59	97
#亏损企业	20	12	2	5	9	8
工业总产值（当年价）	3815446	543557	129407	257239	1294702	2536388
工业销售产值（当年价）	3534391	512955	131676	235762	1242772	2438176
资产总计	1831698	469421	195710	141407	765818	2570997
流动资产合计	870962	204732	67981	98164	371819	925728
#存货	325287	42664	15338	17757	114168	240019
产成品	170303	19635	4472	8919	61613	98627
固定资产合计	723669	224893	122625	27140	339399	1389853
固定资产原价	1033062	306138	241538	42083	466850	1708728
累计折旧	379439	89789	129611	16464	135603	416364
固定资产净值	653623	216349	111927	25619	331247	1292364
负债合计	849718	302238	163639	79634	477717	1560571
#流动负债	693546	237729	146885	78327	434972	875739
非流动负债	115678	59426	13366	1306	31857	602898

单位：万元

指标名称	武鸣县	隆安县	马山县	上林县	宾阳县	横　县
所有者权益合计	957180	163009	31962	61001	277778	959954
实收资本	562962	91750	17387	19894	131067	477498
国家资本	102224	22979	1151	529	10763	100683
集体资本	8824	13000		2000	6598	1555
法人资本	207316	28143	3748	11800	41689	232608
个人资本	132485	25029	12488	5565	35352	109340
港澳台资本	27340	2000				7867
外商资本	80533				36666	25446
主营业务收入	3389996	517379	130658	213669	1197338	2512843
# 主营业务成本	2859701	460196	108666	207040	1025917	2015467
主营业务税金及附加	31810	1265	1726	904	7140	11636
其他业务利润	6873	1463	23		1395	3805
销售费用	121350	10956	2090	1849	16010	61271
管理费用	130531	20918	9782	5351	27790	176342
# 税金	5464	993	170	564	3180	8464
财务费用	25346	10375	1855	3162	15602	57618
# 利息支出	22115	9232	1479	2848	14442	54306
营业利润	269040	21980	9427	282	75774	195503
利润总额	224361	25903	9508	2383	80867	197117
亏损企业亏损额	3776	7342	952	597	7370	3420
利税总额	338242	39167	16126	8456	121030	310042
应交税金及附加	144495	15228	7354	6738	53858	134043
本年应付职工薪酬	153411	24855	15107	13027	79001	95149
本年应交增值税	79456	11949	4891	5167	33022	101065
全部从业人员年平均数（人）	37134	5889	2586	3289	18284	29041

5-14 规模以上工业企业技术开发机构、人员情况

（2014 年）

指标名称	企业数（个）	有 R&D 活动（个）	科技机构数（个）	机构人员（人）	# 博士毕业	# 硕士毕业	# 本科毕业	机构经费支出（万元）
总计	**944**	**131**	**98**	**2645**	**86**	**400**	**1558**	**66282**
按企业规模分								
大型	22	12	15	470	16	147	264	20167
中型	168	44	38	1110	27	93	666	23524
小型	708	75	45	1065	43	160	628	22591
微型	46							
按登记注册类型分								
国有企业	35	5	6	91	4	20	57	864
集体企业	7	1	1	4			1	31
股份合作企业								
联营企业								
有限责任公司	260	36	31	962	28	108	617	20995
股份有限公司	28	13	20	623	17	165	240	17186
私营企业	524	64	32	751	36	86	508	21300
其他企业	1							
港、澳、台商投资企业	35	7	4	132		16	97	4797
外商投资企业	54	5	4	82	1	5	38	1109
按新国民经济行业大类分								
采矿业	15							
制造业	912	131	98	2645	86	400	1558	66282
电力、热力、燃气及水生产和供应业	17							
按地区分组								
兴宁区	26	3						
青秀区	27	3	4	66	2	5	39	881
江南区（含经济技术开发区）	158	17	11	416	30	149	123	9487
西乡塘区（含高新技术产业开发区）	230	71	53	1559	43	180	1027	48359
良庆区	63	8	14	382	4	53	274	4945
邕宁区	12							
武鸣县（含东盟经济开发区）	201	9	7	156	6	11	69	1305
隆安县	41	3	1	3			3	11
马山县	16	1						
上林县	14							
宾阳县	59	1						
横县	97	15	8	63	1	2	23	1293

5-15 规模以上工业企业技术开发经费支出情况

（2014 年） 单位：万元

指标名称	R&D 人员合计（人）	R&D 经费内部支出（万元）	# 基础研究支出	# 应用研究支出	# 试验发展支出	R&D 项目数（项）
总计	**4945**	**121740**		**649**	**121091**	**779**
按企业规模分						
大型	1682	37315		69	37246	115
中型	1716	45574		441	45133	362
小型	1547	38851		139	38713	302
微型						
按登记注册类型分						
国有企业	350	4019		440	3579	54
集体企业	21	73			73	4
股份合作企业						
联营企业						
有限责任公司	1557	34746		99	34647	229
股份有限公司	1297	31404		69	31335	144
私营企业	1323	44910		41	44868	287
其他企业						
港、澳、台商投资企业	279	4810			4810	41
外商投资企业	118	1778			1778	20
按新国民经济行业大类分						
采矿业						
制造业	4945	121740		649	121091	779
电力、热力、燃气及水生产和供应业						
按地区分组						
兴宁区	103	931			931	10
青秀区	67	1000			1000	14
江南区（含经济技术开发区）	830	20172		167	20006	74
西乡塘区（含高新技术产业开发区）	3088	85722		441	85280	569
良庆区	370	4880		41	4838	50
邕宁区						
武鸣县（含东盟经济开发区）	201	1752			1752	27
隆安县	41	507			507	3
马山县	9	30			30	1
上林县						
宾阳县	10	29			29	4
横县	226	6718			6718	27

5-16 规模以上工业企业科技项目及成果情况

（2014 年）

指标名称	专利申请数（件）	# 发明专利	新产品开发项目数（项）	新产品开发经费支出（万元）	新产品销售收入（万元）
总计	**592**	**358**	**920**	**140473**	**1287914**
按企业规模分					
大型	123	85	131	36153	342956
中型	154	77	443	60207	504132
小型	315	196	346	44113	440826
微型					
按登记注册类型分					
国有企业	23	20	36	3535	20711
集体企业	6		4	73	107
股份合作企业					
联营企业					
有限责任公司	118	56	302	42713	267209
股份有限公司	139	100	178	31982	405760
私营企业	256	157	304	48587	500329
其他企业					
港、澳、台商投资企业	29	21	72	10673	79302
外商投资企业	21	4	24	2909	14496
按新国民经济行业大类分					
采矿业					
制造业	592	358	920	140473	1287914
电力、热力、燃气及水生产和供应业					
按地区分组					
兴宁区	82	75	13	1358	2885
青秀区	9	1	11	322	2456
江南区（含经济技术开发区）	159	87	104	24798	204262
西乡塘区（含高新技术产业开发区）	223	118	682	98425	958882
良庆区	33	20	52	6648	78083
邕宁区			1	205	
武鸣县（含东盟经济开发区）	44	30	36	3970	20214
隆安县	1		1	341	
马山县					
上林县					
宾阳县	12	7			2353
横县	29	20	20	4406	18779

六 运输邮电

CHAPTER 6 TRANSPORT,POSTAL AND TEL-ECOMMUNICATION

6-1 全市主要年份交通邮电情况

年份	邮电业务总量（万元）	年末电话用户（户）	客运量（万人）	货运量（万吨）
1950	53	174		8
1965	381	4859		215
1978	420	7691		347
1980	487	9195		313
1985	1211	17277	3907	1055
1986	1384	20423	4615	1268
1987	1709	24171	5795	1428
1988	1990	28145	6234	2703
1989	2311	33663	6338	1915
1990	5219	37131	3908	1863
1991	6854	47878	2625	2226
1992	9807	60333	2896	2589
1993	16745	87174	2545	2908
1994	29695	140004	3835	3457
1995	47626	228940	4545	3341
1996	65478	248387	4959	3413
1997	86853	361554	5457	3450
1998	112896	403001	5026	3470
1999	133877	645717	5130	3293
2000	190253	865319	5149	3291
2001	255793	913508	5266	3371
2002	291117	1543341	5343	3442
2003	191649	2678588	7017	5893
2004	248049	3527773	8451	6791
2005	293587	3658498	9131	7236
2006	689043	4040947	9665	7853
2007	1033495	4408556	10532	9237
2008	1289710	4880161	8066	13044
2009	1459981	5498397	8987	15491
2010	1769876	6043808	10153	19171
2011	829763	7917861	11170	24326
2012	945554	8247169	12036	29783
2013	1009173	8526254	8364	30877
2014	1277064	8305419	8697	33146

注：邮电业务总量1950年为1952年不变价，1965年为1957年不变价，1978年–1980年为1970年不变价，1985年–1989年为1980年不变价，1990年–2002年为1990年不变价，2003年–2010年为2000年不变价，2011年以后为2010年不变价。2003年以后为行政区划调整后的数据，其余年份为原南宁口径。

6-2 全市民用车辆拥有量

(2014 年)　　单位：辆

指标名称	总计	#个人
合计	**1733221**	**1545834**
汽车	**889943**	**710055**
#载客汽车	750668	668337
#大型	8530	72
中型	3723	1182
小型	717724	648202
微型	20691	18881
#轿车	495040	455101
载货汽车	132452	39553
#重型	33178	2882
中型	16346	3297
轻型	82297	32981
微型	631	393
#普通载货	33529	21899
其他汽车	6823	2165
#三轮汽车	98	98
低速汽车	1122	401
摩托车	**757464**	**754193**
#普通	754239	750968
轻便	3225	3225
拖拉机	**81201**	**81201**
#大中型	4642	4642
小型	46744	46744
挂车	**4606**	**385**
其他类型车	**7**	**0**

6-3 全市民用运输船舶拥有量

(2014 年)

指标名称	单位	总计	# 私人
机动船	艘	1552	455
载客量	客位	10432	10127
净载重量	吨位	1078437	76254
总功率	千瓦	278184	23543
客船	艘	252	242
载客量	客位	10432	10127
货船	艘	1300	213
净载重量	吨位	1078437	76182

6-4 全市全社会客货运输量

(2014 年)

指标名称	客运量（万人）	旅客周转量（万人公里）	货运量（万吨）	货物周转量（万吨公里）
合计	**8697**	**1107584**	**33146**	**6200761**
公路运输合计	6702	1107584	30035	4744699
水上运输合计			2714	1456062
铁路发送运输合计	1502		393	
民航运输合计	493		5.0	

6-5 全市规模以上交通运输企业主要财务状况

(2014 年)　　单位：万元

指标名称	总计	# 道路运输	# 水上运输
企业单位数（个）	87	64	9
资产总计	10063809	5529952	119512
营业收入	1211030	842163	44979
# 主营业务收入	1183846	825247	44594
营业税金及附加	19119	15228	323
# 主营业务税金及附加	17854	14331	288
从业人员平均人数（人）	35633	23531	1197

6-6 全市邮政、电信业务基本情况

指标名称	单位	2014 年	指标名称	单位	2014 年
电信业务总量	**万元**	**1223210**	**邮政业务总量**	**万元**	**53853**
电信营业网点总数（含合作厅）	个	617	邮政局（所）总数	处	196
#电信自办营业网点总数	个	23	邮路总长度（单程）	公里	18331
长话业务电路总数	个	9337	函件	万件	2332
电话线路光缆长度	皮长公里	55130	#国际函件	万件	3.37
电话交换机已装机总容量	门	575011	包件	万件	26.70
长途电话次数	万次	19305	#国际包件	万件	0.65
#国际长途电话次数	万次	26	汇票	万张	48.51
港澳台长途电话次数	万次	21	邮政储蓄年末余额	万元	1443807
国际互联网络用户	户	1667750	报纸累计份数	万份	5675
年末电话用户数	户	8305419	杂志累计份数	万份	525
#移动电话	户	7524136			
电话普及率	部 / 百人	114			

七 固定资产投资

CHAPTER 7 INVESTMENT IN FIXED ASSETS

7-1 全市主要年份固定资产投资情况

单位：万元

年份	全社会固定资产投资额	固定（城镇固定）资产投资额	#基本建设投资额	#更新改造投资额	新增固定资产
1950	312	312	312		
1965	5578	4577	4577		3476
1978	17731	16886	11094	5521	6772
1980	16704	16078	13912	1699	12713
1985	44590	38447	22939	13077	25868
1986	59292	47569	26545	18249	37857
1987	67975	59092	26526	30130	52193
1988	91450	82364	31563	44821	64369
1989	73920	66787	27831	34158	64217
1990	75907	60046	26469	25375	61328
1991	84364	70739	36109	27999	75259
1992	113593	96412	50458	33261	59784
1993	236508	219395	104494	52818	123995
1994	339036	310598	142976	78149	191587
1995	563515	432100	193808	103241	247895
1996	643874	525891	266140	108814	330844
1997	747843	613987	338771	122562	379500
1998	823561	689875	406818	112524	533250
1999	880793	759931	438954	122874	480493
2000	1131659	878145	493517	148436	776010
2001	1214061	974531	546522	166619	836988
2002	1455615	1223609	710376	213565	807002
2003	1903567	1699199	969888	277835	1367881
2004	2627634	2401050	1252317	402472	1776841
2005	3628975	3462384	1614461	595316	2382248
2006	4472211	4077515	1803307	807735	2410404
2007	5602200	5179195	2127423	1035189	2967701
2008	6934353	6500237	2783092	1424461	2786431
2009	10439120	9772424	4514087	2655809	5410422
2010	14830158	13893035	6458107	3671938	6761138
2011	20189453	19661255	8848771	5132049	9556262
2012	25851818	25176100	10284552	6890312	17714243
2013	24750080	24326855	11097410	7283304	15048368
2014	29338739	28866773	12990015	8534828	17754500

注：1、2000 年以后为行政区划调整后的数据，其余年份为原南宁口径；从 2003 年起基建投资含跨地市公路投资额。
2、2011 年起以“固定资产投资”口径取代原“城镇固定资产投资”口径。
3、2013 年起，固定资产投资起报点从计划总投资 50 万起报调整为计划总投资 500 万元起报。

7-2 全市全社会固定资产投资

（2014 年）　　单位：万元

指标名称	全社会投资合计	基本、更改、其他小计	城镇工矿区私人建房	房地产开发	农村非农户	城乡私人建房
合计	**29338739**	**22672660**		**5518214**	**675899**	**471966**
按隶属关系分						
中央	1167321	584049		548520	34752	
地方	28171418	22088611		4969694	641147	471966
# 自治区	2046073	1771216		266757	8100	
按三次产业分						
第一产业	845185	708198			136987	
第二产业	9043986	8844824			199162	
# 工业	8520537	8333120			187417	
第三产业	19449568	13119638		5518214	339750	471966
批发和零售业	1507304	1497632			9672	
交通运输、仓储和邮政业	2920935	2838556			82379	
住宿和餐饮业	448464	431166			17298	
信息传输、计算机服务和软件业	299517	296390			3127	
金融业	184093	183443			650	
房地产业	7893211	1879498		5518214	23533	471966
租赁和商务服务业	729045	728365			680	
科学研究和综合服务和地质勘查业	273247	265161			8086	
水利、环境和公共设施管理业	3119348	3001406			117942	
居民服务和其他服务业	151942	149892			2050	
教育	845057	812979			32078	
卫生、社会保障和社会福利业	338229	332072			6157	
文化、体育和娱乐业	367180	354250			12930	
公共管理和社会组织	371996	348828			23168	

注：城镇工矿区私人建房投资统计按自治区统计局口径调整，即城镇工矿区私人建房投资只包含 500 万以上私人建房投资（后表同）。

7-3 全市按行业、注册类型、隶属关系和建设性质分固定资产投资

(2014 年)　　单位：万元

指标名称	固定资产投资额	指标名称	固定资产投资额
本年完成投资	**28866773**	# 制糖业	64050
投资额按登记注册类型分		电力、煤气及水的生产和供应业	829524
内资	27423583	建筑业	523449
国有	7343216	第三产业	18977602
集体	569721	批发和零售业	1507304
股份合作	105150	交通运输、仓储和邮政业	2920935
联营	65272	住宿和餐饮业	448464
有限责任公司	8473764	信息传输、计算机服务和软件业	299517
股份有限公司	920771	金融业	184093
私营	8568211	房地产业	7421245
其他	1669135	租赁和商务服务业	729045
港澳台商投资	496508	科学研究和综合服务和地质勘查业	273247
合资经营	237826	水利、环境和公共设施管理业	3119348
合作经营	6000	居民服务和其他服务业	151942
独资	194135	教育	845057
股份有限	31631	卫生、社会保障和社会福利业	338229
其他	26916	文化、体育和娱乐业	367180
外商投资	497166	公共管理和社会组织	371996
合资经营	59946	**投资额按隶属关系分**	
合作经营		中央	1167321
独资	291812	自治区	2046073
股份有限	86655	市	3061336
其他	58753	县	3106518
个体经营	313697	其他	19349706
个人经营	198025	**投资额按建设性质分**	
个人合伙	115672	# 新建	14270287
按国民经济行业分		扩建	3152421
农、林、牧、渔业	845185	改建	4292407
采矿业	335050		
制造业	7355963		

7–4 全市固定资产投资完成情况

（2014 年）

指标名称	单位	合计	基本建设	更新改造	其他投资	房地产	城镇工矿区私人建房	农村非农户
本年完成投资	**万元**	**28866773**	**12990015**	**8534828**	**1147817**	**5518214**		**675899**
#住宅	万元	4064644	331291	38434	78	3682290		12551
投资额按构成分								
建筑工程	万元	17321987	9712986	3400634	182032	3571960		454375
安装工程	万元	2002146	720297	753692	20604	457909		49644
设备工器具购置	万元	6352836	1183376	3881808	906713	243040		137899
其他费用	万元	3189804	1373356	498694	38468	1245305		33981
#土地购置费	万元	2089730	817216	253580	3080	997239		18615
本年新增固定资产	万元	17754500	8068525	6790887	815390	1522841		556857
本年施工房屋面积	平方米	72861466	18236902	8416235	396727	45193571		618031
#住宅	平方米	34592289	2497883	932346	396	31078393		83271
本年竣工房屋面积	平方米	9460775	2338233	2123652	16216	4654313		328361
#住宅	平方米	4725554	862676	538369	316	3297833		26360
本年竣工房屋价值	万元	2146051	490216	334232	1147	1287691		32765
#住宅	万元	1490925	178789	21040	62	1287691		3343
施工项目个数	个	8092	4349	3073	169			501
#本年新开工	个	6739	3420	2714	137			468
本年投产项目个数	个	6221	3088	2548	152			433
本年资金来源合计	万元	34541486	13519372	8703047	1208041	10409841		701185
上年末结余资金	万元	2091124	146056	26852	1471	1884556		32189
本年资金来源小计	万元	32450362	13373316	8676195	1206570	8525285		668996
国家预算内资金	万元	2313721	1844090	230413	61755			177463
国内贷款	万元	2956292	1033482	486729	8213	1411387		16481
债券	万元	6331	2529	1194	208			2400
利用外资	万元	8240	600	7640				
自筹资金	万元	21452582	9807972	7759228	1112394	2418326		354662
其他资金来源	万元	5713196	684643	190991	24000	4695572		117990
本年各项应付款合计	万元	2943000	994372	333215	15384	1555716		44313

7-5 全市农村非农户固定资产投资

（2014 年）

指标名称	单位	合计	基本建设	更新改造	其他投资
本年投资完成额	**万元**	**675899**	**524991**	**92607**	**58301**
投资额按建设性质分					
# 新建	万元	388976	319102	42262	27612
扩建	万元	206853	172701	14996	19156
改建	万元	64876	30578	30987	3311
投资额按构成分					
建筑工程	万元	454375	407307	27321	19747
安装工程	万元	49644	28559	14552	6533
设备工器具购置	万元	137899	64716	45607	27576
其他费用	万元	33981	24409	5127	4445
投资额按国民经济行业分					
农、林、牧、渔业	万元	136987	102532	2370	32085
采矿业	万元	20222	18242	580	1400
制造业	万元	84493	51901	22242	10350
电力、燃气及水的生产和供应业	万元	82702	23095	57267	2340
建筑业	万元	11745	8875	2870	
批发和零售业	万元	9672	8460	1212	
交通运输仓储和邮政业	万元	82379	79159		3220
住宿和餐饮业	万元	17298	17298		
信息传输、计算机服务和软件业	万元	3127	1962	1165	
金融业	万元	650	650		
房地产业	万元	23533	23533		
租赁和商务服务业	万元	680			680
科学研究、技术服务和地质勘查业	万元	8086	8086		
水利 环境和公共设施管理业	万元	117942	113176	2976	1790
居民服务和其他服务业	万元	2050	2050		
教育	万元	32078	26867	1425	3786
卫生 社会保障和社会福利业	万元	6157	6157		
文化 体育和娱乐业	万元	12930	12360		570
公共管理和社会组织	万元	23168	20588	500	2080
本年新增固定资产	万元	556857	462551	38413	55893
本年施工房屋面积	平方米	618031	556563	37068	24400
本年竣工房屋面积	平方米	328361	323461	2400	2500

7–6 全市全年新增生产能力

（2014 年）

指标名称	单位	总计	基本建设	更新改造	其他投资
铁矿开采（原矿）	万吨 / 年	85	85		
钢材	万吨 / 年				
铜选矿：处理原矿	万吨 / 年	0.1		0.1	
铅锌选矿：处理原矿	万吨 / 年	0.01		0.01	
水力发电	万千瓦	140		140	
风力发电	万千瓦				
输电线路长度 (110KV 及以上）	公里	232	194	38	
平板玻璃	万重量箱 / 年	30		30	
氮肥	吨 / 年	100000		100000	
磷肥	吨 / 年	20		20	
钾肥	吨 / 年	455000		455000	
塑料树脂及共聚物	吨 / 年	10000		10000	
啤酒	万吨 / 年	30		30	
白酒	万吨 / 年	0.05		0.05	
机制纸浆	万吨 / 年	5		5	
新建公路	公里	519	457	62	
其中：高速公路	公里	81	81		
二级公路	公里	11	11		
改建公路	公里	211	200	12	
二级公路	公里	144	144		
新建独立公路桥梁	延长米	12672	12672		
新建独立公路桥梁	座	4	4		
新（扩）建港口码头	年吞吐量：万吨	403	403		
新（扩）建港口码头	年吞吐量：标准集装箱	6	6		
新（扩）建港口码头	泊位：个	9	9		
新（扩）建公路客、货运站	个	6	5	1	
新（扩）建公路客、货运站	平方米	271866	151866	120000	
城市自来水供水能力	万吨 / 日	29		29	
城市污水处理能力	万吨 / 日	2		2	

7-7 全市及各县城乡私人建房情况

(2014 年)

名称	镇、乡个数（个）	本年竣工房屋建筑面积（平方米）	#住宅	本年竣工房屋价值（万元）	#住宅	建房户数（户）
全市	**121**	**6422194**	**6399547**	**471966**	**470268**	**37947**
武鸣县	18	580505	579637	41430	41367	4046
隆安县	10	352798	352798	25560	25560	3188
马山县	11	455298	455298	37378	37378	2909
上林县	11	295633	295633	22864	22864	2982
宾阳县	15	1418861	1418861	98714	98714	9391
横　县	17	1442955	1442955	113065	113065	7030

7–8 全市按国民经济行业分新增固定资产

(2014 年)　　　　单位：万元

指标名称	总计	基本建设	更新改造	其它投资	城镇工矿区私人建房
总计	**17754500**	**8531076**	**6829300**	**871283**	
农、林、牧、渔业	729280	553317	97566	78397	
采矿业	252776	65505	179626	7645	
制造业	5649666	988886	4583602	77178	
电力、燃气及水生产和供应业	672844	238675	427349	6820	
建筑业	404553	131773	174002	98778	
批发和零售业	1189767	705672	302813	181282	
交通运输仓储和邮政业	1019169	739739	156864	122566	
住宿和餐饮业	348438	281090	43297	24051	
信息传输 计算机服务和软件业	269792	77896	173382	18514	
租赁和商务服务业	130316	97331	27393	5592	
房地产业	2967592	1318018	112579	14154	
金融业	586954	388636	114861	83457	
科学研究 技术服务和地质勘查业	222564	163567	40517	18480	
水利 环境和公共设施管理业	1741424	1508212	204930	28282	
居民服务和其他服务业	135678	108714	23732	3232	
教育	634416	519352	73511	41553	
卫生 社会保障和社会福利业	268210	170396	59373	38441	
文化 体育和娱乐业	206764	180851	16578	9335	
公共管理和社会组织	324297	293446	17325	13526	

7-9 房地产开发投资

单位：万元

指标名称	全市		市区	
	2014 年	2013 年	2014 年	2013 年
本年完成投资	**5518214**	**4163709**	**4909850**	**3642124**
投资额按登记注册类型分				
内资企业	**4905422**	**3698830**	**4351411**	**3216276**
国有企业	207982	360204	205682	352221
其他联营企业		18327		18327
国有独资公司	96994	39093	60595	13460
其他有限责任公司	2586170	1403913	2377537	1224822
股份有限公司	345026	327595	324037	325585
私营企业	1669250	1429616	1383560	1161779
港澳台投资	**291657**	**228296**	**254845**	**220446**
合资经营	146670	111686	109858	103836
合作经营				
独资	144987	116610	144987	116610
外商投资	**185316**	**136545**	**185316**	**136545**
合资经营	15613	5687	15613	5687
合作经营				
外资企业	169703	130858	169703	130858
投资额按隶属关系分				
中央	548520	325558	548520	325558
自治区	266757	28971	245646	15998
市	415498	512682	415498	509882
县	77339	49095	58656	33345
其他	4074281	3147365	3523252	2688484

7-10 房地产开发投资完成情况

指标名称	单位	全市		市区	
		2014年	2013年	2014年	2013年
本年完成投资	**万元**	**5518214**	**4163709**	**4909850**	**3642124**
投资额按构成分					
建筑工程	万元	3571960	2651538	3129827	2225940
安装工程	万元	457909	447873	413870	427386
设备工器具购置	万元	243040	65347	221560	57001
其他费用	万元	1245305	998951	1144593	931797
# 土地购置费	万元	997239	700582	910944	649981
投资额按工程用途分					
住宅	万元	3682290	3023848	3205022	2614419
办公楼	万元	410936	171247	408751	170141
商业营业用房	万元	608181	393597	523150	327888
其他	万元	816807	575017	772927	529676
本年新增固定资产	万元	1522841	931320	1076674	671350
本年购置土地面积	平方米	2457245	802225	2238582	436141
本年资金来源合计	万元	10409841	8833217	9732513	8225502
上年末结余资金	万元	1884556	1963129	1803566	1930260
本年资金来源小计	万元	8525285	6870088	7928947	6295242
国内贷款	万元	1411387	1265760	1339734	1199713
利用外资	万元				
自筹资金	万元	2418326	1792099	2137431	1540615
其他资金来源	万元	4695572	3812229	4451782	3554914
本年各项应付款合计	万元	1555716	1010866	1413444	943889
竣工房屋住宅套数合计	套	33773	24580	21376	18051
施工房屋面积	平方米	45193571	38123539	38011172	32299265
# 住宅	平方米	31078393	27674954	25373920	22941520
本年新开工房屋面积	平方米	10510314	7210457	8894169	4973054
# 住宅	平方米	6691241	5447753	5321957	3648434
竣工房屋面积	平方米	4654313	3255841	3056572	2254467
# 住宅	平方米	3297833	2344671	2014542	1522255
竣工房屋价值	万元	1287691	723636	919935	533259
# 住宅	万元	862330	522526	571053	375398
商品房销售面积	平方米	8025713	7026007	6595681	5547622
# 住宅	平方米	7209514	6331392	5856879	4930560
商品房待售面积	平方米	3916165	2524533	2962438	2096860
# 住宅	平方米	2125641	1212929	1462127	923984
办公楼	平方米	85364	13006	85364	13006
商业营业用房	平方米	671839	593111	508890	482543
其他	平方米	1033321	705487	906057	677327
商品房销售额	万元	5318663	4889652	4848497	4426995
# 住宅	万元	4400254	3896706	3986875	3483768

7-11 房地产开发经营情况

单位：千元

指标名称	全市		市区	
	2014 年	2013 年	2014 年	2013 年
资产总计	269956587	211620320	225810482	177144508
固定资产累计折旧	1954804	1861468	1668332	1661128
#本年折旧	421878	435885	315293	387611
负债总计	213705775	165554792	180896360	140137846
所有者权益合计	56250812	46065528	44914122	37006662
#实收资本合计	33107956	24018538	27427127	19863404
土地转让收入	59445	141113	59444	28140
商品房屋销售收入	27116792	29321607	19697209	23611654
房屋出租收入	1958606	962859	1850762	822454
其他收入	369909	2325776	356843	2168384
主营业务成本	18906603	19238588	13256696	15011339
销售费用	2961362	1664060	2289852	1384128
主营业务税金及附加	211703	3710911	201454	3035874
其他业务利润	1903947	224456	1602202	201619
管理费用及财务费用	3558263	2845191	2966288	2397639
投资收益及营业外收入	575311	278439	422867	259655
营业外支出	311639	301629	222916	272922
利润总额	2337097	5673862	1969650	5321635

7-12 全市总承包和专业承包建筑业企业生产情况

(2014 年)

指标名称	企业个数（个）	建筑业总产值（万元）				
		合计	建筑工程	#装修装饰	安装工程	其他
总计	**411**	**9339157**	**8049539**	**345797**	**669961**	**619657**
#二级以上企业	195	8555582	7430602	267317	601213	523767
国有及国有控股	50	5679993	5181633	42112	222119	276241
按登记注册类型分组						
内资企业	**411**	**9339157**	**8049539**	**345797**	**669961**	**619657**
国有企业	21	617516	584948	8277	24516	8052
集体企业	14	120345	112791	7753	3865	3689
有限责任公司	69	6065029	5479379	100746	283155	302495
股份有限公司	6	77334	5355		9094	62885
私营企业	301	2458933	1867065	229022	349331	242537
按国民经济行业分组						
房屋建筑业	180	5615772	5007981	231616	287868	319923
土木工程建筑	78	2962316	2686991	5449	63787	211538
建筑安装业	66	516552	203716	880	302606	10230
建筑装饰和其他建筑业	87	244518	150851	107851	15700	77967

7-12 续表

指标名称	竣工产值（万元）	房屋施工面积（万平方米）	#本年新开工面积	#实行投标承包面积	房屋建筑竣工面积（万平方米）	年末从业人数（万人）
总计	**3848959**	**6541.09**	**2390.30**	**5875.50**	**1382.03**	**26.16**
#二级以上企业	3443026	6312.61	2272.78	5766.72	1254.98	24.16
国有及国有控股	1853677	4451.08	1532.60	4374.51	601.15	13.12
按登记注册类型分组						
内资企业	**3848959**	**6541.09**	**2390.30**	**5875.50**	**1382.03**	**26.16**
国有企业	115320	82.90	46.18	51.93	25.25	1.53
集体企业	71983	90.39	41.34	37.48	49.31	0.50
有限责任公司	2242859	5042.08	1777.53	4967.62	724.23	16.84
股份有限公司	6150	3.39	0.36	2.04	1.62	0.75
私营企业	1412648	1322.33	524.89	816.43	581.63	6.53
按国民经济行业分组						
房屋建筑业	2649165	6156.02	2264.85	5499.47	1319.48	17.75
土木工程建筑	878959	271.79	125.14	263.06	41.41	6.46
建筑安装业	214919	113.28	0.31	112.98	21.14	1.41
建筑装饰和其他建筑业	105917					0.53

7-13 全市总承包和专业承包建筑业企业财务状况

(2014年)　　单位：万元

指标名称	年初存货	年末资产负债		
		流动资产合计	#应收工程款	#存货
总计	**992615**	**5686074**	**1097524**	**1190206**
#二级以上企业	912930	4898765	886842	1098221
国有及国有控股	643332	3591254	665048	804040
按登记注册类型分组				
内资企业	**992615**	**5686074**	**1097524**	**1190206**
国有企业	165013	603363	102468	194755
集体企业	13097	30131	4567	8535
有限责任公司	564419	3456087	627764	710873
股份有限公司	11033	69379	50472	8978
私营企业	239054	1527113	312252	267066
按国民经济行业分组				
房屋建筑业	425338	2494524	488979	493277
土木工程建筑	439298	2519954	465715	541220
建筑安装业	100988	465387	109529	123693
建筑装饰和其他建筑业	26992	206209	33300	32016

7-13 续表1　　单位：万元

指标名称	年末资产负债			
	固定资产合计	固定资产原价	累计折旧	#本年折旧
总计	**670502**	**933675**	**412299**	**78989**
#二级以上企业	577152	803815	353543	67379
国有及国有控股	391203	625656	295465	53370
按登记注册类型分组				
内资企业	**670502**	**933675**	**412299**	**78989**
国有企业	78076	121745	64558	6783
集体企业	10456	13492	3405	342
有限责任公司	379647	562362	252423	53782
股份有限公司	1863	8622	6766	990
私营企业	200460	227454	85147	17093
按国民经济行业分组				
房屋建筑业	293340	282862	88579	19862
土木工程建筑	323464	565992	281155	52298
建筑安装业	42181	62678	30718	4808
建筑装饰和其他建筑业	11517	22143	11847	2021

7-13 续表 2

单位：万元

指标名称	年末资产负债				
	资产合计	负债合计	#流动负债	所有者权益合计	实收资本合计
总计	**7486363**	**5293020**	**4350203**	**2190667**	**1507849**
#二级以上企业	6512789	4723211	3872417	1789577	1183277
国有及国有控股	4753596	3753338	3052204	1000258	598965
按登记注册类型分组					
内资企业	**7486363**	**5293020**	**4350203**	**2190667**	**1507849**
国有企业	716969	612897	549967	104073	67494
集体企业	41428	23827	19594	17600	13350
有限责任公司	4626256	3489828	2804995	1136427	711685
股份有限公司	76858	25173	25173	51685	19744
私营企业	2024853	1141295	950475	880882	695576
按国民经济行业分组					
房屋建筑业	3161083	2074987	1902647	1083213	828009
土木工程建筑	3534018	2684639	2005370	849379	506673
建筑安装业	564110	391771	357846	172547	110808
建筑装饰和其他建筑业	227152	141623	84341	85529	62359

7-13 续表 3

单位：万元

指标名称	损益及分配				
	营业收入	工程结算收入	工程结算成本	工程结算税金及附加	其他业务利润
总计	**9080154**	**8985997**	**8225802**	**253401**	**19998**
#二级以上企业	8323602	8241546	7587879	227687	19400
国有及国有控股	5781246	5752694	5334447	142965	9284
按登记注册类型分组					
内资企业	**9080154**	**8985997**	**8225802**	**253401**	**19998**
国有企业	798738	790751	715950	19429	111
集体企业	115904	113482	100925	4713	74
有限责任公司	6073323	6013388	5592815	155847	14449
股份有限公司	124565	124547	94804	2497	9
私营企业	1967624	1943829	1721308	70914	5355
按国民经济行业分组					
房屋建筑业	**5226422**	**5190970**	**4795088**	**155012**	**6270**
土木工程建筑	3128595	3102848	2815611	78602	7200
建筑安装业	536060	506763	455118	14272	6343
建筑装饰和其他建筑业	189077	185415	159984	5516	186

7–13 续表 4

单位：万元

指标名称	损益及分配				
	销售费用	管理费用	#税金	财务费用	#利息支出
总计	**16263**	**273635**	**7777**	**116442**	**94778**
#二级以上企业	9079	230873	6835	106437	85979
国有及国有控股	4671	139729	3659	94760	77280
按登记注册类型分组					
内资企业	**16263**	**273635**	**7777**	**116442**	**94778**
国有企业	3175	36335	1080	10821	9914
集体企业	1594	2927	169	321	298
有限责任公司	1942	135632	2812	89034	71891
股份有限公司	1152	12222	388	1204	679
私营企业	8400	86520	3327	15062	11997
按国民经济行业分组					
房屋建筑业	6107	129190	4018	37847	32989
土木工程建筑	6359	101849	2736	70755	55254
建筑安装业	1416	29803	717	6662	5941
建筑装饰和其他建筑业	2381	12792	305	1178	595

7–13 续表 5

单位：万元

指标名称	损益及分配			应付职工薪酬	境外营业收入
	营业利润	利润总额	应交所得税		
总计	**115453**	**123912**	**39054**	**1580281**	**190988**
#二级以上企业	98616	107850	33458	1507997	190888
国有及国有控股	40999	45848	14243	1179579	120254
按登记注册类型分组					
内资企业	**115453**	**123912**	**39054**	**1580281**	**190988**
国有企业	2124	2094	351	71491	27559
集体企业	2965	2895	1139	13177	
有限责任公司	51518	56926	18836	1299997	107361
股份有限公司	12687	13056	1263	33572	
私营企业	46159	48941	17465	162043	56068
按国民经济行业分组					
房屋建筑业	69997	70066	23943	863260	56838
土木工程建筑	34240	39860	11037	667544	119584
建筑安装业	7683	10572	2480	29889	14565
建筑装饰和其他建筑业	3533	3414	1594	19588	

7-14 市区全社会固定资产投资

（2014 年） 单位：万元

指标名称	全社会投资合计	基本、更改、其他小计	房地产开发	农村非农户	城乡私人建房
合计	**20993765**	**15929080**	**4909850**	**21880**	**132955**
按隶属关系分					
中央	841455	292935	548520		
地方	20152310	15636145	4361330	21880	132955
# 自治区	1816184	1570538	245646		
按三次产业分					
第一产业	394497	390381		4116	
第二产业	5257056	5254916		2140	
# 工业	4789648	4787508		2140	
第三产业	15342212	10283783	4909850	15624	132955
批发和零售业	1355520	1355520			
交通运输、仓储和邮政业	2088740	2088235		505	
住宿和餐饮业	304163	304163			
信息传输、软件和信息技术服务业	234533	234533			
金融业	162605	162605			
房地产业	664344	664344			
租赁和商务服务业	251420	251420			
科学研究和技术服务业	2185165	2177446		7719	
水利、环境和公共设施管理业	128125	128125			
居民服务、修理和其他服务业	626699	626699			
教育	227460	227460			
卫生和社会工作	308189	308189			
文化、体育和娱乐业	173631	173631			
公共管理、社会保障和社会组织	6631618	1581413	4909850	7400	132955

7-15 市区按行业、注册类型、隶属关系和建设性质分区固定资产投资

单位：万元

指标名称	2014 年	指标名称	2014 年
本年完成投资	**20860810**	# 制糖业	27044
投资额按登记注册类型分		电力、煤气及水的生产和供应业	430642
内资	**19917901**	建筑业	467408
国有	4706857	第三产业	15209257
集体	353355	批发和零售业	1355520
股份合作	81163	交通运输、仓储和邮政业	2088740
联营	44296	住宿和餐饮业	304163
有限责任公司	7565648	信息传输、计算机服务和软件业	234533
股份有限公司	721874	金融业	162605
私营	5504853	房地产业	6498663
其他	939855	租赁和商务服务业	664344
港澳台商投资	**388122**	科学研究和综合服务和地质勘查业	251420
合资经营	180817	水利、环境和公共设施管理业	2185165
合作经营	300	居民服务和其他服务业	128125
独资	168407	教育	626699
股份有限	15982	卫生、社会保障和社会福利业	227460
其他	22616	文化、体育和娱乐业	308189
外商投资	**338224**	公共管理和社会组织	173631
合资经营	40677	**投资额按隶属关系分**	
合作经营		中央	841455
独资	196557	自治区	1816184
股份有限	72080	市	2948953
其他	28910	县	1125043
个体经营	**98285**	其他	14010897
个人经营	73858	**投资额按建设性质分**	
个人合伙	24427	# 新建	11162270
按国民经济行业分		扩建	1018039
农、林、牧、渔业	394497	改建	2416040
采矿业	105355		
制造业	4253651		

7-16 市区固定资产投资完成情况

（2014 年）

指标名称	单 位	合计	基本建设	更新改造	其他投资	房地产	农村非农户
本年完成投资	**万元**	**20860810**	**9919647**	**5065822**	**943611**	**4909850**	**21880**
#住宅	万元	3466627	233090	28515		3205022	
投资额按构成分							
建筑工程	万元	12650539	7335692	2004072	160812	3129827	20136
安装工程	万元	1427121	544963	449797	18417	413870	74
设备工器具购置	万元	4269350	915059	2389416	743315	221560	
其他费用	万元	2513800	1123933	222537	21067	1144593	1670
#土地购置费	万元	1686384	644633	128394	1958	910944	455
本年新增固定资产	万元	11578126	5865391	3955936	658170	1076674	21955
本年施工房屋面积	平方米	58764967	14239691	6107863	386261	38011172	19980
#住宅	平方米	27799914	1683984	742010		25373920	
本年竣工房屋面积	平方米	6034936	1154941	1814423	9000	3056572	
#住宅	平方米	3004178	453077	536559		2014542	
本年竣工房屋价值	万元	1513341	323419	269312	675	919935	
#住宅	万元	1066649	126885	19829		919935	
施工项目个数	个	4579	2812	1620	129		18
#本年新开工	个	3565	2077	1375	103		10
本年投产项目个数	个	3225	1860	1235	117		13
本年资金来源合计	万元	26435509	10387580	5284067	1009279	9732513	22070
上年末结余资金	万元	1922907	110582	5199	71	1803566	3489
本年资金来源小计	万元	24512602	10276998	5278868	1009208	7928947	18581
国家预算内资金	万元	1301755	1130627	136604	30058		4466
国内贷款	万元	2158718	747792	68233	2959	1339734	
债券	万元	500		500			
利用外资	万元	7140		7140			
自筹资金	万元	15993693	7924561	4957840	966896	2137431	6965
其他资金来源	万元	5050796	474018	108551	9295	4451782	7150
本年各项应付款合计	万元	2167680	648584	99222	6430	1413444	

7-17 市区按国民经济行业分新增固定资产

（2014 年）　　单位：万元

指标名称	总计	基本建设	更新改造	其他投资
总计	**11578126**	**5887346**	**3955936**	**658170**
农、林、牧、渔业	344878	275765	44792	24321
采矿业	71913	24197	44996	2720
制造业	3118255	644220	2422718	51317
电力、燃气及水生产和供应业	373730	146918	223704	3108
建筑业	367270	104548	169281	93441
批发和零售业	1065845	635329	251236	179280
交通运输仓储和邮政业	435030	272456	103862	58712
住宿和餐饮业	263746	221478	23567	18701
信息传输 计算机服务和软件业	206485	70478	117493	18514
金融业	111020	81187	24241	5592
房地产业	2262237	1091769	79640	14154
租赁和商务服务业	562678	371631	108270	82777
科学研究 技术服务和地质勘查业	200912	142415	40017	18480
水利 环境和公共设施管理业	1111845	928464	162480	20901
居民服务和其他服务业	116158	93176	19750	3232
教育	449982	372523	45261	32198
卫生 社会保障和社会福利业	178043	115715	45296	17032
文化 体育和娱乐业	148522	127150	13107	8265
公共管理和社会组织	189577	167927	16225	5425

7-18 各县全社会固定资产投资完成情况

（2014年）

指标名称	单位	武鸣县	隆安县	马山县	上林县	宾阳县	横 县
全社会固定资产投资	**万元**	**2761232**	**643772**	**517697**	**525626**	**1941329**	**1982018**
#固定资产投资	万元	2719802	618212	480319	502762	1842615	1868953
按管理渠道分							
基本建设	万元	653414	274750	309277	242718	581583	1008626
更新改造	万元	1667564	248309	64458	214474	842654	458247
房地产	万元	256290	22341	16373	26493	136238	150629
其他	万元	85806	30322	52639	41941	166377	224433
按构成分							
建筑工程	万元	1402915	459927	389108	290762	1259954	1220978
安装工程	万元	167563	36783	38018	10090	151966	172097
设备工器具购置	万元	909380	116928	79238	117088	447634	416988
其他费用	万元	281374	30134	11333	107686	81775	171955
#土地购置费	万元	214641	5750	6836	11743	57446	106930
本年新增固定资产	万元	1613157	434202	311516	379072	1627302	2176836
本年施工房屋面积	平方米	5414403	1376774	432381	715814	2741536	3415591
#住宅	平方米	2308168	698332	225718	355416	1441769	1762972
本年竣工房屋面积	平方米	670457	177287	186251	135369	933097	1323378
#住宅	平方米	386010	154193	58978	95369	353049	673777
本年竣工房屋价值	万元	106776	30978	21853	34296	141164	297643
#住宅	万元	67457	27172	3104	24796	42214	183054
施工项目个数	个	695	144	151	134	1089	814
#本年新开工	个	557	114	135	129	1051	731
本年投产项目个数	个	553	113	100	97	1033	681
本年资金来源合计	万元	2709897	645430	593687	555621	1997933	1970656
上年末结余资金	万元	107080	59	4698	3951	10331	42098
本年资金来源小计	万元	2602817	645371	588989	551670	1987602	1928558
国家预算内资金	万元	165711	158546	170099	18725	300434	198451
国内贷款	万元	427446	45312	34746	34494	84495	193670
债券	万元						5831
利用外资	万元					830	270
自筹资金	万元	1832529	406384	292740	420234	1355849	1156800
其他资金来源	万元	177131	35129	91404	78217	245994	373536
本年应付款合计	万元	285646	17631	75775	16549	108012	271707

注：施工、投产项目个数不含房地产。

7-19 各县按行业、注册类型、隶属关系和建设性质分固定资产投资

（2014 年）

单位：万元

指标名称	武鸣县	隆安县	马山县	上林县	宾阳县	横 县
本年完成投资	**2719802**	**618212**	**480319**	**502762**	**1842615**	**1868953**
投资额按登记注册类型分						
内资	**1028747**	**602248**	**477619**	**439781**	**1724238**	**1751347**
国有	722232	273452	320312	268572	554195	524296
集体	22107		5724		20128	168407
股份合作	6558				1550	15879
联营	1510	1210			10981	7275
有限责任公司	257009	27672	72862	147147	210089	214326
股份有限公司	337530	3975			104246	62701
私营	1221671	291665	62900	24062	805314	657746
其他	278087	4274	15821		38704	100737
港澳台商投资	**46269**	**14664**	**1500**			**45953**
合资经营	36812	2500				17697
合作经营						5700
独资	6157					19571
股份有限	500	12164				2985
其他	2800		1500			
外商投资	**112501**		**1200**	**2900**	**35674**	**6667**
合资经营					17560	1709
合作经营						
独资	77141				18114	
股份有限	10575					4000
其他	24785		1200	2900		958
个体经营	**14583**	**1300**		**52600**	**81943**	**64986**
个人经营	12523	1300		19400	58912	32032
个人合伙	2060			33200	23031	32954
按国民经济行业分						
农、林、牧、渔业	121742	29593	27346	38990	73026	159991
采矿业	45984	3910	7080	50950	72482	49289
制造业	1450853	214134	57965	117319	742832	519209

单位：万元

指标名称	武鸣县	隆安县	马山县	上林县	宾阳县	横 县
#制糖业	9765	850		1430	13571	11390
电力、煤气及水的生产和供应业	72476	132878	62740	33700	73568	50220
建筑业		7525	12597	2009	15711	18199
第三产业	1028747	230172	312591	259794	864996	1072045
批发和零售业	6890	3093	13242	7900	50856	69803
交通运输、仓储和邮政业	146569	116231	126020	60947	171116	211312
住宿和餐饮业	26082	3000			46964	68255
信息传输、计算机服务和软件业	3380	272	7307	13900	33247	6878
金融业					5794	15694
房地产业	337530	43485	40248	51030	190527	259762
租赁和商务服务业	14755	18616	7390	5187	8152	10601
科学研究和综合服务和地质勘查业	7801		175		6500	7351
水利、环境和公共设施管理业	355408	35408	60467	70348	184888	227664
居民服务和其他服务业	7130				11561	5126
教育	69774	5065	19976	12389	66883	44271
卫生、社会保障和社会福利业	21589	1608	10618	7985	33593	35376
文化、体育和娱乐业	3371		3642	1800	30965	19213
公共管理和社会组织	28468	3394	23506	28308	23950	90739
投资额按隶属关系分						
中央	487	93995	70761	9500	108224	42899
自治区	79926		68059	26700	53354	28550
市	26438	82520			3000	425
县	549549	95401	171802	367519	330562	466642
其他	2054102	346296	169697	91562	1346715	1330437
投资额按建设性质分						
#新建	1099175	304652	324053	26700	368402	1011735
扩建	985927	121040	40736	1019	876948	108712
改建	355123	167479	97294	425490	381102	449879

7-20 各县房地产开发投资完成情况

(2014 年)

指标名称	单位	武鸣县	隆安县	马山县	上林县	宾阳县	横 县
本年完成投资	**万元**	**256290**	**22341**	**16373**	**26493**	**136238**	**150629**
投资额按构成分							
建筑工程	万元	187634	21130	13527	16342	96696	106804
安装工程	万元	15093	573	2389	1513	10457	14014
设备工器具购置	万元	2622	90	150	780	11497	6341
其他费用	万元	50941	548	307	7858	17588	23470
# 土地购置费	万元	45503	11		5703	14896	20182
投资额按工程用途分							
住宅	万元	194804	21571	14907	22317	107635	116034
办公楼	万元	355				800	1030
商业营业用房	万元	44415	625	1069	2479	18272	18171
其他	万元	16716	145	397	1697	9531	15394
本年新增固定资产	万元	71522	28271	5470	50317	6012	284575
本年购置土地面积	平方米	123860	100			54311	40392
本年资金来源合计	万元	278438	20174	27131	37120	153348	161117
上年末结余资金	万元	70522	59	1421	3951	2864	2173
本年资金来源小计	万元	207916	20115	25710	33169	150484	158944
国内贷款	万元	34535		1406	3405	15294	17013
利用外资	万元						
自筹资金	万元	100099	16366	14216	6960	80094	63160
其他资金来源	万元	73282	3749	10088	22804	55096	78771
本年各项应付款合计	万元	59074	6987	11534	15529	29602	19546
竣工房屋住宅套数合计	套	3236	1316	410	1045	511	5879
施工房屋面积	平方米	2658355	681242	224039	392030	1171151	2055582
# 住宅	平方米	2107830	661322	192376	294935	898458	1549552
本年新开工房屋面积	平方米	692789	33668	117590	71672	137893	562533
# 住宅	平方米	599579	33668	93845	56273	128504	457415
竣工房屋面积	平方米	378867	161187	37396	135369	55953	828969
# 住宅	平方米	326023	154193	31596	95369	45678	630432
竣工房屋价值	万元	68524	28271	2692	34296	6012	227961
# 住宅	万元	57866	27172	1692	24796	5140	174611
商品房销售面积	平方米	530494	58687	62236	124800	366831	286984
# 住宅	平方米	494071	55087	61900	118671	347838	275068
商品房待售面积	平方米	308530	46531	72573	86444	31420	408229
# 住宅	平方米	236314	44154	50736	53224	19656	259430
办公楼	平方米						
商业营业用房	平方米	37054	952	11707	33220	7994	72022
其他	平方米	35162	1425	10130		3770	76777
商品房销售额	万元	166490	16436	16440	36156	144847	89797
# 住宅	万元	153022	14987	16262	32247	114694	82167

八 能源购进消费与库存

CHAPTER 8 PURCHASE,CONSUMPTION AND STOCK OF ENERGY

8-1 全市规模以上工业企业主要能源购进、消费与库存

(2014 年)

指标名称	单位	购进量合计	消费量合计	工业生产消费	非工业生产消费	年末库存
全市						
原煤	吨	6076323	6045266	6038429	6837	471905
洗精煤	吨	293	315	315		119
煤制品	吨	40245	40112	40112		303
焦炭	吨	7235	7500	7500		372
其他焦化产品	吨	15151	12097	12097		14699
汽油	吨	6580	6600	4916	1684	37
煤油	吨	200	200	168	32	4
柴油	吨	61848	62161	52448	9714	1547
燃料油	吨	5769	5939	5894	45	271
液化石油气	吨	4302	4302	4294	8	
石油焦	吨	84502	81786	81786		3507
热力	百万千焦	689367	689397	689369	28	
电力	万千瓦时	669420	804629	785063	19566	
生物质废料用于燃料	吨	541271	2026063	2026034	29	1118
市区						
原煤	吨	1051050	1074190	1072719	1471	48174
洗精煤	吨					
煤制品	吨	33075	32942	32942		303
焦炭	吨	7025	7287	7287		372
其他焦化产品	吨	15151	12097	12097		14699
汽油	吨	5400	5417	4306	1111	30
煤油	吨	68	69	37	32	2
柴油	吨	45313	45506	36381	9125	874
燃料油	吨	5291	5461	5416	45	271
液化石油气	吨	224	224	223	1	
石油焦	吨	73097	70451	70451		3437
热力	百万千焦	213417	213417	213390	28	
电力	万千瓦时	365135	404771	400052	4719	
生物质废料用于燃料	吨	152517	904953	904924	29	181

8-2 全市规模以上工业企业主要能源按行业消费量

(2014 年)

指标名称	本　年　消　费						
	原煤（吨）	洗精煤（吨）	煤制品（吨）	焦炭（吨）	其他焦化产品（吨）	汽油（吨）	煤油（吨）
总计	**6045266**	**315**	**40112**	**7500**	**12097**	**6600**	**200**
按工业行业大类分列							
煤炭开采和洗选业							
黑色金属矿采选业						155	
有色金属矿采选业						5	
非金属矿采选业	679						
其他矿采业							
农副食品加工业	512252		2654	6278		534	
食品制造业	11405		12000	213		223	46
酒、饮料和精制茶制造业	127374		15237			82	
烟草制品业	1910						
纺织业						45	
纺织服装、帽制造业							
皮革、毛皮、羽毛（绒）及其制品业	733					8	
木材加工及木、竹、藤、棕、草制品业						357	
家具制造业						184	
造纸及纸制品业	423070					182	
印刷业和记录媒介的复制						273	
文教、工美、体育和娱乐用品制造业						36	
石油加工、炼焦及核燃料加工业							
化学原料及化学制品制造业	519465					497	78
医药制造业	25316		6423			398	
化学纤维制造业							
橡胶和塑料制品业	1215		3798			851	
非金属矿物制品业	2366117				12097	315	76
黑色金属冶炼及压延加工业	14472			617		70	
有色金属冶炼及压延加工业	2869					10	
金属制品业	3355	315				62	
通用设备制造业	33650					100	
专用设备制造业				392		344	
汽车制造业						72	
铁路、船舶、航空航天和其他运输设备制造业						24	
电气机械及器材制造业						258	
通信设备、计算机及其他电子设备制造业						366	
仪器仪表制造业						30	
其他制造业						89	
电力、热力的生产和供应业	2001383					758	
燃气生产和供应业						52	
水的生产和供应业						216	

8–2 续表

指标名称	本年消费						
	柴油 （吨）	燃料油 （吨）	液化石油气 （吨）	石油焦 （吨）	热力 （百万千焦）	电力 （万千瓦时）	生物质燃料 （吨）
总计	**62161**	**5939**	**4302**	**81786**	**689397**	**804629**	**2026063**
按工业行业大类分列							
煤炭开采和洗选业							
黑色金属矿采选业	3369					2977	
有色金属矿采选业	4					2295	
非金属矿采选业	3127					1644	
其他矿采业							
农副食品加工业	3015	797			151421	97843	1569693
食品制造业	662	224	34		49766	17756	4653
酒、饮料和精制茶制造业	1192				86462	19334	9495
烟草制品业						3300	
纺织业	4				10600	11249	57128
纺织服装、帽制造业						207	
皮革、毛皮、羽毛（绒）及其制品业	36					1426	
木材加工及木、竹、藤、棕、草制品业	1028					61536	138438
家具制造业	150					1081	
造纸及纸制品业	1217	2750	368		383956	55961	223808
印刷业和记录媒介的复制	55					6406	
文教、工美、体育和娱乐用品制造业	101					831	
石油加工、炼焦及核燃料加工业		13				92	
化学原料及化学制品制造业	2010	173				51123	8939
医药制造业	1085	102	8		7192	12924	11785
化学纤维制造业							
橡胶和塑料制品业	41		59			42739	
非金属矿物制品业	42811		3515	81786		186470	
黑色金属冶炼及压延加工业	122		148			21802	
有色金属冶炼及压延加工业	585	1548	115			12084	
金属制品业	34		27			19211	
通用设备制造业	206					2098	
专用设备制造业	242	293				6418	2125
汽车制造业	206	40				5317	
铁路、船舶、航空航天和其他运输设备制造业	16		22			900	
电气机械及器材制造业	269					12167	
通信设备、计算机及其他电子设备制造业			4			10252	
仪器仪表制造业						1179	
其他制造业	47					2106	
金属制品、机械和设备修理业						3	
电力、热力的生产和供应业	431					113384	
燃气生产和供应业	15		3			195	
水的生产和供应业	82					20316	

8-3 市区规模以上工业企业主要能源按行业消费量

(2014 年)

指标名称	本年消费				
	原煤 (吨)	洗精煤 (吨)	煤制品 (吨)	焦炭 (吨)	其他焦化产品 (吨)
总计	**1074190**		**32942**	**7287**	**12097**
按工业行业大类分列					
煤炭开采和洗选业					
黑色金属矿采选业					
有色金属矿采选业					
非金属矿采选业					
其他矿采业					
农副食品加工业	303485		2654	6278	
食品制造业	8519		12000		
酒、饮料和精制茶制造业			8067		
烟草制品业					
纺织业					
纺织服装、帽制造业					
皮革、毛皮、羽毛(绒)及其制品业					
木材加工及木、竹、藤、棕、草制品业					
家具制造业					
造纸及纸制品业	68451				
印刷业和记录媒介的复制					
文教、工美、体育和娱乐用品制造业					
石油加工、炼焦及核燃料加工业					
化学原料及化学制品制造业	9649				
医药制造业	11460		6423		
化学纤维制造业					
橡胶和塑料制品业	8		3798		
非金属矿物制品业	634809				12097
黑色金属冶炼及压延加工业	1084			617	
有色金属冶炼及压延加工业					
金属制品业	3355				
通用设备制造业	33370				
专用设备制造业				392	
汽车制造业					
铁路、船舶、航空航天和其他运输设备制造业					
电气机械及器材制造业					
通信设备、计算机及其他电子设备制造业					
仪器仪表制造业					
其他制造业					
金属制品、机械和设备修理业					
电力、热力的生产和供应业					
燃气生产和供应业					
水的生产和供应业					

8-3 续表

指标名称	汽油（吨）	柴油（吨）	燃料油（吨）	热力（百万千焦）	电力（万千瓦时）	生物质燃料（吨）
总计	**5417**	**45506**	**5461**	**213417**	**404771**	**904953**
按工业行业大类分列						
煤炭开采和洗选业						
黑色金属矿采选业						
有色金属矿采选业						
非金属矿采选业		102			98	
其他矿采业						
农副食品加工业	448	2429	797		46105	798539
食品制造业	214	511	224	9409	15554	2286
酒、饮料和精制茶制造业	17	996		86462	13065	
烟草制品业					3018	
纺织业	15				8297	1643
纺织服装、帽制造业					207	
皮革、毛皮、羽毛（绒）及其制品业	1				717	
木材加工及木、竹、藤、棕、草制品业	330	264			27394	51834
家具制造业	184	149			624	
造纸及纸制品业	166	385	2750	110355	18049	31407
印刷业和记录媒介的复制	273	55			6406	
文教、工美、体育和娱乐用品制造业	12	101			779	
石油加工、炼焦及核燃料加工业			13		92	
化学原料及化学制品制造业	353	1370	173		7951	8939
医药制造业	361	1079	102	7192	8307	8181
化学纤维制造业						
橡胶和塑料制品业	802	41			32471	
非金属矿物制品业	203	36232			55861	
黑色金属冶炼及压延加工业	39	77			1793	
有色金属冶炼及压延加工业	10	513	1070		11407	
金属制品业	33	34			14910	
通用设备制造业	79	187			1597	
专用设备制造业	322	167	293		4764	2125
汽车制造业	72	206	40		4618	
铁路、船舶、航空航天和其他运输设备制造业						
电气机械及器材制造业	258	269			10690	
通信设备、计算机及其他电子设备制造业	366				10252	
仪器仪表制造业	30				1179	
其他制造业	89	47			2106	
金属制品、机械和设备修理业					3	
电力、热力的生产和供应业	470	195			76461	
燃气生产和供应业	52	15			195	
水的生产和供应业	216	82			19801	

8-4 各县规模以上工业企业主要能源购进、消费与库存

(2014 年)

指标名称	单位	购进量合计	消费量合计	工业生产消费	非工业生产消费	年末库存
武鸣县						
原煤	吨	870218	854402	852752	1650	52978
煤制品	吨	7170	7170	7170		
汽油	吨	338	338	285	53	
柴油	吨	5450	5426	5420	6	192
石油焦	吨	11405	11335	11335		70
热力	百万千焦	61073	61073	61073		
电力	万千瓦时	106427	112463	111830	633	
生物质燃料	吨	45216	45216	45216		
隆安县						
原煤	吨	392424	397229	397227	2	26186
汽油	吨	104	104	7	97	
柴油	吨	661	655	602	53	18
电力	万千瓦时	30432	38162	37873	289	
生物质燃料	吨	5158	83957	83957		
马山县						
原煤	吨	91740	91051	87356	3694	465
汽油	吨	84	84	28	56	
柴油	吨	532	532	517	15	
润滑油	吨	21	20	20	1	1
电力	万千瓦时	7484	8102	7621	481	
生物质燃料	吨	3203	46291	46291		
上林县						
原煤	吨	120251	120251	120251		
汽油	吨	36	36	36		
柴油	吨	20	20	20		
电力	万千瓦时	7690	9303	9278	26	
生物质燃料	吨	42956	115611	115611		
宾阳县						
原煤	吨	565101	570246	570246		24660
汽油	吨	119	123	83	39	6
柴油	吨	3292	3316	3198	118	37
液化石油气	吨	3663	3663	3655	8	
热力	百万千焦	145496	145496	145496		
电力	万千瓦时	53335	68906	68127	778	
生物质燃料	吨	46259	185765	185765		
横　县						
原煤	吨	2985538	2937899	2937878	20	319443
洗精煤	吨	293	315	315		119
焦炭	吨	210	213	213		
汽油	吨	498	498	170	327	
煤油	吨	78	78	78		
柴油	吨	6581	6707	6311	397	426
热力	百万千焦	269380	269410	269410		
电力	万千瓦时	98916	162923	150283	12639	
生物质燃料	吨	245962	644271	644271		937

8-5 规模以上工业企业综合能耗

(2014 年)　　　　单位：吨标准煤

指标名称	全市	市区	武鸣县	隆安县	马山县	上林县	宾阳县	横县
综合能耗	**5242460**	**1590294**	**781307**	**328524**	**89984**	**91037**	**538055**	**1823258**
煤炭开采和洗选业								
黑色金属矿采选业	8763							8763
有色金属矿采选业	2786		388	646			1751	
非金属矿采选业	7119	269	3052		654	33	1150	1962
其他采矿业								
农副食品加工业	827209	430381	84 715	37957	27628	21 137	78070	147322
食品制造业	43471	35856	5359	382			215	1659
酒、饮料和精制茶制造业	117370	24978	68861	4533	8189			10810
烟草制品业	9650	7966	1684					
纺织业	47252	10585	271	45		22094	7055	7202
纺织服装、鞋、帽制造业	255	255						
皮革、毛皮、羽毛（绒）及其制品业	2182	882	784					515
木材加工及木、竹、藤、棕、草制品业	136718	54588	8676	6500	35	243	37627	29050
家具制造业	1621	1057	536	28				
造纸及纸制品业	344649	57222	30009		7064		65398	184956
印刷业和记录媒介的复制	8178	8178						
文教、工美、体育和娱乐用品制造业	1199	1101			98			
石油加工、炼焦及核燃料加工业	132	132						
化学原料及化学制品制造业	450757	25407	176129	75392	469	4181	56378	112802
医药制造业	47404	29430	15932					2042
化学纤维制造业								
橡胶和塑料制品制品业	54414	41112	9052	658			852	2740
非金属矿物制品业	1949745	626940	366115	199466	44307	43235	277185	392499
黑色金属冶炼及压延加工业	39305	3846					10810	24649
有色金属冶炼及压延加工业	26484	22920	1111	2454				
金属制品业	43838	38265	1836	106	482			3150
通用设备制造业	5057	4184	243	133			406	92
专用设备制造业	10952	8171	1929				852	
汽车制造业	6711	5852	859					
铁路、船舶、航空航天和其他运输设备制造业	1199		1111					87
电气机械及器材制造业	15368	13552	1815					
通信设备、计算机及其他电子设备制造业	13147	13147						
仪器仪表及文化、办公用机械制造业	1290	1290						
其他制造业	2788	2788						
金属制品、机械和设备修理业	4	4						
电力、热力的生产和供应业	989762	94890	256	226	1012	114	306	892959
燃气生产和供应业	319	319						
水的生产和供应业	25362	24729	584		49			

8-6 规模以上工业企业产值能耗

（2014 年）　　　　单位：吨标准煤 / 万元

指标名称	全 市	市 区	武鸣县	隆安县	马山县	上林县	宾阳县	横 县
产值能耗	**0.182**	**0.079**	**0.202**	**0.617**	**0.669**	**0.349**	**0.417**	**0.721**
煤炭开采和洗选业								
黑色金属矿采选业	0.077							0.077
有色金属矿采选业	0.150		0.044	0.125			0.391	
非金属矿采选业	0.098	0.039	0.110		0.323	0.004	0.161	0.096
农副食品加工业	0.187	0.161	0.124	0.156	1.113	0.641	0.177	0.434
食品制造业	0.054	0.056	0.047	0.096			0.059	0.032
酒、饮料和精制茶制造业	0.129	0.056	0.309	0.653	0.466			0.051
烟草制品业	0.009	0.007	0.282					
纺织业	0.110	0.128	0.006	0.012		0.189	0.102	0.063
纺织服装、鞋、帽制造业	0.012	0.012						
皮革、毛皮、羽毛（绒）及其制品业	0.022	0.015	0.020					0.110
木材加工及木、竹、藤、棕、草制品业	0.093	0.076	0.023	0.111	0.011	0.017	0.200	0.253
家具制造业	0.013	0.025	0.008	0.002				
造纸及纸制品业	0.277	0.110	0.128		0.913		0.981	0.447
印刷业和记录媒介的复制	0.017	0.017						
文教、工美、体育和娱乐用品制造业	0.016	0.015			0.029			
石油加工、炼焦及核燃料加工业	0.003	0.003						
化学原料及化学制品制造业	0.193	0.018	0.479	1.244	0.140	0.082	0.443	0.351
医药制造业	0.046	0.034	0.123					0.074
橡胶和塑料制品制品业	0.042	0.038	0.054	0.115			0.331	0.060
非金属矿物制品业	0.848	0.549	0.624	3.351	1.291	1.671	1.119	1.944
黑色金属冶炼及压延加工业	0.125	0.024					0.213	0.235
有色金属冶炼及压延加工业	0.070	0.068	0.031	0.727				
金属制品业	0.052	0.072	0.013	0.005	0.213			0.022
通用设备制造业	0.018	0.017	0.015	0.016			0.031	0.020
专用设备制造业	0.010	0.011	0.007				0.031	
汽车制造业	0.014	0.014	0.021					
铁路、船舶、航空航天和其他运输设备制造业	0.012		0.011					0.017
电气机械及器材制造业	0.008	0.008	0.016					
通信设备、计算机及其他电子设备制造业	0.004	0.004						
仪器仪表及文化、办公用机械制造业	0.009	0.009						
其他制造业	0.025	0.025						
电力、热力的生产和供应业	0.689	0.099	0.004	0.006	0.032	0.010	0.007	3.123
燃气生产和供应业	0.007	0.007						
水的生产和供应业	0.244	0.254	0.217		0.013			

8-7 全社会用电量

(2014 年)　　　　单位：万千瓦时

指标名称	全 市	市 区	武鸣县	横 县	宾阳县	上林县	马山县	隆安县
总计	**1591232**	**1108120**	**134933**	**135475**	**88633**	**25533**	**33774**	**64763**
全行业用电量	**1142383**	**801588**	**106954**	**97430**	**54472**	**11901**	**17737**	**52301**
农林牧渔业	48031	22041	9897	4624	3043	453	56	7917
工业	652132	376020	89992	82816	42642	7169	13723	39770
轻工业	147650	86382	24688	16581	10682	1413	3840	4064
重工业	504482	289638	65304	66235	31959	5756	9884	35706
建筑业	38522	33184	290	1755	903	828	549	1013
交通运输、仓储、邮政业	37304	35949	233	280	239	60	388	155
信息传输、计算机服务和软件业	31063	25684	1141	1268	900	688	762	620
商业、住宿和餐饮业	123306	115660	1662	1965	1333	918	958	811
金融、房地产、商务及居民服务业	83162	78757	1213	1316	1261	272	62	280
公共事业及管理组织	128865	114294	2526	3406	4152	1512	1240	1734
城乡居民生活用电	448849	306532	27980	38044	34161	13632	16037	12462
城镇	273442	228797	10020	7700	15055	4193	4277	3400
乡村	175407	77735	17959	30345	19106	9439	11761	9061

九 商业旅游物价

CHAPTER 9 BUSINESS,TRAVEL,PRICE

9-1 全市主要年份商品销售总额和社会消费品零售总额

单位：万元

年份	商品销售总额	社会消费品零售总额		
			#批发零售业	#住宿餐饮业
1950	3760	3331	2698	326
1965	41791	17034	14651	1008
1978	50735	34737	28682	1916
1980	67827	49381	37008	2595
1985	180035	117249	89369	5129
1986	192905	124956	90024	5966
1987	278652	151615	106832	6823
1988	403478	205927	142668	8656
1989	506027	237944	173722	10727
1990	688049	251606	173490	13231
1991	1183943	306330	209751	17191
1992	1330612	367574	236449	22925
1993	1858423	520934	320946	28447
1994	2778661	667903	423470	39138
1995	2393263	839856	545805	62980
1996	2121924	1006556	654329	109594
1997	2555047	1153593	595818	170827
1998	2553541	1286387	738214	164742
1999	2629390	1371382	845114	181460
2000	4967441	2124265	1902756	213107
2001	5332548	2313462	2054150	249629
2002	6160693	2567758	2270643	287402
2003	7865973	2884483	2559611	318557
2004	9308593	3320502	2963591	353524
2005	10108931	3803408	3396513	400436
2006	9965245	4382033	3922893	452025
2007	10937511	5188124	4662019	511603
2008	14856054	6474617	5914285	581784
2009	15526320	7549161	6690923	866028
2010	18567715	9059318	8274696	784622
2011	24523398	10731541		
2012	29974127	12555902		
2013	34986886	14508367		
2014	39240173	16169020		

注：2000 年以后为区划调整后的数据，其余年份仍为原南宁口径。2013 年商品销售总额数据根据第三次经济普查作了相应调整。

9-2 社会消费品零售总额

单位：万元

指标名称	2014 年	比上年增长（%）
全市	**16169020**	**12.1**
兴宁区	3427533	10.0
青秀区	3329115	12.4
江南区	2587370	11.4
西乡塘区	3625509	12.6
良庆区	287041	13.0
邕宁区	168667	13.5
武鸣县	650220	15.0
隆安县	157235	12.2
马山县	188390	14.2
上林县	165082	14.0
宾阳县	830784	14.2
横　县	752074	13.6

注：2014 年存在新增限上贸易企业，受现行统计制度影响，造成 2013 年社会消费品零售总额基数变动，故 2014 年社会消费品零售总额增速以本表为准。

9-3 全市限额以上批发业商品购销存总额

(2014 年) 单位：万元

指标名称	企业数（个）	年末从业人员数（人）	购进总额	进口	年末商品库存额
总计	**384**	**26079**	**22977277**	**457024**	**1636728**
按批发行业小类分组					
农、林、牧产品批发	11	253	113285	1251	15996
食品、饮料及烟草制品批发	48	4682	1549176	618	77768
纺织、服装及日用品批发	49	4815	1550426	3497	387239
文化、体育用品及器材批发	9	782	212238		21207
医药及医疗器材批发	30	3454	678324	2691	60745
矿产品、建材及化工产品批发	159	7056	18145554	448561	952752
机械设备、五金交电及电子产品批发	76	5004	704758	407	119930
其他批发	2	33	23517		1092
按登记注册类型分组					
内资企业	371	23806	22343243	453955	1608878
国有企业	12	2330	3486086	16	58255
集体企业	2	146	43780		2341
有限责任公司	128	6163	7117139	406229	832827
股份有限公司	18	4181	7947880	579	250847
私营企业	208	10924	3737644	46713	464591
其他企业	3	62	10714	418	18
港、澳、台商投资企业	7	1654	244031	3069	4651
外商投资企业	6	619	390003		23199
按企业控股情况分					
国有控股	45	6489	13632130	264655	605925
集体控股	11	513	1089625	998	78794
私人控股	265	13434	5998248	132616	744999
港澳台商控股	2	143	10498	3069	3449
外商控股	1	55	39738		1814
其他	60	5445	2207038	55686	201748
按经营形式分组					
独立门店	239	13732	13319843	94943	897952
连锁总店	5	2832	388998		3433
连锁门店	1	3	58167		4337
其他	139	9512	9210269	362081	731006

单位：万元

指标名称	商品销售总额	批发额	出口	零售额	年末零售营业面积（平方米）
总计	**19399379**	**17742393**	**215054**	**1656985**	**450395**
按批发行业小类分组					
农、林、牧产品批发	112813	97724	15713	15089	86512
食品、饮料及烟草制品批发	1819230	1742242	15604	76988	17548
纺织、服装及日用品批发	1640043	1421316	32776	218726	55942
文化、体育用品及器材批发	214161	211806		2355	4385
医药及医疗器材批发	728396	669081	1906	59315	70493
矿产品、建材及化工产品批发	13988701	12858601	128529	1130100	113887
机械设备、五金交电及电子产品批发	868729	714318	20526	154412	68195
其他批发	27306	27306			33433
按登记注册类型分组					
内资企业	18685855	17043240	215054	1642615	445207
国有企业	3720688	3714633	2056	6054	19762
集体企业	50941	50941			700
有限责任公司	7280111	6955597	107273	324514	159286
股份有限公司	3053468	2133340	38190	920128	32114
私营企业	4569433	4177641	65714	391792	232987
其他企业	11216	11088	1822	128	358
港、澳、台商投资企业	287714	280370		7344	603
外商投资企业	425810	418783		7027	4585
按企业控股情况分					
国有控股	8980101	7984833	11619	995268	124874
集体控股	1076866	1067506	24299	9360	5263
私人控股	6952596	6349610	163994	602987	264285
港澳台商控股	16078	12261		3818	339
外商控股	39730	32704		7027	4585
其他	2334007	2295480	15143	38527	51049
按经营形式分组					
独立门店	7623534	7228585	162113	394949	316769
连锁总店	1918135	985205		932930	9657
连锁门店	62053	62053			30
其他	9795656	9466549	52941	329107	123939

9-4 全市限额以上零售业商品购销存总额

(2014 年) 单位：万元

指标名称	企业数（个）	年末从业人员数（人）	购进总额	进口	年末商品库存总额
总计	**423**	**40267**	**5413818**	**215178**	**928287**
按零售行业小类分组					
综合零售	55	12660	1043127	2139	356287
食品、饮料及烟草制品专门零售	16	662	66986	1060	32810
纺织、服装及日用品专门零售	17	1515	60573	351	21637
文化、体育用品及器材专门零售	15	815	50621	1	10573
医药及医疗器材专门零售	28	4891	695496	2799	52322
汽车、摩托车、燃料及零配件专门零售	197	13752	3083234	208235	394611
家用电器及电子产品专门零售	78	4489	359802	28	55089
五金、家具及室内装修材料专门零售	6	248	9147		2221
货摊、无店铺及其他零售业	11	1235	44831	565	2737
按登记注册类型分组					
内资企业	**392**	**35227**	**4790588**	**140856**	**847096**
国有企业	13	830	177283		4889
集体企业	1	25	686		19
有限责任公司	140	16703	2701748	65811	322677
股份有限公司	17	4300	486814	1079	60651
私营企业	221	13369	1424058	73966	458860
其他企业					
港、澳、台商投资企业	10	3048	487118	74322	64915
外商投资企业	7	1554	122078		14681
个体工商户	14	438	14034		1595
按企业控股情况分					
国有控股	31	4523	739223	2495	52728
集体控股	4	1228	154492	74322	19476
私人控股	282	17878	2380989	91350	584364
港澳台商控股	6	1812	325831		44052
外商控股	6	1437	236893		16197
其他	94	13389	1576390	47011	211471
按经营形式分组					
独立门店	334	26935	3924654	212379	778424
连锁总店	16	6762	271113	59	31575
连锁门店	16	2538	169942		41587
其他	57	4032	1048109	2740	76702
按零售业态分组					
有店铺零售	414	39843	5299690	215178	926096
食杂店	2	36	2795		679
便利店	1	239	8001		2230
超市	30	2210	83976	6	41406
大型超市	19	7137	544255	2132	313255
百货店	15	3981	438311	351	35875
专业店	194	15900	2049659	54957	222720
专卖店	143	9985	2137336	154992	306213
厂家直销中心	10	355	35355	2740	3718
无店铺零售	9	424	114128		2192
网上购物	2	53	1006		219
电话购物	2	35	3814		429
其他	5	336	109307		1544

9-4 续表

单位：万元

指标名称	商品销售总额	批发额	零售额	年末零售营业面积（平方米）
总计	**6204628**	**572447**	**5632182**	**1888981**
按零售行业小类分组				
综合零售	1437628	13627	1424002	950961
食品、饮料及烟草制品专门零售	76846	9952	66895	18312
纺织、服装及日用品专门零售	98323	9415	88908	19335
文化、体育用品及器材专门零售	51737	4731	47006	23104
医药及医疗器材专门零售	780270	181426	598843	104836
汽车、摩托车、燃料及零配件专门零售	3223523	208422	3015101	666823
家用电器及电子产品专门零售	468050	129884	338167	86055
五金、家具及室内装修材料专门零售	10059	1574	8485	9761
无店铺及其他零售	58193	13417	44776	9794
按登记注册类型分组				
内资企业	**5495779**	**561906**	**4933873**	**1683442**
国有企业	186116	85782	100334	58114
集体企业	667		667	400
有限责任公司	3275981	281799	2994182	904609
股份有限公司	559739	16226	543512	193156
私营企业	1473277	178099	1295178	527163
其他企业				
港、澳、台商投资企业	543996	10072	533924	92026
外商投资企业	151329		151329	92028
个体工商户	13524	468	13056	21485
按企业控股情况分				
国有控股	816064	99940	716125	253140
集体控股	158674		158674	40575
私人控股	2588424	295667	2292757	806537
港澳台商控股	374948	5463	369485	53812
外商控股	255975		255975	95724
其他	2010544	171377	1839167	639193
按经营形式分组				
独立门店	4469757	260550	4209207	1433844
连锁总店	358568	2012	356556	193092
连锁门店	215370		215370	101890
其他	1160934	309885	851049	160155
按零售业态分组				
有店铺零售	6088748	501263	5587485	1871159
食杂店	3103	1980	1123	1040
便利店	7626		7626	1823
超市	84645	1038	83607	89523
大型超市	573369		573369	439892
百货店	828521	14490	814031	436313
专业店	2325890	317080	2008810	465147
专卖店	2225305	142535	2082771	430478
厂家直销中心	40289	24141	16148	6943
无店铺零售	115881	71184	44697	17822
网上购物	993	70	923	
电话购物	4876	4609	267	
其他	110012	66505	43507	17822

9-5 全市限额以上批发和零售业商品销售类值

(2014 年)

单位：万元

指标名称	合计	批发	零售
合　计	**24293911**	**17308039**	**6985872**
粮油、食品、饮料、烟酒类	2444275	1968692	475583
粮油、食品类	1390974	1007063	383911
#粮油类	246260	188347	57913
肉禽蛋类	47083	12249	34834
水产品类	18119	11566	6553
蔬菜类	24058		24058
干鲜果品类	30402	4468	25934
饮料类	290978	241870	49109
烟酒类	762323	719759	42563
服装、鞋帽、针纺织品类	580497	67443	513054
服装类	420301	42113	378188
鞋帽类	117995	18520	99476
针、纺织品类	42201	6810	35391
化妆品类	137529	35319	102210
金银珠宝类	116012	4707	111305
日用品类	322438	111031	211407
#洗涤用品类	94546	20816	73731
儿童玩具类	5700	42	5658
五金、电料类	7610	1028	6582
体育、娱乐用品类	21515	1609	19905
书报杂志类	229031	190666	38365
电子出版物及音像制品类	3126	1318	1808
家用电器和音像器材类	1748382	1123242	625140
中西药品类	1298936	650684	648252
#西药类	881072	374426	506646
中草药及中成药类	147518	64276	83243
文化办公用品类	256504	121427	135077
家具类	11164		11164
通讯器材类	220403	124853	95550
煤炭及制品类	1904871	1904051	820
木材及制品类	38405	38405	
石油及制品类	2616482	1477983	1138499
化工材料及制品类	1191546	1191546	
#化肥类	805599	805599	
金属材料类	7221605	7221605	
建筑及装潢材料类	290730	287605	3125
机电产品及设备类	345393	325212	20182
#农机类	5179	5179	
汽车类	2955726	202110	2753617
种子饲料类	16843	16843	
棉麻类			
其他类	314889	240661	74228

9-6 全市限额以上批发和零售业商品购销存数量

(2014 年)

指标名称	计量单位	购进量	销售量	年末库存量
大米（稻米）	千克	54135255	65636022	28317750
白面（小麦面）	千克	5474537	5285962	240729
杂粮	千克	106558076	106325291	288430
食用植物油	千克	8576713	8451217	1131019
猪肉	千克	10275466	9877170	619148
牛肉	千克	339401	326057	26715
羊肉	千克	79430	72643	15157
禽肉	千克	2032870	1938566	135363
鲜蛋	千克	3008703	2947335	154387
彩色电视机	台	604805	570328	63200
家用电冰箱	台	371085	353279	47560
房间空调器	台	1360707	1270769	428189
电脑（微型计算机）	台	399018	402945	33170
汽车	辆	609888	591378	45175
#轿车	辆	140834	138278	18195
煤炭	吨	32940376	32830745	1539233
汽油	吨	496638	974872	5059
柴油	吨	821989	1579371	4142
钢材	吨	6008353	6047596	574452
铝	吨	2313189	2291725	39615
水泥	吨	2194997	2158105	12092
化学肥料	吨	5448379	5593237	241679
化学农药	吨	19273	19313	386

9-7 全市限额以上批发业法人企业财务状况

(2014 年) 单位：万元

指标名称	企业数（个）	年初存货	流动资产合计			固定资产合计	固定资产原价
				# 应收账款	# 存货		
总计	**370**	**1827780**	**8746363**	**1137997**	**1551174**	**253178**	**388293**
按批发行业小类分组							
农、林、牧产品批发	11	15781	74573	16559	17368	1591	2739
食品、饮料及烟草制品批发	45	82562	1265785	164823	94091	50022	95636
纺织、服装及家庭用品批发	43	335384	910201	23632	310008	19781	24379
文化、体育用品及器材批发	9	18742	140421	19215	20951	13897	18074
医药及医疗器材批发	30	45649	349267	181161	54875	12750	17051
矿产品、建材及化工产品批发	156	1200447	5396755	582679	921916	138689	198667
机械设备、五金产品及电子产品批发	74	128549	606377	149928	130993	16202	31466
其他批发业	2	666	2986		972	246	282
按登记注册类型分组							
内资企业	365	1820509	8723717	1128419	1545156	251085	385232
国有企业	10	53024	500901	31358	48624	38933	77149
集体企业	2	58	3269	377	1641	819	1215
有限责任公司	125	945849	4284463	628410	822120	60964	71227
股份有限公司	17	256833	1393005	91313	280492	93645	147156
私营企业	208	562721	2540206	376811	391997	56577	88236
其他企业	3	2024	1872	151	282	148	248
港、澳、台商投资企业	4	5450	10767	836	4204	2009	2967
外商投资企业	1	1821	11879	8742	1814	84	95
按控股情况分组							
国有控股	45	769871	2908809	281530	601388	167067	250046
集体控股	11	50592	347383	69375	69647	3654	7472
私人控股	265	865313	4454674	623364	705140	71692	112585
港澳台商控股	2	4362	7854	354	3419	1836	2509
外商控股	1	1821	11879	8742	1814	84	95
其他	46	135822	1015764	154633	169767	8845	15586
按经营形式分组							
独立门店	236	810747	4751087	691915	805528	96461	153613
连锁总店	5	46939	327327	8094	37128	61193	97115
连锁门店	1	8201	14912	411	4337	127	364
其他	128	961893	3653038	437578	704181	95397	137202

9-7 续表 1

单位：万元

指标名称	累计折旧	本年折旧	在建工程	资产总计	流动负债合计	应付账款	非流动负债合计
总计	**150564**	**27363**	**240782**	**11281782**	**8018796**	**1198353**	**369965**
按批发行业小类分组							
农、林、牧产品批发	1242	78	2316	89227	67247	4062	9622
食品、饮料及烟草制品批发	45632	5648	19013	1578853	1234894	118256	88917
纺织、服装及家庭用品批发	4598	1047		944974	845528	146131	4456
文化、体育用品及器材批发	4178	948	3166	264122	123062	65265	223
医药及医疗器材批发	6989	3137	2409	376128	312750	108706	2066
矿产品、建材及化工产品批发	73201	13343	206246	7362884	4857095	601517	261677
机械设备、五金产品及电子产品批发	14690	3146	7632	662361	577976	154325	3006
其他批发业	36	17		3233	244	92	
按登记注册类型分组							
内资企业	149595	27240	240782	11256293	8006872	1191701	369965
国有企业	38216	3997	12746	982834	334487	45557	56630
集体企业	396	56	1	4256	2571	2529	
有限责任公司	25037	5383	30263	5104077	4087547	617225	85644
股份有限公司	51801	9020	192288	2358414	1145061	206617	171573
私营企业	34044	8768	5485	2802997	2433155	319314	56118
其他企业	101	17		3715	4050	459	
港、澳、台商投资企业	958	113		13468	5732	1169	
外商投资企业	11	10		12021	6192	5483	
按控股情况分组							
国有控股	96221	10886	226300	4478912	2317070	261759	174100
集体控股	3817	2923	1	392627	376308	78178	10520
私人控股	43278	12363	14482	5337088	4359728	664532	171190
港澳台商控股	673	81		10189	4297	1061	
外商控股	11	10		12021	6192	5483	
其他	6564	1100		1050945	955201	187340	14155
按经营形式分组							
独立门店	59479	15396	209568	6248702	4430825	796693	284422
连锁总店	34389	3115	486	499741	266378	2132	11
连锁门店	237	237		16113	12644	11031	4000
其他	56459	8615	30729	4517226	3308949	388498	81532

9-7 续表 2

单位：万元

指标名称	负债合计	所有者权益合计					
			实收资本	国家资本	集体资本	法人资本	个人资本
总计	**8386159**	**2895623**	**3162962**	**1575030**	**17447**	**738832**	**820738**
按批发行业小类分组							
农、林、牧产品批发	76869	12358	21179	5982		13297	1900
食品、饮料及烟草制品批发	1321892	256961	70455	16517		15103	38189
纺织、服装及家庭用品批发	849983	94991	540357	270	843	19242	510890
文化、体育用品及器材批发	123285	140837	120500	1000		118965	535
医药及医疗器材批发	314816	61312	56210			21048	35162
矿产品、建材及化工产品批发	5118772	2244113	2298403	1547966	16603	525461	207873
机械设备、五金产品及电子产品批发	580299	82062	52758	3294		25717	23090
其他批发业	244	2989	3100				3100
按登记注册类型分组							
内资企业	8374236	2882058	3147446	1575030	17447	733732	820738
国有企业	391117	591717	378618	378425		193	
集体企业	2571	1685	1682		1682		
有限责任公司	4173191	930886	614381	74129	2155	480072	58024
股份有限公司	1316634	1041780	1272816	1122476	13461	122615	14264
私营企业	2486672	316325	878693			129744	748449
其他企业	4050	−335	1256		148	1108	
港、澳、台商投资企业	5732	7736	10516			100	
外商投资企业	6192	5829	5000			5000	
按控股情况分组							
国有控股	2491171	1987741	1909154	1567377		341425	352
集体控股	386828	5799	24396		16752	6264	1381
私人控股	4528317	808772	1156278			341020	814758
港澳台商控股	4297	5892	9770				
外商控股	6192	5829	5000			5000	
其他	969355	81590	58363	7652	695	45123	4247
按经营形式分组							
独立门店	4712645	1536057	2290879	1052858	15999	473558	738207
连锁总店	266389	233352	93910	87910		5000	1000
连锁门店	16644	−531	1000		1000		
其他	3390481	1126745	777173	434263	448	260274	81531

9-7 续表 3

单位：万元

指标名称	港澳台资本及外商资本	营业收入	主营业务收入	营业成本	主营业务成本	营业税金及附加
总计	**10416**	**16614578**	**16518068**	**15832683**	**15776608**	**52045**
按批发行业小类分组						
农、林、牧产品批发		106428	106428	103342	103342	45
食品、饮料及烟草制品批发	646	1390906	1380656	1191429	1186920	37631
纺织、服装及家庭用品批发	9113	1268557	1263756	1192442	1189886	1832
文化、体育用品及器材批发		186600	185965	164523	164086	98
医药及医疗器材批发		671816	670782	625155	625133	1640
矿产品、建材及化工产品批发		12247622	12184468	11884457	11841471	9028
机械设备、五金产品及电子产品批发	657	715895	699257	645615	640049	1680
其他批发业		26755	26755	25720	25720	92
按登记注册类型分组						
内资企业		16559475	16463073	15784602	15728526	51879
国有企业		3135231	3118972	2928426	2927573	37270
集体企业		44989	44989	42694	40694	75
有限责任公司		6528968	6502197	6298260	6285742	5954
股份有限公司		2680783	2647460	2495838	2466929	3860
私营企业		4159017	4138969	4009455	3997659	4716
其他企业		10486	10486	9929	9929	5
港、澳、台商投资企业	10416	20941	20832	15472	15472	140
外商投资企业		34162	34162	32609	32609	26
按控股情况分组						
国有控股		7872722	7828624	7387964	7365559	42184
集体控股		996022	974836	985051	965839	973
私人控股		6367289	6339146	6143641	6130735	7416
港澳台商控股	9770	15063	15063	11188	11188	106
外商控股		34162	34162	32609	32609	26
其他	646	1329321	1326237	1272230	1270677	1340
按经营形式分组						
独立门店	9758	6956872	6908145	6671196	6632142	8425
连锁总店		1550660	1538159	1469300	1460069	1430
连锁门店		62053	62053	62032	62032	
其他	657	8044993	8009710	7630156	7622365	42189

单位：万元

指标名称	主营业务税金及附加	其他业务利润	销售费用	管理费用	#税金	财务费用	#利息收入
总计	**51678**	**28385**	**292705**	**192735**	**13229**	**175825**	**27980**
按批发行业小类分组							
农、林、牧产品批发	45	–7	1958	1639	13	2043	200
食品、饮料及烟草制品批发	37608	2438	39006	44704	1620	24725	10837
纺织、服装及家庭用品批发	1832	3535	42916	28100	820	5635	2504
文化、体育用品及器材批发	98	193	12090	5805	305	–155	365
医药及医疗器材批发	1640	5947	18436	15919	277	6167	422
矿产品、建材及化工产品批发	8690	14199	133373	75868	9398	131351	13104
机械设备、五金产品及电子产品批发	1674	2080	44202	20517	793	6059	549
其他批发业	92		725	182	5		1
按登记注册类型分组							
内资企业	51512	28276	287635	187697	13222	175819	27948
国有企业	37268	13829	30840	41353	4951	12230	4675
集体企业	75	15	573	398	75	80	5
有限责任公司	5885	2550	77949	55718	3645	72426	7785
股份有限公司	3587	477	74348	33869	2682	26121	10989
私营企业	4692	11406	103494	56209	1868	64769	4494
其他企业	5		431	150	2	195	
港、澳、台商投资企业	140	109	4620	4657	–4	13	29
外商投资企业	26		449	381	10	–7	3
按控股情况分组							
国有控股	42153	13572	117773	83791	8109	63056	11556
集体控股	669	1390	4042	4557	1246	14857	846
私人控股	7392	12942	129386	84395	2445	92821	14177
港澳台商控股	106		3718	3978	–4	–29	29
外商控股	26		449	381	10	–7	3
其他	1332	481	37337	15633	1424	5128	1370
按经营形式分组							
独立门店	8144	12261	141538	96537	4726	89759	18135
连锁总店	1416	852	41801	8152	690	1659	141
连锁门店			8	128	63	54	21
其他	42118	15272	109359	87919	7751	84353	9683

单位：万元

指标名称	# 利息支出	资产减值损失	公允价值变动收益	投资收益	营业利润	营业外收入	# 补贴收入
总计	**144510**	**12960**	**5319**	**9083**	**82721**	**56934**	**9598**
按批发行业小类分组							
农、林、牧产品批发	1824	1931	-86	17	-4521	702	555
食品、饮料及烟草制品批发	17621	-369	5	5440	61858	16675	2875
纺织、服装及家庭用品批发	3959	1030		74	528	422	273
文化、体育用品及器材批发	189	1134		432	3537	2315	1578
医药及医疗器材批发	4424	-4		146	4654	602	2
矿产品、建材及化工产品批发	112958	9083	5401	2765	22939	35984	4283
机械设备、五金产品及电子产品批发	3536	154		208	-6311	233	31
其他批发业					36	1	
按登记注册类型分组							
内资企业	144472	12969	5319	9083	82018	56932	9598
国有企业	15445	-238	5077	6767	97134	2288	373
集体企业	62	11			1158		
有限责任公司	60503	13492	5	-8492	556	32219	5115
股份有限公司	22969	-218		9060	56031	15570	1712
私营企业	45344	-79	238	1904	-72481	6852	2399
其他企业	150			-156	-380	4	
港、澳、台商投资企业	38				-11	1	
外商投资企业		-10			714	1	
按控股情况分组							
国有控股	66328	7744	5077	15242	193849	8108	3855
集体控股	13611	-25		-92	-13524	5134	122
私人控股	61166	2705	238	-6899	-94315	40262	2621
港澳台商控股					53	1	
外商控股		-10			714	1	
其他	3406	2545	5	831	-4056	3429	3000
按经营形式分组							
独立门店	68719	212		12787	-25365	47521	7563
连锁总店	411	13			28306	461	
连锁门店	73				-168		
其他	75307	12735	5319	-3704	79949	8952	2035

单位：万元

指标名称	利润总额	应交所得税	应付职工薪酬	应交增值税
总计	**132241**	**44156**	**135010**	**189618**
按批发行业小类分组				
农、林、牧产品批发	–3858	16	927	86
食品、饮料及烟草制品批发	77368	24191	19468	35242
纺织、服装及家庭用品批发	–3072	3583	16533	13922
文化、体育用品及器材批发	5781	374	4773	480
医药及医疗器材批发	5187	1047	13999	9345
矿产品、建材及化工产品批发	55458	14122	56685	110404
机械设备、五金产品及电子产品批发	–4630	781	22440	19279
其他批发业	7	43	185	860
按登记注册类型分组				
内资企业	135488	43909	133451	188434
国有企业	99161	25020	15771	33166
集体企业	1158		455	
有限责任公司	31058	16026	36030	71686
股份有限公司	70183	1490	35405	29110
私营企业	–65696	1374	45573	54230
其他企业	–376		216	242
港、澳、台商投资企业	–3963	65	1224	968
外商投资企业	715	182	336	216
按控股情况分组				
国有控股	200178	37083	57229	106701
集体控股	–7969	–2226	2642	465
私人控股	–56742	6644	56528	71617
港澳台商控股	–3897	16	638	738
外商控股	715	182	336	216
其他	–44	2457	17636	9880
按经营形式分组				
独立门店	17138	2842	73105	110048
连锁总店	28306	3565	17137	10921
连锁门店	–177	72	34	
其他	86974	37677	44735	68649

9-8 全市限额以上零售业法人企业财务状况

(2014 年) 单位：万元

指标名称	企业数（个）	年初存货	流动资产合计	#应收账款	#存货	固定资产合计	固定资产原价
总计	**402**	**568046**	**2060697**	**374764**	**601350**	**333189**	**465120**
按零售行业小类分组							
综合零售	49	85440	465619	61760	82853	191836	247481
食品、饮料及烟草制品专门零售	13	6130	16986	3919	8025	2842	3596
纺织、服装及日用品专门零售	14	21020	38667	3294	17567	4998	6108
文化、体育用品及器材专门零售	14	8826	26432	9836	8232	16720	25710
医药及医疗器材专门零售	27	45888	327940	201119	54054	10703	17753
汽车、摩托车、燃料及零配件专门零售	196	332904	907248	56050	369719	97338	148947
家用电器及电子产品专门零售	74	62027	238921	36029	54415	4211	7215
五金、家具及室内装饰材料专门零售	4	2177	21594	1005	2840	575	870
货摊、无店铺及其他零售业	11	3633	17291	1751	3645	3968	7439
按登记注册类型分组							
内资企业	390	513489	1874905	362935	535201	312609	429334
国有企业	13	3439	21748	3019	4621	6512	11890
集体企业	1	46	50		5	179	180
有限责任公司	140	299403	1120792	270918	301424	102187	155885
股份有限公司	17	38377	199236	18061	45389	154858	186084
私营企业	219	172225	533079	70937	183762	48873	75296
港、澳、台商投资企业	8	49191	159730	11143	55624	14318	27609
外商投资企业	4	5366	26062	686	10525	6262	8177
按控股情况分组							
国有控股	31	46635	170846	13462	53753	175721	217585
集体控股	4	21269	38108	6209	18046	4346	7599
私人控股	282	283252	902860	131031	301795	82210	123204
港澳台商控股	6	28056	121813	4966	37689	10318	20362
外商控股	6	8096	87899	44529	15827	7187	9552
其他	73	180739	739172	174567	174240	53407	86817
按经营形式分组							
独立门店	320	420994	1407580	152277	476968	292752	401711
连锁总店	15	34220	172830	19107	36189	22160	32988
连锁门店	13	16438	76398	11665	17743	3418	8729
其他	54	96394	403890	191715	70449	14859	21691
按零售业态分组							
有店铺零售	394	566090	2052036	372934	599391	331049	462402
食杂店	1	385	1857	150	628	70	119
便利店	1	2166	8385	2756	2653	379	970
超市	24	13156	32512	5745	13991	5904	9014
大型超市	18	39424	166503	12931	38758	12721	24797
百货店	15	40287	284139	41239	39432	177816	218669
专业店	190	203678	894475	256914	222787	64498	102582
专卖店	136	263723	644255	46956	275408	69118	105349
厂家直销中心	9	3271	19910	6244	5733	545	903
无店铺零售	8	1956	8661	1830	1959	2140	2718
网上商店	2	129	366	45	191	1162	1184
电话购物	1	4	141	18	25	6	73
其他	5	1823	8155	1766	1743	972	1462

单位：万元

指标名称	累计折旧	本年折旧	在建工程	资产总计	流动负债合计	应付账款	非流动负债合计
总计	**132072**	**27523**	**8984**	**2639964**	**1784209**	**461329**	**61282**
按零售行业小类分组							
综合零售	55748	9473	1006	735703	447994	141015	29016
食品、饮料及烟草制品专门零售	755	196	90	20186	14524	2535	69
纺织、服装及日用品专门零售	1110	583	690	49607	42391	13778	1591
文化、体育用品及器材专门零售	8840	738	746	49237	32303	13425	167
医药及医疗器材专门零售	7050	2246	90	350737	244468	141863	5331
汽车、摩托车、燃料及零配件专门零售	51772	13063	6239	1125229	777640	110855	21680
家用电器及电子产品专门零售	3030	511	70	258053	192043	33961	202
五金、家具及室内装饰材料专门零售	295	60		23209	22728	2121	
货摊、无店铺及其他零售业	3471	655	53	28003	10117	1776	3227
按登记注册类型分组							
内资企业	116867	24114	7856	2392179	1654285	429257	47480
国有企业	5378	667	308	35356	21195	5781	211
集体企业	1	1		229	365	142	
有限责任公司	53851	10708	2571	1334017	974983	274328	15746
股份有限公司	31226	5310	84	367156	169731	44477	9611
私营企业	26411	7428	4893	655420	488011	104529	21911
港、澳、台商投资企业	13290	2553	719	202225	94232	19008	8789
外商投资企业	1914	856	409	45561	35693	13064	5013
按控股情况分组							
国有控股	42014	6904	771	362543	206520	60300	251
集体控股	3253	686	300	43899	24216	5623	
私人控股	40983	11646	5545	1092976	812114	184880	27643
港澳台商控股	10045	1869	419	158863	70458	13584	8789
外商控股	2365	1112	409	108676	91764	57832	5044
其他	33413	5307	1541	873008	579136	139110	19556
按经营形式分组							
独立门店	108857	21906	7973	1900847	1294437	267986	38975
连锁总店	10828	1930	500	218802	163406	45066	2880
连锁门店	5379	826	396	85717	29807	15145	9757
其他	7007	2861	115	434597	296559	133132	9671
按零售业态分组							
有店铺零售	131494	27217	8871	2627599	1778417	459042	61262
食杂店	50	15		1927	1875	641	
便利店	591	295		9256	6084	1143	
超市	3179	502	350	40349	30597	8188	313
大型超市	12109	2682	119	208359	117093	52938	19914
百货店	40854	6528	1227	512145	320843	81395	10373
专业店	38273	8660	1055	1057253	756803	227544	15436
专卖店	36079	8389	5657	776571	531082	79425	15227
厂家直销中心	359	145	463	21740	14041	7769	
无店铺零售	578	306	113	12365	5793	2287	20
网上商店	21	9	84	1679	439	180	20
电话购物	67	2		147	113	24	
其他	490	295	29	10539	5240	2083	

单位：万元

指标名称	负债合计	所有者权益合计					
			实收资本	国家资本	集体资本	法人资本	个人资本
总计	**1845922**	**794042**	**506937**	**74714**	**6386**	**169184**	**235951**
按零售行业小类分组							
综合零售	477018	258685	96131	17304	5230	20618	43138
食品、饮料及烟草制品专门零售	14594	5593	3914	244		2610	1060
纺织、服装及日用品专门零售	43982	5626	9028			4003	1847
文化、体育用品及器材专门零售	32470	16767	4551	1718		459	2374
医药及医疗器材专门零售	249800	100937	83269	50000		17211	16058
汽车、摩托车、燃料及零配件专门零售	799431	325798	260297	3901	1077	97598	150039
家用电器及电子产品专门零售	192557	65497	42288		80	24288	17920
五金、家具及室内装饰材料专门零售	22728	480	2281	45		2200	36
货摊、无店铺及其他零售业	13344	14659	5178	1501		197	3480
按登记注册类型分组							
内资企业	1702196	689983	483367	74714	6386	166640	235626
国有企业	21406	13950	4111	2495		1580	36
集体企业	365	–136	40		40		
有限责任公司	990888	343129	284918	61990	2227	84114	136588
股份有限公司	179343	187814	71587	10229	4078	14445	42835
私营企业	510193	145227	122710		42	66501	56168
港、澳、台商投资企业	103021	99204	15482			1500	325
外商投资企业	40706	4855	8089			1044	
按控股情况分组							
国有控股	206771	155772	78325	22214	4078	9730	42303
集体控股	24216	19682	3224		40	1684	
私人控股	840036	252940	286970		42	103002	183927
港澳台商控股	79247	79616	12482				325
外商控股	96808	11868	11069			4024	
其他	598844	274164	114867	52500	2227	50744	9397
按经营形式分组							
独立门店	1333843	567005	276886	24224	6346	124129	110658
连锁总店	166286	52516	25054	490		12609	4910
连锁门店	39564	46154	6136			4009	
其他	306230	128367	198862	50000	40	28438	120384
按零售业态分组							
有店铺零售	1840110	787490	503582	73714	6386	167979	234801
食杂店	1875	52	50				50
便利店	6084	3172	800	800			
超市	30918	9431	9450	376	1152	7059	863
大型超市	137007	71352	17922			10127	751
百货店	331216	180929	71897	16128	4078	4586	42181
专业店	772399	284854	277218	53342	117	65863	157409
专卖店	546571	230000	122596	3068	40	78945	32298
厂家直销中心	14041	7699	3650		1000	1400	1250
无店铺零售	5813	6552	3355	1000		1205	1150
网上商店	459	1220	1100	1000		80	20
电话购物	113	33	60				60
其他	5240	5299	2195			1125	1070

单位：万元

指标名称	港澳台资本	外商资本	营业收入		营业成本		营业税金及附加
				主营业务收入		主营业务成本	
总计	**13657**	**7045**	**5581908**	**5490965**	**4941748**	**4931368**	**21769**
按零售行业小类分组							
综合零售	2797	7045	1230189	1167884	997952	996813	9321
食品、饮料及烟草制品专门零售			37906	37840	34933	34921	72
纺织、服装及日用品专门零售	3178		81553	80016	62532	60432	512
文化、体育用品及器材专门零售			49370	47606	37216	36974	399
医药及医疗器材专门零售			681143	679442	603160	602635	1576
汽车、摩托车、燃料及零配件专门零售	7682		3030928	3013941	2799698	2794709	7496
家用电器及电子产品专门零售			406088	399532	357602	356319	2007
五金、家具及室内装饰材料专门零售			8038	8038	5706	5706	28
货摊、无店铺及其他零售业			56691	56666	42950	42859	359
按登记注册类型分组							
内资企业			5054270	4975208	4503398	4493492	19120
国有企业			164091	162996	148387	148318	343
集体企业			667	667	589	533	2
有限责任公司			2981827	2941191	2666169	2663695	8802
股份有限公司			566323	549938	494162	493614	4329
私营企业			1341363	1320416	1194091	1187332	5645
港、澳、台商投资企业	13657		463004	453851	386605	386131	2310
外商投资企业		7045	64634	61906	51745	51745	339
按控股情况分组							
国有控股			794068	779206	696765	695940	4895
集体控股	1500		118860	118526	95835	95449	846
私人控股			2365279	2333374	2119592	2112526	8937
港澳台商控股	12157		345329	336510	291760	291618	1481
外商控股		7045	225360	222613	205112	205107	382
其他			1733012	1700737	1532684	1530730	5228
按经营形式分组							
独立门店	11530		4125307	4056150	3673299	3665917	16771
连锁总店		7045	328225	321819	255123	254516	1422
连锁门店	2127		127907	119384	99261	98406	896
其他			1000468	993612	914066	912529	2679
按零售业态分组							
有店铺零售	13657	7045	5482140	5391223	4847078	4836698	21661
食杂店			2260	2260	2000	2000	8
便利店			6912	6912	4971	4971	128
超市			72737	69368	59618	59582	382
大型超市		7045	472068	439048	375796	374777	2297
百货店	4924		731791	704318	601520	599435	6808
专业店	488		2165461	2153527	1935152	1932226	7386
专卖店	8245		1994244	1979126	1838054	1833742	4467
厂家直销中心			36668	36664	29966	29966	185
无店铺零售			99768	99742	94671	94670	108
网上商店			951	926	922	922	2
电话购物			228	228	193	193	1
其他			98588	98588	93555	93555	105

单位：万元

指标名称	主营业务税金及附加	其他业务利润	销售费用	管理费用	# 税金	财务费用	# 利息收入
总计	**19033**	**65116**	**328999**	**148310**	**8900**	**31530**	**5812**
按零售行业小类分组							
综合零售	7226	36917	133712	42339	1252	2336	1558
食品、饮料及烟草制品专门零售	72	1243	2218	1305	41	254	2
纺织、服装及日用品专门零售	511	3549	14970	4030	70	1681	1102
文化、体育用品及器材专门零售	396	1339	3353	5369	262	353	140
医药及医疗器材专门零售	1550	809	40422	14773	874	5170	199
汽车、摩托车、燃料及零配件专门零售	6887	13377	97476	60418	5977	18731	2460
家用电器及电子产品专门零售	2006	7709	30429	16019	287	1647	262
五金、家具及室内装饰材料专门零售	28		584	987	6	1334	65
货摊、无店铺及其他零售业	358	172	5835	3069	131	25	24
按登记注册类型分组							
内资企业	16771	50121	278868	135924	8353	30614	4153
国有企业	267	1031	7642	2696	76	189	69
集体企业	2		19	27			
有限责任公司	7015	32266	169915	64756	4902	17093	1545
股份有限公司	4068	5646	28916	26783	870	2268	516
私营企业	5419	11178	72376	41662	2506	11066	2024
港、澳、台商投资企业	1923	13058	38300	11378	514	655	1639
外商投资企业	339	1937	11831	1008	33	261	21
按控股情况分组							
国有控股	4730	3172	33703	35354	1067	2441	464
集体控股	846	984	11136	3304	66	676	138
私人控股	8337	18472	131949	62179	4512	16156	2874
港澳台商控股	1094	12074	27273	8107	448	–21	1501
外商控股	382	1939	13575	1873	367	285	72
其他	3645	28474	111363	37493	2440	11993	763
按经营形式分组							
独立门店	14666	42403	221231	112543	7244	24960	4962
连锁总店	1401	4355	49771	16076	387	1095	219
连锁门店	529	12191	17565	1672	11	359	120
其他	2437	6168	40432	18020	1258	5116	512
按零售业态分组							
有店铺零售	18926	65090	325410	147466	8898	31456	5812
食杂店	8		186	70			
便利店	60		366	532	3	75	
超市	326	4278	8531	2710	105	452	5
大型超市	1481	18824.1	53795	12371	63	638	124
百货店	5653	18570.5	77327	29103	1138	2707.0	2510
专业店	6892	8940	111689	57362	3565.4	15166.1	1377
专卖店	4322	14474	69412	44067	3961	12268	1796
厂家直销中心	185	3	4106	1252	63	150	
无店铺零售	107	25	3589	844	2	74	
网上商店	1	25	251	140	1	28	
电话购物	1		16	32			
其他	105		3322	673	2	46	

9-8 续表 5 单位：万元

指标名称		资产减值损失	公允价值变动收益	投资收益	营业利润	营业外收入	
	# 利息支出						# 补贴收入
总计	**22221**	**3647**	**3**	**2219**	**100985**	**13831**	**2222**
按零售行业小类分组							
综合零售	1349	46		159	33544	4000	362
食品、饮料及烟草制品专门零售	219			–9	–884	1055	1034
纺织、服装及日用品专门零售	457	4			–433	1306	
文化、体育用品及器材专门零售	280				2684	54	
医药及医疗器材专门零售	4216	663	1		15256	1086	693
汽车、摩托车、燃料及零配件专门零售	13606	2901	2	1234	46207	5832	52
家用电器及电子产品专门零售	1046	35		557	331	325	82
五金、家具及室内装饰材料专门零售	1007				–601		
货摊、无店铺及其他零售业	41	–2		277	4881	174	
按登记注册类型分组							
内资企业	19948	3589	3	2219	77835	12464	2216
国有企业	116			177	5011	1154	1031
集体企业					30	55	55
有限责任公司	13321	2587	3	273	53728	5997	1041
股份有限公司	684.5	462		1213	10617	663.3	41
私营企业	5826	540		557	8449	4595	48
港、澳、台商投资企业	2057	18			23740	1321	6
外商投资企业	217	40			–590	46	
按控股情况分组							
国有控股	843	34		490	21519	1757	1126
集体控股	673				7064	154	55
私人控股	10153	2113	3	838	17753	8153	54
港澳台商控股	1384	18			16711	1222	6
外商控股	217	117			4006	60	
其他	8951	1364		891	33932	2487	981
按经营形式分组							
独立门店	16799	2891	2	1984	66847	12037	1423
连锁总店	378	362			4525	374	39
连锁门店	246	2			9012	317	23
其他	4798	392	1	235	20601	1104	737
按零售业态分组							
有店铺零售	22221	3628	3	2218	100520	13813	2222
食杂店					–3		
便利店	70				841	73	68
超市	335	–1		102	1140	148	25
大型超市	235	32			15871	3422	265
百货店	1038	15		48	16280	1643	7
专业店	10873	2166	3	575	38034	3302	1757
专卖店	9656	1416		1493	27350	5224	100
厂家直销中心	15				1007		
无店铺零售		19		1	464	18	
网上商店		–2			–390	17	
电话购物				1	–13		
其他		21			867	1	

单位：万元

指标名称	利润总额	应交所得税	应付职工薪酬	应交增值税
总计	**111061**	**22754**	**169341**	**101239**
按零售行业小类分组				
综合零售	29380	3834	47716	27005
食品、饮料及烟草制品专门零售	181	97	1467	235
纺织、服装及日用品专门零售	1394	288	4251	2216
文化、体育用品及器材专门零售	2787	501	4019	861
医药及医疗器材专门零售	16058	3985	22480	10946
汽车、摩托车、燃料及零配件专门零售	55877	12385	69792	48416
家用电器及电子产品专门零售	924	341	14787	7536
五金、家具及室内装饰材料专门零售	–549	1	357	180
货摊、无店铺及其他零售业	5010	1322	4472	3844
按登记注册类型分组				
内资企业	85270	17700	151905	81883
国有企业	6168	1543	3569	1157
集体企业	85		75	
有限责任公司	54154	10477	84050	44358
股份有限公司	11738	1994	18956	10589
私营企业	13125	3686	45255	25779
港、澳、台商投资企业	26353	4996	13262	18345
外商投资企业	–562	57	4174	1011
按控股情况分组				
国有控股	22476	6255	23582	11254
集体控股	7821	2008	5552	4210
私人控股	27549	5971	69557	50379
港澳台商控股	18622	2988	7868	14148
外商控股	3929	1182	5826	1385
其他	30664	4350	56955	19863
按经营形式分组				
独立门店	75010	15236	116722	77829
连锁总店	4678	1401	24279	7699
连锁门店	9894	812	6162	1485
其他	21479	5306	22177	14227
按零售业态分组				
有店铺零售	110579	22520	167817	101112
食杂店	–3		133	14
便利店	913	154	1603	399
超市	1250	325	4466	915
大型超市	17177	1339	24237	9981
百货店	12186	2304	18954	16020
专业店	42330	10414	65487	37236
专卖店	35724	7902	51063	36142
厂家直销中心	1002	82	1874	406
无店铺零售	482	234	1524	127
网上商店	–373		213	15
电话购物	–13		13	1
其他	868	234	1298	111

9-9 全市限额以上住宿业经营情况

(2014 年)

指标名称	企业数（个）	年末从业人员数（人）	客房间数（间）	床位数（个）	餐位数（位）	年末餐饮营业面积（平方米）
总计	**135**	**14829**	**24258**	**38679**	**47150**	**231301**
按住宿行业小类分组						
旅游饭店	82	11453	15600	25395	38166	169123
一般旅馆	50	3213	8228	12562	8124	60098
其他住宿服务	3	163	430	722	860	2080
按登记注册类型分组						
内资企业	122	12596	21909	35125	39926	202248
国有企业	18	2786	2967	5244	12567	48019
集体企业	1	93	202	364		
有限责任公司	30	3026	6932	10837	8676	52949
股份有限公司	7	320	859	1379		1750
私营企业	64	6310	10754	17001	18683	99530
其他企业	2	61	195	300		
港、澳、台商投资企业	6	2070	1773	2768	6524	22093
个体工商户	7	163	576	786	700	6960
按控股情况分组						
国有控股	20	3408	4101	7040	14071	50039
集体控股	2	123	462	664		
私人控股	77	7356	12794	20475	22879	123175
港澳台商控股	4	1224	1175	1760	4512	13886
其他	32	2718	5726	8740	5688	44201
按经营形式分组						
独立门店	127	14660	23353	37483	47130	231056
连锁门店	7	139	782	976	20	245
其他	1	30	123	220		
按星级分组						
五星级	4	1694	1342	2045	6217	13984
四星级	12	2877	2885	4662	9732	33287
三星级	20	2011	3718	6248	8000	51266
二星级	8	553	1046	1887	1257	4909
其他	91	7694	15267	23837	21944	127855

单位：万元

指标名称	营业额	客房收入	餐费收入	商品销售收入	其他收入
总计	**220643**	**130045**	**68584**	**1746**	**20267**
按住宿行业小类分组					
旅游饭店	170263	88722	62547	1316	17678
一般旅馆	48380	39840	5682	417	2441
其他住宿服务	2000	1483	354	14	149
按登记注册类型分组					
内资企业	185963	113510	51295	1724	19434
国有企业	36137	14465	14074	453	7145
集体企业	953	677			276
有限责任公司	48262	35162	9139	705	3256
股份有限公司	3824	3400			424
私营企业	95743	58946	28083	564	8152
其他企业	1043	860		2	181
港、澳、台商投资企业	32631	14951	16833	19	829
个体工商户	2048	1584	456	3	5
按控股情况分组					
国有控股	45271	18634	16488	734	9415
集体控股	1909	1542			367
私人控股	113748	72816	31328	711	8892
港澳台商控股	25935	11743	13413	4	774
其他	33781	25310	7355	297	819
按经营形式分组					
独立门店	217187	126797	68545	1683	20162
连锁门店	3173	2981	39	63	90
其他	282	267			15
按星级分组					
五星级	35571	16047	18600	215	709
四星级	41851	17869	13214	194	10573
三星级	28960	15126	9453	306	4075
二星级	4783	3069	831	100	784
其他	109478	77934	26486	931	4128

9-10 全市限额以上餐饮业经营情况

(2014 年)

指标名称	企业数（个）	年末从业人员数（人）	客房间数（间）	床位数（个）	餐位数（位）	年末餐饮营业面积（平方米）
总计	**204**	**19404**	**1668**	**2745**	**93996**	**384118**
按餐饮行业小类分组						
正餐服务	193	11547	1540	2581	79063	320963
快餐服务	7	7219			13543	36484
其他餐饮服务	4	638	128	164	1390	26671
按登记注册类型分组						
内资企业	87	8648	797	1311	45645	206345
国有企业	3	118	131	282	1300	8140
有限责任公司	33	3804	63	120	16533	70372
股份有限公司	5	594	128	164	1095	6950
私营企业	43	4038	475	745	26199	119803
其他企业	3	94			518	1080
港、澳、台商投资企业	1	129			700	2568
外商投资企业	7	5549			8641	26246
个体工商户	109	5078	871	1434	39010	148959
按控股情况分组						
国有控股	2	96	131	282	1000	7640
私人控股	63	7217	534	794	32047	148350
港澳台商控股	1	129			700	2568
外商控股	1	4553			7918	23291
其他	137	7409	1003	1669	52331	202269
按经营形式分组						
独立门店	178	10678	1668	2745	74777	325038
连锁总店	5	7011			13803	36935
连锁门店	6	222			1156	7209
其他	15	1493			4260	14936

单位：万元

指标名称	营业额	客房收入	餐费收入	商品销售收入	其他收入
总计	**242301**	**3819**	**230987**	**5379**	**2116**
按餐饮行业小类分组					
正餐服务	143900	3604	133901	4332	2064
快餐服务	94171		94171		
其他餐饮服务	4230	216	2915	1048	52
按登记注册类型分组					
内资企业	101894	1654	94128	4303	1808
国有企业	646	121	335	190	
有限责任公司	51974	144	49042	2476	312
股份有限公司	2348	216	2094	39	
私营企业	45639	1173	41370	1599	1497
其他企业	1287		1287		
港、澳、台商投资企业	4117		4117		
外商投资企业	69610		69610		
个体工商户	66682	2165	63134	1076	308
按控股情况分组					
国有控股	440	121	129	190	
私人控股	83577	1188	79314	1518	1457
港澳台商控股	4117		4117		
外商控股	52043		52043		
其他	102125	2510	95385	3572	659
按经营形式分组					
独立门店	129812	3819	122332	2761	901
连锁总店	94700		94700		
连锁门店	2888		2860	28	
其他	14902		11096	2591	1215

9-11 全市限额以上住宿业法人企业财务状况

(2014 年)　　　　单位：万元

指标名称	企业数（个）	年初存货	流动资产合计	#应收账款	#存货	固定资产合计	固定资产原价
总计	**122**	**7849**	**186339**	**7447**	**7768**	**196890**	**392356**
按行业小类分组							
旅游饭店	78	6299	152992	4874	6131	183778	368274
一般旅馆	42	1548	33031	2572	1635	12196	22343
其他住宿服务	2	3	316	1	2	917	1740
按登记注册类型分组							
内资企业	116	7239	140184	4946	7170	104340	215553
国有企业	15	1636	22070	1819	1627	42429	96517
集体企业	1	3	483	82	2	434	1331
有限责任公司	30	1257	50212	2002	1430	31225	53277
股份有限公司	7	291	1416	194	72	8878	10046
私营企业	61	4050	65373	844	4036	21321	54241
其他企业	2	2	629	5	3	53	142
港、澳、台商投资企业	6	610	46156	2501	598	92550	176803
按控股情况分组							
国有控股	20	2038	30360	2257	1764	59294	139157
集体控股	2	3	2405	82	2	481	1474
私人控股	77	4553	89153	2266	4747	36918	75111
港澳台商控股	4	401	42126	1938	403	82824	135582
其他	19	853	22295	905	852	17373	41033
按经营形式分组							
独立门店	115	7830	184511	7432	7753	196210	390812
连锁门店	6	15	1441	15	11	151	382
其他	1	3	387		4	529	1163
按星级分组							
五星级	4	1070	51080	2057	1185	66450	123501
四星级	12	1072	35812	1183	961	24872	63812
三星级	18	798	19684	743	510	28609	47277
二星级	7	327	2514	112	360	4483	7679
其他	81	4583	77251	3351	4753	72476	150087

9-11 续表 1

单位：万元

指标名称	累计折旧	本年折旧	在建工程	资产总计	流动负债合计	应付账款	非流动负债合计
总计	**196109**	**21339**	**10576**	**492496**	**275489**	**19297**	**103919**
按行业小类分组							
旅游饭店	185089	19413	8602	418738	215957	14688	98011
一般旅馆	10198	1791	1974	72447	58803	4572	5259
其他住宿服务	823	135		1310	729	36	649
按登记注册类型分组							
内资企业	111987	12068	7787	346247	201644	12349	41107
国有企业	54088	3799	14	87882	33120	2835	6163
集体企业	897	135		975	156		
有限责任公司	22052	3382	4711	114635	67095	4717	11414
股份有限公司	1168	250		10512	2155	580	6
私营企业	33695	4478	3062	130722	98491	4167	22414
其他企业	89	25		1522	627	51	1111
港、澳、台商投资企业	84122	9272	2789	146248	73845	6948	62811
按控股情况分组							
国有控股	79731	4987	31	117859	78385	6911	13051
集体控股	993	163		4928	4029	56	
私人控股	38967	5593	5260	176330	121455	6583	30534
港澳台商控股	52758	7666	2153	131611	25264	2227	55609
其他	23660	2931	3133	61769	46356	3520	4725
按经营形式分组							
独立门店	195245	21258	10576	488500	274177	19153	103019
连锁门店	231	53		3031	1310	144	900
其他	633	28		965	1		
按星级分组							
五星级	57051	5212	2123	130360	21794	2341	46975
四星级	38940	2915	663	86211	48443	–525	5708
三星级	19392	2801	2101	64967	28634	1893	1931
二星级	3196	312	1	7261	3621	47	161
其他	77530	10099	5688	203697	172997	15541	49144

单位：万元

指标名称	负债合计	所有者权益合计					
			实收资本	国家资本	集体资本	法人资本	个人资本
总计	**379407**	**113088**	**184831**	**20680**	**773**	**47120**	**38580**
按行业小类分组							
旅游饭店	313968	104771	170652	19456	773	42929	29816
一般旅馆	64062	8386	13929	1004		4161	8764
其他住宿服务	1378	–68	250	220		30	
按登记注册类型分组							
内资企业	242751	103496	89521	20680	773	28838	38580
国有企业	39283	48599	20364	12540		7824	
集体企业	156	819	723		723		
有限责任公司	78509	36126	19795	7645		8914	3236
股份有限公司	2161	8351	8705			120	8585
私营企业	120904	9818	39834	495		11981	26708
其他企业	1738	–216	101		50		51
港、澳、台商投资企业	136656	9592	95310			18282	
按控股情况分组							
国有控股	91436	26423	33548	16314		14699	660
集体控股	4029	899	1723		723	1000	
私人控股	151989	24341	51765	495		14672	35948
港澳台商控股	80873	50738	73652				
其他	51082	10687	24144	3871	50	16750	1972
按经营形式分组							
独立门店	377196	111304	184270	20680	773	46760	38379
连锁门店	2210	821	461			260	201
其他	1	964	100			100	
按星级分组							
五星级	68768	61592	70821			1258	7236
四星级	54151	32061	32984	3889		20725	6869
三星级	30565	34402	22323	6856		2220	10858
二星级	3782	3478	1670	717	723	200	30
其他	222141	–18444	57033	9217	50	22718	13588

单位：万元

指标名称	港澳台资本	外商资本	营业收入		营业成本		营业税金及附加
				主营业务收入		主营业务成本	
总计	**75804**	**1875**	**212828**	**208933**	**60558**	**59502**	**11599**
按行业小类分组							
旅游饭店	75804	1875	164661	161601	47371	47024	9145
一般旅馆			46374	45639	12980	12293	2360
其他住宿服务			1794	1693	207	185	94
按登记注册类型分组							
内资企业	650		180015	176297	53921	52878	9779
国有企业			34575	32403	10710	10397	1772
集体企业			953	953			54
有限责任公司			47753	47493	13776	13424	2450
股份有限公司			4006	4000	699	699	223
私营企业	650		91684	90405	28259	27881	5221
其他企业			1043	1043	478	478	59
港、澳、台商投资企业	75154	1875	32814	32636	6637	6624	1820
按控股情况分组							
国有控股		1875	44680	42407	13062	12737	2333
集体控股			1958	1958	733	733	114
私人控股	650		111154	109773	36708	35995	6301
港澳台商控股	73652		26117	25980	5094	5094	1449
其他	1502		28919	28815	4962	4944	1402
按经营形式分组							
独立门店	75804	1875	209560	205845	59921	58878	11402
连锁门店			2986	2875	535	522	178
其他			282	213	102	102	18
按星级分组							
五星级	62328		35825	35567	8037	8022	1954
四星级	1502		38120	36097	13425	13263	1989
三星级	2389		28684	28318	9584	9582	1684
二星级			4226	4157	1948	1948	230
其他	9585	1875	105973	104794	27564	26688	5740

单位：万元

指标名称	主营业务税金及附加	其他业务利润	销售费用	管理费用	# 税金	财务费用	利息收入
总计	**11469**	**5189**	**89469**	**67199**	**2778**	**9538**	**1214**
按行业小类分组							
旅游饭店	9059	4573	69949	54222	2382	8406	1205
一般旅馆	2316	614	18290	12658	375	1115	10
其他住宿服务	94	1	1231	320	22	18	
按登记注册类型分组							
内资企业	9649	4866	78241	47895	1833	6392	240
国有企业	1742	586	12997	10472	822	443	167
集体企业	54	899	596	303		–1	1
有限责任公司	2437	44	20399	15971	557	1280	–36
股份有限公司	223	6	1998	1274	52	41	–1
私营企业	5135	3330	41954	19675	402	4607	108
其他企业	59		297	200	1	22	0.6
港、澳、台商投资企业	1820	323	11228	19305	946	3147	975
按控股情况分组							
国有控股	2303	586	16784	15812	1291	441	134
集体控股	114	899	596	352		268	2
私人控股	6201	3346	50240	23185	600	5286	106
港澳台商控股	1449	323	8207	15342	607	2773	973
其他	1402	35	13643	12508	281	771	
按经营形式分组							
独立门店	11280	5186	87661	66803	2778	9445	1214
连锁门店	170	3	1704	348		93	
其他	18		105	48		1	
按星级分组							
五星级	1954	4	11205	14050	636	2451	11
四星级	1976	3615	12014	13654	605	2283	130
三星级	1617	178	12362	5888	375	668	–39
二星级	217	899	969	1315	4	74	10
其他	5705	493	52919	32293	1158	4063	1102

单位：万元

指标名称	# 利息支出	资产减值损失	公允价值变动收益	投资收益	营业利润	营业外收入	补贴收入
总计	**6628**	**–32**		**299**	**–21235**	**2938**	**117**
按行业小类分组							
旅游饭店	6139	–32		299	–20712	2888	121
一般旅馆	486			1	–447	50	–4
其他住宿服务	4				–75		
按登记注册类型分组							
内资企业	5064	–30		299	–12972	1391	107
国有企业	581	–30			–1789	214	–4
集体企业					1	2	
有限责任公司	1018			182	–5930	1011	110
股份有限公司	13				–145	6	
私营企业	3432			117	–5098	158	1
其他企业	21				–12		
港、澳、台商投资企业	1564	–2			–8263	1548	10
按控股情况分组							
国有控股	581	–32		181	–3538	690	106
集体控股	199				–104	2	
私人控股	3977			118	–7478	304	1
港澳台商控股	1231				–5690	1390	
其他	640				–4426	553	10
按经营形式分组							
独立门店	6582	–32		298	–21529	2933	117
连锁门店	46			1	285	6	
其他					9		
按星级分组							
五星级	1847				–1873	1391	
四星级	2007	–30		117	–2609	128	11
三星级	590	1		181	–255	86	1
二星级	67				–310	322	110
其他	2117	–2		1	–16187	1012	–4

9-11 续表 6

单位：万元

指标名称	利润总额	应交所得税	应付职工薪酬
总计	**-17733**	**371**	**51407**
按行业小类分组			
旅游饭店	-17178	223	42696
一般旅馆	-481	148	8304
其他住宿服务	-75		408
按登记注册类型分组			
内资企业	-11350	371	42269
国有企业	-1668	49	10695
集体企业	2		465
有限责任公司	-3918	195	11365
股份有限公司	-140	1	1006
私营企业	-5614	125	18528
其他企业	-12		209
港、澳、台商投资企业	-6384		9139
按控股情况分组			
国有控股	-2988	110	16615
集体控股	-103		543
私人控股	-7213	227	22838
港澳台商控股	-4058		5632
其他	-3372	34	5778
按经营形式分组			
独立门店	-17934	307	50931
连锁门店	192	63	398
其他	9	1	78
按星级分组			
五星级	-704		6587
四星级	-2290	1	10145
三星级	-248	131	7680
二星级	7	10	1564
其他	-14498	230	25432

9–12 全市限额以上餐饮业法人企业财务状况

(2014 年)　　单位：万元

指标名称	企业数（个）	年初存货	流动资产合计	# 应收账款	# 存货	固定资产合计	固定资产原价
总计	**86**	**7807**	**86722**	**4086**	**8743**	**24096**	**41408**
按行业小类分组							
正餐服务	78	4033	68753	2844	4862	15801	23644
快餐服务	5	3636	12739	393	3737	5351	13167
其他餐饮业	3	138	5230	850	143	2944	4598
按登记注册类型分组							
内资企业	83	4907	75724	4059	5435	19849	32245
国有企业	2	9	250	108	6	376	1564
有限责任公司	32	1943	18386	157	2218	4830	10447
股份有限公司	5	83	267	35	93	119	288
私营企业	41	2853	56670	3749	3102	14523	19908
其他企业	3	19	151	9	16	2	40
港、澳、台商投资企业	1	165	1051	26	135	651	1269
外商投资企业	2	2734	9947	2	3173	3596	7894
按控股情况分组							
国有控股	2	9	250	108	6	376	1564
私人控股	63	4050	64854	3583	4415	18475	28752
港澳台商控股	1	165	1051	26	135	651	1269
外商控股	1	1852	7471		2485	3108	6494
其他	19	1731	13096	369	1702	1487	3329
按经营形式分组							
独立门店	72	3621	62590	3574	4215	17943	26818
连锁总店	4	3056	12279	138	3532	5091	12767
其他	10	1130	11853	375	995	1062	1824

单位：万元

指标名称	累计折旧	本年折旧	在建工程	资产总计	流动负债合计	应付账款	非流动负债合计
总计	**17294**	**6869**	**4348**	**157000**	**110246**	**18440**	**19183**
按行业小类分组							
正餐服务	7825	2531	112	107883	86884	14133	11043
快餐服务	7816	3619	1801	38399	21809	3697	1344
其他餐饮业	1654	718	2436	10718	1553	610	6796
按登记注册类型分组							
内资企业	12378	6377	2547	129041	97693	16209	18541
国有企业	1188	38		626	1518	67	255
有限责任公司	5617	4634		34659	29514	9661	7042
股份有限公司	169	42	818	1667	365	150	11
私营企业	5367	1661	1729	91878	66209	6271	11234
其他企业	38	2		212	88	60	
港、澳、台商投资企业	619	265		2268	306	177	
外商投资企业	4297	226	1801	25691	12247	2054	642
按控股情况分组							
国有控股	1188	38		626	1518	67	255
私人控股	10277	5891	2547	115681	82204	13718	18260
港澳台商控股	619	265		2268	306	177	
外商控股	3386		1801	21822	11415	1413	642
其他	1825	675		16604	14803	3065	26
按经营形式分组							
独立门店	8857	2963	2547	106030	79114	13682	17726
连锁总店	7676	3604	1801	36379	20489	3017	1344
其他	762	301		14591	10643	1741	113

单位：万元

指标名称	负债合计	所有者权益合计	实收资本	国家资本	集体资本	法人资本	个人资本
总计	**129430**	**27570**	**32465**	**138**	**75**	**12730**	**16412**
按行业小类分组							
正餐服务	97927	9956	25736	138	75	7660	16403
快餐服务	23154	15246	5659			4000	9
其他餐饮业	8349	2369	1070			1070	
按登记注册类型分组							
内资企业	116234	12807	25770	138	75	9145	16412
股份合作企业	1773	-1147	512	78		434	
有限责任公司	36556	-1898	4802		40	1849	2913
股份有限公司	375	1292	402				402
私营企业	77443	14435	19984	60		6837	13087
其他企业	88	124	70		35	25	10
港、澳、台商投资企业	306	1962	1460				
外商投资企业	12889	12802	5235			3585	
按控股情况分组							
国有控股	1773	-1147	512	78		434	
私人控股	100465	15216	23463	60		7491	15912
港澳台商控股	306	1962	1460				
外商控股	12057	9765	2235			2235	
其他	14830	1775	4795		75	2570	500
按经营形式分组							
独立门店	96840	9190	23451	138	75	6210	15568
连锁门店	21834	14546	5439			3780	9
其他	10756	3835	3574			2740	834

单位：万元

指标名称	港澳台资本	外商资本	营业收入		营业成本		营业税金及附加
				主营业务收入		主营业务成本	
总计	**1460**	**1650**	**171589**	**170611**	**84645**	**83448**	**9516**
按行业小类分组							
正餐服务	1460		74700	73730	40375	39178	4269
快餐服务		1650	92874	92874	42155	42155	5234
其他餐饮业			4015	4007	2115	2115	12
按登记注册类型分组							
内资企业			100648	99670	51384	50187	5505
股份合作企业			440	440	249	249	19
有限责任公司			51512	51497	24298	24259	2825
股份有限公司			2350	2350	2078	1701	126
私营企业			45059	44096	23855	23074	2457
其他企业			1287	1287	905	905	79
港、澳、台商投资企业	1460		4117	4117	1490	1490	237
外商投资企业		1650	66825	66825	31771	31771	3775
按控股情况分组							
国有控股			440	440	249	249	19
私人控股			83852	82930	41262	40461	4714
港澳台商控股	1460		4117	4117	1490	1490	237
外商控股			52043	52043	24375	24375	2904
其他		1650	31137	31082	17270	16873	1643
按经营形式分组							
独立门店	1460		69588	68610	38512	37315	3842
连锁门店		1650	89455	89455	40155	40155	5014
其他			12546	12546	5978	5978	659

单位：万元

指标名称	主营业务税金及附加	其他业务利润	销售费用	管理费用		财务费用	
					# 税金		利息收入
总计	**9507**	**1113**	**56173**	**17932**	**193**	**5418**	**358**
按行业小类分组							
正餐服务	4261	1021	25780	9412	193	4835	27
快餐服务	5234	84	29813	7462		144	330
其他餐饮业	12	8	581	1059	1	439	1
按登记注册类型分组							
内资企业	5496	1029	36785	12875	193	5571	183
国有企业	19		49	155		2	
有限责任公司	2824	7	20444	6766	122	958	179
股份有限公司	126		530	91		17	0.2
私营企业	2449	1022	15563	5805	71	4594	4
其他企业	79		199	59		1.1	0.2
港、澳、台商投资企业	237		2009	4		1	2
外商投资企业	3775	84	17379	5053		-155	173
按控股情况分组							
国有控股	19		49	155		2	
私人控股	4707	1022	32237	10793	146	5014	181
港澳台商控股	237		2009	4		1	2
外商控股	2904		12289	4186		-148	163
其他	1642	90	9589	2795	47	548	12
按经营形式分组							
独立门店	3834	1029	23249	8936	176	5215	26
连锁总店	5014	84	28363	6062		122	330
其他	659		4561	2934	17	81	2

单位：万元

指标名称	# 利息支出	资产减值损失	公允价值变动收益	投资收益	营业利润	营业外收入	补贴收入
总计	**3889**	**122**	**10**	**291**	**–254**	**983**	
按行业小类分组							
正餐服务	3332	10	10	283	–8201	511	
快餐服务	120	112			7954	460	
其他餐饮业	438			7.8	–7	11	
按登记注册类型分组							
内资企业	3889	10	10	291	–9522	554	
国有企业					–33	15	
有限责任公司	356			3	–2525	494	
股份有限公司	2				62	1	
私营企业	3531	10	10	288	–7042	44	
其他企业					17		
港、澳、台商投资企业					379		
外商投资企业		112			8889	429	
按控股情况分组							
国有控股					–33	15	
私人控股	3880	10	10	288	–8081	490	
港澳台商控股					379		
外商控股		112			8325	399	
其他	9			3	–845	80	
按经营形式分组							
独立门店	3755	10	10	291	–8214	87	
连锁总店	120	112			9627	460	
其他	14				–1667	435.8	

单位：万元

指标名称	利润总额	应交所得税	应付职工薪酬
总计	**-759**	**3056**	**32954**
按行业小类分组			
正餐服务	-8414	665	18642
快餐服务	7826	2386	13880
其他餐饮业	-171	5	432
按登记注册类型分组			
内资企业	-9935	839	22309
国有企业	-18		133
有限责任公司	-3138	350	9948
股份有限公司	-116	31	513
私营企业	-6673	455	11461
其他企业	10	3	254
港、澳、台商投资企业	379	79	630
外商投资企业	8797	2139	10015
按控股情况分组			
国有控股	-18		133
私人控股	-8726	677	19049
港澳台商控股	379	79	630
外商控股	8153	2034	7320
其他	-547	268	5822
按经营形式分组			
独立门店	-8682	608	16211
连锁总店	9499	2306	13060
其他	-1576	142	3683

9-13 全市亿元以上商品交易市场基本情况

(2014 年)

指标名称	市场数（个）	总摊位数（个）	年末出租摊位数（个）	营业面积（平方米）	成交额（万元）
总 计	**34**	**25563**	**22108**	**2006323**	**4804480**
按市场类别分组					
综合市场	5	2965	2247	139100	647685
农产品综合市场	5	2965	2247	139100	647685
专业市场	29	22598	19861	1867223	4156795
生产资料市场	7	3159	2870	363391	2570931
农用生产资料市场	3	784	776	58900	226659
建材市场	1	1119	846	130000	27172
金属材料市场	2	756	748	144491	2217000
机械设备市场	1	500	500	30000	100100
农产品市场	4	3725	3659	134726	479769
肉禽蛋市场	1	3000	2939	66000	331494
水产品市场	1	406	401	2106	17483
蔬菜市场	1	220	220	46620	120000
其他农产品市场	1	99	99	20000	10792
食品、饮料及烟酒市场	3	2140	1349	42520	169462
食品饮料市场	1	1900	1109	30020	57485
茶叶市场	2	240	240	12500	111977
纺织、服装、鞋帽市场	6	7735	7538	188619	270084
服装市场	5	6845	6648	151838	242318
其他纺织服装鞋帽市场	1	890	890	36781	27766
电器、通讯器材、电子设备市场	1	732	707	20678	90000
计算机及辅助设备市场	1	732	707	20678	90000
家具、五金及装饰材料市场	5	4277	2925	540993	270637
家具市场	1	550	238	61333	26588
装饰材料市场	1	740	740	100000	17760
厨具、盥洗设备市场	1	1811	771	204660	17393
五金材料市场	1	700	700	45000	109000
其他装修市场	1	476	476	130000	99896
汽车、摩托车及零配件市场	3	830	813	576296	305912
汽车市场	3	830	813	576296	305912
按营业状态分组					
常年营业	33	25441	21986	2000323	4752218
季节性营业	1	122	122	6000	52262
按经营方式分组					
以批发为主	23	17584	14732	1051831	3859543
以零售为主	11	7979	7376	954492	944937
按经营环境分组					
露天式	6	2531	1976	754337	2641472
封闭式	22	20935	18234	1138080	1530510
其他	6	2097	1898	113906	632498

9-14 各县区限额以上批发和零售业商品购销存总额

(2014 年) 单位：万元

指标名称	企业数(个)	年末从业人员数(人)	购进总额	销售总额	批发	零售	年末商品库存额
兴宁区	**97**	**11501**	**2327739**	**2681608**	**1304942**	**1376667**	**313295**
批发业	**36**	**2757**	**1378579**	**1477528**	**1260394**	**217134**	**203024**
按批发行业小类分组							
农、林、牧产品批发	1	27	10925	10507	4203	6304.2	470
食品、饮料及烟草制品批发	2	77	17534	19185	19150	36	2712
纺织、服装及日用品批发	13	1655	828329	891545	699662	191884	166695
文化、体育用品及器材批发	3	107	9170	10463	10371	93	1175
医药及医疗器材批发	2	159	21265	23438	22118	1320	2385
矿产品、建材及化工产品批发	8	265	423553	440301	440301		26847
机械设备、五金交电及电子产品批发	6	446	67685	78296	60799	17498	2407
其他批发	1	21	118	3792	3792		333
按登记注册类型分组							
内资企业	33	2211	1204346	1273144	1057544	215600	201427
国有企业	3	134	193510	198045	198045		850
有限责任公司	13	616	821158	860004	671442	188562	179308
股份有限公司	1	290	49713	46397	46397		3316
私营企业	16	1171	139965	168698	141660	27038	17953
港、澳、台商投资企业	1	106	2871	3291	1757	1534	786
外商投资企业	2	440	171362	201093	201093		812
按经营形式分组							
独立门店	22	1485	457761	480603	443053	37550	36034
连锁总店	1	275	50891	61311	44786	16525	986
其他	13	997	869927	935614	772556	163058	166005
零售业	61	8744	949161	1204081	44548	1159533	110271
按零售行业小类分组							
综合零售	6	3185	340021	453793	13501	440292	19012
食品、饮料及烟草制品专门零售	2	58	2980	3530	1878	1652	1255
纺织、服装及日用品专门零售	3	271	20727	26037	4801	21236	1775
文化、体育用品及器材专门零售	4	455	21860	21471		21471	7746
医药及医疗器材专门零售	3	263	9904	12689		12689	1847
汽车、摩托车、燃料及零配件专门零售	34	2416	409903	472123	4942	467181	69420
家用电器及电子产品专门零售	8	2058	143292	213975	19426	194549	9028
货摊、无店铺及其他零售业	1	38	474	463		463	189
按登记注册类型分组							
内资企业	58	7991	828984	1021832	44548	977284	106882
国有企业	1	31	3558	4110	1589	2520	56
集体企业	1	25	686	667		667	19
有限责任公司	27	3854	403883	509528	8642	500887	55571
股份有限公司	4	2545	253008	308398	13501	294897	12500
私营企业	25	1536	167849	199129	20816	178313	38737
港、澳、台商投资企业	1	442	83762	136778		136778	450
外商投资企业	1	304	35986	44941		44941	2923
个体工商户	1	7	429	529		529	16
按经营形式分组							
独立门店	46	5548	742608	924583	39410	885173	95676
连锁总店	5	2277	137212	195879		195879	6409
连锁门店	3	508	44660	55604		55604	4839
其他	7	411	24681	28015	5138	22878	3347
按零售业态分组							
有店铺零售	60	8706	948686	1203618	44548	1159070	110082
食杂店	1	30	1920	2068	1878	190	628
超市	1	91	4930	4246		4246	800
大型超市	3	1162	73273	91463		91463	6836
百货店	2	1932	261818	358085	13501	344584	11377
专业店	25	3425	286398	370717	12651	358066	28576
专卖店	26	1998	314545	371612	16517	355094	60949
厂家直销中心	2	68	5803	5428		5428	916
无店铺零售	1	38	474	463		463	189
网上商店	1	38	474	463		463	189

单位：万元

指标名称	企业数（个）	年末从业人员数（人）	购进总额	销售总额			年末商品库存额
					批发	零售	
青秀区	**233**	**17507**	**16438260**	**10946674**	**9332732**	**1613943**	**848836**
批发业	**140**	**8396**	**15558312**	**9657732**	**9161758**	**495974**	**734251**
按批发行业小类分组							
农、林、牧产品批发	4	44	67193	68039	68039		2003
食品、饮料及烟草制品批发	27	1991	600088	677929	660198	17732	31020
纺织、服装及日用品批发	17	1581	481218	483892	467120	16772	190351
文化、体育用品及器材批发	3	549	159683	163545	162335	1210	3579
医药及医疗器材批发	9	383	41982	51600	45982	5618	9360
矿产品、建材及化工产品批发	56	2779	13887096	7867077	7461457	405621	469540
机械设备、五金交电及电子产品批发	24	1069	321052	345649	296627	49022	28399
按登记注册类型分组							
内资企业	135	7764	15442322	9514775	9020793	493981	731310
国有企业	5	988	2766577	2821549	2816679	4871	28911
有限责任公司	46	1950	3879478	3832129	3811865	20264	297802
股份有限公司	12	2317	7811933	1813364	1419566	393798	239869
私营企业	70	2460	977026	1040029	965108	74921	164714
其他企业	2	49	7309	7703	7576	128	15
港、澳、台商投资企业	4	622	112181	139573	137581	1992	2216
外商投资企业	1	10	3809	3384	3384		725
按经营形式分组							
独立门店	64	3540	9827482	3368624	3311073	57552	516686
连锁总店	2	1107	334804	745794	354915	390879	1771
连锁门店	1	3	58167	62053	62053		4337
其他	73	3746	5337859	5481260	5433717	47543	211458
零售业	**93**	**9111**	**879949**	**1288943**	**170974**	**1117969**	**114585**
按零售行业小类分组							
综合零售	11	2976	271506	551120		551120	36221
食品、饮料及烟草制品专门零售	2	64	30587	38098	319	37780	853
纺织、服装及日用品专门零售	8	761	27800	40189	3162	37027	14024
文化、体育用品及器材专门零售	4	130	7876	9583	3938	5646	1374
医药及医疗器材专门零售	10	1518	66609	94347	34120	60227	11112
汽车、摩托车、燃料及零配件专门零售	12	965	287333	318863	21358	297505	14840
家用电器及电子产品专门零售	40	1656	148626	183945	95056	88890	33563
五金、家具及室内装修材料专门零售	2	108	2272	3322	1432	1890	231
货摊、无店铺及其他零售业	4	933	37341	49476	11590	37886	2367
按登记注册类型分组							
内资企业	87	6779	778757	1149959	168690	981269	96089
国有企业	1	113	41048	49809	17433	32376	560
有限责任公司	29	3396	446214	757356	78106	679251	55863
股份有限公司	2	549	30230	35427		35427	4261
私营企业	55	2721	261266	307366	73152	234215	35405
其他企业							
港、澳、台商投资企业	3	1369	37605	61249	2283	58966	11748
外商投资企业	3	963	63587	77735		77735	6748
按经营形式分组							
独立门店	56	4776	527360	847621	66379	781242	63985
连锁总店	4	2171	71314	93651		93651	13849
连锁门店	5	470	60876	73748		73748	7126
其他	28	1694	220398	273923	104594	169329	29625
按零售业态分组							
有店铺零售	88	9057	872965	1281368	170391	1110977	114149
超市	2	120	6289	6343		6343	1444
大型超市	4	1683	113281	141898		141898	18054
百货店	6	1363	158053	413141		413141	20112
专业店	47	3785	338585	415669	98515	317153	32919
专卖店	25	1909	244940	287491	58134	229357	39539
厂家直销中心	4	197	11817	16826	13741	3085	2082
无店铺零售	5	54	6984	7575	583	6992	436
电话购物	1	3	215	267		267	25
其他	4	51	6769	7308	583	6725	411

9-14 续表 2

单位：万元

指标名称	企业数(个)	年末从业人员数(人)	购进总额	销售总额			年末商品库存额
					批发	零售	
江南区	**156**	**15420**	**3043207**	**3216140**	**1037060**	**2179079**	**1122091**
批发业	**66**	**4824**	**865189**	**983923**	**866100**	**117823**	**865189**
按批发行业小类分组							
农、林、牧产品批发	1	6	2467	3146	3146		2467
食品、饮料及烟草制品批发	5	149	151447	151918	101003	50915	151447
纺织、服装及日用品批发	12	1136	181174	201209	192442	8767	181174
医药及医疗器材批发	6	711	125018	123948	123948		125018
矿产品、建材及化工产品批发	14	291	185265	199721	199721		185265
机械设备、五金交电及电子产品批发	28	2531	219818	303981	245840	58141	219818
按登记注册类型分组							
内资企业	64	4640	749872	859826	745821	114005	749872
有限责任公司	20	824	215668	275267	213218	62050	215668
股份有限公司	1	13	2205	2229	2229		2205
私营企业	43	3803	532000	582330	530375	51955	532000
港、澳、台商投资企业	1	120	5821	9090	5272	3818	5821
外商投资企业	1	64	109496	115007	115007		109496
按经营形式分组							
独立门店	51	3978	644367	744402	654749	89652	644367
其他	15	846	220821	239521	211351	28170	220821
零售业	**90**	**10596**	**2178018**	**2232217**	**170960**	**2061257**	**256903**
按零售行业小类分组							
综合零售	8	2408	155284	176262		176262	27901
纺织、服装及日用品专门零售	2	19	4964	5308	540	4768	528
医药及医疗器材专门零售	12	2734	605451	644692	129980	514712	37978
汽车、摩托车、燃料及零配件专门零售	65	5285	1384855	1376881	25777	1351104	187861
家用电器及电子产品专门零售	2	101	24553	25657	14664	10993	2129
五金、家具及室内装修材料专门零售	1	49	2910	3417		3417	507
按登记注册类型分组							
内资企业	83	9809	1824443	1917928	165015	1752913	206484
国有企业	1	70	5985	5906	44	5862	91
有限责任公司	43	5604	1351000	1428191	128134	1300057	139713
股份有限公司	7	935	185543	194525	2655	191869	25944
私营企业	32	3200	281914	289307	34182	255125	40736
港、澳、台商投资企业	4	734	337281	300908	5720	295188	46318
外商投资企业	2	38	15447	12566		12566	4068
个体工商户	1	15	848	815	225	590	33
按经营形式分组							
独立门店	68	6637	1402160	1397399	36224	1361175	200384
连锁总店	6	2174	59877	65216	1208	64008	11261
连锁门店	2	338	18702	17447		17447	3527
其他	14	1447	697280	752155	133529	618627	41731
按零售业态分组							
有店铺零售	89	10564	2174418	2227608	166352	2061257	256499
超市	1	73	1649	2263		2263	754
大型超市	6	2234	141359	161458		161458	26630
百货店	2	105	16393	17034	315	16719	1011
专业店	31	3736	775876	820101	142915	677186	62677
专卖店	49	4416	1239142	1226752	23121	1203631	165427
无店铺零售	1	32	3600	4609	4609		404
电话购物	1	32	3600	4609	4609		404

单位：万元

指标名称	企业数（个）	年末从业人员数（人）	购进总额	销售总额			年末商品库存额
					批发	零售	
西乡塘区	**179**	**15957**	**4521913**	**6593741**	**4691329**	**1902412**	**3696681**
批发业	**100**	**7573**	**3274259**	**5289056**	**4511330**	**777726**	**3274259**
按批发行业小类分组							
农、林、牧产品批发	2	28	14911	15302	15302		14911
食品、饮料及烟草制品批发	8	1443	632228	808987	800758	8230	632228
纺织、服装及日用品批发	6	418	56675	60298	60199	99	56675
文化、体育用品及器材批发	3	126	43385	40153	39100	1053	43385
医药及医疗器材批发	9	1944	392456	418918	387326	31593	392456
矿产品、建材及化工产品批发	62	3202	2075110	3879385	3157375	722010	2075110
机械设备、五金交电及电子产品批发	10	412	59494	66011	51271	14740	59494
按登记注册类型分组							
内资企业	99	7523	3208660	5222460	4444734	777726	3208660
国有企业	4	1208	526000	701094	699910	1184	526000
有限责任公司	26	1715	641676	693028	675070	17958	641676
股份有限公司	3	1543	83044	1189799	663896	525903	83044
私营企业	66	3057	1957941	2638539	2405858	232681	1957941
外商投资企业	1	50	65599	66596	66596		65599
按经营形式分组							
独立门店	73	3370	2005451	2582143	2416423	165720	2005451
连锁总店	1	1351		1107142	581617	525525	
其他	26	2852	1268808	1599770	1513290	86480	1268808
零售业	**79**	**8384**	**1247654**	**1304685**	**179999**	**1124687**	**422422**
按零售行业小类分组							
综合零售	10	2652	224591	196724		196724	265385
食品、饮料及烟草制品专门零售	3	202	26853	26538	6466	20072	29346
纺织、服装及日用品专门零售	4	464	7083	26790	913	25877	5311
文化、体育用品及器材专门零售	1	7	4642	4623		4623	119
医药及医疗器材专门零售	3	376	13532	28542	17327	11215	1385
汽车、摩托车、燃料及零配件专门零售	54	4596	962134	1012820	154876	857944	118253
家用电器及电子产品专门零售	3	59	7689	7523	417	7106	2555
货摊、无店铺及其他零售业	1	28	1131	1126		1126	69
按登记注册类型分组							
内资企业	77	7881	1219184	1259624	177930	1081694	416023
国有企业	2	307	107333	107270	65922	41347	1880
有限责任公司	23	3088	470369	548400	65542	482858	65467
股份有限公司	2	244	17050	20343		20343	17917
私营企业	50	4242	624432	583612	46466	537146	330759
港、澳、台商投资企业	2	503	28470	45061	2069	42992	6399
按经营形式分组							
独立门店	72	7145	1122696	1154427	114076	1040351	398368
连锁门店	4	877	21639	46322		46322	22363
其他	3	362	103319	103936	65922	38013	1692
按零售业态分组							
有店铺零售	78	8099	1145116	1201982	114076	1087905	421289
便利店	1	239	8001	7626		7626	2230
超市	6	717	25912	26851	913	25938	31310
大型超市	4	1775	206559	159884		159884	260484
百货店	2	484		37859		37859	2941
专业店	42	3668	581296	647897	59516	588381	86962
专卖店	20	1164	306393	304487	43389	261098	36772
厂家直销中心	3	52	16956	17378	10258	7120	590
无店铺零售	1	285	102538	102704	65922	36781	1133
其他	1	285	102538	102704	65922	36781	1133

9–14 续表 4

单位：万元

指标名称	企业数（个）	年末从业人员数（人）	购进总额	销售总额			年末商品库存额
					批发	零售	
良庆区	**22**	**1224**	**1511576**	**1557658**	**1506984**	**50674**	**1493345**
批发业	**18**	**700**	**1491226**	**1526857**	**1506180**	**20677**	**1491226**
按批发行业小类分组							
食品、饮料及烟草制品批发	4	122	21276	21394	21318	76	21276
医药及医疗器材批发	3	228	94982	108078	87476	20601	94982
矿产品、建材及化工产品批发	7	159	1350460	1366760	1366760		1350460
机械设备、五金交电及电子产品批发	4	191	24508	30625	30625		24508
其他批发							
按登记注册类型分组							
内资企业	17	645	1451488	1487127	1473477	13650	1451488
有限责任公司	11	429	1420153	1453109	1443367	9742	1420153
私营企业	5	203	27930	30506	26598	3908	27930
其他企业	1	13	3405	3512	3512		3405
外商投资企业	1	55	39738	39730	32704	7027	39738
按经营形式分组							
独立门店	9	429	189574	206720	189898	16822	189574
连锁总店	1	99	3303	3888	3888		3303
其他	8	172	1298349	1316249	1312394	3856	1298349
零售业	**4**	**524**	**20350**	**30801**	**804**	**29997**	**2119**
按零售行业小类分组							
综合零售	2	372	16871	26138		26138	2005
汽车、摩托车、燃料及零配件专门零售	1	12	770	841		841	59
货摊、无店铺及其他零售业	1	140	2710	3822	804	3018	56
按登记注册类型分组							
内资企业	3	275	13292	14714	804	13910	1177
有限责任公司	1	12	770	841		841	59
私营企业	2	263	12522	13873	804	13069	1118
外商投资企业	1	249	7059	16087		16087	943
按经营形式分组							
独立门店	2	261	7828	16928		16928	1001
连锁总店	1	140	2710	3822	804	3018	56
连锁门店	1	123	9812	10051		10051	1062
按零售业态分组							
有店铺零售	4	524	20350	30801	804	29997	2119
超市	1	123	9812	10051		10051	1062
大型超市	1	249	7059	16087		16087	943
专业店	2	152	3479	4663	804	3859	114

单位：万元

指标名称	企业数（个）	年末从业人员数（人）	购进总额	销售总额			年末商品库存额
					批发	零售	
邕宁区	**13**	**557**	**54647**	**84886**	**61172**	**23714**	**47642**
批发业	**6**	**373**	**45849**	**76126**	**60977**	**15149**	**45849**
按批发行业小类分组							
矿产品、建材及化工产品批发	4	78	35589	34013	33087	927	35589
机械设备、五金交电及电子产品批发	2	295	10260	42113	27891	14222	10260
按登记注册类型分组							
内资企业	6	373	45849	76126	60977	15149	45849
有限责任公司	2	211	32882	63974	49751	14222	32882
股份有限公司	1	18	985	1679	1252	427	985
私营企业	3	144	11981	10474	9974	500	11981
按经营形式分组							
独立门店	5	331	16049	47708	32560	15149	16049
其他	1	42	29800	28418	28418		29800
零售业	**7**	**184**	**8798**	**8760**	**195**	**8565**	**1793**
按零售行业小类分组							
综合零售	1	52	1173	1071		1071	186
汽车、摩托车、燃料及零配件专门零售	4	56	4250	4472		4472	796
五金、家具及室内装修材料专门零售	1	31	1817	1660		1660	806
货摊、无店铺及其他零售业	1	45	1558	1557	195	1362	6
按登记注册类型分组							
内资企业	6	132	7624	7689	195	7494	1608
国有企业	1	31	1817	1660		1660	806
私营企业	5	101	5807	6029	195	5834	802
个体工商户	1	52	1173	1071		1071	186
按经营形式分组							
独立门店	7	184	8798	8760	195	8565	1793
按零售业态分组							
有店铺零售	7	184	8798	8760	195	8565	1793
超市	1	52	1173	1071		1071	186
专业店	5	123	7038	7080	195	6885	1584
专卖店	1	9	586	609		609	24

9-14 续表 6 单位：万元

指标名称	企业数（个）	年末从业人员数（人）	购进总额	销售总额			年末商品库存额
					批发	零售	
武鸣县	**20**	**1539**	**186787**	**208198**	**187231**	**20967**	**169067**
批发业	**4**	**1039**	**165171**	**185443**	**185443**		**165171**
按批发行业小类分组							
食品、饮料及烟草制品批发	2	900	126602	139816	139816		126602
矿产品、建材及化工产品批发	1	99	38569	45627	45627		38569
机械设备、五金交电及电子产品批发	1	40					
按登记注册类型分组							
内资企业	3	233	42013	49683	49683		42013
集体企业	1	99	38569	45627	45627		38569
有限责任公司	2	134	3444	4056	4056		3444
港、澳、台商投资企业	1	806	123159	135760	135760		123159
按经营形式分组							
独立门店	3	233	42013	49683	49683		42013
其他	1	806	123159	135760	135760		123159
零售业	**16**	**500**	**21616**	**22755**	**1788**	**20967**	**3896**
按零售行业小类分组							
综合零售	5	261	4943	5756	125	5631	1503
文化、体育用品及器材专门零售	1	63	2595	2523		2523	163
汽车、摩托车、燃料及零配件专门零售	5	54	6986	7328	1031	6297	961
家用电器及电子产品专门零售	3	93	6072	6000		6000	1226
货摊、无店铺及其他零售业	2	29	1020	1148	632	516	43
按登记注册类型分组							
内资企业	16	500	21616	22755	1788	20967	3896
国有企业	1	63	2595	2523		2523	163
有限责任公司	7	230	9200	10065	1052	9013	1553
股份有限公司	1	12	452	516		516	
私营企业	7	195	9369	9651	736	8915	2180
按经营形式分组							
独立门店	13	420	19717	20882	1156	19726	3641
其他	3	80	1899	1873	632	1241	255
按零售业态分组							
有店铺零售	16	500	21616	22755	1788	20967	3896
超市	4	210	4064	5031	125	4906	1291
百货店	1	51	879	725		725	212
专业店	8	208	12538	12422	1052	11370	1789
专卖店	3	31	4135	4577	611	3966	604

指标名称	企业数（个）	年末从业人员数（人）	购进总额	销售总额			年末商品库存额
					批发	零售	
隆安县	**9**	**264**	**47552**	**53824**	**49470**	**4354**	**43910**
批发业	**2**	**57**	**43190**	**49274**	**49274**		**43190**
按批发行业小类分组							
矿产品、建材及化工产品批发	2	57	43190	49274	49274		43190
按登记注册类型分组							
内资企业	2	57	43190	49274	49274		43190
集体企业	1	47	5211	5314	5314		5211
私营企业	1	10	37979	43961	43961		37979
按经营形式分组							
独立门店	2	57	43190	49274	49274		43190
零售业	**7**	**207**	**4362**	**4550**	**196**	**4354**	**719**
按零售行业小类分组							
综合零售	1	82	1196	1182		1182	134
食品、饮料及烟草制品专门零售	1	51	646	650		650	185
文化、体育用品及器材专门零售	1	32	960	1051		1051	99
汽车、摩托车、燃料及零配件专门零售	1	10	381	481		481	253
家用电器及电子产品专门零售	2	10	581	585		585	41
货摊、无店铺及其他零售业	1	22	597	601	196	405	8
按登记注册类型分组							
内资企业	5	115	2585	2783	196	2587	544
国有企业	1	32	960	1051		1051	99
私营企业	4	83	1625	1732	196	1536	446
个体工商户	2	92	1777	1767		1767	175
按经营形式分组							
独立门店	7	207	4362	4550	196	4354	719
按零售业态分组							
有店铺零售	7	207	4362	4550	196	4354	719
超市	1	82	1196	1182		1182	134
专业店	4	64	2138	2237	196	2041	148
专卖店	2	61	1028	1131		1131	438

单位：万元

指标名称	企业数（个）	年末从业人员数（人）	购进总额	销售总额			年末商品库存额
					批发	零售	
马山县	**9**	**233**	**11745**	**12089**	**2687**	**9402**	**4739**
批发业	**1**	**25**	**3031**	**3099**	**1894**	**1205**	**3031**
按批发行业小类分组							
纺织、服装及日用品批发	1	25	3031	3099	1894	1205	3031
按登记注册类型分组							
内资企业	1	25	3031	3099	1894	1205	3031
有限责任公司	1	25	3031	3099	1894	1205	3031
按经营形式分组							
独立门店	1	25	3031	3099	1894	1205	3031
零售业	**8**	**208**	**8715**	**8990**	**793**	**8197**	**1709**
按零售行业小类分组							
综合零售	2	82	2730	2647		2647	109
食品、饮料及烟草制品专门零售	1	32	1115	1455		1455	341
文化、体育用品及器材专门零售	1	24	2573	2543	793	1750	233
汽车、摩托车、燃料及零配件专门零售	3	57	1612	1727		1727	938
家用电器及电子产品专门零售	1	13	685	617		617	88
按登记注册类型分组							
内资企业	6	126	5985	6343	793	5550	1600
国有企业	1	24	2573	2543	793	1750	233
有限责任公司	3	63	2170	2692		2692	1024
私营企业	2	39	1242	1107		1107	344
个体工商户	2	82	2730	2647		2647	109
按经营形式分组							
独立门店	8	208	8715	8990	793	8197	1709
按零售业态分组							
有店铺零售	8	208	8715	8990	793	8197	1709
超市	3	114	3845	4102		4102	450
专业店	4	86	4732	4673	793	3880	1189
专卖店	1	8	138	215		215	70

单位：万元

指标名称	企业数（个）	年末从业人员数（人）	购进总额	销售总额			年末商品库存额
					批发	零售	
上林县	**6**	**161**	**5647**	**5014**	**322**	**4692**	**991**
零售业	**6**	**161**	**5647**	**5014**	**322**	**4692**	**991**
按零售行业小类分组							
综合零售	2	86	1705	1717		1717	161
文化、体育用品及器材专门零售	1	20	1641	1363		1363	340
汽车、摩托车、燃料及零配件专门零售	1	14	602	566		566	73
家用电器及电子产品专门零售	2	41	1700	1369	322	1047	418
按登记注册类型分组							
内资企业	6	161	5647	5014	322	4692	991
国有企业	1	20	1641	1363		1363	340
有限责任公司	1	48	634	667		667	110
私营企业	4	93	3373	2985	322	2662	541
按经营形式分组							
独立门店	6	161	5647	5014	322	4692	991
按零售业态分组							
有店铺零售	6	161	5647	5014	322	4692	991
超市	2	86	1705	1717		1717	161
专业店	3	61	3341	2732	322	2409	758
专卖店	1	14	602	566		566	73

9-14 续表 10

单位：万元

指标名称	企业数（个）	年末从业人员数（人）	购进总额	销售总额			年末商品库存额
					批发	零售	
宾阳县	**33**	**976**	**85188**	**85521**	**30561**	**54959**	**48512**
批发业	**7**	**260**	**42600**	**41085**	**29786**	**11299**	**42600**
按批发行业小类分组							
农、林、牧产品批发	3	148	17790	15819	7034	8785	17790
医药及医疗器材批发	1	29	2621	2414	2230	184	2621
矿产品、建材及化工产品批发	2	63	20248	20799	19257	1542	20248
机械设备、五金交电及电子产品批发	1	20	1941	2053	1265	788	1941
按登记注册类型分组							
内资企业	7	260	42600	41085	29786	11299	42600
有限责任公司	6	240	40659	39032	28521	10511	40659
私营企业	1	20	1941	2053	1265	788	1941
按经营形式分组							
独立门店	7	260	42600	41085	29786	11299	42600
零售业	**26**	**716**	**42588**	**44436**	**775**	**43661**	**5912**
按零售行业小类分组							
综合零售	4	166	5535	5480		5480	683
食品、饮料及烟草制品专门零售	4	102	3488	4108	775	3333	321
文化、体育用品及器材专门零售	1	33	2833	2885		2885	367
汽车、摩托车、燃料及零配件专门零售	5	93	9901	12179		12179	449
家用电器及电子产品专门零售	11	300	19462	18781		18781	3546
五金、家具及室内装修材料专门零售	1	22	1369	1003		1003	547
按登记注册类型分组							
内资企业	21	614	37461	39566	674	38893	5062
国有企业	2	88	4132	4187		4187	529
有限责任公司	2	57	2725	3082		3082	331
私营企业	17	469	30605	32298	674	31624	4203
个体工商户	5	102	5126	4869	101	4768	850
按经营形式分组							
独立门店	25	693	42588	43934	775	43159	5890
其他	1	23		502		502	22
按零售业态分组							
有店铺零售	26	716	42588	44436	775	43661	5912
食杂店	1	6	875	1035	101	934	51
超市	4	182	4254	4296		4296	422
大型超市	1	34	2725	2580		2580	309
百货店	2	46	1169	1677	674	1003	222
专业店	14	349	26081	27528		27528	3587
专卖店	4	99	7484	7320		7320	1321

单位：万元

指标名称	企业数（个）	年末从业人员数（人）	购进总额	销售总额			年末商品库存额
					批发	零售	
横县	**30**	**1007**	**156832**	**158655**	**110351**	**48304**	**116840**
批发业	**4**	**75**	**109872**	**109257**	**109257**		**109872**
按批发行业小类分组							
矿产品、建材及化工产品批发	3	63	86473	85743	85743		86473
其他批发	1	12	23399	23514	23514		23399
按登记注册类型分组							
内资企业	4	75	109872	109257	109257		109872
有限责任公司	1	19	58991	56414	56414		58991
私营企业	3	56	50881	52844	52844		50881
按经营形式分组							
独立门店	2	24	48325	50193	50193		48325
其他	2	51	61547	59064	59064		61547
零售业	**26**	**932**	**46961**	**49397**	**1093**	**48304**	**6968**
按零售行业小类分组							
综合零售	3	338	17572	15738		15738	2988
食品、饮料及烟草制品专门零售	3	153	1318	2467	513	1953	511
文化、体育用品及器材专门零售	1	51	5641	5694		5694	133
汽车、摩托车、燃料及零配件专门零售	12	194	14508	15241	438	14804	710
家用电器及电子产品专门零售	6	158	7142	9600		9600	2496
五金、家具及室内装修材料专门零售	1	38	780	657	142	515	130
按登记注册类型分组							
内资企业	24	844	45010	47571	951	46620	6741
国有企业	1	51	5641	5694		5694	133
有限责任公司	4	351	14782	15159	324	14835	2988
股份有限公司	1	15	532	530	70	460	30
私营企业	18	427	24054	26188	558	25630	3590
个体工商户	2	88	1951	1826	142	1684	227
按经营形式分组							
独立门店	24	695	32175	36670	1024	35646	4268
连锁门店	1	222	14253	12198		12198	2670
其他	1	15	532	530	70	460	30
按零售业态分组							
有店铺零售	25	917	46429	48868	1024	47844	6938
超市	4	360	19148	17492		17492	3394
专业店	9	243	8157	10173	120	10053	2419
专卖店	11	276	18343	20546	762	19784	996
厂家直销中心	1	38	780	657	142	515	130
无店铺零售	1	15	532	530	70	460	30
网上商店	1	15	532	530	70	460	30

9-15 各县区限额以上批发和零售业商品销售类值

（2014 年）　　　　单位：万元

指标名称	兴宁区	青秀区	江南区	西乡塘区	良庆区	邕宁区
合计	**2604562**	**10091924**	**3062203**	**6419471**	**1578471**	**44472**
粮油、食品、饮料、烟酒类	77233	979252	264573	919585	20205	556
粮油、食品类	66229	807865	234666	207009	17088	308
# 粮油类	26054	129092	11491	24322	6229	66
肉禽蛋类	3727	21408	7717	11207	906	
水产品	716	13769	1603	1564	235	
蔬菜类	3741	7475	4029	5945	993	
干鲜果品类	7608	11335	3472	5500	1007	
饮料类	5390	134122	15474	11455	2260	177
烟酒类	5614	37265	14433	701121	857	71
服装、鞋帽、针纺织品类	218300	268350	37783	47660	4446	121
服装类	158884	208730	19302	29815	1565	52
鞋帽类	50347	47606	8486	8542	2184	25
针、纺织品类	9069	12014	9995	9304	697	44
化妆品类	51638	57718	16652	9359	970	
金银珠宝类	57822	45529	2984	9678		
日用品类	29993	116167	108276	50587	5652	356
# 洗涤用品类	3709	21048	25184	34989	4336	137
儿童玩具类	1143	2272	676	661	176	24
五金、电料类	607	1415	3032	1419	43	152
体育、娱乐用品类	3603	16932	455	347		
书报杂志类	14324	166635	192	31712		
电子出版物及音像制品类	901	2078	106	42		
家用电器和音响器材类	1115701	423560	83060	85642	3065	1592
中西药品类	36260	86694	679355	388278	108349	
# 西药类	29586	76201	534014	241270		
中草药及中成药类	4931	10460	125347	6780		
文化办公用品类	6720	211653	32443	4815	36	65
家具类	951	7630	1314	482		
通讯器材类	107585	112064	713	41		
煤炭及制品类	70171	1292336	7232	474694	58214	2224
木材及制品类	301	32353	3377			2374
石油及制品类	100995	1013051	137082	1259780	90962	1557
化工材料及制品类	18042	637679	23987	358600	17972	31918
# 化肥类	15845	496635		233310		3178
金属材料类	182415	3943342	27968	1771814	1234350	
建筑及装潢材料类	19989	211804	2889	29369		
机电产品及设备类	12201	15121	272811	7263	25931	3278
# 农机类	376		2332	2471		
汽车类	470402	209807	1315814	926676	7836	
种子饲料类		2547		14296		
棉麻类						
其他类	8411	238208	40106	27332	442	279

单位：万元

指标名称	武鸣县	隆安县	马山县	上林县	宾阳县	横　县
合计	**208704**	**47789**	**12098**	**4869**	**81940**	**137408**
粮油、食品、饮料、烟酒类	143231	581	1574	948	25685	10852
粮油、食品类	27645	287	864	457	23095	5460
# 粮油类	26520			141	20554	1791
肉禽蛋类	219				386	1513
水产品	2				69	161
蔬菜类	351				580	945
干鲜果品类	509				332	639
饮料类	115125	193	340	231	1294	4917
烟酒类	461	100	369	259	1297	475
服装、鞋帽、针纺织品类	1167	179	571	308	653	959
服装类	614	78	549	134	245	336
鞋帽类	278	45	2	87	205	189
针、纺织品类	275	57	21	87	204	435
化妆品类	318	164	138	26	547	
日用品类	1485	283	1564	358	1183	6534
# 洗涤用品类	1257		478	119	741	2547
儿童玩具类	87		452	4	160	45
五金、电料类	34		265	7	168	467
体育、娱乐用品类	6			5	135	33
书报杂志类	2791	781	2543	1475	2885	5694
电子出版物及音像制品类						
家用电器和音响器材类	6431	677	3099	1111	14160	10284
文化办公用品类	99		617	19	24	14
家具类	537					250
石油及制品类	1235	684			7038	4098
化工材料及制品类	45627	43961			13761	
# 化肥类	42870				13761	
金属材料类						61716
建筑及装潢材料类						26679
机电产品及设备类	3548	481	1512		1410	1838
汽车类	2195		215	566	14291	7926
其他类				46		65

9–16 各县区限额以上批发零售贸易业商品销售数量

（2014 年）

指标名称	单位	合计	指标名称	单位	合计
兴宁区			**青秀区**		
大米（稻米）	千克	1836295	大米（稻米）	千克	4587884
白面（小麦面）	千克	479895	白面（小麦面）	千克	1164138
杂粮	千克	519614	杂粮	千克	103534389
食用植物油	千克	580413	食用植物油	千克	886880
猪肉	千克	306055	猪肉	千克	5831212
牛肉	千克	20800	牛肉	千克	100204
羊肉	千克	5143	羊肉	千克	22291
禽肉	千克	179212	禽肉	千克	486283
鲜蛋	千克	319309	鲜蛋	千克	398828
彩色电视机	台	220938	彩色电视机	台	44214
家用电冰箱	台	197498	家用电冰箱	台	77661
房间空调器	台	273018	房间空调器	台	893964
电脑（微型计算机）	台	18619	电脑（微型计算机）	台	323997
汽车	辆	29409	汽车	辆	6551
# 轿车	辆	29036	# 轿车	辆	5544
煤炭	吨	1309361	煤炭	吨	21491516
汽油	吨	4715	汽油	吨	442656
柴油	吨	126601	柴油	吨	618151
钢材	吨	181744	钢材	吨	1053307
铝	吨	5697	铝	吨	2139090
水泥	吨	228930	水泥	吨	890924
化学肥料	吨	104782	化学肥料	吨	4405407
			化学农药	吨	719

注：本表数据按法人企业口径统计。

9-16 续表 1

指标名称	单位	合计	指标名称	单位	合计
江南区			**西乡塘区**		
大米（稻米）	千克	5800893	大米（稻米）	千克	9015956
白面（小麦面）	千克	2167314	白面（小麦面）	千克	1445945
杂粮	千克	1142968	杂粮	千克	983883
食用植物油	千克	1143249	食用植物油	千克	4013611
猪肉	千克	1321203	猪肉	千克	1710951
牛肉	千克	68830	牛肉	千克	95696
羊肉	千克	33558	羊肉	千克	11061
禽肉	千克	785316	禽肉	千克	426823
鲜蛋	千克	1550503	鲜蛋	千克	568493
彩色电视机	台	19931	彩色电视机	台	254988
家用电冰箱	台	8171	家用电冰箱	台	34108
房间空调器	台	77616	房间空调器	台	1577
电脑（微型计算机）	台	59028	电脑（微型计算机）	台	141
汽车	辆	79717	汽车	辆	472298
#轿车	辆	58674	#轿车	辆	43853
煤炭	吨	162926	煤炭	吨	8853070
汽油	吨	8711	汽油	吨	516237
柴油	吨	3124	柴油	吨	829428
钢材	吨	75147	钢材	吨	4460550
铝	吨	1611	铝	吨	145327
			化学肥料	吨	936962
			化学农药	吨	16187

注：本表数据按法人企业口径统计。

9–16 续表 2

指标名称	单位	合计	指标名称	单位	合计
良庆区			**武鸣县**		
大米（稻米）	千克	5138794	大米（稻米）	千克	19781401
白面（小麦面）	千克	6426	白面（小麦面）	千克	2208
杂粮	千克	51719	杂粮	千克	50100
食用植物油	千克	719094	食用植物油	千克	68778
猪肉	千克	140014	猪肉	千克	31641
牛肉	千克	26338	牛肉	千克	2347
羊肉	千克	315	禽肉	千克	4800
禽肉	千克	32180	鲜蛋	千克	15175
鲜蛋	千克	37032	彩色电视机	台	8429
汽车	辆	98	家用电冰箱	台	9913
煤炭	吨	1002490	房间空调器	台	5770
钢材	吨	276848	汽车	辆	539
化学农药	吨	859	化学肥料	吨	57480
邕宁区			化学农药	吨	1548
彩色电视机	台	653	**马山县**		
家用电冰箱	台	666	彩色电视机	台	3656
房间空调器	台	498	家用电冰箱	台	3837
煤炭	吨	11382	房间空调器	台	1654
化学肥料	吨	14746	电脑（微型计算机）	台	1150
			汽车	辆	35

注：本表数据按法人企业口径统计。

9-16 续表 3

指标名称	单位	合计	指标名称	单位	合计
上林县			**横县**		
大米（稻米）	千克	265	大米（稻米）	千克	78020
杂粮	千克	49	白面（小麦面）	千克	1164
食用植物油	千克	1830	杂粮	千克	7354
宾阳县			食用植物油	千克	36132
大米（稻米）	千克	19396514	猪肉	千克	497405
白面（小麦面）	千克	18872	牛肉	千克	10495
杂粮	千克	35215	禽肉	千克	19474
食用植物油	千克	1001230	鲜蛋	千克	42508
猪肉	千克	38689	彩色电视机	台	5759
牛肉	千克	1347	家用电冰箱	台	6704
羊肉	千克	275	房间空调器	台	6113
禽肉	千克	4478	电脑（微型计算机）	台	10
鲜蛋	千克	15487	汽车	辆	1121
彩色电视机	台	11760	# 轿车	辆	441
家用电冰箱	台	14721	汽油	吨	2553
房间空调器	台	10559	柴油	吨	2067
汽车	辆	1610	水泥	吨	1038251
# 轿车	辆	730			
化学肥料	吨	73860			

注：本表数据按法人企业口径统计。

9-17 各县区限额以上批发和零售业法人企业财务状况

(2014 年)

指标名称	兴宁区	青秀区	江南区	西乡塘区	良庆区	邕宁区
法人企业数（个）	90	224	153	176	22	12
年初存货	309560	886708	348274	582342	207082	18795
流动资产合计	1237857	4771770	1341403	2578918	668859	86954
#应收帐款	48608	663661	344398	289724	122295	21101
存货	293684	741336	368510	432955	241083	29563
固定资产合计	198064	138844	74832	144215	4984	6974
固定资产原价	249849	231516	117139	209851	8681	9037
累计折旧	51642	92862	44429	78869	3765	2063
#本年折旧	9467	18346	9685	14338	569	1514
在建工程	3720	199795	9054	30714	682	1058
资产总计	1530264	6919840	1509632	2937195	751558	124580
流动负债合计	1161070	4582361	1133184	2108192	622729	89487
#应付帐款	264953	680058	310494	288601	56241	33947
非流动负债合计	32065	216175	42557	116038	59	18322
负债合计	1193135	4796618	1175691	2223573	622788	107809
所有者权益合计	337129	2123223	333941	713622	128770	16771
#实收资本	181760	2326798	722450	331778	74569	9979
#国家资本	46959	1514558	53390	8678	21000	45
集体资本	5418	12981				3200
法人资本	66385	565138	100037	119269	49345	88
个人资本	59701	224722	552717	201217	4224	6645
港澳台资本	2797	2354	7194	2615		
外商资本		7045	9113			
营业收入	2251404	9389563	2861470	5883986	1356011	98045
#主营业务收入	2218451	9312612	2825696	5853378	1347842	95931
营业成本	2047354	8937572	2610754	5470050	1288024	88435
#主营业务成本	2043509	8903594	2599974	5455464	1286951	88291
营业税金及附加	7995	12856	6131	44146	1390	200
#主营业务税金及附加	7538	11747	5496	43270	1390	198
其他业务利润	15824	34293	18176	19496	3472	200
销售费用	92540	240747	127049	128854	15952	6485
管理费用	66549	100878	67724	89268	6272	3263
#税金	2353	10398	3795	4860	119	264
财务费用	17704	75061	23332	55674	29199	2860
#利息收入	3256	13603	3081	13131	454	66
利息支出	13371	66670	19886	36374	26964	712
资产减值损失	547	6446	2645	930	5983	
公允价值变动收益		5319	1			
投资收益	-1174	12915	1289	1799	3269	-6803
营业利润	18383	36364	28072	95834	13195	-10002
营业外收入	2835	37997	6489	20451	762	41
#补贴收入	308	7448	774	1448	41	
利润总额	21037	67004	31547	116379	13925	-10959
应交所得税	5589	17439	9838	30566	2750	225
应付职工薪酬	42462	99755	77360	68542	4919	3346
本年应交增值税	22689	114243	61377	78430	10253	1237

9-17 续表 1

指标名称	武鸣县	隆安县	马山县	上林县	宾阳县	横　县
法人企业数（个）	19	7	7	6	28	28
年初存货	11300	6187	1123	501	15981	7974
流动资产合计	16807	7419	4210	3689	41086	48088
＃应收帐款	1610	2698	547	464	4523	13133
存货	10989	1626	2001	824	19854	10098
固定资产合计	7557	964	257	1030	3533	5112
固定资产原价	10888	1429	589	1249	5840	7345
累计折旧	3332	465	332	219	2421	2236
＃本年折旧	395	129	49	46	214	135
在建工程	4289	1		74	292	87
资产总计	29499	8531	4474	5050	46775	54347
流动负债合计	18463	6989	3177	3585	37204	36564
＃应付帐款	5817	461	732	791	5910	11677
非流动负债合计	3883	87	4	71	1854	134
负债合计	22489	7076	3180	3656	39218	36849
所有者权益合计	7010	1455	1294	1394	7557	17498
＃实收资本	5346	1049	835	662	5666	9007
＃国家资本	1749	40	9	78	1750	1488
集体资本	1550	182			502	
法人资本	1455	197	355	194	2439	3116
个人资本	592	630	472	390	976	4404
营业收入	66102	52019	7825	4905	74802	150355
＃主营业务收入	66083	52017	7805	4905	74746	149567
营业成本	61508	49833	6698	4030	69648	140527
＃主营业务成本	59502	49831	6696	4030	69648	140487
营业税金及附加	513	91	12	41	196	242
＃主营业务税金及附加	506	91	12	41	196	227
其他业务利润	360		19		273	1389
销售费用	2200	524	603	328	2171	4251
管理费用	1590	584	355	357	2321	1884
＃税金	170		4	29	80	58
财务费用	500	1032	70	117	587	1218
＃利息收入	9	1	0	10	154	27
利息支出	476	989	28	28	598	637
资产减值损失	56					1
公允价值变动收益	2					
投资收益	3	12			-9	
营业利润	-277	-32	-11	33	-139	2286
营业外收入	1282	89	4	1	705	110
＃补贴收入	1242		3	1	555	1
利润总额	1206	70	114	31	543	2407
应交所得税	27	33	21	5	44	371
应付职工薪酬	1778	451	316	398	2354	2671
本年应交增值税	249	296	43	70	415	1554

9-18 各县区限额以上住宿和餐饮业经营情况

(2014 年)

指标名称	兴宁区	青秀区	江南区	西乡塘区	良庆区	邕宁区
企业数(个)	35	177	24	33	6	2
年末从业人员数(人)	5491	21281	2197	2580	239	62
客房间数(间)	5037	12509	1916	4132	285	
床位数(个)	8130	20320	3123	5939	548	
餐位数(位)	18491	68280	11646	16985	3080	646
年末餐饮营业面积(平方米)	72411	303834	74114	60310	11690	1400
营业额(万元)	72715	301148	24732	37574	2056	611
#客房收入(万元)	21705	79164	9042	18717	447	
餐费收入(万元)	40868	206560	14647	17427	1422	567
商品销售收入(万元)	768	4777	669	33	185	44
其他收入(万元)	9374	10648	374	1397	1	

9-18 续表 1

指标名称	武鸣县	隆安县	马山县	上林县	宾阳县	横 县
企业数(个)	14	3	3	4	19	19
年末从业人员数(个)	420	148	175	213	732	695
客房间数(间)	188	150	103	435	557	614
床位数(个)	374	246	163	719	942	920
餐位数(位)	5970	1730	1100	1348	4500	7370
年末餐饮营业面积(平方米)	26026	4537	5300	6500	22657	26640
营业额(万元)	4504	1246	1489	1618	6465	8786
#客房收入(万元)	293	199	235	886	1180	1996
餐费收入(万元)	4050	965	1016	716	4865	6468
商品销售收入(万元)	161		203	4	282	
其他收入(万元)		83	35	11	138	322

9-19 各县区限额以上住宿和餐饮业法人企业财务状况

(2014 年)　　单位：万元

指标名称	兴宁区	青秀区	江南区	西乡塘区	良庆区	邕宁区
法人企业数（个）	30	133	10	22	2	
年初存货	1914	10510	647	946	50	
流动资产合计	44066	196411	10958	15886	30	
# 应收帐款	2119	5203	1021	892	20	
存货	2072	11054	680	806		
固定资产合计	53972	107928	32541	15009	827	
固定资产原价	128734	216900	53415	19745	1076	
累计折旧	74630	109691	20874	4736	249	
# 本年折旧	8765	13745	4528	765	57	
在建工程	1347	9832	1647	2098		
资产合计	137370	401647	45603	45353	1527	
流动负债合计	96976	241600	10262	22766	780	
# 应付帐款	8017	23391	1812	2127	273	
非流动负债合计	13769	68255	32200	7666	300	
负债合计	110745	309854	42462	30432	1080	
所有者权益合计	26625	91792	3141	14922	448	
# 实收资本	36355	144758	13175	13368	755	
# 国家资本	12574	5116	2399	101		
集体资本	85			723		
法人资本	18183	38905	1131	1081		
个人资本	1250	33798	61	11463	755	
港澳台资本	2389	65290	9585			
外商资本	1875	1650				
营业收入	69672	263684	17520	27111	449	
# 主营业务收入	67436	261334	17247	27105	449	
营业成本	24479	103695	4385	10191	150	
# 主营业务成本	24198	101778	4364	10167	150	
营业税金及附加	3720	14908	794	1371	24	
# 主营业务税金及附加	3703	14804	794	1370	23	
其他业务利润	665	4359	359	905		
销售费用	28646	97489	6944	10463	30	
管理费用	16823	52857	7780	6095	124	
# 税金	1148	1435	159	135	14	
财务费用	1267	10953	1453	771	6	
# 利息收入	242	309	1018	2		
利息支出	1039	8187	465	669	5	
资产减值损失	-32	113			10	
公允价值变动收益					10	
投资收益	181	388	8	1	10	
营业利润	-3640	-11756	-3828	-1776	51	
营业外收入	729	2941	127	113		
# 补贴收入	111	10		1		
利润总额	-3374	-9287	-3622	-1579	23	
应交所得税	222	3147	17	23.3		
应付职工薪酬	19397	54347	4155	5095	145	

注：邕宁区无独立核算限额以上住宿和餐饮企业，故本表无数据。

单位：万元

指标名称	武鸣县	隆安县	马山县	上林县	宾阳县	横 县
法人企业数（个）	1		1	2	3	4
年初存货	2		23	790	661	114
流动资产合计	179		33	1796	1872	1830
#应收帐款	107			674	834	663
存货	1		25	810	951	114
固定资产合计	319		15	2126	71	8178
固定资产原价	832		26	2618	763	9656
累计折旧	513		11	530	692	1478
#本年折旧			2.2	55	44	247
资产合计	498		250	4042	1974	11233
流动负债合计	349		89	6607	3315	2992
#应付帐款	8		18	295	1674	120
非流动负债合计	170				85	658
负债合计	518		89	6607	3400	3650
所有者权益合计	–21		161	–2565	–1426	7583
#实收资本	434		152	600	359	7340
#国家资本				495	78	56
集体资本						40
法人资本	434			100	17	
个人资本			152	5	264	7244
营业收入	164		150	895	1301	3472
#主营业务收入	164		150	895	1293	3472
营业成本	64		110	192	695	1243
#主营业务成本	64		110	192	685	1243
营业税金及附加	17		2	47	48	185
#主营业务税金及附加	17		2	34	46	185
其他业务利润					13	
销售费用	46		13	474	250	1289
管理费用	67		10	362	302	713
#税金					23	57
财务费用			1	412	3	91
#利息收入						
利息支出			1	65		87
投资收益						3
营业利润	–30		15	–499	21	–46
营业外收入	15			1		–4
#补贴收入						–4
利润总额	–15		12	–529	22	–143
应交所得税			1		1	17
应付职工薪酬	60		76	102	356	726

注：隆安县无独立核算限额以上住宿和餐饮企业，故本表无数据。

9-20 外国和港澳台地区在华直接投资

(2014 年)

指标名称	新签协议		客商实际投资额（全口径，万美元）			客商实际投资额（商务部口径，万美元）			期末实有企业（个）	#建成投产开业	#本期新增企业
	合同个数（个）	客商投资额（万美元）	合计	现金	其他	合计	现金	其他			
合计	**59**	**77629**	**63950**	**63950**		**26234**	**26234**		**949**	**566**	**63**
按投资方式分											
中外合资经营企业	19	10349	10931	10931		1960	1960		314	205	19
中外合作经营企业	1	4863							58	35	1
外资企业	39	62786	53019	53019		24274	24274		573	322	43
股份制企业		-368							4	4	
按国民经济行业分											
农、林、牧、渔业	2	512	164	164		60	60		52	33	2
采掘业									9	6	
制造业	4	5832	6204	6204		2515	2515		266	205	5
电力、煤气及水的生产和供应业			1232	1232					9	3	
建筑业									10	5	
交通运输、仓储及邮政业	1	816	2263	2263		2263	2263		17	15	1
信息传输、计算机服务软件	3	746	65	65		65	65		34	17	4
批发零售贸易业	15	3512	796	796		796	796		138	54	15
住宿和餐饮业	5	101	42	42		42	42		65	30	5
金融业									1	1	
房地产业	5	49385	51697	51697		19589	19589		219	130	5
租赁和商务服务业	15	731	403	403		403	403		74	33	17
科学研究、技术服务和地质勘察业	4	4325							23	8	4
水利、环境和公共设施管理业									1	1	
居民服务和其他服务业			3	3		3	3		14	9	
文化、体育和娱乐业	2	12							14	13	2
卫生、社会保障和社会福利业	1	24	1081	1081		498	498		1	1	1
其他	2	11633							2	2	2

指标名称	新签协议		客商实际投资额（全口径，万美元）			客商实际投资额（商务部口径，万美元）			期末实有企业（个）	#建成投产开业	#本期新增企业
	合同个数（个）	客商投资额（万美元）	合计	现金	其他	合计	现金	其他			
按投资国别、地区分											
亚洲	50	77366	59508	59508		24888	24888		715	432	54
香港	28	68496	51398	51398		21894	21894		453	269	28
澳门	1	1622							14	1	1
台湾	13	1700	2193	2193		60	60		118	70	13
日本		252	26	26		26	26		21	13	1
韩国	4	27	3	3		3	3		15	11	4
新加坡	2	267	850	850		850	850		38	30	2
泰国			113	113		113	113		10	10	1
马来西亚	1	3	902	902		902	902		13	10	1
印度尼西亚									5	4	
文莱									3	2	
菲律宾									2		
柬埔寨									2	1	
缅甸									1		
越南									4	4	
中国	1	5000	4023	4023		1040	1040		16	7	3
欧洲	3	533	1048	1048		2	2		47	33	2
英国	1	490							9	6	1
法国			2	2		2	2		12	8	1
德国			1046	1046					5	4	
瑞典		35							4	3	
荷兰	1								3	3	
瑞士									2	1	
丹麦									3	3	
奥地利									2		
意大利									3	3	
比利时									3	2	
俄罗斯									1		
斯洛伐克	1	8									
拉丁美洲			2109	2109		163	163		65	40	1
委内瑞拉									1	1	
伯利兹									1		
开曼群岛									3		
英属维尔京群岛			2109	2109		163	163		60	39	1
拉美洲其他											
北美洲	6	−270	1131	1131		1131	1131		91	34	4
加拿大	1	−367	33	33		33	33		33	16	1
美国	5	97	1098	1098		1098	1098		58	18	3
巴拿马											
大洋洲			50	50		50	50		28	24	1
澳大利亚									16	14	
新西兰									4	4	
马绍尔									2	2	
萨摩亚			50	50		50	50		6	4	1
其他地区			104	104					3	3	1
毛里求斯			104	104					1	1	1
塞舌尔									2	2	
加纳											

9-21 国际旅游收入

（2014 年）　　单位：万美元

指标名称	合计	指标名称	合计
合计	**18375.76**	长途交通费	7350.31
商品性收入	4593.93	市内交通费	367.53
商品销售收入	3307.63	邮政电讯费	367.53
饮食销售收入	1286.30	景区游览	735.03
劳务性收入	9555.40	文化娱乐费	1470.06
宿费	2205.09	其他	1286.28

9-22 接待过夜国际旅游人数

（2014 年）　　单位：人次

指标名称	人数	人天数	指标名称	人数	人天数
合计	**432967**	**958219**	日本	3444	
港澳同胞	58769	134135	韩国	47655	
台湾同胞	64656	143101	美国	4047	
外国人	309542	680983	加拿大	4086	
# 东盟	156923		英国	5512	
印度尼西亚	15796		法国	4282	
马来西亚	13566		德国	4536	
菲律宾	9324		意大利	3764	
新加坡	30583		澳大利亚	3908	
泰国	37846		新西兰	2666	
越南	23658				
缅甸	6033				

9-23 星级宾馆酒店接待能力

指标名称	单位	2014 年	2013 年
星级宾馆酒店数	个	50	60
五星级	个	2	3
四星级	个	11	11
三星级	个	24	30
二星级	个	13	16
客房总数	间	8749	15762
床位总数	张	14495	29984

9-24 旅行社基本情况

指标名称	单位	2014 年	2013 年
企业数	家	96	119
年末职工人数	人	1862	1865
接待旅游人数	万人次	42.78	53.03
# 国际旅游人数	万人次	4.15	7.22
国内旅游者	万人次	38.63	45.81

9-25 居民消费价格总指数

（2014 年、以上年为 100）　　单位：%

指标名称	指数	指标名称	指数
居民消费价格总指数	**101.6**	帽子	100.4
食品	**104.1**	衣着加工服务费	99.1
粮食	101.9	**家庭设备用品及维修服务**	**98.1**
淀粉及制品	103.2	耐用消费品	96.8
干豆类及豆制品	104.9	家具	94.3
油脂	92.9	家庭设备	98.6
肉禽及其制品	103.5	室内装饰品	100.9
蛋	108.7	床上用品	97.6
水产品类	109.6	家庭日用杂品	99.8
菜	102.6	家庭服务及加工维修服务	100.5
鲜菜	102.9	**医疗保健和个人用品**	**101.5**
干菜及其制品	100.3	医疗保健	102.2
调味品	104.0	医疗器具及用品	99.4
糖	99.7	中药材及中成药	102.4
食糖	99.7	西药	103.7
糖果	99.8	保健器具及用品	100.5
茶及饮料	100.2	医疗保健服务	100.0
茶叶	100.0	个人用品及服务	99.8
饮料	100.2	**交通和通信**	**99.7**
干鲜瓜果	119.0	交通	100.3
鲜瓜果	121.5	交通工具	101.4
干（坚）果	103.4	车用燃料及零配件	99.4
糕点饼干面包	100.1	车辆使用及维修	102.8
液体乳及乳制品	102.3	市区公共交通费	103.0
在外用膳食品	100.9	城市间交通费	96.3
主食	102.6	通信	98.9
炒菜	100.4	通信工具	93.7
地方小吃	100.4	通信服务	100.0
其它食品	100.1	**娱乐教育文化用品及服务**	**102.5**
烟酒	98.6	文娱用耐用消费品及服务	95.3
烟草	100.0	教育	105.7
酒	97.5	教材及参考书	100.0
衣着	**97.2**	文化娱乐类	101.3
服装	96.2	文化娱乐用品	100.1
男式服装	95.4	书报杂志	100.0
女式服装	97.6	文娱费	103.0
儿童服装	92.4	旅游	101.9
衣着材料	100.0	**居住**	**101.2**
鞋袜帽	99.7	建房及装修材料	103.4
鞋	99.5	自有住房	101.6
袜子	101.3	水、电、燃料	99.4

9-26 个体工商业基本情况

(2014 年)

指标名称	户数（户）	# 城镇	从业人员（人）	# 城镇	资金数额（万元）	# 城镇
全市	**288015**	**224649**	**689681**	**380521**	**1658235**	**1193924**
农、林、牧、渔业	2960	2309	9281	5012	55916	40259
采矿业	112	87	595	321	2950	2124
制造业	9953	7763	36423	19668	72543	52231
电力、燃气及水的生产和供应业	48	37	120	65	1157	833
建筑业	517	403	1281	692	2580	1858
交通运输、仓储和邮政业	23256	18140	33784	18243	251336	180962
信息传输、计算机服务和软件业	659	514	1377	744	5024	3617
批发零售业	181635	141675	378562	204423	928632	668615
住宿和餐饮业	33821	26380	119010	64265	155101	111672
金融业	4	3	12	6	25	18
房地产业	31	24	83	45	316	227
租赁和商务服务业	3953	3083	9918	5356	25138	18099
科学研究、技术服务和地质勘查业	624	487	1665	899	3250	2340
水利、环境和公共设施管理业	20	16	67	36	226	162
居民服务和其他服务业	27304	21297	87190	55177	108408	78054
教育	26	20	127	69	1076	774
卫生、社会保障和社会福利业	1717	1339	4710	2543	10191	7337
文化、体育和娱乐业	1098	856	3244	1752	27594	19867
其他行业	277	216	2232	1205	6772	4875

注：本表数据根据工商局统计报表整理。

9-27 私营企业基本情况

(2014 年)

指标名称	合计			
	户数（户）	投资者人数（人）	雇工人数（人）	注册资本金（万元）
全市	**122623**	**280277**	**738397**	**28004941**
农、林、牧、渔业	8036	11110	27808	1490382
采矿业	466	808	2377	139286
制造业	6233	13185	45704	1262391
电力、燃气及水的生产和供应业	256	880	1026	117794
建筑业	5789	12174	27004	2260530
交通运输、仓储和邮政业	2111	4875	8963	412576
信息传输、计算机服务和软件业	3607	6742	14881	721180
批发零售业	56156	141747	419211	4909037
住宿和餐饮业	2262	3887	9438	280106
金融业	519	1402	2752	803173
房地产业	4291	9979	24315	2442873
租赁和商务服务业	17152	41124	81542	9750568
科学研究、技术服务和地质勘查业	8749	19369	40420	2520842
水利、环境和公共设施管理业	335	819	2020	118604
居民服务和其他服务业	4004	7213	19802	400633
教育	205	390	829	19590
卫生、社会保障和社会福利业	95	192	457	10233
文化、体育和娱乐业	1318	2851	6638	282028
其他行业	1039	1530	3210	63115

9-27 续表

指标名称	城镇			
	户数（户）	投资者人数（人）	雇工人数（人）	注册资本金（万元）
全市	**71917**	**139364**	**298717**	**10738273**
农、林、牧、渔业	4630	5417	10999	411073
采矿业	278	438	1143	64140
制造业	3584	6311	17638	337584
电力、燃气及水的生产和供应业	155	455	487	60084
建筑业	3456	6389	11829	912758
交通运输、仓储和邮政业	1221	2359	3615	133511
信息传输、计算机服务和软件业	2073	3233	5836	185024
批发零售业	32356	67907	162388	1798976
住宿和餐饮业	1298	1863	3677	73416
金融业	316	736	1235	203835
房地产业	2706	5745	11502	1161605
租赁和商务服务业	10686	22693	38970	4226296
科学研究、技术服务和地质勘查业	5134	9580	16588	889772
水利、环境和公共设施管理业	194	394	790	32441
居民服务和其他服务业	2285	3400	7547	84367
教育	117	183	315	3918
卫生、社会保障和社会福利业	55	92	185	2847
文化、体育和娱乐业	781	1450	2753	144006
其他行业	592	719	1220	12623

十 财政金融保险

CHAPTER 10 GOVERNMENT FINANCE, BANKING AND INSURANCE

10-1 全市主要年份财政、金融

单位：万元

年份	财政收入	#公共财政预算收入	地方财政支出	金融机构存款余额	#城乡居民存款余额	金融机构贷款余额
1950	394	394	190	1364	21	34
1965	4479	4479	2116	39443	1426	18356
1978	20102	20102	7074	110660	5735	59521
1980	23682	23682	7410	110309	10358	71873
1985	35447	35447	17967	212380	43646	167691
1986	38873	38873	26745	226697	61348	222735
1987	44078	44078	28971	262623	82535	270298
1988	51071	51071	40532	260827	100160	297861
1989	57352	57352	39426	328250	138715	287226
1990	63930	63930	47677	464879	197821	346755
1991	70051	70051	48397	552636	258819	383694
1992	73459	73459	48401	685440	341946	444498
1993	106465	106465	66850	1077025	515981	657827
1994	150232	73492	85826	1537665	802162	880566
1995	171074	91236	94609	2063550	1123696	1107552
1996	190465	103583	105844	2724968	1439865	1385499
1997	215806	116778	119471	3014072	1618159	1731336
1998	245249	131583	139884	4461444	2001576	3460657
1999	270113	149700	172851	5268177	2190918	4262816
2000	364639	216484	290667	6834187	2938619	4779409
2001	452926	291860	348556	7424543	3329511	5260807
2002	525342	312805	452615	8547872	3916029	7701981
2003	610594	362435	524981	9434021	4514961	9597681
2004	746328	432526	621191	10909576	5157925	12087669
2005	1002186	451954	735508	12636347	5982307	13816546
2006	1203609	566191	930781	15853616	6814522	16625434
2007	1508393	701510	1180007	18715101	7147919	19223502
2008	1911682	928812	1660830	23204808	8886542	23166252
2009	2313664	1204628	2035519	32313624	11161975	32781209
2010	3008775	1560958	2612785	40214534	13758853	41423040
2011	3635192	1862928	3018491	47281399	15810297	48450689
2012	4219938	2297183	3765096	56271788	18638024	55012783
2013	4736644	2562467	4172858	64835258	21566911	61158787
2014	5265905	2748518	4657759	70644876	23217437	70914611

注：2000年以后为行政区划调整后的数据，其余年份为原南宁口径。

10-2 全市财政收入

（2014 年）　　单位：万元

指标名称	收入	指标名称	收入
财政收入	**5265905**	城镇土地使用税	33053
中央“四税”收入	1923649	土地增值税	199425
#上划所得税收入	605805	车船税	36487
上划自治区分享四税	593738	耕地占用税	125760
公共财政预算收入	2748518	契税	242820
增值税	234035	烟叶税	31
营业税	482247	专项收入	86368
企业所得税	296312	行政事业性收费收入	185868
个人所得税	75672	罚没收入	19934
资源税	8163	国有资本经营收入	158054
城市维护建设税	172125	国有资源（资产）有偿使用收入	194891
房产税	88095	其他收入	56932
印花税	52246		

10-3 全市财政支出

（2014 年）　　单位：万元

指标名称	支出	指标名称	支出
本年支出合计	**4657759**	交通运输	95411
一般公共服务	497511	资源勘探电力信息等事务	416142
国防	10054	商业服务业等事务	40948
公共安全	287061	金融监管等事务支出	5159
教育	754964	国土资源气象等事务	26485
科学技术	72461	住房保障支出	152171
文化体育与传媒	133372	粮油物资储备管理事务	4561
社会保障和就业	460645	储备事务支出	
医疗卫生	445118	国债还本付息支出	7941
节能环保	88792	其他支出	46639
城乡社区事务	691885	援助其他地区支出	
农林水事务	420439		

10-4 市区财政收入

（2014 年）　　单位：万元

指标名称	收入	指标名称	收入
财政收入	**4623334**	城镇土地使用税	22261
中央“四税”收入	1767686	土地增值税	165342
#上划所得税收入	730308	车船税	33496
上划自治区分享四税	533789	耕地占用税	52922
公共财政预算收入	2321859	契税	224621
增值税	208621	烟叶税	31
营业税	427127	专项收入	75556
企业所得税	273499	行政事业性收费收入	152370
个人所得税	70963	罚没收入	14053
资源税	2098	国有资本经营收入	110314
城市维护建设税	162000	国有资源（资产）有偿使用收入	153391
房产税	80837	其他收入	43115
印花税	49242		

10-5 市区财政支出

（2014 年）　　单位：万元

指标名称	支出	指标名称	支出
本年支出合计	**3129406**	交通运输	53949
一般公共服务	306702	资源勘探电力信息等事务	394960
国防	8282	商业服务业等事务	28177
公共安全	239028	金融监管等事务支出	4743
教育	432495	国土资源气象等事务	16932
科学技术	55566	住房保障支出	112968
文化体育与传媒	118587	粮油物资储备管理等事务	2419
社会保障和就业	253734	储备事务支出	
医疗卫生	236655	国债还本付息支出	6739
节能环保	35904	其他支出	28799
城乡社区事务	580801	援助其他地区支出	
农林水事务	211966		

10-6 各县区财政收入

（2014 年）　　单位：万元

指标名称	武鸣县	隆安县	马山县	上林县	宾阳县	横 县
财政收入	**194561**	**51260**	**32943**	**39898**	**155954**	**167953**
中央“四税”收入	57312	14608	7511	10040	31681	34811
# 上划所得税收入	19111	4674	3268	4239	13487	12332
上划自治区分享四税	18232	4998	4317	5500	13421	13480
公共财政预算收入	119017	31654	21115	24358	110852	119662
增值税	8950	2596	1267	1649	4834	6118
营业税	15398	4261	4580	5827	12845	12209
企业所得税	7437	1850	1282	1719	5633	4892
个人所得税	1701	406	294	334	925	1049
资源税	2085	749	218	481	1262	1269
城市维护建设税	2496	827	699	851	2448	2804
房产税	2637	315	279	250	1045	2732
印花税	1071	269	89	181	470	923
城镇土地使用税	3528	389	233	202	3283	3158
土地增值税	8161	665	915	1591	9356	13396
车船税	967	173	164	206	754	727
耕地占用税	14502	6988	1232	4132	24587	21397
契税	7505	1127	632	945	4773	3217
烟叶税						
专项收入	2898	1155	560	603	2511	3085
行政事业性收费收入	7717	736	3232	1516	8685	11611
罚没收入	1697	411	462	390	1628	1293
国有资本经营收入	4100	4141			18960	20539
国有资源（资产）有偿使用收入	25879	2797	4701	1503	1423	5197
其他收入	288	1799	276	1978	5430	4046

注：武鸣县数据包含广西东盟经济开发区。

10–6 续表

指标名称	兴宁区	青秀区	江南区	西乡塘区	良庆区	邕宁区
财政收入	**242119**	**843035**	**128578**	**280858**	**106441**	**52018**
中央“四税”收入	109604	411385	59889	114753	35875	21732
#上划所得税收入	72489	318686	21862	68486	15721	10421
上划自治区分享四税	59147	194688	29296	63899	32067	12601
上划地市税收	73777	253801	35704	99874	34979	14465
公共财政预算收入	73368	236962	39393	102206	38499	17685
增值税	6647	22909	5755	11454	2606	1499
营业税	23350	66775	11469	21828	16366	5568
企业所得税	13538	60542	3829	9164	2785	1759
个人所得税	3652	13444	1295	6024	916	677
资源税	49	2	237	1660	1	122
城市维护建设税	6752	23653	3852	23113	3299	1443
房产税	3941	14742	1310	3876	345	233
印花税	4574	19832	3105	6167	3482	850
城镇土地使用税						
土地增值税						
车船税						
耕地占用税						
契税						
烟叶税						
专项收入	2925	10207	1718	10087	1434	727
行政事业性收费收入	693	2700	1654	4026	1068	1690
罚没收入	1366	1147	1078	2225	901	635
国有资本经营收入			135			184
国有资源（资产）有偿使用收入	4521	309	3857	2225	5296	2257
其他收入	1360	700	99	357		41

10-7 各县区财政支出

（2014 年）　　　　单位：万元

指标名称	武鸣县	隆安县	马山县	上林县	宾阳县	横 县
本年支出合计	**288818**	**167652**	**186069**	**201544**	**340489**	**343781**
一般公共服务	30360	21023	23308	17049	46089	52980
国防	279	168	261	344		720
公共安全	9642	4977	5605	7924	10414	9471
教育	57887	32365	45091	36920	69439	80767
科学技术	5500	986	1353	1033	3613	4410
文化体育与传媒	3319	1877	2254	1860	3277	2198
社会保障和就业	33076	20198	27384	24963	49865	51425
医疗卫生	31233	21424	27636	24732	47930	55508
节能环保	4856	5415	5344	6985	22252	8036
城乡社区事务	43778	4553	4860	28584	20493	8816
农林水事务	32454	29342	22968	25361	41890	56458
交通运输	4192	9362	7249	9461	4992	6206
资源勘探电力信息等事务	9373	910	3347	1886	3890	1776
商业服务业等事务	763	4358	1380	3749	1342	1179
金融监管等事务支出	239	32	92		39	14
国土资源气象等事务	2384	872	834	1165	2910	1388
住房保障支出	8418	5495	6747	6898	10042	1603
粮油物资储备管理事务	824	125	219	172	441	361
国债还本付息支出	227	114	112	114	337	298
其他支出	10014	4056	25	2344	1234	167

注：武鸣县数据包含广西东盟经济开发区。

10–7 续表

指标名称	兴宁区	青秀区	江南区	西乡塘区	良庆区	邕宁区
本年支出合计	**126539**	**243580**	**115162**	**220931**	**115017**	**126825**
一般公共服务	16397	34128	10978	13575	13942	14969
国防	277		231		415	214
公共安全	13292	30712	9806	20844	9292	4982
教育	23808	53188	25412	52850	23183	30359
科学技术	1207	3042	1190	2573	1400	3259
文化体育与传媒	943	2569	631	1383	825	853
社会保障和就业	14730	15366	10091	33244	12043	21121
医疗卫生	12595	22449	18203	30541	14291	22924
节能环保	1169	2922	760	4505	2300	778
城乡社区事务	20524	48961	16510	30527	20629	7930
农林水事务	9248	18121	6442	13022	10276	12162
交通运输	154	1925	136	1909	771	1475
资源勘探电力信息等事务	60	5868	657	1464	659	2514
商业服务业等事务	400	52	74	411	413	226
金融监管等事务支出						
国土资源气象等事务	36	96		61	120	76
住房保障支出	10768	2969	2695	11212	3905	2773
粮油物资储备管理事务	10	106			92	21
国债还本付息支出	43	529	43	43	44	86
其他支出	878	577	11303	2767	417	103

10-8 全社会金融机构存款余额

（2014 年）

单位：万元

指标名称	存 款	指标名称	存 款
各项存款合计	**70644876**	# 储蓄存款	23217437
单位存款	42253521	保证金储蓄	80023
活期存款	20073505	结构性储蓄	2001096
定期存款	12434050	财政存款	1472461
通知存款	880323	临时存款	68579
保证金存款	2952306	委托存款	73863
个人存款	25298556	其它存款	1477897

10-9 全社会金融机构贷款余额

（2014 年）

单位：万元

指标名称	贷 款	指标名称	贷 款
各项贷款合计	**70914611**	# 个人贷款	12960643
境内贷款	**70896934**	单位贷款	31721289
短期贷款	15014469	融资租赁	169249
# 个人贷款及透支	2749055	票据融资	1640111
单位贷款及透支	11712688	各项垫款	283636
中长期贷款	53789469	**境外贷款**	**17677**

10-10 市区金融机构存款余额

（2014 年）　　　　单位：万元

指标名称	存 款	指标名称	存 款
各项存款合计	**63248364**	# 储蓄存款	17712803
单位存款	40611054	保证金储蓄	79477
活期存款	18684362	结构性储蓄	1954939
定期存款	12280154	财政存款	1343401
通知存款	860871	临时存款	66826
保证金存款	2907061	委托存款	73863
个人存款	19747219	其它存款	1406002

10-11 市区金融机构贷款余额

（2014 年）　　　　单位：万元

指标名称	贷 款	指标名称	贷 款
各项贷款合计	**66757985**	# 个人贷款	11257795
境内贷款	**66740329**	单位贷款	30855878
短期贷款	13540459	融资租赁	169249
# 个人贷款及透支	2097692	票据融资	1624603
单位贷款及透支	10890041	各项垫款	283536
中长期贷款	51122482	**境外贷款**	**17656**

10-12 各县金融机构存款余额

（2014 年）　　单位：万元

指标名称	武鸣县	隆安县	马山县	上林县	宾阳县	横 县
各项存款合计	**1669767**	**778259**	**654492**	**758470**	**1586848**	**1948676**
单位存款	407344	194340	171665	168695	334221	366201
活期存款	344250	179910	164246	135551	284085	281103
定期存款	30942	12679	3750	29744	30786	45995
通知存款	7200		1052		10000	1200
保证金存款	10369	772	446	1355	7498	24805
个人存款	1216203	558151	452713	546154	1241571	1536545
# 储蓄存款	1199639	557336	452591	532524	1238376	1524167
财政存款	18198	25768	30115	43554	8154	3272
临时存款	22			67	1	1662
其他存款	28000				2900	40995

10-13 各县金融机构贷款余额

（2014 年）

单位：万元

指标名称	武鸣县	隆安县	马山县	上林县	宾阳县	横 县
各项贷款合计	**1097705**	**379518**	**280731**	**348412**	**852376**	**1197885**
境内贷款	**1097705**	**379518**	**280731**	**348412**	**852355**	**1197885**
短期贷款	311217	202647	89569	116653	241016	512907
# 个人贷款及透支	98085	63914	36845	76388	111663	264469
单位贷款及透支	213132	138734	52724	40265	129353	248438
中长期贷款	786363	176870	191162	231759	602228	678605
# 个人贷款	389264	91690	152145	154507	488879	426363
单位贷款	395437	84767	16395	38586	102517	227710
票据融资	24				9112	6373

10-14 保险业务情况

（2014 年）

单位：万元

指标名称	全 市	市 区
保费收入合计	**1076516**	**973224**
各项赔款及给付合计	**370177**	**339836**
财产保险业务		
保费收入	**566320**	**440346**
# 财产险	46891	45148
机动车辆险	398829	375182
责任险	14909	13962
工程险	16175	16162
货运险	6296	6165
其他险种	36214	33564
各项赔款及给付	**270411**	**257550**
赔款及给付件数（件）	**619665**	**577620**
人身保险业务		
保费收入	**510196**	**440346**
# 寿险	406859	344740
意外险	24929	22261
健康险	78408	73345
各项赔款及给付	**99767**	**82287**
# 寿险	75025	59784
意外险	4015	3576
健康险	20727	18926
赔款及给付人数（人次）	**106919**	**85625**
件数（件）	**146875**	**126324**

10-15 各县保险业务情况

（2014 年）

单位：万元

指标名称	武鸣县	隆安县	马山县	上林县	宾阳县	横 县
保费收入合计	**28803**	**9295**	**4837**	**7509**	**26561**	**26286**
各项赔款及给付合计	**8436**	**2730**	**1761**	**2136**	**7249**	**8029**
财产保险业务						
保费收入	**9168**	**2225**	**1696**	**2561**	**10122**	**7670**
# 财产险	487	149	120	123	334	530
机动车辆险	7287	1105	950	1127	8037	5141
责任险	194	89	55	171	328	110
工程险	3	3	1	6		
货运险	23	2	1	4	15	85
其他险种	371	364	235	452	343	884
各项赔款及给付	**8667**	**1785**	**2184**	**1499**	**3505**	**3654**
赔款及给付件数（件）	**8244**	**1737**	**2133**	**1458**	**3436**	**3543**
人身保险业务						
保费收入	**19635**	**7071**	**3141**	**4948**	**16439**	**18616**
# 寿险	17550	6405	2627	4467	14588	16482
意外险	589	226	233	206	527	887
健康险	1496	440	281	275	1324	1247
各项赔款及给付	**4566**	**1978**	**960**	**1424**	**2882**	**5669**
# 寿险	3691	1797	680	1301	2490	5281
意外险	115	33	90	17	67	119
健康险	760	148	191	106	326	270
赔款及给付人数（人次）	**8667**	**1785**	**2184**	**1499**	**3505**	**3654**
件数（件）	**8244**	**1737**	**2133**	**1458**	**3436**	**3543**

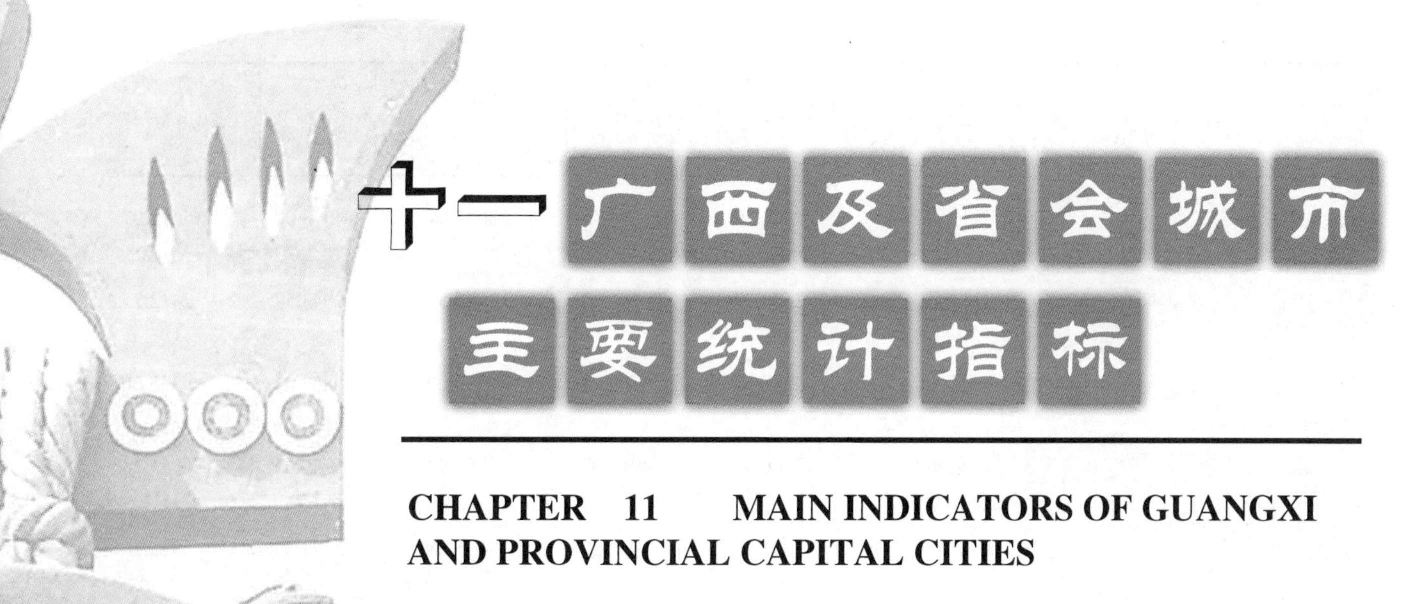

十一 广西及省会城市主要统计指标

CHAPTER 11 MAIN INDICATORS OF GUANGXI AND PROVINCIAL CAPITAL CITIES

11-1 广西主要年份国民经济主要统计指标

指标名称	单位	2010 年	2011 年	2012 年	2013 年	2014 年
地区生产总值	亿元	9502.39	11714.35	13031.04	14378.00	15672.97
第一产业	亿元	1670.37	2047.3	2172.37	2343.57	2412.21
第二产业	亿元	4510.83	5736.78	6333.09	6863.04	7335.60
#工业	亿元	3860.46	4914.37	5364.92	5749.65	6065.34
第三产业	亿元	3321.19	3930.27	4525.58	5171.39	5925.16
地区生产总值指数	%	114.2	112.3	111.3	110.2	108.5
第一产业	%	104.6	104.8	105.6	104.3	103.8
第二产业	%	120.5	117.1	114.4	111.9	110.1
#工业	%	120.4	117.3	114	111.4	110.1
第三产业	%	111.1	109.4	109.5	110.2	108.1
社会消费品零售总额	亿元	3271.81	3860.73	4474.59	5083.08	5716.60
全社会固定资产投资	亿元	7859.07	10143.45	12635.18	11907.67	13843.21
指数	%	137.7	129.1	124.4	121.4	116.3
地方财政收入	亿元	772.3	947.59	1165.98	1316.84	1422.05
指数	%	124.4	122.7	123	112.9	107.9
城镇居民人均可支配收入	元	17064	18854	21243	23305	24669
指数	%	110.4	110.5	112.7	109.7	108.7
农民人均纯收入	元	4543	5231	6008	6791	7565
指数	%	114.1	115.1	114.8	113	111.4
居民消费价格指数(城市)	%	103.0	105.7	103.2	102.2	102.1

注：地区生产总值、农林牧渔业总产值、工业总产值绝对值按当年价计算，指数按可比价计算（以上年为 100）。

11-2 各省会城市行政区划和土地面积

(2014年)

城市名称	行政区划		土地面积（平方公里）	
	辖区数（个）	辖县数（个）	全市	市区
南　宁	**6**	**6**	**22099**	**6447**
昆　明	6	8	21013	2750
成　都	9	10	12121	2172
贵　阳	6	4	8043	2525
西　安	9	4	10097	3581
兰　州	5	3	13086	1632
乌鲁木齐	7	1	13788	9576
呼和浩特	4	5	17186	2065
银　川	3	1	9025	2311
西　宁	4	3	7649	510
拉　萨	1	7	29518	525
广　州	10	2	7434	3843
福　州	5	8	11968	1786
杭　州	9	4	16596	4876
南　京	11		6587	4733
海　口	4		2284	2284
沈　阳	9	4	12860	3471
哈尔滨	8	10	53068	7086
长　春	7	3	20594	4789
石家庄	8	14	15848	456
太　原	6	4	6988	1460
合　肥	4	5	11445	1127
南　昌	5	4	7402	820
济　南	6	4	7998	3257
郑　州	6	6	7446	1010
武　汉	13		8569	8569
长　沙	6	3	11816	1910

11-3 各省会城市建城区面积和人口密度

(2014 年)

城市名称	建成区土地面积（平方公里）	全市人口密度（人 / 平方公里）
南 宁	**285**	**330**
昆 明	388	315
成 都	604	999
贵 阳	162	476
西 安	522	807
兰 州	207	246
乌鲁木齐	412	194
呼和浩特	230	139
银 川	161	236
西 宁	90	299
拉 萨	71	18
广 州	1035	1759
福 州	254	564
杭 州	552	431
南 京	734	1247
海 口	152	963
沈 阳	465	568
哈尔滨	367	186
长 春	470	366
石家庄	216	647
太 原	364	615
合 肥	403	623
南 昌	265	694
济 南	471	884
郑 州	413	1260
武 汉	553	965
长 沙	336	568

11-4 各省会城市年末总人口

单位：万人

城市名称	2010年	位次	2011年	位次	2012年	位次	2013年	位次	2014年	位次	2014年比2013年增长（%）
南　宁	**707.37**	**10**	**711.49**	**10**	**713.50**	**10**	**724.43**	**10**	**729.66**	**10**	**0.72**
昆　明	536.31	17	544.04	17	543.48	17	546.79	17	550.50	17	0.68
成　都	1149.07	1	1163.28	1	1173.35	1	1187.99	1	1210.74	1	1.91
贵　阳	373.16	19	376.12	19	374.53	19	379.09	19	382.91	19	1.01
西　安	782.72	6	791.83	6	795.98	6	806.93	6	815.29	6	1.04
兰　州	323.54	21	323.30	21	321.52	21	321.43	21	321.64	21	0.07
乌鲁木齐	243.03	22	249.35	22	257.80	22	262.93	22	266.91	22	1.51
呼和浩特	229.60	23	232.26	23	230.32	23	233.96	23	237.98	23	1.72
银　川	159.00	26	162.22	26	204.63	24	208.27	24	212.89	24	2.22
西　宁	196.01	25	197.42	25	198.46	25	199.96	25	202.64	25	1.34
拉　萨	55.94	27	57.61	27	57.92	27	52.02	27	52.73	27	1.36
广　州	806.14	5	814.58	5	822.30	4	832.31	4	842.42	4	1.21
福　州	645.90	14	649.41	14	655.27	14	665.49	14	674.94	13	1.42
杭　州	689.12	12	695.71	12	700.52	12	706.61	13	715.76	11	1.29
南　京	632.42	15	636.36	15	638.48	15	643.09	15	648.72	15	0.88
海　口	204.62	24	209.73	24	161.59	26	163.23	26	165.31	26	1.27
沈　阳	719.60	9	722.69	9	724.79	9	727.11	9	730.84	9	0.51
哈尔滨	992.00	2	993.30	3	993.50	3	995.20	2	987.30	3	-0.79
长　春	758.90	7	761.80	7	756.90	8	752.67	7	754.55	8	0.25
石家庄	989.20	3	997.29	2	1005.33	2	951.80	3	1024.93	2	7.68
太　原	365.50	20	365.02	20	365.84	20	367.95	20	369.74	20	0.49
合　肥	702.00	11	706.13	11	710.53	11	711.50	12	712.81	12	0.18
南　昌	502.25	18	504.95	18	507.87	18	510.08	18	517.73	18	1.50
济　南	604.08	16	606.64	16	609.21	16	613.23	16	621.61	16	1.37
郑　州	744.62	8	758.91	8	766.60	7	783.64	8	794.10	7	1.33
武　汉	836.70	4	827.24	4	821.71	5	822.05	5	827.31	5	0.64
长　沙	650.12	13	656.62	13	660.62	13	662.81	11	671.41	14	1.30

11–5 各省会城市地区生产总值

单位：亿元

城市名称	2010 年	位次	2011 年	位次	2012 年	位次	2013 年	位次	2014 年	位次	2014 年比 2013 年增长（%）
南　宁	**1800.43**	**19**	**2211.44**	**18**	**2503.18**	**18**	**2803.54**	**18**	**3148.32**	**18**	**8.5**
昆　明	2120.82	17	2509.58	17	3011.14	16	3415.31	16	3712.99	16	8.1
成　都	5551.33	3	6854.58	3	8183.94	2	9108.89	2	10056.59	3	8.9
贵　阳	1121.82	22	1383.07	22	1700.30	22	2085.42	22	2497.27	22	13.9
西　安	3241.49	13	3864.21	13	4369.37	13	4884.13	12	5474.77	10	9.9
兰　州	1100.39	23	1360.03	23	1564.41	23	1776.83	23	1913.50	23	10.4
乌鲁木齐	1338.52	21	1700.00	21	2060.00	21	2400.00	21	2510.00	21	10.5
呼和浩特	1865.71	18	2177.26	19	2458.74	19	2710.39	19	2894.05	19	8.0
银　川	763.26	24	974.79	24	1140.83	24	1273.49	24	1395.67	24	9.5
西　宁	628.28	25	770.70	25	851.00	25	978.53	25	1077.14	25	13.5
拉　萨	178.91	27	222.09	27	260.04	27	312.00	27	347.45	27	10.9
广　州	10748.28	1	12303.12	1	13551.21	1	15420.14	1	16706.87	1	8.6
福　州	3068.21	14	3734.78	14	4210.93	14	4678.50	14	5169.16	14	10.1
杭　州	5945.82	2	7011.80	2	7803.98	4	8343.52	4	9201.16	4	8.2
南　京	5012.64	6	6145.52	5	7201.57	5	8011.78	5	8820.75	5	10.1
海　口	590.55	26	712.76	26	820.58	26	904.64	26	1005.51	26	9.2
沈　阳	5017.00	5	5914.90	6	6602.59	6	7158.57	6	7098.71	7	6.0
哈尔滨	3665.90	10	4243.40	10	4550.20	10	5017.00	10	5340.10	12	6.9
长　春	3329.00	12	4003.00	12	4456.60	12	5003.20	11	5382.00	11	6.6
石家庄	3401.02	11	4082.60	11	4500.20	11	4863.60	13	5170.30	13	7.9
太　原	1778.05	20	2080.12	20	2311.43	20	2412.87	20	2531.09	20	3.3
合　肥	2702.50	15	3636.60	15	4164.32	15	4672.91	15	5157.97	15	10.0
南　昌	2207.11	16	2688.87	16	3000.52	17	3336.03	17	3667.96	17	9.8
济　南	3910.80	9	4406.29	9	4812.68	9	5230.20	9	5770.60	9	8.8
郑　州	4000.00	8	4912.70	8	5549.79	8	6201.85	8	6776.98	8	9.4
武　汉	5515.76	4	6756.20	4	8003.82	3	9051.27	3	10069.48	2	9.7
长　沙	4547.06	7	5619.33	7	6399.91	7	7153.13	7	7824.81	6	10.5

11-6 各省会城市第一产业增加值

单位：亿元

城市名称	2010 年	位次	2011 年	位次	2012 年	位次	2013 年	位次	2014 年	位次	2014 年比 2013 年增长（%）
南　宁	**244.41**	**6**	**305.55**	**5**	**322.96**	**5**	**349.93**	**5**	**355.09**	**5**	**4.3**
昆　明	120.30	18	133.83	17	159.16	16	175.27	16	187.56	16	6.2
成　都	285.09	3	327.34	3	348.07	4	353.17	4	357.07	4	3.6
贵　阳	57.10	20	62.55	20	72.28	20	81.52	20	108.02	20	6.6
西　安	140.06	14	173.14	14	195.59	14	217.76	14	214.55	15	5.1
兰　州	33.79	23	40.00	23	45.14	23	49.70	23	53.60	23	6.3
乌鲁木齐	19.94	26	21.57	26	25.00	26	27.00	26	29.00	26	5.8
呼和浩特	91.33	19	109.44	19	120.52	19	134.72	19	125.46	19	3.1
银　川	41.37	21	46.66	22	51.06	22	55.71	22	56.66	21	5.3
西　宁	24.46	25	27.41	25	31.17	25	36.10	25	37.75	25	5.4
拉　萨	9.14	27	9.99	27	10.78	27	11.72	27	12.94	27	6.4
广　州	189.56	11	203.06	12	213.76	13	228.87	13	218.70	14	1.3
福　州	282.51	4	325.09	4	367.73	3	402.26	3	416.09	3	4.6
杭　州	207.98	9	236.07	10	255.93	10	265.42	11	274.36	11	1.8
南　京	142.28	13	163.61	15	185.06	15	204.64	15	223.96	13	3.5
海　口	38.19	22	48.16	21	57.74	21	58.54	21	54.58	22	-2.4
沈　阳	232.40	7	279.10	7	315.20	7	335.52	6	325.29	8	3.2
哈尔滨	412.70	1	447.20	1	506.80	1	587.10	1	626.50	1	6.8
长　春	248.60	5	290.10	6	317.50	6	332.00	8	340.10	7	4.7
石家庄	370.00	2	414.90	2	452.18	2	488.70	2	487.50	2	2.6
太　原	31.37	24	33.88	24	36.02	24	38.73	24	38.93	24	4.3
合　肥	132.60	15	208.20	11	229.05	12	247.21	12	257.63	12	4.8
南　昌	120.56	17	134.80	16	147.19	17	157.24	17	166.10	17	4.7
济　南	215.17	8	237.86	9	252.92	11	284.70	10	290.30	10	4.1
郑　州	124.60	16	131.70	18	142.40	18	146.96	18	147.14	18	3.0
武　汉	170.04	12	198.70	13	301.21	8	335.40	7	350.06	6	5.0
长　沙	202.01	10	243.38	8	272.31	9	291.16	9	311.90	9	4.4

11-7 各省会城市第二产业增加值

单位：亿元

城市名称	2010 年	位次	2011 年	位次	2012 年	位次	2013 年	位次	2014 年	位次	2014 年比 2013 年增长（%）
南　宁	**652.92**	**20**	**829.61**	**19**	**960.75**	**19**	**1110.89**	**18**	**1251.54**	**18**	**9.9**
昆　明	960.86	17	1161.18	17	1378.48	17	1537.11	17	1642.03	17	8.2
成　都	2480.90	5	3143.82	5	3790.62	3	4181.49	3	4508.53	3	9.8
贵　阳	456.95	23	586.84	23	717.32	23	848.64	22	976.59	20	13.9
西　安	1409.53	13	1697.16	14	1893.79	14	2117.66	13	2205.37	14	11.3
兰　州	529.18	22	656.55	22	744.70	22	820.42	23	829.20	23	9.1
乌鲁木齐	600.41	21	781.66	21	878.00	20	930.00	20	928.00	21	12.4
呼和浩特	678.95	19	789.99	20	802.31	21	866.74	21	848.19	22	8.2
银　川	379.25	24	528.85	24	624.91	24	678.80	24	760.27	24	11.6
西　宁	320.76	25	411.28	25	439.52	25	514.50	25	560.73	25	16.7
拉　萨	55.76	27	75.21	27	90.70	27	107.56	27	127.75	27	14.8
广　州	4002.27	1	4532.52	1	4720.65	1	5227.38	1	5590.97	1	7.4
福　州	1366.43	15	1737.50	13	1905.50	13	2133.60	12	2352.15	12	11.5
杭　州	2844.47	2	3322.15	2	3626.88	4	3661.98	6	3858.90	5	8.1
南　京	2327.86	7	2760.99	8	3170.78	7	3450.58	8	3671.45	6	8.8
海　口	140.32	26	177.91	26	201.67	26	217.03	26	215.67	26	5.6
沈　阳	2542.40	3	3027.60	6	3383.15	6	3709.25	5	3541.41	7	5.3
哈尔滨	1384.60	14	1647.20	15	1638.90	16	1743.90	16	1784.00	16	5.1
长　春	1724.00	9	2092.70	9	2291.50	10	2658.70	9	2862.80	10	6.9
石家庄	1653.76	10	2031.90	10	2240.66	11	2359.50	11	2417.50	11	7.1
太　原	798.49	18	949.19	18	1035.57	18	1052.08	19	1012.31	19	1.0
合　肥	1457.60	12	2002.20	11	2303.90	9	2583.75	10	2872.01	9	11.4
南　昌	1252.04	16	1579.29	16	1690.85	15	1850.49	15	2017.01	15	11.5
济　南	1637.45	11	1828.97	12	1938.14	12	2053.20	14	2261.70	13	8.8
郑　州	2269.90	8	2898.40	7	3132.92	8	3470.52	7	3487.13	8	10.0
武　汉	2532.82	4	3254.02	3	3869.56	2	4396.17	2	4785.66	2	10.2
长　沙	2437.03	6	3151.68	4	3592.52	5	3946.97	4	4241.25	4	11.4

11-8 各省会城市第三产业增加值

单位：亿元

城市名称	2010 年	位次	2011 年	位次	2012 年	位次	2013 年	位次	2014 年	位次	2014 年比 2013 年增长（%）
南　宁	**903.11**	**19**	**1076.28**	**19**	**1219.48**	**19**	**1342.73**	**19**	**1541.67**	**19**	**8.2**
昆　明	1039.21	17	1214.57	17	1473.50	17	1702.93	17	1883.40	17	8.1
成　都	2785.34	4	3383.42	3	4000.25	2	4574.23	2	5190.99	2	8.6
贵　阳	607.76	22	733.68	22	910.70	22	1155.26	22	1412.66	22	14.3
西　安	1691.90	10	1993.91	10	2279.99	10	2548.71	11	3054.85	10	9.0
兰　州	537.42	23	663.48	23	774.57	23	906.74	23	1030.70	23	11.8
乌鲁木齐	718.17	21	896.77	21	1157.00	21	1443.00	18	1553.00	18	9.3
呼和浩特	1095.43	16	1277.83	16	1535.92	16	1708.93	16	1920.40	16	8.3
银　川	342.63	25	399.28	25	464.86	25	529.97	25	578.74	25	7.2
西　宁	283.05	26	322.01	26	380.40	26	427.93	26	478.66	26	9.7
拉　萨	114.01	27	136.89	27	158.56	27	185.59	27	206.77	27	8.9
广　州	6557.45	1	7567.54	1	8616.80	1	9963.89	1	10897.20	1	9.4
福　州	1419.26	12	1672.19	12	1937.70	12	2142.63	12	2400.92	12	9.4
杭　州	2893.39	2	3453.58	2	3921.17	3	4416.12	3	5067.90	3	8.5
南　京	2542.50	5	3220.91	5	3845.73	4	4356.56	4	4925.34	5	11.5
海　口	412.04	24	486.68	24	561.17	24	629.07	24	735.26	24	11.3
沈　阳	2242.20	6	2608.20	6	2904.23	6	3113.80	6	3232.02	7	6.9
哈尔滨	1868.60	9	2149.00	9	2404.50	9	2986.00	7	2929.60	11	8.3
长　春	1356.40	14	1620.20	14	1847.60	13	2012.50	14	2179.10	14	6.6
石家庄	1377.26	13	1635.80	13	1807.36	14	2015.40	13	2265.20	13	9.9
太　原	948.19	18	1097.05	18	1239.84	18	1322.06	21	1479.85	21	5.1
合　肥	1112.30	15	1426.20	15	1631.37	15	1841.95	15	2028.33	15	8.5
南　昌	834.50	20	974.78	20	1162.48	20	1328.30	20	1484.85	20	7.8
济　南	2058.18	7	2339.46	7	2621.62	7	2892.30	9	3218.60	8	9.1
郑　州	1605.50	11	1882.60	11	2274.46	11	2584.37	10	3142.70	9	9.0
武　汉	2812.90	3	3303.48	4	3833.05	5	4319.70	5	4933.76	4	9.5
长　沙	1908.02	8	2224.27	8	2535.08	8	2915.01	8	3271.66	6	9.7

11-9 各省会城市人均地区生产总值

单位：元

城市名称	2010 年	位次	2011 年	位次	2012 年	位次	2013 年	位次	2014 年	位次
南　宁	**25624**	**27**	**31172**	**27**	**35133**	**27**	**38994**	**27**	**43303**	**27**
昆　明	33549	22	38831	22	46256	20	52094	19	56036	20
成　都	41253	17	48755	15	57624	14	63977	14	70019	12
贵　阳	26057	26	31712	26	38447	25	46479	23	55018	21
西　安	38341	18	45495	18	51205	18	56988	17	63602	17
兰　州	34009	20	37570	23	43175	23	48777	22	54771	22
乌鲁木齐	43039	15	55195	10	59576	10	69364	9	68555	14
呼和浩特	66929	3	75266	5	83906	5	90941	5	95961	6
银　川	42771	16	48374	17	56032	15	61684	15	66277	16
西　宁	28428	25	34743	24	38034	26	43346	25	47261	25
拉　萨	31948	23	39118	21	46941	19	50710	20	56616	19
广　州	87458	1	97588	2	105909	1	119288	1	128478.33	1
福　州	44242	12	52144	13	58202	13	64045	13	69995	13
杭　州	68817	2	101266	1	88985	3	94566	4	103757	4
南　京	64037	6	76263	4	88525	4	98011	3	107545	3
海　口	29687	24	34404	25	38719	24	41955	26	46000	26
沈　阳	63667	7	72637	6	80480	6	86850	7	85816	7
哈尔滨	36961	19	42700	19	45810	21	50498	21	53872	23
长　春	43963	13	52649	12	58691	12	66286	11	70891	10
石家庄	33934	21	39918	20	43552	22	46321	24	48970	24
太　原	46144	11	49292	14	54440	17	56547	18	59023	18
合　肥	54796	9	48563	16	55186	16	61555	16	67394	15
南　昌	43769	14	53023	11	58715	11	64350	12	70373	11
济　南	64783	5	64311	8	69574	8	74993	8	82502	8
郑　州	49542	10	56086	9	62049	9	68070	10	72293	9
武　汉	58961	8	68226	7	79482	7	89000	6	98000	5
长　沙	66443	4	79530	3	89903	2	99055	2	107683	2

11-10 各省会城市农林牧渔业总产值

单位：亿元

城市名称	2010年	位次	2011年	位次	2012年	位次	2013年	位次	2014年	位次	2014年比2013年增长（%）
南　宁	**403.24**	**7**	**507.17**	**7**	**534.52**	**7**	**577.28**	**7**	**609.33**	**7**	**4.60**
昆　明	200.73	18	225.07	18	268.84	16	298.66	14	316.77	16	6.00
成　都	470.19	5	547.00	4	577.84	5	584.60	6	613.00	6	3.70
贵　阳	88.09	20	96.55	20	111.49	20	125.88	18	170.68	20	6.80
西　安	227.10	15	272.67	15	308.60	14	342.89	13	367.21	15	5.10
兰　州	55.84	24	63.99	23	68.45	23			87.01	23	9.20
乌鲁木齐	37.50	26	41.88	26	49.57	26	59.03	22	63.21	26	5.00
呼和浩特	162.39	19	195.08	19	213.40	19	235.06	17	213.40	19	2.30
银　川	74.73	21	87.64	21	95.18	21	103.95	19	106.83	21	6.00
西　宁	45.10	25	50.49	25	57.53	25			69.95	25	5.60
拉　萨	14.99	27	16.32	27	17.71	27	19.25	23	21.29	27	6.40
广　州	322.13	10	349.44	12	366.79	13			398.30	13	0.10
福　州	480.01	3	553.09	3	625.12	3	682.75	3	730.77	3	4.70
杭　州	316.34	11	357.63	11	384.57	12	399.76	11	419.41	12	5.00
南　京	244.75	13	282.18	14	303.49	15	351.31	12	384.63	14	9.20
海　口	61.10	22	76.99	22	91.14	22	95.26	20	92.99	22	–2.40
沈　阳	444.89	6	534.77	5	603.32	4	643.28	4	655.39	4	3.80
哈尔滨	785.00	1	880.90	1	991.20	1	1089.50	1	1171.50	1	7.10
长　春	474.68	4	523.79	6	562.50	6	602.70	5	626.90	5	5.80
石家庄	651.55	2	727.30	2	787.50	2	851.78	2	885.20	2	2.70
太　原	56.06	23	63.16	24	67.50	24	72.24	21	76.04	24	4.90
合　肥	227.64	14	364.90	10	401.18	11	432.19	10	450.32	11	4.80
南　昌	204.66	17	229.70	17	249.35	18	260.79	16	283.63	17	4.70
济　南	378.43	8	422.99	8	451.86	9	508.84	9	524.22	9	4.20
郑　州	221.43	16	235.50	16	254.60	17	263.35	15	269.89	18	3.30
武　汉	281.09	12	329.49	13	476.04	8	530.27	8	559.44	8	5.00
长　沙	323.64	9	387.72	9	419.78	10			490.59	10	4.50

11-11 各省会城市规模以上工业总产值

单位：亿元

城市名称	2010 年	位次	2011 年	位次	2012 年	位次	2013 年	位次	2014 年	位次	2014 年比 2013 年增长（%）
南　宁	**1285.41**	**21**	**1744.20**	**21**	**2109.33**	**19**	**2557.13**	**16**	**2872.85**	**17**	**12.20**
昆　明	2235.51	17	2589.10	17	3011.34	15	3179.62	14	3197.65	16	1.90
成　都	5809.73	8	7568.27	6	7853.68	8	9171.20	8	10380.63	7	13.19
贵　阳	1058.35	22	1466.28	22	1802.85	21	2011.13	18	2303.71	21	11.80
西　安	3125.36	14	3534.22	14	4023.19	13	4479.62	12	4433.85	14	13.00
兰　州	1591.47	20	1891.30	20	2055.42	20			2548.20	19	8.60
乌鲁木齐	1672.72	19	2009.23	19	2150.78	18	2372.53	17	2552.19	18	5.10
呼和浩特					1304.87	23			1642.64	23	9.80
银　川	933.94	23	1220.81	23	1640.82	22	1909.20	19	1814.97	22	8.00
西　宁	751.38	24	948.84	24			1205.21	20	1350.25	24	12.90
拉　萨	37.82	26	48.55	26							
广　州	13831.25	1	15712.72	1	16066.43	1	17310.24	1	18193.55	1	7.70
福　州	4258.56	12	5191.80	12	5954.89	12	6786.33	11	7500.22	12	12.40
杭　州	11258.49	2	12230.29	2	12844.26	2	13592.30	3	12945.28	5	6.20
南　京	8609.50	4	10352.02	4	11405.12	4	12647.14	4	13199.67	4	5.30
海　口	417.97	25	487.79	25	515.86	24	504.97	21	492.94	25	-2.40
沈　阳	9612.53	3	10878.78	3	12702.30	3	13678.26	2	13759.10	2	0.20
哈尔滨	2407.60	16	2591.20	16	2851.60	16	3363.00	13	3650.10	15	7.38
长　春	5750.80	9	7005.00	9	8394.40	7	9228.00	7	9831.10	8	6.70
石家庄	5939.40	7	7248.60	8	7643.15	9			9022.41	10	6.90
太　原	1994.65	18	2408.30	18	2541.12	17	2656.78	15	2362.10	20	-11.10
合　肥	3799.02	13	5617.41	11	6600.14	11	7618.07	10	8447.84	11	12.24
南　昌	2773.30	15	3277.71	15	3856.50	14			5074.96	13	12.90
济　南	4968.61	10	5130.11	13							
郑　州	6223.87	6	8459.60	5	10632.42	5	12153.52	5	13537.21	3	12.10
武　汉	6424.59	5	7390.66	7	9018.88	6	10394.07	6	11764.59	6	12.30
长　沙	4488.51	11	5976.08	10	7058.32	10	8289.13	9	9496.17	9	13.30

11-12 各省会城市固定资产投资

单位：亿元

城市名称	2010年	位次	2011年	位次	2012年	位次	2013年	位次	2014年	位次	2014年比2013年增长（%）
南　宁	**1389.30**	**17**	**1892.90**	**13**	**2517.61**	**14**	**2432.69**	**19**	**2886.68**	**19**	**18.70**
昆　明	2121.12	15	2275.53	11			2931.50	15	3138.17	17	7.00
成　都	4255.40	1	5004.33	1	5890.10	1	6501.10	1	6620.40	2	1.80
贵　阳	961.33	19	1537.36	15	2402.48	15	2903.95	16	3421.76	16	17.80
西　安	3101.06	5	2211.16	12	2825.64	13	5055.23	6	5824.53	4	15.20
兰　州	591.98	23	856.35	18	1015.87	19	1316.86	22	1610.68	22	22.31
乌鲁木齐	349.45	25	427.62	21	1003.00	20	1262.41	23	1519.15	23	20.30
呼和浩特	880.37	20	1027.07	17	1301.43	18	1504.83	21	1736.50	21	15.80
银　川	625.89	22	702.67	19	853.19	21	1061.92	24	1371.92	24	29.20
西　宁	365.30	24	463.86	20	700.48	22	925.44	25	1176.61	25	27.10
拉　萨	176.46	27	208.78	23	259.80	24	376.00	27	455.39	27	21.10
广　州	3138.91	4	3285.65	5	3612.22	10	4255.27	11	4808.51	11	17.70
福　州	2231.69	13	2649.63	9	3234.78	12	3834.22	13	4388.62	12	14.90
杭　州	2651.88	10			3722.75	8	4263.87	10	4952.70	10	16.20
南　京	2623.96	11	3757.25	4	4558.49	4	5093.78	5	5460.03	5	3.70
海　口	344.50	26	394.82	22	510.38	23	649.33	26	821.53	26	16.20
沈　阳	4021.34	2	4412.17	2	5350.09	2	6042.34	2	6564.06	3	2.80
哈尔滨	2651.90	9			3950.00	5	5214.00	4	4176.00	13	12.20
长　春	2192.80	14	1576.90	14			3408.40	14	3924.50	14	15.10
石家庄	2696.81	8	2877.36	8	3673.33	9	4369.20	9	5076.43	9	16.20
太　原	852.29	21			1320.63	17	1670.74	20	1746.09	20	4.50
合　肥	2950.16	6	2479.97	10	3867.35	6	4537.50	7	5096.41	8	18.40
南　昌	1816.78	16			2251.91	16	2896.86	17	3434.25	15	18.60
济　南	1297.90	18	1305.90	16			2638.30	18	3063.40	18	16.10
郑　州	2432.50	12	2900.00	7	3561.20	11	4400.20	8	5259.60	7	20.10
武　汉	3651.45	3	4232.38	3	4962.76	3	5974.53	3	6962.53	1	16.50
长　沙	2909.83	7	3197.37	6	3742.32	7	4254.57	12	5435.75	6	18.30

注：2005年为全社会固定资产投资，2006年以后为城镇固定资产投资。

11-13 各省会城市社会消费品零售总额

单位：亿元

城市名称	2010 年	位次	2011 年	位次	2012 年	位次	2013 年	位次	2014 年	位次	2014 年比2013 年增长（%）
南　宁	**905.93**	**16**	**1073.15**	**17**	**1255.59**	**17**	**1450.84**	**17**	**1616.90**	**17**	**12.10**
昆　明	1060.19	15	1271.73	15	1493.80	15	1702.30	15	1905.89	15	12.00
成　都	2417.60	3	2861.28	3	3317.70	3	3752.90	3	4468.88	2	12.00
贵　阳	484.78	23	584.33	23	683.19	23	785.66	23	888.58	23	13.10
西　安	1611.04	12	1935.18	12	2236.06	12	2548.02	12	2872.90	12	12.80
兰　州	545.11	22	639.70	22	749.12	22	843.80	22	944.90	22	12.70
乌鲁木齐	563.67	21	695.03	21	834.35	21	970.05	21	1069.96	21	10.30
呼和浩特	756.62	20	890.05	20	1022.20	20	1142.36	20	1256.08	20	10.00
银　川	225.14	26	274.47	25	316.02	26	348.06	26	382.47	26	9.90
西　宁	231.76	25	271.29	26	317.46	25	365.07	25	412.86	25	13.30
拉　萨	86.32	27	102.59	27	124.56	27	150.00	27	180.33	27	13.30
广　州	4476.38	1	5243.02	1	5977.27	1	6882.85	1	7144.45	1	12.50
福　州	1624.28	11	1947.81	11	2319.82	10	2681.72	10	2991.98	9	14.60
杭　州	2146.08	5	2548.36	5	2933.63	5	3531.17	4	3838.73	5	8.70
南　京	2267.77	4	2670.30	4	3103.82	4	3504.17	5	4167.19	4	12.95
海　口	326.94	24	387.18	24	436.30	24	490.05	24	541.27	24	10.50
沈　阳	2065.90	6	2426.87	6	2802.20	6	3186.09	6	3570.11	6	12.10
哈尔滨	1770.20	8	2070.40	8	2394.60	8	2728.30	9	3070.90	8	12.60
长　春	1286.70	14	1512.20	14	1739.64	14	1970.04	14	2217.55	14	12.60
石家庄	1409.90	13	1663.00	13	1915.76	13	2154.50	13	2423.50	13	12.50
太　原	825.85	18	973.29	18	1129.51	18	1281.46	18	1411.13	19	10.10
合　肥	839.02	17	1111.12	16	1293.62	16	1480.84	16	1666.75	16	12.90
南　昌	764.94	19	928.34	19	1116.54	19	1270.01	19	1429.21	18	12.50
济　南	1725.46	9	2023.10	9	2323.60	9	2743.35	8	2964.40	10	12.60
郑　州	1678.00	10	1987.10	10	2289.90	11	2586.40	11	2913.60	11	12.70
武　汉	2523.20	2	2959.04	2	3467.37	2	3878.60	2	4369.32	3	12.70
长　沙	1812.08	7	2125.91	7	2454.71	7	2801.97	7	3162.07	7	12.90

11-14 各省会城市海关进出口贸易总额

单位：万美元

城市名称	2010年	位次	2011年	位次	2012年	位次	2013年	位次	2014年	位次	2014年比2013年增长（%）
南　宁	**221273**	**22**	**251000**	**22**	**414700**	**22**	**442117**	**22**	**481400**	**21**	**9.0**
昆　明	1010900	10	1202200	12	1441000	10	1742200	11	1778700	12	5.3
成　都	2467800	4	3790600	4	4753900	4	5060000	4	5584300	5	10.4
贵　阳	227500	21	376900	21	505100	20	631800	20	784200	19	24.1
西　安	1038200	9	1257900	10	1301400	11	1798200	10	2498300	9	38.9
兰　州	106000	24	188000	24	339400	23	406300	23	456000	22	12.2
乌鲁木齐	598500	16	903000	15	1040000	14	779800	18	828500	18	6.3
呼和浩特	150600	23	202500	23	170100	25	159900	26	219500	25	37.5
银　川	99800	25	121000	26	136400	26	241100	25	450000	23	86.7
西　宁	66700	27	81600	27	93417	27	124100	27	159700	27	28.7
拉　萨	82600	26	130741	25	333000	24	320500	24	207600	26	-35.2
广　州	10377600	1	11617200	1	11716700	1	11888800	1	13059000	1	9.8
福　州	2460000	5	3472500	5	3106000	6	3142900	6	3461300	7	10.4
杭　州	5235500	2	6397200	2	6168300	2	6507100	2	6799800	3	4.5
南　京	4351800	3	5734400	3	5528300	3	5580500	3	5722100	4	2.6
海　口	394500	20	393600	20	421600	21	510100	21	340000	24	-33.3
沈　阳	786000	13	1062000	13	1274800	13	1432900	12	1580000	13	10.6
哈尔滨	437000	19	512000	19	533000	19	654000	19	681000	20	4.1
长　春	1322000	7	1734400	7	1968000	8	2039900	8	2071900	10	1.7
石家庄	1097400	8	1417000	9	1294800	12	1400000	13	1430000	14	2.1
太　原	791200	12	853400	16	847400	17	916300	17	1067100	16	16.5
合　肥	995800	11	1230900	11	1764200	9	1819000	9	2008700	11	10.5
南　昌	530400	17	788400	17	828700	18	972200	15	1222600	15	25.9
济　南	741100	14	1040200	14	914700	15	956600	16	1049500	17	9.6
郑　州	516000	18	1599600	8	3583000	5	4274900	5	4643100	6	8.6
武　汉	1805500	6	2279000	6	2035400	7	2175200	7	2642900	8	21.4
长　沙	608900	15	748900	18	869300	16	989300	14	7725200	2	26.0

11-15 各省会城市海关出口贸易总额

单位：万美元

城市名称	2010 年	位次	2011 年	位次	2012 年	位次	2013 年	位次	2014 年	位次	2014 年比 2013 年增长（%）
南　宁	**159300**	**20**	**166200**	**21**	**251700**	**22**	**235270**	**23**	**261702**	**22**	**11.30**
昆　明	532700	9	660300	11	568600	15	1041000	9	1160800	11	14.70
成　都	1387400	5	2295600	5	3036100	4	3188000	4	3381800	4	6.10
贵　阳	144100	21	278000	18	421400	18	557900	16	727200	14	30.30
西　安	531700	10	580400	13	729900	11	847600	10	1196100	10	41.10
兰　州	87000	23	123000	23	269200	21	359300	19	400700	19	11.40
乌鲁木齐	443700	11	669600	10	806000	9	639900	14	721700	15	12.80
呼和浩特	75900	25	102400	25	83300	26	73500	27	124200	25	69.50
银　川	67500	26	81400	26	107500	25	207800	24	360000	20	55.20
西　宁	39600	27	59400	27	66214	27	77874	26	108400	27	39.20
拉　萨	76500	24	113225	24	326100	19	316400	21	207900	24	-35.20
广　州	4837900	1	5647300	1	5891500	1	6280600	1	7271300	1	3.20
福　州	1631400	4	2413100	4	2113100	5	1933700	6	2123800	7	9.90
杭　州	3533700	2	4152100	2	4126200	2	4476600	2	4916600	3	9.80
南　京	2367500	3	3086500	3	3191600	3	3227300	3	3262800	5	1.10
海　口	130700	22	152100	22	179800	24	189000	25	123000	26	-34.90
沈　阳	408000	12	482500	15	596500	13	699600	13	714300	16	2.10
哈尔滨	198000	19	226000	20	186000	23	290000	22	344400	21	18.80
长　春	200300	18	227000	19	290400	20	329300	20	246700	23	-24.70
石家庄	579400	7	708000	9	733800	10	712000	12	779000	13	9.50
太　原	313800	17	350600	17	424200	17	529500	18	657000	17	24.10
合　肥	562600	8	782000	8	1362800	7	1189900	8	1251400	9	5.20
南　昌	367400	14	565700	14	646600	12	731100	11	841700	12	15.20
济　南	405500	13	604800	12	572000	14	548100	17	606000	18	10.50
郑　州	346000	16	963800	7	2026000	6	2506600	5	2665700	6	6.40
武　汉	875400	6	1173300	6	1074800	8	1194300	7	1379100	8	15.50
长　沙	355100	15	408400	16	517400	16	616600	15	5384800	2	41.00

11-16 各省会城市外商直接投资

单位：万美元

城市名称	2010年	2011年	2012年	2013年	2014年	位次
南　宁	**33029**	**37300**	**50300**	**58021**	**65200**	**20**
昆　明	100900	127400	158800	179800	223700	13
成　都	641000	655000	859000	876000	876300	1
贵　阳	13500	27900	47400	63000	76200	19
西　安	160200	200500	247800	313000	370300	8
兰　州		10600				
乌鲁木齐	13000	16000	19000	22300	25800	22
呼和浩特	83800	88600	61700	88300		
银　川	4500	18700	14600	12900	6600	23
西　宁		4300				
拉　萨						
广　州	397900	427000	474300	480400	543900	4
福　州	118500	127700	133900	143100	154700	15
杭　州	435600	472200	496100	527600	633500	2
南　京	281600	356600	413000	403300	329100	10
海　口	71600	40700	45300	51200	33000	21
沈　阳	505000	550200	580400	581100	446200	6
哈尔滨	70000	79400	190000	226000	272000	12
长　春	266600	308000	368200	444000	500300	5
石家庄	63600	81000	88000	98000	102000	18
太　原	28300	67900	78200	94400	107700	17
合　肥	143000	181300	165600	189000	218200	14
南　昌	201800	228700	264000	211700	321400	11
济　南	104000	110000	122000	132100	143500	16
郑　州	190000	310000	343000	332200	363000	9
武　汉	329300	376000	444400	525000	619900	3
长　沙	223800	260100	297700	340000	396900	7

11-17 各省会城市国际旅游者人数

单位：万人次

城市名称	2010 年	2011 年	2012 年	2013 年	2014 年	位次	2014 年比 2013 年增长（%）
南　宁	**16.75**	**23.61**	**30.07**	**35.11**	**43.30**	**11**	**23.30**
昆　明	86.06	100.40	113.74	123.13	119.21	6	-3.20
成　都	80.21	131.50	158.18	176.43	197.80	4	12.10
贵　阳	6.10	9.78	11.62	13.42	14.59	20	8.72
西　安	84.18	100.23	115.35	121.11			
兰　州	3.10	3.80	3.90	3.48	2.71	25	22.10
乌鲁木齐	26.42	39.60	36.56	35.20	31.60	14	-10.40
呼和浩特	9.40	10.23	11.01	11.75	12.30	22	4.70
银　川	1.45	1.44	1.39	1.83	2.57	26	40.20
西　宁	3.03	3.41		0.00	3.17	24	-0.50
拉　萨	14.39	11.59	13.16	8.24	10.11	23	22.7
广　州	814.80	778.69	792.21	768.20	783.30	1	2.00
福　州	69.86	76.17	85.13	90.50	90.69	7	0.20
杭　州	275.71	306.31	331.12	316.01	326.13	3	3.20
南　京	130.88	150.66	162.71	51.86	56.62	9	9.20
海　口	13.29	14.68	17.97	15.66	13.69	21	-12.60
沈　阳	55.00	63.50	75.00	81.00	59.00	8	7.30
哈尔滨	26.40	27.70	24.10	21.10	20.60	17	-2.37
长　春	24.98	30.20	35.66	37.83	39.45	13	4.30
石家庄	10.00	10.70	15.79	16.70	17.50	19	4.54
太　原	28.32	34.88	42.25	46.60	20.07	18	5.00
合　肥	24.28	35.50	37.50	38.93	40.09	12	3.00
南　昌	12.05	14.36	18.45	20.18	21.60	16	7.00
济　南	23.10	29.00	31.60	30.70	31.50	15	2.40
郑　州	34.90	38.40	42.20	43.80	45.10	10	2.70
武　汉	92.79	115.91	150.89	161.37	491.94	2	9.05
长　沙	70.21	83.50	105.19	116.97	120.20	5	2.80

11-18 各省会城市国际旅游收入

单位：万美元

城市名称	2010 年	2011 年	2012 年	2013 年	2014 年	2014 年比 2013 年增长（%）
南　宁	**5600**	**8200**	**10706**	**13737**	**18376**	**33.80**
昆　明	24252	29800	33900	40300	39729	-1.50
成　都	28890	45640	62785	73124	74000	1.20
贵　阳	2487	3727	4474	5530	5662	2.39
西　安	53000	64100	74862	80200		
兰　州	963	968	1016	0		
乌鲁木齐	9109	17032	20566	22142	19272	-9.90
呼和浩特	6882	8604	9280	10948	12480	14.00
银　川	507	488	405	875	1400	60.10
西　宁	1290	1500	2409	0	1516	2.39
拉　萨	4507	4227	2458	3456	4793	38.7
广　州	468857	485300	514458	516900	547522	5.90
福　州	84300	102800	110800	128800	124500	-3.40
杭　州	169000	195700	220200	216000	231800	7.30
南　京	98062	120000	136200	40100	55300	19.7
海　口	3800	3845	4474	4210	3754	-10.90
沈　阳	40023	46403	60000	66474	70001	6.10
哈尔滨	14272	16918	11333	9821	10500	6.91
长　春	13748	16975	22379	24306	28900	18.90
石家庄	4384	4943	6164	7490	6911	-7.70
太　原	16377	17980	24413	27567	7666	4.50
合　肥	15000	21800	23000	25000	28200	12.90
南　昌	3069	4650	5432	6390	6965	9.00
济　南	11354	14228	16034	15127	17058	12.80
郑　州	13384	14760	15800	17000	17000	
武　汉	47578	60600	85209	91400	93400	2.19
长　沙	52878	62493	66453	77900	78195	0.40

11-19 各省会城市财政收入

单位：亿元

城市名称	2010年	位次	2011年	位次	2012年	位次	2013年	位次	2014年	位次	2014年比2013年增长（%）
南　宁	**300.88**	**21**	**363.52**	**20**	**421.99**	**18**	**473.66**	**16**	**526.59**	**16**	**11.20**
昆　明	559.56	12	700.90	12	791.40	11					
成　都	2022.30	2	2269.64	2	2331.26	2	2809.8	2	3095.33	2	10.20
贵　阳	304.64	19	401.36	18	488.02	16	563.76	13	654.69	13	16.10
西　安	860.11	7	1177.72	7					1019.56	9	12.90
兰　州	304.13	20	350.63	21	406.00	19	394.82	18	467.48	17	18.40
乌鲁木齐	197.57	23	264.20	23	317.74	20	400.71	17	452.97	18	13.00
呼和浩特	241.50	22	285.22	22	316.32	21	360.05	19			
银　川	137.99	25	180.14	25	187.31	23	223.29	21	251.73	20	12.70
西　宁	99.22	26	124.28	26	135.93	24			168.13	21	14.10
拉　萨	15.02	27	29.60	27							
广　州	3348.00	1	3978.00	1	4300.00	1	4430	1	4834	1	9.10
福　州	822.05	8	1037.44	8	947.14	8			1357.38	7	9.00
杭　州	1245.43	6	1488.92	5	1627.89	5	1734.98	4	1920.11	5	10.70
南　京	1934.83	3	1958.00	3	2044.23	4	1591.59	6	1771.85	6	11.30
海　口	163.71	24	188.82	24	210.43	22	240.82	20	268.08	19	11.30
沈　阳	740.00	9	962.67	9							
哈尔滨	410.40	15	607.30	15	581.40	13	632.4	12	650.7	14	2.90
长　春	563.40	11	803.20	11	927.70	9	1077.59	8	1156.58	8	7.30
石家庄	387.91	16	488.97	16	573.39	14	648.3	11	681.3	12	10.00
太　原	321.89	18	393.04	19	454.49	17	495.57	15			
合　肥	476.20	14	623.77	14	694.36	12	768.27	10	880.68	11	14.60
南　昌	322.34	17	411.19	17	500.16	15	558.02	14	638.3	15	14.40
济　南	1285.10	5	1387.40	6	1610.30	6	1747.6	3			
郑　州	643.00	10	820.10	10	974.60	7	1116	7	2147.3	3	15.60
武　汉	1416.14	4	1795.99	4	2093.68	3	1730.65	5	1968.46	4	15.50
长　沙	506.32	13	688.95	13	796.58	10	883.89	9	1003.1	10	13.50

11-20 各省会城市公共财政预算收入

单位：亿元

城市名称	2010 年	位次	2011 年	位次	2012 年	位次	2013 年	位次	2014 年	位次	2014 年比 2013 年增长（%）
南宁	**156.10**	**17**	**186.29**	**20**	**229.72**	**20**	**256.25**	**20**	**274.85**	**20**	**7.3**
昆明	253.83	11	317.69	13	378.40	13	450.75	12	477.97	13	6.0
成都	526.94	3	680.71	3	780.90	4	898.50	4	1025.17	4	14.1
贵阳	136.30	21	187.09	18	241.19	18	277.21	19	331.59	19	19.6
西安	241.86	13	318.55	12	396.96	9	501.98	9	583.76	9	16.3
兰州	72.76	23	86.49	24	103.73	24	124.50	24	152.33	24	22.4
乌鲁木齐	147.99	18	206.20	17	252.00	17	301.90	17	340.62	18	12.8
呼和浩特	126.76	22	151.43	22	178.64	22	182.02	22	211.54	22	16.2
银川	64.13	24	96.62	23	113.13	23	134.60	23	153.60	23	14.1
西宁	34.52	26	45.25	26	54.77	26	67.11	26	83.88	26	25.0
拉萨	15.02	27	23.43	27	34.36	27	50.00	27	64.79	27	29.2
广州	872.65	1	979.47	1	1102.40	1	1141.79	1	1243.10	1	8.7
福州	247.82	12	320.04	11	382.02	11	453.97	11	510.87	11	12.5
杭州	671.34	2	785.15	2	859.99	2	945.20	3	1027.32	3	8.7
南京	518.80	4	635.00	5	733.02	5	831.31	5	903.49	5	8.7
海口	50.37	25	60.93	25	73.17	25	86.73	25	100.12	25	15.4
沈阳	465.40	5	620.12	6	715.04	6	801.00	6	785.50	7	-1.9
哈尔滨	238.10	14	300.30	14	354.70	14	402.30	14	423.50	14	5.3
长春	180.80	15	288.60	15	340.80	15	381.80	15	397.30	15	4.1
石家庄	163.63	16	221.23	16	272.28	16	315.20	16	343.47	16	9.0
太原	138.48	20	174.72	21	215.67	21	247.33	21	258.85	21	4.7
合肥	259.43	10	338.51	9	389.50	10	413.97	13	500.34	12	14.1
南昌	146.46	19	187.03	19	240.02	19	291.91	18	342.21	17	17.2
济南	266.10	9	325.40	10	380.80	12	482.10	10	543.10	10	12.7
郑州	386.80	7	502.30	7	606.70	7	723.60	7	833.90	6	15.2
武汉	390.19	6	673.26	4	828.58	3	978.52	2	1101.02	2	15.6
长沙	314.28	8	425.78	8	490.65	8	536.63	8	632.80	8	17.9

11-21 各省会城市地方财政支出

单位：亿元

城市名称	2010年	位次	2011年	位次	2012年	位次	2013年	位次	2014年	位次	2014年比2013年增长（%）
南　宁	**261.28**	**19**	**302.31**	**19**	**364.02**	**18**	**418.40**	**17**	**465.77**	**18**	**11.3**
昆　明	346.13	14	441.57	15	525.54	14	585.75	13	594.05	13	1.4
成　都	1759.58	1	1794.38	1	1770.40	2	1162.60	2	1340.00	2	15.3
贵　阳	204.49	21	277.38	21	349.33	21	393.60	19	448.65	19	14.0
西　安	620.03	7	747.35	7	597.49	11	729.81	8	819.50	8	12.3
兰　州	146.93	24	175.48	25	202.43	25	242.30	23	280.14	23	15.6
乌鲁木齐	208.23	20	299.71	20	363.89	19	353.20	20	404.81	20	14.6
呼和浩特	177.17	22	255.39	22	276.29	22	292.90	22	310.79	22	6.1
银　川	172.83	23	237.79	23	267.23	23	220.53	24	263.90	24	19.7
西　宁	140.43	25	190.87	24	220.98	24	207.57	25	248.14	25	19.5
拉　萨	51.33	27	75.63	27	106.90	27	136.00	26	169.49	26	28.5
广　州	1487.16	2	1793.35	2	1796.91	1	1384.72	1	1436.22	1	3.5
福　州	262.42	18	363.30	17	410.73	17	534.36	14	571.02	15	7.0
杭　州	616.58	8	747.50	6	786.28	5	855.74	5	961.18	4	12.3
南　京	1375.33	3	1313.98	3	769.65	6	851.01	6	921.20	5	8.2
海　口	78.99	26	99.74	26	113.81	26	132.00	27	150.92	27	14.3
沈　阳	516.60	9	639.30	9	766.09	7	881.80	4	914.40	7	3.8
哈尔滨	698.60	5	905.20	5	643.60	9	709.80	9	740.10	10	4.3
长　春	382.90	13	518.70	12	555.50	13	633.00	11	675.80	12	6.8
石家庄	290.50	16	403.54	16	464.09	16	514.90	16	566.49	16	8.3
太　原	279.86	17	342.14	18	356.58	20	319.11	21	322.69	21	1.1
合　肥	317.72	15	474.89	13	572.10	12	630.89	12	698.79	11	10.8
南　昌	392.32	12	470.13	14	482.36	15	417.77	18	473.40	17	13.3
济　南	659.70	6	668.10	8	920.30	4	522.30	15	571.90	14	10.1
郑　州	426.80	10	565.29	10	700.60	8	815.70	7	918.60	6	12.6
武　汉	989.95	4	1230.70	4	1444.83	3	1103.59	3	1179.88	3	7.4
长　沙	403.33	11	520.89	11	624.62	10	695.84	10	802.40	9	14.3

11-22 各省会城市金融机构存款余额

单位：亿元

城市名称	2010 年	位次	2011 年	位次	2012 年	位次	2013 年	位次	2014 年	位次
南　宁	**3892.26**	**19**	**4728.14**	**19**	**5627.18**	**19**	**6483.52**	**19**	**7064.49**	**19**
昆　明	6794.04	11	7604.64	11	8839.46	11	10085.36	11	10582.22	11
成　都	15277.20	3	17287.00	3	20354.00	2	23662.00	2	26798.00	2
贵　阳	3035.31	21	3625.10	22	4394.37	22	5742.09	20	6992.20	20
西　安	8933.23	6	10526.32	6	12125.53	6	13763.19	6	15166.78	6
兰　州	3035.31	21	3833.55	21	4589.26	21	5499.20	22	6617.51	21
乌鲁木齐	3596.43	20	4098.81	20	4819.10	20	5590.19	21	6233.97	22
呼和浩特	2678.92	23	3224.03	23	3805.76	23	4437.99	23	4723.75	23
银　川	1597.96	26	1820.25	25	2108.28	26	2340.93	26	2608.97	26
西　宁	1623.21	25	1623.21	26	2364.86	25	2822.47	25	3104.76	25
拉　萨	896.13	27	1107.30	27	1304.19	27	1556.38	27	1830.75	27
广　州	23384.50	1	26460.80	1	29006.99	1	32850.57	1	34170.66	1
福　州	5909.42	15	6910.13	13	7707.28	13	8720.26	13	9439.39	13
杭　州	16838.18	2	18396.57	2	19599.85	3	22174.71	3	23950.05	3
南　京	12949.50	4	14241.99	4	16131.41	4	18050.82	4	20161.85	4
海　口	2205.60	24	2354.12	24	2582.97	24	2893.80	24	3152.59	24
沈　阳	8092.00	7	9040.70	7	10275.35	8	11437.20	8	12309.60	8
哈尔滨	5956.40	14	6612.50	15	7360.30	15	8488.20	15	8884.00	16
长　春	4985.90	16	5619.10	17	6578.30	17	7808.31	17	8723.40	17
石家庄	6115.50	13	6755.80	14	7640.70	14	8607.80	14	9124.60	15
太　原	6965.19	10	7641.03	10	8902.46	10	9819.68	12	10011.26	12
合　肥	4541.78	17	5822.06	16	6913.84	16	8232.58	16	9142.68	14
南　昌	4167.67	18	5120.13	18	5723.14	18	6624.57	18	7296.23	18
济　南	7510.40	9	8275.80	9	9798.50	9	10808.10	9	11744.40	9
郑　州	7990.90	8	9026.80	8	10448.30	7	12450.50	7	13955.60	7
武　汉	10756.52	5	11519.58	5	12929.26	5	14915.69	5	16004.89	5
长　沙	6375.59	12	7364.27	12	8731.49	12	10148.76	10	11145.43	10

11-23 各省会城市金融机构贷款余额

单位：亿元

城市名称	2010年	位次	2011年	位次	2012年	位次	2013年	位次	2014年	位次
南宁	**3909.02**	**17**	**4845.07**	**17**	**5501.28**	**17**	**6115.88**	**17**	**7091.46**	**17**
昆明	6498.57	6	7501.63	7	8165.49	8	9148.63	9	10201.32	9
成都	12139.40	3	14163.00	3	15630.00	3	17618.00	3	19779.00	3
贵阳	2588.73	20	3030.07	21	3479.47	22	4177.93	22	6560.51	18
西安	6482.28	7	7700.19	6	8635.22	6	10023.63	6	11668.14	6
兰州	2359.28	22	2917.88	22	3672.85	21	4407.70	20	5612.72	20
乌鲁木齐	2074.74	23	2579.40	23	3245.33	23	3922.02	23	4502.33	23
呼和浩特	2522.52	21	3269.63	20	3707.22	20	4273.09	21	5145.89	21
银川	1641.06	25	1990.32	25	2282.97	25	2660.62	25	3185.93	25
西宁	1542.08	26	1542.08	26	2257.50	26	2727.69	24	3328.22	24
拉萨	214.05	27	316.05	27	454.35	27	615.58	27	931.42	27
广州	14987.73	1	17732.88	1	18023.02	1	20172.97	1	22688.33	1
福州	4953.91	13	6190.73	11	6711.77	12	7738.74	12	9331.49	11
杭州	14502.91	2	16573.74	2	17215.93	2	19350.70	2	20356.17	2
南京	10384.80	4	11723.52	4	12314.41	4	13791.06	5	16328.58	4
海口	1697.67	24	2461.19	24	2425.78	24	2547.80	26	2945.41	26
沈阳	5970.20	10	7040.00	9	7852.71	9	8867.10	10	10026.90	10
哈尔滨	4127.00	16	5070.10	16	5558.00	16	6275.90	16	7257.50	16
长春	4557.40	14	5251.00	15	5727.20	15	6453.35	15	7475.50	15
石家庄	3272.10	19	3698.10	19	3995.10	19	4512.00	19	5098.92	22
太原	5054.75	12	5657.37	13	6376.21	13	7111.87	13	7945.33	14
合肥	4214.08	15	5512.63	14	6136.03	14	7054.99	14	8169.64	13
南昌	3461.52	18	4156.46	18	4728.01	18	5464.22	18	6329.26	19
济南	6319.10	8	6893.70	10	7406.20	10	7812.50	11	8508.30	12
郑州	5717.50	11	6157.10	12	6794.10	11	9342.30	8	10868.30	7
武汉	8653.04	5	10157.53	5	10627.60	5	14701.18	4	14463.40	5
长沙	6187.40	9	7483.83	8	8267.15	7	9633.02	7	10377.71	8

11-24 各省会城市居民消费价格总指数

单位：%

城市名称	2010年	位次	2011年	位次	2012年	位次	2013年	位次	2014年	位次
南　宁	**102.5**	**25**	**105.7**	**1**	**102.9**	**10**	**102.1**	**26**	**101.6**	**23**
昆　明	104.2	2	104.9	23	103.1	5	103.9	1	103.1	1
成　都	103.0	14	105.4	13	103.0	7	103.1	9	101.3	25
贵　阳	102.9	19	105.5	7	102.6	18	103.2	8	102.7	5
西　安	103.5	10	105.6	5	102.8	12	102.7	17	101.4	24
兰　州	103.8	6	105.4	13	102.4	21	103.5	4	102.2	9
乌鲁木齐	102.7	22	104.5	27	103.4	1	103.5	4	102.8	3
呼和浩特	102.6	24	105.5	7	103.1	5	103.8	2	101.2	26
银　川	103.8	6	105.5	7	102.6	18	103.5	4	102.1	15
西　宁	104.5	1	105.7	1	102.7	15	103.8	2	102.8	3
拉　萨	103.2	11	105.0	21	103.2	3	103.4	7	103.0	2
广　州	102.2	26	105.5	7	103.0	7	102.6	20	102.3	8
福　州	103.2	11	104.9	23	102.2	25	102.6	20	101.8	22
杭　州	103.9	5	104.8	26	102.5	20	102.5	22	102.0	16
南　京	104.2	2	105.4	13	102.7	15	102.7	17	102.6	6
海　口	104.2	2	105.4	13	103.3	2	102.9	12	102.2	9
沈　阳	102.9	19	105.4	13	103.0	7	102.5	22	102.2	9
哈尔滨	103.7	8	105.6	5	103.2	3	102.1	26	102.0	16
长　春	103.6	9	105.5	7	102.3	23	103.0	11	102.2	9
石家庄	103.0	14	105.7	1	102.8	12	102.9	12	102.0	16
太　原	103.0	14	105.4	13	102.1	27	103.1	9	102.2	9
合　肥	102.7	22	105.7	1	102.2	25	102.7	17	102.0	16
南　昌	103.2	11	105.0	21	102.9	10	102.3	25	102.5	7
济　南	102.1	27	105.4	13	102.4	21	102.8	14	102.2	9
郑　州	103.0	14	104.9	23	102.7	15	102.8	14	102.0	16
武　汉	103.0	14	105.2	20	102.8	12	102.4	24	101.9	21
长　沙	102.9	19	105.5	7	102.3	23	102.8	14	100.2	27

11-25 各省会城市城镇居民人均可支配收入

单位：元

城市名称	2010 年	位次	2011 年	位次	2012 年	位次	2013 年	位次	2014 年	位次	2014 年比 2013 年增长（%）
南　宁	**18032**	**17**	**20005**	**20**	**22561**	**19**	**24817**	**19**	**27075**	**18**	**9.1**
昆　明	18876	14	21966	14	25706	12	28354	12	31295	12	8.9
成　都	20835	9	23932	9	27194	9	29968	9	32665	9	9.0
贵　阳	16597	23	19420	23	21796	23	23376	23	24961	24	9.4
西　安	22244	8	25981	8	29982	7	33100	7	36100	6	9.1
兰　州	14062	27	15953	26	18442.76	25	20767	26	23030	26	10.9
乌鲁木齐	14402	25	16141	25	18385	26	21304	25	26890	19	11.6
呼和浩特	25174	5	28877	5	32646	4	35629	5	34723	7	8.5
银　川	17073	21	19481	22	21901	22	23776	22	25940	22	9.1
西　宁	14085	26	15842	27	17634	27	19444	27	21291	27	9.5
拉　萨	16567	24	17654	24	19545	24	21421	24	23057	25	8.1
广　州	30658	1	34438	1	38053.52	1	42049	1	42955	2	8.9
福　州	22723	7	26050	7	29399	8	32265	8	32451	10	9.4
杭　州	30035	2	34065	2	37511	2	39310	3	44632	1	9.1
南　京	28312	3	32200	3	36322	3	39881	2	42568	3	8.8
海　口	16720	22	19730	21	22331	21	24461	20	26530	20	8.5
沈　阳	20541	11	23326	11	26430.83	11	29074	11	31720	11	9.1
哈尔滨	17557	19	20031	19	22498.6	20	25197	17	28816	16	14.4
长　春	17922	18	20487	17	22969.7	17	26034	16	27299	17	9.7
石家庄	18290	15	20534	16	23038.46	16	25000	18	26071	21	8.3
太　原	17258	20	20149	18	22587	18	24000	21	25768	23	7.9
合　肥	19051	13	22459	13	25434	13	28083	13	29348	13	9.4
南　昌	18276	16	20741	15	23602	15	26151	15	29091	15	10.0
济　南	25321	4	28892	4	32569.8	5	35648	4	38763	4	8.7
郑　州	19376	12	22477	12	25301	14	26615	14	29095	14	9.3
武　汉	20806	10	23738	10	27061	10	29821	10	33270	8	9.9
长　沙	22814	6	26451	6	30287.88	6	33662	6	36826	5	9.4

11-26 各省会城市农民人均纯收入

单位：元

城市名称	2010年	位次	2011年	位次	2012年	位次	2013年	位次	2014年	位次	2014年比2013年增长（%）
南　宁	**5005**	**25**	**5848**	**26**	**6777**	**26**	**7685**	**26**	**8576**	**26**	**11.6**
昆　明	5810	23	6985	23	8040	23	9273	21	10366	21	12.1
成　都	8205	10	9895	10	11501	8	12985	8	14478	9	11.5
贵　阳	5976	22	7381	20	8488	20	9592	20	10826	19	12.7
西　安	7750	13	9788	12	11442	11	12930	9	14462	10	11.9
兰　州	4587	27	5252	27	6224	27	7114	27	8067	27	13.4
乌鲁木齐	7471	15	8436	16	10356	14	11496	13	13306	13	13.5
呼和浩特	7802	12	10038	9	11361	12	12736	11	12538	15	10.0
银　川	6161	20	7070	22	8068	22	9036	23	10275	23	10.0
西　宁	5521	24	6634	24	7802	24	9004	24	10097.35	24	12.1
拉　萨	5003	26	6019	25	7082	25	8537	25	9258	25	12.3
广　州	12676	2	14818	2	16788.48	2	18887	3	17663	3	10.3
福　州	8543	8	10107	8	11492	9	12910	10	14012	12	11.2
杭　州	13186	1	15245	1	17017	1	18923	2	23555	1	11.1
南　京	11128	4	13108	4	14786	4	16531	4	17661	4	10.3
海　口	6155	21	7191	21	8134	21	9155	22	10290	22	12.4
沈　阳	10022	5	11575	5	13045.1	5	14467	5	15945	6	10.2
哈尔滨	8020	11	9608	13	11443	10	10800	16	12125	17	12.2
长　春	6665	18	7400	19	9064.01	18	10240	18	11259	18	10.8
石家庄	6577	19	7822	18	8993	19	10010	19	10542	20	10.4
太　原	7611	14	8888	14	10079	15	11288	14	12616	14	11.8
合　肥	7118	17	7862	17	9081	17	10352	17	14407	11	12.2
南　昌	7193	16	8484	15	9730	16	10806	15	12414	16	11.0
济　南	8903	7	10412	7	11786.2	7	13248	7	14726	8	11.2
郑　州	9225	6	11050	6	12530	6	14009	6	15470	7	10.4
武　汉	8295	9	9814	11	11190	13	12713	12	16160	5	12.3
长　沙	11206	3	13400	3	15763	3	19713	1	21723	2	10.2

11–27 各省会城市普通高等学校在校学生人数

单位：人

城市名称	2010 年	位次	2011 年	位次	2012 年	位次	2013 年	位次	2014 年	位次	2014 年比 2013 年增长（%）
南　宁	**264400**	**20**	**295800**	**19**	**318000**	**19**	**317900**	**21**	**340700**	**20**	**7.17**
昆　明	305300	18	341300	18	361000	17	386100	16	409900	15	6.20
成　都	617000	7	647200	6	685600	6	624400	6	729300	5	16.80
贵　阳	256800	21	261300	21	295300	21	325400	19	359300	19	10.42
西　安	657400	4	685200	4	724000	5	872100	3	905300	3	3.81
兰　州	356000	14	374000	16	377000	15	404400	13	414282	14	2.44
乌鲁木齐	134900	23	131200	23	136000	23	146100	23	152700	23	4.60
呼和浩特	215300	22	222300	22	227200	22	229300	22	232500	22	1.40
银　川	66700	25	74100	25	78700	25	88500	25	93500	25	5.60
西　宁	45000	26	58700	26	61858	26	64000	26	67300	26	5.20
拉　萨	17987	27	18601	27	27898	27	28382	27	33173	27	16.88
广　州	843900	2	896100	2	939200	2	983100	1	1019300	1	3.70
福　州	281700	19	292700	20	305400	20	318300	20	320800	21	0.80
杭　州	395800	11	446700	11	415700	12	425900	12	426700	12	0.19
南　京	706100	3	808500	3	806900	4	707900	5	702300	6	–0.79
海　口	103900	24	128600	24	133300	24	120700	24	127000	24	5.20
沈　阳	348600	15	374200	15	369300	16	383500	17	399700	17	4.20
哈尔滨	531000	8	559000	7	681730	7	492000	10	506000	10	2.85
长　春	365000	13	377000	14	387700	14	401800	14	414500	13	3.16
石家庄	341800	16	388200	13	395500	13	399100	15	393600	18	–1.38
太　原	329700	17	341900	17	358200	18	378700	18	400900	16	5.90
合　肥	372600	12	409500	12	425100	11	443400	11	462600	11	4.30
南　昌	490200	10	488900	9	509200	9	520100	8	554400	7	6.59
济　南	642500	6	479500	10	475400	10	499400	9	524700	9	5.10
郑　州	649000	5	665000	5	818200	3	747600	4	783200	4	4.80
武　汉	881400	1	920400	1	947000	1	966400	2	961900	2	–0.47
长　沙	508300	9	516800	8	523200	8	573400	7	547500	8	–4.50

11-28 各省会城市年末电话用户数

单位：万户

城市名称	2010 年	2011 年	2012 年	2013 年	2014 年	2014 年比 2013 年增长（%）
南　宁	**604.39**	**791.79**	**824.72**	**852.62**	**830.54**	**-2.59**
昆　明	770.80	903.60	975.91	1062.97	1154.36	8.60
成　都	2105.70	2411.10	2511.30	2686.79	2641.40	-1.69
贵　阳	594.93	643.39	742.82	855.14	913.04	6.77
西　安	1684.85	1884.51	2114.56	2465.18	2331.98	-5.40
兰　州	441.24	495.49	513.32	555.63	604.09	7.50
乌鲁木齐	398.71	492.07	598.00	614.28	608.00	-1.02
呼和浩特	346.30	401.50	450.01	481.61	473.30	-1.73
银　川	186.96	292.34	361.04	394.87	432.86	-0.46
西　宁	263.11	283.20	328.29	342.09	342.35	0.08
拉　萨	68.89	102.23	120.23	114.54		
广　州	2930.72	3154.37	3617.05		3726.85	-0.03
福　州	948.63	1015.28	1079.31	1115.40	1089.20	-0.69
杭　州	1602.12	1587.82	1704.22	1790.78	1872.85	4.58
南　京	1121.48	1296.10	1442.02	1491.07	1358.13	-8.92
海　口	405.26	395.70	442.57	447.41	482.21	7.78
沈　阳	1177.90	1184.60	1276.70	1284.59	1294.44	0.77
哈尔滨	1296.80	1069.50	1251.10	1381.80	1475.90	6.73
长　春	1364.60	1221.00	1300.40	1309.30	999.20	-23.68
石家庄	884.60	934.29	1075.90		1189.11	
太　原	644.20	803.35	865.59	852.41	863.69	1.32
合　肥	565.60	774.48	806.16	879.93	952.94	6.89
南　昌	636.38	702.66	772.84	756.00	712.59	6.05
济　南	1049.60	1117.90	1171.30	1423.60	1354.80	-4.83
郑　州	1136.55	1178.60	1268.70	1491.90	1535.50	2.92
武　汉	1461.00	1587.00	1888.00	1956.00	1898.97	-2.92
长　沙	970.95	1026.52	1196.14	1281.20	1312.88	2.47

注：年末电话用户含移动电话用户。

指标解释

EXPLANATORY NOTES ON STATISTICAL INDI–CATORS

主要指标解释

地区生产总值 是按市场价格计算的地区生产总值的简称。它是一个国家(地区)所有常住单位在一定时期内生产活动的最终成果。地区生产总值有三种表现形态，即价值形态、收入形态和产品形态。从价值形态看，它是所有常住单位在一定时期内所生产的全部货物和服务价值超过同期投入的全部非固定资产货物和服务价值的差额，即所有常住单位的增加值之和；从收入形态看，它是所有常住单位在一定时期内所创造并分配给常住单位和非常住单位的初次分配收入之和；从产品形态看，它是最终使用的货物和服务减去进口货物和服务。在实际核算中，地区生产总值的三种表现形态表现为三种计算方法，即生产法、收入法和支出法。三种方法分别从不同的方面反映地区生产总值及其构成。

可比价格 指在不同时期的价值指标对比时，扣除了价格变动的因素，以确切反映物量的变化。按可比价格计算有两种方法：一种是直接用产品产量乘某一年的不变价格计算；另一种是用价格指数换算。

不变价格 指用同类产品的年平均价格作为固定价格，来计算各年产品价值。按不变价格计算的产品价值消除了价格变动因素，不同时期对比可以反映生产的发展速度。新中国成立后，随着工农业产品价格水平的变化，国家统计局先后五次制定了全国统一的工业产品不变价格和农业产品不变价格，从1949年到1957年使用1952年工(农)业产品不变价格，从1957年到1971年使用1957年不变价格，1971年到1981年使用1970年不变价格，从1981年到1990年使用1980年不变价格，从1990年开始使用1990年不变价格。

平均每年增长速度 在我国计算平均增长速度有两种方法，一种是习惯上经常使用的“水平法”，又称几何平均法，是以间隔期最后一年的水平同基期水平对比来计算平均每年增长(或下降)速度。另一种是“累计法”，又称代数平均法或方程法，是以间隔期内各年水平的总和同基期水平对比来计算平均每年增长(或下降)速度。

在一般正常情况下，两种方法计算的平均每年增长速度比较接近，但在经济发展不平衡，出现大起大落时，两种方法计算的结果差别较大。

国有经济单位 指生产资料归国家所有的各种企业、事业单位，以及各级国家机关、人民团体等单位。

集体经济单位 指生产资料归公民集体所有的各种企业、事业单位。包括农村各种经济组织经营的农、林、牧、副、渔业，乡、村经营的企业、事业单位；城市、县、镇以及街道举办的集体经济性质的企业、事业单位。

私营经济单位 指生产资料归公民私人所有的单位。包括私营独资企业、私营合伙企业和私营有限责任公司。

联营经济单位 指不同所有制性质的企业之间或者企业、事业单位之间共同投资组成新的经济实体。包括紧密型联营企业，半紧密型联营企业和松散型联营企业。

股份制经济单位 指全部注册资本由全体股东共同出资，并以股份形式投资举办企业。主要包括股份有限公司和有限责任公司。

外商投资经济单位 指外国投资者根据中华人民共和国有关涉外经济的法律、法规，以合资、合作或独资的形式在中国大陆境内开办企业。包括中外合资经营企业、中外合作经营企业和外资企业。

港澳台投资经济单位 指港、澳、台地区投资者参照中华人民共和国有关涉外经济的法律、法规，以合资、合作或独资的形式在大陆举办企业。包括合资经营企业、合作经营企业和独资企业。

三次产业 根据社会生产活动历史发展的顺序对产业结构的划分，产品直接取自自然界的部门称为第一产业，对初级产品进行再加工的部门称为第二产业。为生产和消费提供各种服务的部门称为第三产业。它是世界上通用的产业结构分类，但各国的划分不尽一致。我国的三次产业划分是：

第一产业：农业(包括种植业、林业、牧业、副业和渔业)。

第二产业：工业(包括采矿业，制造业，电力、燃气及水的生产和供应业)和建筑业。

第三产业：除第一、第二产业以外的其他各业。第三产业包括：交通运输、仓储和邮政业，信息传输、计算机服务和软件业，批发和零售业，住宿和餐饮业，金融业，房地产业，租赁和商务服务业，科学研究、技术服务和地质勘察业，水利、环境和公共设施管理业，居民服务和其他服务业，教育，卫生，社会保障和社会福利业，文化、体育和娱乐业，公共管理和社会组织、国际组织。

劳动者报酬 劳动者报酬是指劳动者因从事生产活动所获得的全部报酬。它包括劳动者获得的各种形式工资、奖金和津贴，既包括货币形式的，也包括实物形式的，它还包括劳动者所享受的公费医疗和医药卫生费、上下班交通补贴和单位支付的社会保险费等。单位支付的社会保险费，就是单位直接支付给负责社会保险的政府单位（一般指劳动部门）的社会保险金或为本单位职工离退休、发生死亡、伤残、医疗保险等而支付的保险费。对于个体经济来说，其所有者所获得的劳动报酬和经营利润不易区分，这两部分统一作为劳动者报酬处理。

生产税净额 指生产税减生产补贴后的差额。生产税指政府对生产单位生产、销售和从事经营活动以及因从事生产活动使用某些生产要素，如固定资产、土地、劳动力所征收的各种税、附加费和规费。具体包括销售税金及附加、增值税、管理费中开支的各种税、应交纳的养路费、排污费和水电费附加、烟酒专卖上缴政府的专项收入等。生产补贴与生产税相反，是政府对生产单位的单方面收入转移，因此视为负生产税处理，包括政策亏损补贴、粮食系统价格补贴、外贸企业出口退税收入等。

固定资产折旧 指一定时期内为弥补固定资产损耗按照核定的固定资产折旧率提取的固定资产折旧，或按国民经济核算统一规定的折旧率虚拟计算的固定资产折旧。它反映了固定资产在当期生产中的转移价值。各种类型企业和企业化管理的事业单位的固定资产折旧指实际计提并计入成本费用中的折旧费；不计提折旧的单位，如政府机关、非企业化管理的事业和居民住房的固定资产折旧则是按照统一规定的折旧率和固定资产原值计算的虚拟折旧。原则上，固定资产折旧应按固定资产的重置价值来计算，但是我国目前尚不具备对全社会固定资产进行重估价的基础，所以暂时只能采用上述方法来计算。

营业盈余 指常住单位创造的增加值扣除劳动者报酬、生产税净额和固定资产折旧后的余额。它相当于企业的营业利润加上生产补贴，但要扣除从利润中开支的工资和福利以及从税后利润中提取的公益金等。

人口数 指一定时点、一定地区范围内的有生命的个人的总和。

年度统计的年末人口数是指每年 12 月 31 日 24 时的人口数。年度统计的全国人口总数内未包括台湾省和港澳同胞以及海外华侨人数。

人口自然增长率 指在一定时期内（通常为一年）人口自然增加数（出生人数减死亡人数）与该时期内平均人数（或期中人数）之比，一般用千分率表示。计算公式：

$$人口自然增长率=\frac{本年出生人数-本年死亡人数}{年平均人数}\ 1000‰$$

人口自然增长率 = 人口出生率 - 人口死亡率

经济活动人口 指在 16 岁以上，有劳动能力，参加或要求参加社会经济活动的人口。包括：从业人员和失业人员。

从业人员 指从事一定社会劳动并取得劳动报酬或经营收入的人员。包括：

(1) 全部职工

(2) 再就业的离退休人员

(3) 私营业主

(4) 个体户主

(5) 私营和个体从业人员

(6) 乡镇企业从业人员

(7) 农村从业人员

(8) 其他从业人员（包括民办教师、宗教职业者、现役军人等）

这一指标反映了一定时期内全部劳动力资源的实际利用情况，是研究我国基本国情国力的重要指标。

各单位的从业人员是指在各级国家机关、政党机关、社会团体及企业、事业单位中工作，并取得劳动报酬的全部人员。包括职工、再就业的离退休人员、民办教师以及在各单位中工作的外方人员和港、澳、台方人员。

城镇私营和个体从业人员 城镇私营从业人员指在工商管理部门注册登记，其经营地址设在县城关镇（含城关镇）以上的私营企业从业人员。包括：私营企业投资者和雇工。城镇个体从业人员指在工商管理部门注册登记，并持有城镇户口或城镇长期居住，经批准从事个体工商经营的从业人员。包括：个体经营者和在个体工商户劳动的家庭帮工和雇工。

城镇登记失业人员及失业率 指有非农业户口，在一定的劳动年龄内，有劳动能力，无业而要求就业，并在当地就业服务机构进行求职登记的人员。城镇登记失业率指城镇登记失业人数同城镇从业人数与城镇登记失业人数之和的比。计算公式为

$$城镇登记失业率=\frac{城镇登记失业人数}{城镇从业人数+城镇登记失业人数}\times 100\%$$

职工 指在国有经济、城镇集体经济、联营经济、股

份制经济、外商和港、澳、台投资经济、其他经济单位及其附属机构工作，并由其支付工资的各类人员。

合同制职工 指各单位根据国务院国发(1986)77号文件和国务院第99号的规定，通过签订有固定期限劳动合同、无固定期限劳动合同和以完成一项工作为期限劳动合同所使用的职工。包括实行全员劳动合同制单位的全部职工。

国有经济单位职工 指在国有经济单位及其附属机构工作，并由其支付工资的各类人员，国有经济单位职工不包括：返聘的离退休人员、民办教师、在国有经济单位工作的外方人员和港、澳、台人员。

城镇集体经济单位职工 指在城镇集体经济单位及其管理部门工作，并由其支付工资的各类人员。

其他经济单位职工 指在联营经济、股份制经济、外商投资经济、港、澳、台投资经济单位工作，并由其支付工资的各类人员。

职工工资总额 指各单位在一定时期内直接支付给本单位全部职工的劳动报酬总额。

工资总额的计算原则应以直接支付给职工的全部劳动报酬为根据。各单位支付给职工的劳动报酬以及其他根据有关规定支付的工资，不论是计入成本的还是不计入成本的，不论是按国家规定列入计征奖金税项目的，还是未列入计征奖金税的，不论是以货币形式支付的还是以实物形式支付的，均包括在工资总额内。

职工平均工资 指企业、事业、机关单位的职工在一定时期内平均每人所得的货币工资额。它表明一定时期职工工资收入的高低程度，是反映职工工资水平的主要指标。计算公式为：

$$\text{职工平均工资}=\frac{\text{报告期实际支付的全部职工工资总额}}{\text{报告期全部职工平均人数}}$$

职工平均实际工资 指扣除物价变动因素后的职工平均工资。计算公式为：

$$\text{职工平均实际工资}=\frac{\text{报告期职工平均工资}}{\text{报告期城镇居民消费价格指数}}$$

农林牧渔业总产值 是以货币表现的农、林、牧、渔业全部产品的总量，它反映一定时期内农业生产总规模和总成果。

农、林、牧、渔业的统计范围包括国有经济的各种专业农(农、林、牧、渔)场以及国家各级机关团体学校、部队；集体所有制的乡、镇、村各级办农场；工矿企业经营的农、林、牧、渔业，农村各种经济组织和农户经营的农林牧渔业的农民家庭兼营的商品性工业等。

(1) **农业** 包括种植业和其他农业。

种植业 包括谷物、豆类、薯类、棉、油料、糖料、麻类、烟叶、蔬菜、药材、瓜类和其他农作物的种植，以及茶园、桑园、果园的生产经营。

其他农业 包括采集野生植物的果实、纤维、树胶、树脂、油料以及柴草、野生药材、菌类等及农民家庭兼营的商品性工业。

(2) **林业** 包括林木的栽培(不包括茶园、桑园和果园的栽培、管理和收获等活动)、林产品的采集和村及村以下合作经济组织和农户的竹木采伐。

(3) **牧业** 包括除渔业养殖以外的一切动物饲养和放牧以及野生动物的捕猎和饲养。

(4) **渔业** 包括水生动物和海藻类植物的养殖和捕捞。

农业总产值的计算方法通常是按农林牧渔业产品及其副产品的产量分别乘以各自单位产品价格求得，少数生产周期较长，当年没有产品或产品产量不易统计的，则采用间接方法匡算其产值，然后将四业产品产值相加即为农业总产值。

1957年以前的农业总产值中包括了厩肥和农民自给性手工业(如农民自制衣服、鞋、袜，自已从事粮食初步加工等)。1958年及以后的农业总产值，林业中增加了村及村以下竹木采伐产值；牧业中取消费厩肥产值；副业中取消了农民自给性手工业产值，增加了村及村以下办的工业产值；渔业中增加了海洋捕捞水产品产值。1980年及以后的农业总产值，在副业中增加了农民家庭兼营工业商品部分的产值。从1984年起村及村以下办工业产值划归工业。从1993年起，取消副业。将野生动物的捕猎划入牧业，野生植物采集和农民家庭兼营商品性工业划归农业。

粮食产量 指全社会的产量。包括国有经济经营的、集体统一经营的和农民家庭经营的粮食产量，还包括工矿企业办的农场和其他生产单位的产量。粮食除包括稻谷、小麦、玉米、高粱、谷子及其他杂粮外，还包括薯类和豆类。其产量计算方法，豆类按去豆荚后的干豆计算；薯类(包括甘薯和马铃薯，不包括芋头和木薯)1963年以前按每4公斤鲜薯折1公斤粮食计算，从1964年开始及以后改为按5公斤鲜薯折1公斤粮食计算。城市郊区作为蔬菜的薯类(如：马铃薯等)按鲜品计算，并且不做为粮食统计。其他粮食一律按脱粒后的原粮计算。

水产品产量 指人工养殖的水产品和天然生长的水

产品的捕捞量。包括海水的鱼类、虾蟹类、贝类和藻类以及内陆水域的鱼类、虾蟹类和贝类，不包括淡水生植物。

猪、牛、羊肉产量 指当年出栏并已屠宰后除去头蹄下水后带骨肉(即胴体重)的重量。

灌溉面积 指具有一定的水源，地块比较平整，灌溉工程或设备已经配套，在一般年景下当年能够进行正常灌溉的耕地面积。

农用化肥施用量 指本年内实际用于农业生产的化肥数量。包括氮肥、磷肥、钾肥和复合肥。化肥施用量要求按折纯量计算数量。折纯法化肥施用量是把氮肥、磷肥和钾肥分别按含氮、含五氧化二磷、含氧化钾的百分之一百成份折算后的数量。复合肥按其所含主要成分折算。

工业 指从事自然资源的开采，对采掘品和农产品进行加工和再加工的物质生产部门。具体包括：⑴对自然资源的开采，如采矿、晒盐、森林采伐等(但不包括禽兽捕猎和水产捕捞)；⑵对农副产品的加工、再加工，如粮油加工、食品加工、轧花、缫丝、纺织、制革等；⑶对采掘品的加工、再加工，如炼铁、炼钢、化工生产、石油加工、机器制造、木材加工等，以及电力、自来水、煤气的生产和供应等；⑷对工业品的修理、翻新，如机器设备的修理、交通运输工具(包括小卧车)的修理等。

工业统计调查单位 工业统计调查单位分为两类：独立核算法人工业企业和工业活动单位。

(1) 独立核算法人工业企业 是指从事工业生产经营活动的单位。独立核算法人工业企业应同时具备以下条件：①依法成立，有自己的名称、组织机构和场所，能够承担民事责任；②独立拥有和使用资产，承担负债，有权与其他单位签订合同；③独立核算盈亏，并能够编制资产负债表。

(2) 工业活动单位 是指在一个场所从事一种或主要从事一种工业生产活动的经济单位。它包括独立核算工业企业按主营业务活动(即工业生产活动)划分的主营业务活动单位和非工业企业所属的工业生产活动单位(即原非独立核算工业生产单位)。工业活动单位，一般应同时具备以下三个条件：①具有一个场所，从事一种或主要从事一种工业活动；②单独组织工业生产、经营或业务活动；③单独核算收入和支出。

国有经济工业(即过去的全民所有制工业或国营工业) 指生产资料归国家所有的一种经济类型。包括中央和地方各级国家机关、部队、科研机构、学校、人民团体和国有经济企事业单位等举办的国有经济工业。1957年以前的公私合营和私营工业，后均改造为国营工业，1992年改为国有工业，这部分工业的资料不单独分列时，均包括在国有工业内。

集体经济工业 指生产资料归公民集体所有的一种经济类型，是社会主义公有制经济的组成部分。包括城乡所有使用集体投资举办的企业，以及部分个人通过集资自愿放弃所有权并依法经工商行政管理机关认定为集体所有制的企业。

其他经济类型工业 指除国有经济、集体经济、私营经济、个体经济、联营经济以外的其他经济类型工业企业(单位)。包括股份制经济(股份有限公司，有限责任公司)；外商投资经济(中外合资经营、中外合作经营、外资企业)；港、澳、台投资经济(与大陆合资经营、与大陆合作经营、港、澳、台资企业)及其他经济类型的工业。

轻工业 指主要提供生活消费品和制作手工工具的工业。按其所使用的原料不同，可分为两大类：(1) 以农产品为原料的轻工业，是指直接或间接以农产品为基本原料的工业。主要包括食品制造、饮料制造、烟草加工、纺织、缝纫、皮革和毛皮制作、造纸以及印刷等工业；(2) 以非农产品为原料的轻工业，是指以工业品为原料的轻工业。主要包括文教体育用品、化学药品制造、合成纤维制造、日用化学制品、日用玻璃制品、日用金属制品、手工工具制造、医疗器械制造、文化和办公用机械制造等工业。

重工业 是指为国民经济各部门提供物质技术基础的主要生产资料的工业。按其生产性质和产品用途，可以分为下列三类：(1) 采掘(伐)工业，是指对自然资源的开采，包括石油开采、煤炭开采、金属矿开采、非金属矿开采和木材采伐等工业；(2) 原材料工业，指向国民经济各部门提供基本材料、动力和燃料的工业。包括金属冶炼及加工、炼焦及焦炭化学、化工原料、水泥、人造板以及电力、石油和煤炭加工等工业；(3) 加工工业，是指对工业原材料进行再加工制造的工业。包括装备国民经济各部门的机械设备制造工业、金属结构、水泥制品等工业，以及为农业提供的生产资料如化肥、农药等工业。

根据上述划分原则，修理业中以重工业产品为修理作业对象的划为重工业，反之划为轻工业。

工业总产值 是以货币表现的工业企业在一定时期内生产的已出售或可供出售工业产品总量，它反映一定时间内工业生产的总规模和总水平。它包括：在本企业内不再进行加工，经检验、包装入库(规定不需包装的产品除外)的成品价值，工业性作业价值，自制半成品、在产品期末初差额价值。工业总产值采用“工厂法”计算，即以工业企业作为一个整体，按企业工业生产活动的最终成果来计算，企业内部不允许重复计算，不能把企业内部各个车间(分厂)生产的成果相加。但在企业之间、行业之间、地区之间存在着重复计算。

轻重工业总产值的划分也是按“工厂法”计算的，即一个工业企业在正常情况下生产的主要产品的性质属于轻工业，则该企业的全部总产值作为轻工业总产值；一个工业企业生产的主要产品的性质属于重工业，则该企业的全部总产值作为重工业总产值。

工业增加值 是指工业行业在报告期内以货币表现的工业生产活动的最终成果。

固定资产原价 固定资产原值指企业在建造、购置、安装、改建、扩建、技术改造某项固定资产时所支出的全部货币总额。它一般包括买价、包装费、运杂费和安装费等。

固定资产净值 是指固定资产原价减去历年已提折旧额后的净额。

利税总额 指企业利润总额、产品销售税金及附加和应交增值税之和。

产品销售收入 指企业销售产品的销售收入和提供劳务等主要经营业务取得的业务总额。

产品销售税金及附加 指企业销售产品和提供工业性劳务等主要经营业务应负担的城市维护建设税、消费税、资源税和教育费附加。

产值利税率 指报告期已实现的利润、税金总额(包括利润总额、产品销售税金及附加和应交增值税)占同期全部工业总产值的百分比，计算公式为：

$$产值利税率(\%)=\frac{利税总额}{工业总产值}\times 100\%$$

全员劳动生产率 指根据产品的价值量指标计算的平均每一个职工在单位时间内的产品生产量。是考核企业经济活动的重要指标，是企业生产技术水平、经营管理水平、职工技术熟练程度和劳动积极性的综合表现。目前我国的全员劳动生产率是将工业企业的工业增加值除以同一时期全部职工的平均人数来计算的。计算公式：

$$全员劳动生产率=\frac{工业增加值}{全部职工平均人数}$$

为了使各年度的全员劳动生产率数字可以比较，1990年以前各年的全员劳动生产率均按指数换算成1990年不变价格。

总负债 指企业承担并需要偿还的全部债务。包括流动负债和长期负债、递延税项等，即为企业资产负债表的负债合计项。

(1) 流动负债 指企业在一年内或者超过一年的一个营业周期内需要偿还的债务合计，其中包括短期借款、应付及预收款项、应付工资、应交税金和应交利润等。

(2) 长期负债 指企业在一年以上或者超过一年的一个生产周期以上需要偿还的债务合计，其中包括长期借款、应付债务、长期应付款项等。

所有者权益 指企业投资人对企业净资产的所有权。企业净资产等于企业全部资产减去全部负债后的余额，其中包括投资者对企业的最初投入，以及资本公积金、盈余公积金和未分配利润，对股份制企业即为股东权益。

货(客)运量 指在一定时期内，各种运输工具实际运送的货物(旅客)数量。是反映运输业为国民经济和人民生活服务的数量指标，也是制定和检查运输生产计划，研究运输发展规模和速度的重要指标。货运按吨计算，客运按人计算。货物不论运输距离长短，货物类别，均按实际重量统计；旅客不论行程远近或票价多少，均按一人一次作为客运量统计。半价票、小孩票也按一人统计。

货物(旅客)周转量 指在一定时期内，由各种运输工具运送的货物(旅客)数量与其相应运输距离的乘积之总和；是反映运输业生产总成果的重要指标，也是编制和检查运输生产计划，计算运输效率、劳动生产率以及核算运输单位成本的主要基础资料。通常以吨公里和人公里为计算单位。计算货物周转量通常按发出站与到达站之间的最短距离，也就是计费距离计算。

邮电业务总量 指以货币表现的邮电部门用于传递信息和提供其他邮电服务的总数量。它综合反映了一定时期邮电工作的总成果，是研究邮电业务量构成和发展趋势的重要指标。根据邮电管理体制不同，分为中央国营业务总量和地方国营业务总量。它用各种邮电分类业务量，如函件件数、电报份数、长话张数、市内电话和农村电话的年均户数、订销报刊累计份数等，分别乘以相应的平均单价(不变价)，加总后再加上出租电路和设备的收入、代用户维护电话交换机和线路等设备的收入、其他业务收入求得。

市内电话 指接入县城（包括个别城镇）及县以上城市的市内电话网上，并按市内电话进行经营管理的电话。按计费办法分为包月制和计次制两种。

(1) 住宅电话 指话机装在居民住宅里的电话。它包括私人付费、公费和免费三个部分。

(2) 私人付费电话 指住宅居民自费安装并自己缴纳通话费的电话。

无线寻呼电话用户 指携带小型寻呼机，接收市话用户通过无线寻呼中心，在规定范围内向其发出声音、数字或文字显示信息的用户。目前在邮电部门办理登记手续的无线寻呼电话用户，每一部寻呼机按一户计算。

移动电话用户 指在邮电部门登记，通过移动电话交换机进入移动电话网、占有移动电话号码的电话用户。用户数量以实际办理登记手续进入邮电部门移动电话网的户数进行计算，一部或一台移动电话统计为一户。

全社会固定资产投资 固定资产投资是社会固定资产再生产的主要手段。通过建造和购置固定资产的活动，国民经济不断采用先进技术装备，建立新兴部门，进一步调整经济结构和生产力的地区分布，增强经济实力，为改善人民物质文化生活创造物质条件。这对我国的社会主义现代化建设具有重要意义。

固定资产投资额 是以货币表现的建造和购置固定资产活动的工作量，它是反映固定资产投资规模、速度、比例关系和使用方向的综合性指标。全社会固定资产投资包括国有经济单位投资、城乡集体经济单位投资、其他各种经济类型的单位投资和城乡居民个人投资。按照我国现行计划管理体制，全社会固定资产投资总额分为基本建设、更新改造、房地产开发投资和其他固定资产投资四个部分；城乡集体经济单位投资包括城镇集体所有制单位投资和农村集体所有制单位投资；其他各种经济类型单位投资包括联营经济、股份制经济、中外合资经营、中外合作经营、外资、与大陆合资经营、与大陆合作经营、港澳台独资及其他经济的单位投资。城乡居民个人投资包括城市、县城、镇、工矿区所辖范围内的个人建房和农村个人建房及购买生产性固定资产的投资。

基本建设投资 基本建设是企业、事业、行政单位以扩大生产能力或工程效益为主要目的的新建、扩建工程及有关工作。包括 (1) 列入中央和各级地方本年基本建设计划的建设项目，以及虽未列入本年基本建设计划，但使用以前年度基建计划内结转投资（包括利用基建设备材料）在本年继续施工的建设项目；(2) 本年基本建设计划内投资与更新改造计划内投资结合安排的新建项目和新增生产能力（或工程效益）达到大中型项目标准的扩建项目，以及为改变生产力布局而进行的全厂性迁建项目；(3) 国有单位既未入基建计划，也未列入更新改造计划的总投资在 5 万元以上的新建、扩建、恢复项目和为改变生产力布局而进行的全厂性迁建项目，以及行政、事业单位增建业务用房和行政单位增建生活福利设施的项目。

更新改造投资 更新改造是指企业、事业单位对原有设施进行固定资产更新和技术改造，以及相应配套的工程和有关工作（不包括大修理和维护工程）。包括：(1) 列入中央和各级地方本年更新改造计划的项目和虽未列入本年更新改造计划，但使用上年更新改造计划内结转的投资在本年继续施工的项目；(2) 本年更新改造计划内投资与基本建设计划内投资结合安排的对企、事业单位原有设施进行技术改造或更新的项目，和增建主要生产车间、分厂等其新增生产能力（或工程效益）未达到大中型项目标准的项目，以及由于城市环境保护和安全生产的需要而进行的迁建工作；(3) 国有企、事业单位既未列入基建计划也未列入更新改造计划，总投资在 5 万元以上的属于改建或更新改造性质的项目，以及由于城市环境保护和安全生产的需要而进行的迁建工程。

房地产开发投资 包括各种经济类型的房地产开发公司、商品房建设公司及其他房地产开发单位统一开发的包括统代建、拆迁还建的住宅、厂房、仓库、饭店、宾馆、度假村、写字楼、办公楼等房屋建筑物和配套的服务设施、土地开发工程，如道路、给水、排水、供电、供热、通讯、平整场地等基础设施工程的投资。包括非房地产企业实际从事房地产开发或经营活动，不包括单纯的土地交易活动。

新增生产能力 指通过固定资产投资活动而增加的设计能力或工程效益，它是用实物形态表示的固定资产投资的成果。新增生产能力的计算，是以能独立发挥生产能力或效益的单项工程（或项目）为对象。当单项工程（或项目）建成，经有关部门鉴定合格，正式移交投入生产，即可计算新增生产能力。

新增生产能力或工程效益有以下几种表现形式：

(1) 以建设项目或单位工程建成后的年产能力表示。

如煤炭开采、石油开采等。

(2) 以建设项目或单项工程建成后处理原料的能力表示。如选矿工程的年处理矿石能力，洗煤厂年洗原煤能力等。

(3) 以新增的主要设备数量或容量表示。如棉纺锭枚数，发电机组容量等。

(4) 以建筑物容积、容量、面积或长度表示。如水库容量、铁路公路里程等。

新增生产能力的数量一般按设计能力计算。设计能力是指设计文件中规定的在正常情况下能够达到的生产能力，而不论投产后的实际产量如何。以设备数量、建筑物容积、面积、长度等表示的新增生产能力(或效益)，则按建成的实际数量计算。

施工和竣工房屋建筑面积 房屋建筑面积是从房屋外墙线算起的各层平面面积的总和，包括房屋结构(如柱、墙)占用的面积和地下室面积。多层建筑按各自然层面积总和计算，包括房屋内的楼隔层，突出墙面的眺望间、门斗、有柱雨罩的面积。不包括突出墙面结构的构件、艺术装饰等所占的面积，如台阶等。凹阳台、挑阳台按其水平投影面积一半计算建筑面积。

住宅建筑面积 指施工和竣工房屋建筑面积中供居住用的施工和竣工房屋建筑面积。

竣工面积 指在报告期内房屋建筑按照设计要求已全部完工，达到住人和使用条件，经验收鉴定合格，正式移交使用单位的建筑面积。

房屋建筑面积竣工率 指一定时期内房屋竣工面积占同期房屋施工面积的比率。它是从房屋建筑施工速度的角度反映投资效果和建筑业经济效益的指标。

新增固定资产 指通过投资活动所形成的新的固定资产价值。包括已经建成投入生产或交付使用的工程价值和达到固定资产标准的设备、工程、器具的价值及有关应摊入的费用。它是以价值形式表示的固定资产投资成果的综合性指标，可以综合反映不同时期、不同部门、不同地区的固定资产投资成果。

建设项目投产率 指一定时期内全部建成投入生产项目个数占同期正式施工项目个数的比率。它是从项目建设速度的角度反映投资效果的指标。

固定资产交付使用率 指一定时期新增固定资产与同期完成投资额的比率。它是反映各个时期固定资产动用速度，衡量建设过程中投资效果的一个综合性指标。

年底自来水生产能力 指年底城建部门管理的自来水厂和自备水源的社会单位取水、净化、送水、出厂输水干管等环节的实际生产能力。

年底供水管道长度 指从送水泵到用户水表之间所有管道的长度。

全年供水总量 指公用自来水厂和自备水源的社会单位全年的供水总量，包括有效供水量及损失水量。

生活用水量 指居民日常生活与公共福利设施的用水量。包括居民、饮食店、旅馆、医院、理发店、浴池、洗衣店、游泳池、商店、学校、机关、部队等单位的用水量。

城市人口用水普及率 指城市用水的非农业人口数(不包括临时人口和流动人口)与城市非农业人口总数之比。计算公式：

用水普及率＝(城市用水的非农业人口数 ÷ 城市非农业人口数)×100%

全年供气总量 指全年售给各类用户的全部煤气量。包括工业用量、家庭用量和其他用量。

城市用气普及率 指使用煤气(包括人工煤气、液化石油气、天然气)的城市非农业人口数(不包括临时人口和流动人口)与城市非农业人口总数之比。计算公式：

$$\text{城市煤气普及率} = \frac{\text{城市用气的非农业人口数}}{\text{城市非农业人口总数}}$$

年底实有铺装道路长度 指除土路外，路面经过铺装宽度在3. 5米以上的道路，包括高级、次高级道路和普通道路。

城市下水道总长度 指所有排水总管、干管、支管及暗渠、检查井、连接井进出水口等长度之和。

城市污水日处理能力 指污水处理厂每昼夜处理污水量的设计能力。

年末实有公共汽(电)车 指年底可参加营运的全部车辆数，包括年底营运车辆数和库存查封未参加营运的车辆，不包括非营运车辆，如架线车、油罐车、工程车、货车及其他专用车辆和借人的客运车辆。

城市园林绿地面积 指城市公共绿地、专用绿地、生产绿地、防护绿地、郊区风景名胜区的全部面积。

公共绿地 指供游览休息的各种公园、动物园、植物园、陵园以及花园、游园和供游览休息用的林荫道绿地、广场绿地。不包括一般栽植的行道树及林荫道的面积。

能源生产总量 指一定时期内全国(地区)一次能源生产量的总和，是观察全国(地区)能源生产水平、规模、构成和发展速度的总量指标。一次能源生产量包括原煤、原油、天然气、水电及其他动力能(如风能、地热能等)

发电量。不包括低热值燃料生产量、生物质能、太阳能等的利用和由一次能源加工转换而成的二次能源产量。

能源消费总量 指一定时期内全国(地区)物质生产部门、非物质生产部门和生活消费的各种能源的总和，是观察能源消费水平、构成和增长速度的总量指标，能源消费总量包括原煤和原油及其制品、天然气、电力。不包括低热值燃料、生物质能和太阳能等的利用。能源消费总量分为三部分，即终端能源消费量、能源加工转换损失量和损失量。

(1) 终端能源消费量 指一定时期内全国(地区)物质生产部门、非物质生产部门和生活消费的各种能源在扣除了用于加工转换二次能源消费量和损失量以后的数量。

(2) 能源加工转换损失量 指一定时期内全国(地区)投入加工转换的各种能源数量之和与产出各种能源产品之和的差额。它是观察能源在加工转换过程中损失量变化的指标。

(3) 能源损失量 指一定时期内能源在输送、分配、储存过程中发生的损失和由客观原因造成的各种损失量。不包括各种气体能源放空、放散量。

社会消费品零售额 指各种经济类型的批发零售贸易业、餐饮业、制造业和其他行业对城乡居民和社会集团的消费品零售额。这个指标反映通过各种商品流通渠道向居民和社会集团供应的生活消费品来满足他们生活需要，是研究人民生活，社会消费品购买力、货币流通等问题的重要指标。社会消费品零售额包括：(1) 售给城乡居民作为生活用的商品和修建房屋用的建筑材料；(2) 售给机关、团体、学校、部队、企业、事业单位的职工食堂和旅店(招待所)附设专门供本店旅客食用，不对外营业的食堂的各种食品、燃料；企业、单位和国营农场直接售给本单位职工和职工食堂的自己生产的产品；(3) 售给部队干部、战士生活用的粮食、副食品、衣着品、日用品、燃料；(4) 售给来华的外国人、华侨、港澳台同胞的消费品；(5) 居民自费购买的中、西药品、中药材及医疗用品；(6) 报社、出版社直接售给居民和社会集团的报纸、图书、杂志、集邮公司出售的新、旧纪念邮票、特种邮票、首日封、集邮册、集邮工具等；(7) 旧货寄售商店自购、自销部分的商品；(8) 煤气公司、液化石油气站售给居民和社会集团的煤气灶具和罐装液化石油气；(9) 农民售给非农业居民和社会集团的商品。不包括售给国民经济各部门企业、事业单位(包括国有经济的农场)生产经营用的各种原料、燃料、设备、工具等和给批发零售贸易业、餐饮业作为转卖用的商品、旧货寄售商店受托寄售卖出的商品、服务业的营业收入、邮局出售邮票的收入、自来水、电力、煤气生产(供应)单位的产品供应收入，也不包括农民之间的商品销售。

批发零销贸易业商品购、销、存总额 指以各种经济类型的批发、零售贸易业(不包括个体)为总体的商品购、销、存。

商品购进总额 指从本企业(单位)以外的单位和个人购进(包括从国外直接进口)作为转卖或加工后转卖的商品。这个指标反映批发零售贸易业从国内、国外市场上购进商品的总量。商品购进总额包括：(1) 从工农业生产者购进的商品；(2) 从出版社、报社的出版发行部门购进的图书、杂志和报纸；(3) 从各种经济类型的批发零售贸易企业(单位)购进的商品；(4) 从其他单位购进的商品，如从机关、团体、企业、单位购进的剩余物资，从餐饮业、服务业购进的商品，从海关、市场管理部门购进的缉私和没收的商品，从居民收购的废旧商品等；(5) 从国(境)外直接进口的商品。不包括企业(单位)为自身经营用，和未通过买卖行为而收入的商品以及销售退回、商品升溢等。

商品销售总额 指对本企业(单位)以外的单位和个人出售(包括对国(境)外直接出口)的商品。这个指标反映批发零售贸易业在国内市场上销售商品以及出口商品的总量。商品销售总额包括：(1) 售给城乡居民和社会集团消费用的商品；(2) 售给工业、农业、建筑业、运输邮电业、批发零售贸易业、餐饮业、服务业等作为生产、经营使用的商品；(3) 售给批发零售贸易业作为转卖或加工后转卖的商品；(4) 对国(境)外直接出口的商品。不包括：出售本企业(单位)自用的废旧包装用品，未通过买卖行为付出的商品，经本单位介绍，由买卖双方直接结算，本单位只收取手续费的业务，购货退出的商品以及商品损耗和损失等。

城乡集市贸易成交额 指在农村集市和城市集市上买卖双方(包括农民、非农业居民、机关、团体、工商企业、个体商贩)成交的全部商品金额，是反映集市贸易规模的综合性指标。

批零贸易业法人机构 指独立核算批发零售贸易业、餐饮业法人企业。独立核算法人批发零售贸易企业、餐饮企业应同时具备以下条件：

(1) 依法成立，有自己的名称、组织机构和场所，能够承担民事责任；

(2) 独立拥有和使用(或授权使用)资产，承担负债，有权与其他单位签订合同；

(3) 会计上独立核算，并能编制资产负债表。

批零贸易业网点 指本批发零售贸易企业(单位)设立的从事批发、零售贸易业务的自然单位[包括本企业(单位)自身]，凡具有独立固定的营业场所，配备一定的业务人员，不论单位大小，不论是否单独核算，均按自然网点计算，即有一个点就算一个网点。不包括同一营业场所内各柜组以及派出的流动推销小组，流动售货车等。

城市居民消费价格指数 是反映城市居民所购买的生活消费品和服务项目价格变动趋势及其程度的相对数。编制城市居民消费价格指数，可以观察和分析消费品的零售价格和服务项目价格变动对职工货币工资的影响，作为研究职工生活和确定工资政策的依据。

利用外资 指我国各级政府、部门、企业和其他经济组织通过对外借款、吸收外商直接投资以及用其他方式筹措的境外现汇、设备、技术等。

对外借款 是我国利用外资的主要部分。包括我国通过外国政府贷款，国际金融组织贷款，外国银行商业贷款，出口信贷以及对外发行债券，股票等方式，从境外筹措的资金。

外商直接投资 是指外国企业和经济组织或个人(包括华侨、港澳台胞以及我国在境外注册的企业)按我国有关政策、法规，用现汇、实物、技术等在我国境内开办外商独资企业、与我国境内的企业或经济组织共同举办中外合资经营企业、合作经营企业或作合作开发资源的投资(包括外商投资收益的再投资)以及经政府有关部门批准的项目投资总额内，企业从境外借入的资金。

旅游人数 指来我国参观、访问、旅行、探亲、访友、休养、考察、参加会议和从事经济、科技、文化、教育、体育、宗教等活动的外国人、华侨、港澳和台湾同胞的人数。不包括外国在我国的常住机构，如使领馆、通讯社、企业办事处的工作人员；来我国常驻的外国专家、留学生以及在岸逗留不过夜人员。

国际旅游(外汇)收入 指入境旅游的外国人、华侨、港澳台同胞在中国大陆旅游过程中发生的一切旅游支出，对于国家来说就是国际旅游(外汇)收入。

进出口总额 海关进出口总额指实际进出我国国境的货物总金额。包括对外贸易实际进出口货物，来料加工装配进出口货物，国家间、联合国及国际组织无偿援助物资和赠送品，华侨、港澳台同胞和外籍华人捐赠品，租赁期满归承租人所有的租赁货物，进料加工进出口货物，边境地方贸易及边境地区小额贸易进出口货物(边民互市贸易除外)，中外合资经营企业、中外合作经营企业、外商独资经营企业进出口货物和公用物品，到、离岸价格在规定限额以上的进出口货样和广告品(无商业价值、无使用价值和免费提供出口的除外)，从保税仓库提取在中国境内销售的进口货物，以及其他进出口货物。进出口总额用以观察一个国家在对外贸易方面的总规模。我国规定出口货物按离岸价格统计，进口货物按到岸价格统计。

财政收入 国家财政参与社会产品分配所取得的收入，是实现国家职能的财力保证。财政收入所包括的内容几经变化，目前主要包括：

(1) 各项税收 包括增值税、营业税、消费税、土地增值税、城市维护建设税、资源税、城市土地使用税、印花税、固定资产投资方向调节税、个人所得税、企业所得税、关税、农牧业税和耕地占用税等。

(2) 专项收入 包括征收排污费、征收城市水资源费收入，教育费附加收入等。

(3) 其他收入 包括基本建设贷款归还收入、国家能源交通重点建设基金收入、国家预算调节基金等。

(4) 国有企业计划亏损补贴 这项为负收入，冲减财政收入。

中央财政收入和地方财政收入 按财政体制划分的中央本级收入和地方本级收入。1994 年分税制财政体制以后，属于中央财政的收入包括关税、海关代征消费税和增值税，消费税，中央企业所得税，地方银行和外资银行及非银行金融企业所得税，铁道、银行总行、保险总公司等集中缴纳的营业税、所得税、利润和城市维护建设税，增值税的 75% 部分，海洋石油资源税和证券(印花)税 50% 部分。属于地方财政的收入包括营业税，地方企业所得税，个人所得税，城镇土地使用税，固定资产投资方向调节税，城镇维护建设税，房产税，车船使用税，印花税，屠宰税，农牧业税，农业特产税，耕地占用税，契税，增值税 25% 部分，证券交易税(印花税)的 50% 部分和除海洋石油资源税以外的其他资源税。

中央财政支出和地方财政支出 根据政府在经济和社会活动中的不同职责，划分中央和地方政府的责权，按照政府的责权划分确定的支出。中央财政支出包括国防支出，武装警察部队支出，中央级行政管理费和各项事业费，重点建设支出以及中央政府调整国民经济结构、协调地区发展，实施宏观调控的支出。地方财政支出主要包括地方行政管理和各项事业费，地方统筹的基本建设、技术改造支出，支援农村生产支出，城市维护和建设经费，价格补贴支出等。

预算外资金收支 预算外资金是有关单位凭借国家权力或由国家授权而取得的没有纳入国家预算管理的财政性资金。其收入包括地方财政部门的各项附加收入，集中事业收入，专项收入等，事业行政单位的专用基金，经营性服务纯收入，行政事业性收费，专项资金，中小学勤工俭学收入，税收分成等。其支出包括固定资产投资支出，城市维护支出，福利奖励支出，行政事业支出等。

信贷资金 国家银行用于发放贷款的资金叫信贷资金。中国人民银行信贷资金的来源有各项存款、对国际金融机构负债、流通中货币、银行自有资金及当年结益等。信贷资金的运用有各项贷款、黄金占款、外汇占款、财政借款及在国际金融机构中的资产等。

存款 企业、机关、团体或居民根据可以收回的原则，把货币资金存入银行或其他信用机构保管并取得一定利息的一种信用活动形式。根据存款对象的不同可划分为企业存款、财政存款、机关团体存款、基本建设存款、城镇储蓄存款、农村存款等科目。它是银行信贷资金的主要来源。

城乡居民储蓄存款余额 包括城镇居民储蓄存款和农民个人储蓄存款两部分。不包括居民的手存现金和工矿企业、部队、机关团体等集团存款。储蓄存款余额，是指城乡居民存入银行及农村信用社储蓄的时点数（存入数扣除取出数的余额），如月末、季末或年末数额。

贷款 银行或其他信用机构根据必须归还的原则，按一定利率， 为企业、个人等提供资金的一种信用活动形式。我国银行贷款分为流动资金贷款、固定资产贷款、城乡个体工商户贷款以及农业贷款等科目。

承保额 又叫保险金额。 它是保险人对被保险人负提损失补偿或约定给付的金额。它是保险合同上的最高责任额，也是计算保费的依据。

保费 又叫保险费。是保险人根据保险合同的有关规定， 为被保险人取得因约定危险事故发生所造成的经济损失补偿（或给付）权利，付给保险人的代价。包括财产险和人身险储金收入。

赔款 保险事故发生后，经查证确属保险责任范围以内的保险标的损失，保险人根据保险合同的规定履行赔偿义务，给予被保险人的款项叫做赔款。赔款可分为已决赔款和未决赔款两种。

普通高等学校 指按照国家规定的设置标准和审批程序批准举办， 通过国家统一招生考试，招收高中毕业生为主要培养对象，实施高等教育的全日制大学、独立设置的学院和高等专科学校、短期职业大学。

成人高等学校 指按照国家有关规定审批， 招收通过全国成人高教统一招生考试的具有高中毕业或同等学历的在职从业人员利用脱产、半脱产、业余或函授等多种形式对其实施高等学历教育，培养高等教育专科或本科毕业水平的专门人才，修业年限、课程设置和总学时数均按高等学历教育要求付诸实施的学校。包括广播电视大学、职工高等学校、民高等学校、管理干部学院、教育学院、独立设置的函授学院等。

小学学龄儿童入学率 指调查范围内已入小学学习的学龄儿童占校内外学龄儿童总数(包括弱智儿童在内，但不包括聋哑儿童）的比重。计算公式：

$$学龄儿童入学率=\frac{已入学的小学学龄儿童数}{校内外小学学龄儿童总数}\times 100\%$$

科学家和工程师 指具有大学本科及以上学历的和不具备上述学历但有高、中级职称的人员。

其他科技人员 指大专、中专毕业和具有初级职称的从事科技活动人员。

专业技术人员 指已取得科学技术职称，或大学、中专的理、工、农、 医科系毕业生，以及国民经济各部门从工作实践中提拔，从事理、工、农、医等自然科学技术的研究、教学、生产的专业人员和在机关、企业、事业中从事科学技术业务管理工作的专业人员。

文化事业机构 指从事专业文化工作和为专业文化工作服务的独立建制的单独核算的单位。不包括这些单位另外举办独立核算的其他机构和各部门的业余文化组织。

艺术表演团体 指从事戏曲、音乐、舞蹈、杂技等专业艺术表演， 有独立帐户，实行单独核算的团体。不包括半工半艺、半农半艺和民间职业剧团。

电影放映单位 指具有放映机器设备、 固定或不固定的放映场所与专职或兼职的放映技术人员，经有关部门登记批准，经常为一定的观众对象放映电影的机构。包括经批准对外开放进行营业，并与电影发行放映管理机构分帐的专用放映单位和军委系统租片单位。

艺术表演观众人数(人次) 指售票、包场演出或民族地区免费演出的艺术表演观众人次数。不包括彩排审查和内部观摩演出的观看人次数。

等级运动员人数 指经考核正式批准授予等级运动员称号的人数。运动员等级分别为国际级运动健将、运动健将、一级运动员、二级运动员、三级运动员、少年级运动员。

等级裁判员人数 指经考核正式批准授予等级裁判员称号的人数。裁判员等级分为国际裁判、国家级裁判、一级裁判、二级裁判、三级裁判。

体育场 指有400米跑道(中心含足球场),有固定道牙,跑道6条以上,并有固定看台的室外田径场地。以看台容纳观众人数分:甲级25000人以上,乙级15000–25000人,丙级5000–15000人,丁级5000人以下。

体育馆 指有固定看台,可供篮球、排球、羽毛球、乒乓球、体操等项目训练比赛活动用的室内运动场地。以看台容纳观众人数分:甲级6000人以上,乙级4000 – 6000人,丙级2000–4000人,丁级2000人以下。

医院 指名称为医院,设有固定床位能收容病人住院并能为病人提供医疗、护理服务的医疗机构。包括县及县以上医院、农村乡卫生院、其他医院三部分。按所属性质分为卫生部门、工业及其他部门,集体经济单位三类。其中县及县以上医院按业务性质分为综合医院和专科医院。

卫生技术人员 指卫生事业机构支付工资的全部固定职工和合同制职工中现任职务为卫生技术工作的专业人员。包括中医师、西医师、中西医结合高级医师、护师、中药师、西药师、检验师、其他技师、中医士、西医士、护士、助产士、中药剂士、西药剂士、检验士、其他技士、其他中医、护理员、中药剂员、西药剂员、检验员,其他初级卫生技术人员。

医生 指经卫生部门审查合格,从事医疗工作的专业人员。分为中医医生和西医医生。包括卫生技术人员中的中医师、西医师、中西结合高级医师、中医士、西医士和其他中医。

社会福利事业单位 指集中收养社会孤老、残、幼的机构。包括由民政部门管理的社会福利院、儿童福利院、精神病人福利院和城镇集体办的福利院,以及农村集体举办的敬老院。

社会福利事业单位收养人数 包括民政部门管理的和城镇及农村集体举办的社会福利事业单位中收养的老人、少年儿童、缺乏生活自理能力的残疾人员和精神病人。

农村五保户 指农村中既无劳动能力,又无经济来源的老、弱、孤、残的农民生活由集体供养,实行保吃、保穿、保住、保医、保葬(孤儿保教),简称:"五保"。享受五保待遇的家庭叫五保户。

城镇居民家庭全部收入 指被调查城镇居民家庭全部的实际现金收入,包括经常或固定得到的收入和一次性收入。不包括周转性收入,如提取银行存款、向亲友借入款、收回借出款以及其他各种暂收款。

城镇居民家庭可支配收入 指被调查城镇居民家庭在支付个人所得税之后,所余下的实际收入。

城镇居民家庭消费性支出 指被调查的城镇居民家庭用于日常生活的全部支出,包括购买商品支出和文化生活、服务等非商品性支出。不包括罚没、丢失款和缴纳的各种税款(如个人所得税、牌照税、房产税等),也不包括个体劳动者生产经营过程中发生的各项费用。

城镇居民家庭购买商品支出 指被调查的城镇居民家庭购买商品的全部支出,包括从商店、工厂、饮食业、工作单位食堂、集市以及直接从农民购买各种商品的开支。共分九类:食品、衣着品、日用品、文化娱乐用品、书报杂志、药及医疗用品、房屋及建筑材料、燃料、其他商品。不论自用的或赠送亲友的都包括在内。

农村居民家庭纯收入 指农村常住居民家庭总收入中,扣除从事生产和非生产经营费用支出、缴纳税款和上交承包集体任务金额以后剩余的,可直接用于进行生产性、非生产性建设投资、生活消费和积蓄的那一部分收入。它是反映农民家庭实际收入水平的综合性的主要指标。农民家庭纯收入,既包括从事生产性和非生产性的经营收入,又包括取自在外人口寄回带回和国家财政救济、各种补贴等非经营性收入;既包括货币收入,又包括自产自用的实物收入。但不包括向银行、信用社和向亲友借款等属于借贷性的收入。